REVISTA TRIMESTRAL DE

DIREITO PÚBLICO

ISSN 2237-1796

63

MALHEIROS EDITORES

IDAP

Revista Trimestral de Direito Público

ISSN 2237-1796

Órgão do

IDAP

Publicação trimestral de
MALHEIROS EDITORES LTDA.
Rua Paes de Araújo, 29, cj. 171
CEP 04531-940 – São Paulo, SP – Brasil
Tel.: (11) 3078-7205 – Fax.: (11) 3168-5495
Diretor responsável: Álvaro Malheiros
Diretora: Suzana Fleury Malheiros

Assinaturas e comercialização:
CATAVENTO DISTRIBUIDORA DE LIVROS S.A.
Rua Conselheiro Ramalho, 928
CEP 01325-000 – São Paulo, SP – Brasil
Tel.: (11) 3289-0811 – Fax.: (11) 3251-3756
Supervisão Gráfica: Vânia Lúcia Amato
Editoração Eletrônica: Cicacor Editorial

SUMÁRIO

DOUTRINA

MARCO LEGAL Y ORGANIZATIVO DE LA PARTICIPACIÓN PÚBLICO-PRIVADA EN EL URUGUAY: DESAFÍOS DE UNA NUEVA INSTITUCIONALIDAD 5
– Pablo Schiavi

EL NUEVO CONSTITUCIONALISMO Y EL DERECHO ADMINISTRATIVO 37
– Juan Carlos Cassagne

O MITO DA ELEIÇÃO DIRETA PARA PRESIDENTE DOS TRIBUNAIS 77
– Reis Friede

PARECERES

CONCURSO PÚBLICO FEDERAL – RECUSA À POSSE DE CANDIDATO CONVOCADO PELA FALTA DE HABILITAÇÃO ACADÊMICA – NULIDADE DE ATO ADMINISTRATIVO POR VÍCIO QUANTO AO MOTIVO – LIBERDADE DE TRABALHO – PRINCÍPIOS CONSTITUCIONAIS DA LEGALIDADE, RAZOABILIDADE E EFICIÊNCIA 89
– Vladimir da Rocha França

ESTUDOS E COMENTÁRIOS

LEI DE ACESSO ÀS INFORMAÇÕES PÚBLICAS E SIGILOS: BREVE COMPARAÇÃO ENTRE AS NORMAS BRASILEIRA E NORTE-AMERICANA 97
– Patrícia Bueno Netto

SERVIÇO PÚBLICO E CONCORRÊNCIA 111
– Diogo Albaneze Gomes Ribeiro

RESPONSABILIDADE DO PODER JUDICIÁRIO NA DILATAÇÃO E NA (IR)RETROATIVIDADE DA DESCONFIGURAÇÃO AUTOPOIÉTICA DO SISTEMA POLÍTICO BRASILEIRO 131
– Luciano Tertuliano da Silva
O INSTRUMENTO DE LICITAÇÃO PÚBLICA NO ORDENAMENTO JURÍDICO BRASILEIRO 155
– Laís Sales do Prado e Silva

MEMÓRIAS **RTDP**

JUÍZO LIMINAR. PODER-DEVER DE EXERCÍCIO DO PODER CAUTELAR NESSA MATÉRIA (Publicado na *RTDP* 3) 181
– Celso Antônio Bandeira de Mello
CONTROLE DA ADMINISTRAÇÃO PÚBLICA NA CONSTITUIÇÃO DE 1988 (Publicado na *RTDP* 4) 192
– Sérgio Ferraz
PERECIMENTO DO ESTADO (Publicado na *RTDP* 4) 200
– Ataliba Nogueira

JURISPRUDÊNCIA COMENTADA

O PASSADO (RE 572.762-SC) E O FUTURO (RE 705.423-SE) DOS "IMPOSTOS COMPARTILHADOS" NA JURISPRUDÊNCIA DO STF: O PROBLEMA DOS INCENTIVOS FISCAIS ATUANTES ANTES DA ARRECADAÇÃO ("GENÉRICOS") 211
– Leonardo e Silva de Almendra Freitas

MARCO LEGAL Y ORGANIZATIVO DE LA PARTICIPACIÓN PÚBLICO-PRIVADA EN EL URUGUAY: DESAFÍOS DE UNA NUEVA INSTITUCIONALIDAD

PABLO SCHIAVI

Doctor en Derecho y Ciencias Sociales por la Universidad Mayor de la República Oriental del Uruguay – Máster en Derecho Administrativo Económico por la Universidad de Montevideo de la República Oriental del Uruguay – Profesor de Derecho de Acceso a la Información Pública y de Protección de Datos Personales y del Taller Teórico-Práctico sobre la Protección de Datos Personales en Salud "E Salud" del Centro de Postgrados de la Universidad de Montevideo – Profesor de Derecho de la Información en la Facultad de Comunicación de la Universidad de Montevideo – Profesor Asistente en la materia "Recursos Administrativos" del Máster de Derecho Administrativo Económico de la Universidad de Montevideo – Aspirante a Profesor Adscripto en Derecho Público de la Facultad de Derecho de la Universidad de la República – Aspirante en la Cátedra de Derecho Administrativo de la Facultad de Derecho de la Universidad de Montevideo – Ex-Secretario de Redacción de *La Justicia Uruguaya* (revista jurídica) – Diplomado en Desarrollo y Financiamiento de Infraestructuras por la Universidad Politécnica de Madrid – Certificado en Prevención del Lavado de Dinero y Financiamiento del Terrorismo por el Isede y la Facultad de Derecho de la Universidad Católica del Uruguay "Dámaso Antonio Larrañaga" – Diplomado Internacional en Dirección y Gestión de Cooperativas de Ahorro y Crédito por el Instituto de Desarrollo Cooperativo/IDC y la Confederación Alemana de Cooperativas/DGRV – Miembro del Instituto de Derecho Administrativo de la Facultad de Derecho de la Universidad de la República – Ex-Asesor del Auditor Interno de la Nación, Auditoría Interna de la Nación/AIN – Asesor del Contador General de la Nación, Contaduría General de la Nación/CGN del Ministerio de Economía y Finanzas de la República Oriental del Uruguay – Autor de libros y artículos sobre temas de su especialidad (*e-mail*: *pablo.schiavi@cgn.gub.uy* – *psschiavi@hotmail.com*; *Twitter*: @PabloSchiavi)

1. Introducción: 1.1 El modelo de participación público-privada/PPP – 1.2 Principales características de los contratos de PPP – 1.3 Estructura de la Ley 18.786 de 19.7.2011 – 1.4 Estructura del Decreto reglamentario 17/012 de 26.1.2012 – 1.5 Atribución de competencias de ejecución, regulación y control. 2. La Administración Pública contratante: 2.1 Atribución de competencia – 2.2 Control de cumplimiento del contrato: facultades e instrumentos de control – 2.3 La Comisión Técnica: integración, designación y cometidos. 3. El Ministerio de Economía y Finanzas: 3.1 La intervención del Ministerio de Economía y Finanzas – 3.2 La Unidad de Proyectos de Participación Público-Privada: integración, funcionamiento y cometidos – 3.3 El Registro de Proyectos de Participación Público-Privada – 3.4 La Contaduría General de la Nación. 4. La Oficina de Planeamiento y Presupuesto: 4.1 Competencia en materia de evaluación de los estudios previos y las bases de contratación – 4.2 Competencia en materia de modificaciones del contrato por la Administración. 5. El Comité Coordinador de Evaluación de Contratos de Participación Público-Privada. 6. El Tribunal de Cuentas: 6.1 Competencia en materia de adjudicación de ofertas – 6.2 Competencia en materia de modificaciones del contrato por la Administración. 7. La Corporación Nacional para el Desarrollo: 7.1 Competencias de la Corporación Nacional para el Desarrollo respecto de proyectos de PPP: fortalecimiento de capacidades de las Administraciones Públicas – 7.2 Estructuración de proyectos de PPP – 7.3 Implementación de proyectos de PPP – 7.4 Los contratos de PPP institucional en la Ley 18.786 de 19.7.2011. 8. Desafíos de una nueva institucionalidad: coordinación y articulación. 9. Conclusiones.

Resumen: La Ley 18.786 de 19.7.2011 dedica el Capítulo II a la consagración de un marco institucional novedoso en el que se desarrollarán los proyectos de participación público-privada en cuanto a su diseño, estructuración y celebración de los contratos, con la particularidad de la atribución de competencias de ejecución, regulación y control a distintos organismos estatales conforme a sus competencias originarias y a las que se atribuyen por la presente ley y por su reglamentación.

Con fecha 26.1.2012 se dictó el Decreto 17/012 de 26.1.2012, atendiendo a la necesidad de reglamentar diversos aspectos de la Ley 18.786 de 19.7.2012, que faciliten la implementación y la ejecución de contratos de participación público-privada por la Administración Pública contratante y el sector privado.

Bajo el título "Organización", el Capítulo II del decreto reglamenta la integración y actividad de la Comisión Técnica, de la Unidad de Proyectos de PPP y del Registro de Proyectos; e introduce la posibilidad de creación de un Comité Coordinador de Evaluación de Contratos de PPP, en cada oportunidad, órgano éste no previsto en la ley. También incluye disposiciones reglamentarias para la implementación de proyectos por la Corporación Nacional para el Desarrollo/CND y la estructuración de proyectos.

El marco regulatorio debe contener todas las medidas que sean necesarias para asegurarse de que la PPP sea implementada y administrada correctamente y por lo tanto se convierta en un activo y no un pasivo para los ciudadanos uruguayos.

Palabras-claves: Participación público -privada, Marco institucional, Organización, Competencias, Articulación, Administración Pública, Unidad de Proyectos, Comité Coordinador, Registro de Proyectos

Abstract: Law 18.786 of July 19, 2011 devotes Chapter II to the consecration of a new institutional framework which will develop public-private partnership projects in their design, structure and conclusion of contracts, with the particularity the allocation of executive powers, regulation and control to various state agencies according to their original powers and attributed by this Act and its regulations.

On January 26, 2012, Decree 17/012 of 26.1.2012, in response to the need to regulate various aspects of Law 18.786 of July 19, 2012, to facilitate the implementation and execution of contracts for public-private contracting for Public Administration and the private sector.

Under "Organization", Chapter II of decree regulates the membership and activity of the Technical Committee of the PPP Projects Unit and the Registry Project, and introduces the possibility of creating a Coordinating Committee Contract Evaluation PPP, at every opportunity, this body not covered by the Act also includes regulations for the implementation of projects by the National Development Corporation/NDC and the structuring of projects.

The regulatory framework should contain all necessary measures to ensure that PPP is implemented and managed correctly and hence becomes an asset and not a liability to uruguayan citizens.

Keywords: Public private partnerships, Institutional framework, Organization, Competencies, Joint, Public Administration, Projects unit, Coordinating Committee, Projects Register

1. Introducción

1.1 El modelo de participación público-privada/PPP

En las últimas décadas, las participaciones público-privadas han ido adquiriendo gran relevancia en el mundo desarrollado, debido a la creciente necesidad que muchas Administraciones Públicas tienen de incorporar los recursos y la experiencia del sector privado para mejorar la provisión de bienes y servicios públicos.[1]

La participación público-privada no es una novedad en el Derecho Comparado ni tampoco en el Derecho Uruguayo; sí, en todo caso, es una novedad que se utilice la expresión, traducida del Inglés y del Francés, entre nosotros, PPP, participación público-privada, pero, verdaderamente, la colaboración público-privada en nuestro Derecho y en el Derecho Comparado es de larga data.[2]

Cristina Vázquez[3] recuerda que en nuestro País la expresión "participación público-privada"/PPP aparece por primera vez en un trabajo de Echevarría Petit[4] en 2003, con el siguiente alcance: "emprendimiento de cooperación entre sectores público y privado, basado en la experiencia de cada socio, que satisface de mejor forma necesidades públicas bien definidas, a través de la distribución adecuada de los riesgos, recursos y recompensas".

Participación público-privada/PPP, un "matrimonio" entre la actividad pública y privada se ha empleado como un

1. José Manuel Vasallo Magro y Rafael Izquierdo de Bartolomé, *Infraestructura Pública y Participación Privada: Conceptos y Experiencias en América y España*, Corporación Andina de Fomento/CAF, 2010, p. 103.

2. Comisión de Hacienda de la Cámara de Representantes de la República Oriental del Uruguay, Carpeta 485 de 2010, versión taquigráfica de la reunión realizada el día 22.12.2010, palabras del Dr. Carlos Delpiazzo.

3. Cristina Vázquez, *El Régimen de Participación Público-Privada/PPP*, Montevideo, AMF, 2011, p. 13.

4. José Luis Echevarría Petit, "Participación conjunta del sector público y del sector privado en proyectos de infraestructura en la experiencia canadiense", *Revista de Derecho Universidad de Montevideo* 3. Año II, Montevideo, Facultad de Derecho, 2003.

procedimiento para optimizar el uso de fondos públicos y aumentar la calidad de los servicios tradicionalmente prestados por el sector público.[5]

El término *public-private partnership* está de moda, lo que provoca que su uso en seminarios y conferencias se haya incrementado considerablemente en los últimos años.[6]

A todo ello se une el hecho de que, al ser el término "PPP" un término acuñado en el Reino Unido, sean los británicos los que han asumido ese término como propio. Esta situación ha llevado a que, desde muchos foros, se considere que las únicas PPPs son las que tienen su origen en Reino Unido, como si se tratase de un producto con denominación de origen.[7]

El sistema conocido bajo la denominación "participación público-privada" procura dotar al Estado de un mecanismo eficiente de contratación a través del cual el sector privado aplique sus recursos en el País, en la financiación de obras de infraestructura y servicios conexos.[8]

1.2 Principales características de los contratos de PPP

La Ley 18.786 de 19.7.2011 tiene "una fuerte inspiración en la legislación española, en la Ley n. 30 de 2007, de contratos del sector público. Se trata de una ley con más de 300 artículos, que incorpora al Derecho Español las Directivas Europeas. Es un verdadero código en materia de contratación, con varios centenares de disposiciones".[9]

Enseña Augusto Durán Martínez, en referencia a estas modalidades contractuales, que "a través de estos emprendimientos lo que se procura es un mejor servicio con un mejor precio, todo ello en aras del desarrollo de la sociedad aprovechando lo mejor del sector público y del sector privado. Esto calza perfectamente con la filosofía de nuestra Constitución, con la noción de buena administración que recoge el art. 311 e impone que se destierre ese enfrentamiento, que muy a menudo vemos en el Uruguay, entre lo público y lo privado. Lo importante es la conjunción del esfuerzo de todos en aras del bien común".[10]

El *Libro Verde sobre PPP* de la Comisión Europea, publicado en 2004, establece de modo acertado una serie de características que debe cumplir todo proyecto de PPP:[11] a) la relación entre el

5. Gayle Allard y Amanda Trabant, *Public-Private Partnerships in Spain: Lessons and Opportunities*, IE Business Working Paper, W.P 10-07, 10.7.2007, p. 1.

6. Pablo Schiavi, "La participación público-privada en el desarrollo de infraestructuras y servicios relacionados en el Uruguay. Primeras reflexiones sobre la Ley n. 18.786", *Revista de Derecho Universidad de Montevideo* 20, Año X, Montevideo, Facultad de Derecho, 2011.

7. José Manuel Vasallo Magro y Rafael Izquierdo de Bartolomé, *Infraestructura Pública y Participación Privada: Conceptos y Experiencias en América y España*, cit., p. 104.

8. Pablo Schiavi, "La participación público-privada en el desarrollo de infraestructuras y servicios relacionados en el Uruguay. Primeras reflexiones sobre la Ley n. 18.786", *La Justicia Uruguaya* 144/111-139, noviembre-diciembre/2011 ("Doctrinas").

9. Pablo Schiavi, "La influencia del Derecho Español en la Ley n. 18.786 de participación público-privada", *Estudios de Derecho Administrativo* 5/253 y ss., La Ley Uruguay, 2012.

10. Augusto Durán Martínez, "Nuevas formas de relacionamiento público-privado en el cumplimiento de los cometidos del Estado", *Revista de Derecho* 4/57-102, Montevideo, publicación arbitrada de la Universidad Católica del Uruguay, 2009.

11. Pablo Schiavi, "La participación público-privada en el desarrollo de infraestructuras y

sector público y el sector privado debe tener una larga duración; b) el sector privado debe participar de algún modo en la financiación; c) el sector privado debe tener un papel fundamental en el mantenimiento y explotación de la infraestructura; y d) la relación debe establecer una adecuada distribución de riesgos entre el sector público y el sector privado.[12]

1.3 Estructura de la Ley 18.786 de 19.7.2011

Con respecto al proyecto elevado al Parlamento Nacional, hoy Ley n. 18.786, se señaló que se trataba de un proyecto auto- contenido que no se opone, sino que complementa, los regímenes de contratación vigentes, ajustando los procedimientos y normas al desafío especial que significan los grandes proyectos de infraestructura.

La Ley n. 18.786 de 19.7.2011 establece el marco regulatorio aplicable al régimen de contratos de PPP, brindando un marco jurídico específico para la ejecución de obras de infraestructura pública, con fondos de origen privado, que será de aplicación preceptiva para todos los contratos de PPP.[13]

El texto de la ley contiene 63 artículos divididos en 13 capítulos que abordan, entre otros temas, el concepto de PPP, su ámbito de aplicación, los principios rectores de los mismos, la organización institucional referida a estos contratos, los procesos de contratación (incluyendo la iniciativa privada y el diálogo competitivo), las garantías que deben prestar los particulares, las normas de control de cumplimiento del contrato y sanciones por incumplimiento, la modificación de los contratos, su terminación y la impugnación de los actos administrativos dictados en dichos procesos. La ley contiene varios aspectos positivos, como la neutralidad contractual (no asimila PPP a un tipo contractual, admitiendo diversidad de contratos), la flexibilidad en cuanto a la forma en que se distribuyen los riesgos y las recompensas y la previsión del mantenimiento de la ecuación económico-financiera de los contratos.[14]

Enseña Carlos E. Delpiazzo que, desde una perspectiva general, la PPP – particularmente en el campo de las obras públicas – tiene en el País y a nivel comparado una larga tradición, concretada a través de distintas modalidades. Sin embargo de un tiempo a esta parte la creciente demanda de infraestructura y servicios conexos ha dado lugar a moderna legislación destinada a regular el fenómeno desde una perspectiva específica, a fin de atender la distribución adecuada de los riesgos, a la previsión de procedimientos de contratación apropiados y a la satisfacción de los requerimientos de los proveedores de fondos para emprendimientos a largo plazo. En ese marco cabe encuadrar la

servicios relacionados en el Uruguay. Primeras reflexiones sobre la Ley n. 18.786", *Revista de Derecho y Tribunales* 18/119-147, febrero/2012.

12. José Manuel Vasallo Magro y Rafael Izquierdo de Bartolomé, *Infraestructura Pública y Participación Privada: Conceptos y Experiencias en América y España*, cit., p. 104.

13. Pablo Schiavi, "La participación público-privada en el desarrollo de infraestructuras y servicios relacionados en el Uruguay. Primeras reflexiones sobre la Ley n. 18.786", cit., *La Justicia Uruguaya* 144/111-139.

14. José Luis Echevarría Petit, *Comentario Preliminar sobre la Ley Uruguaya de Participación Público-Privada*, disponible en *http://www.3i.com.uy/wp-content/uploads/2011/11/ComentarioSobreLey18_786.pdf*.

aprobación en nuestro País de la Ley n. 18.786 de 19.7.2011.[15]

Como surge del "Capítulo I – Disposiciones Generales", la ley constituye un régimen opcional para la financiación, diseño, implementación y operación de infraestructuras y prestación de servicios relacionados (arts. 1 y 2) que celebre la Administración Pública.

Con la finalidad de brindar a la Administración Pública las herramientas necesarias para contratar bajo este régimen se prevé en el "Capítulo II – Marco Institucional", la participación de una Comisión Técnica que actuará como asesora de la Administración Pública (art. 8). Ello, sin perjuicio de la eventual participación de la Corporación Nacional para el Desarrollo como estructurador, o, en su caso, para la implementación de proyectos (arts. 9 a 11).

En el "Capítulo III – Procedimiento de Contratación" se regula el procedimiento a tramitarse para la celebración de contratos de PPP, destacándose que el mismo puede iniciarse de oficio o por iniciativa privada (art. 15). Antes de iniciar el procedimiento de contratación, la Administración Pública debe contar con una evaluación previa en virtud de la cual se ponga de manifiesto la viabilidad y la conveniencia del proyecto (art. 16).

Las garantías de mantenimiento de oferta y de cumplimiento de contrato se encuentran específicamente reguladas en el "Capítulo IV – Garantías", en el que se señalan las exigencias en cuanto a su exigibilidad, formalización, ampliación, afectación, preferencias en la ejecución, devolución y cancelación (arts. 25 a 30).

En el "Capítulo V – Medios de Impugnación" se regula el régimen de recursos administrativos contra los actos dictados durante el procedimiento de contratación. Se establece el efecto no suspensivo de su interposición contra los actos dictados durante el trámite del procedimiento, a excepción de aquellos que se interpongan contra el acto de adjudicación definitiva (art. 31).

En el "Capítulo VI – Aptitud e Incompatibilidades para Contratar" se reseñan las aptitudes para contratar con la Administración Pública y los casos en que existen incompatibilidades a tal efecto (arts. 32 y 33).

En el "Capítulo VII – Iniciativa Privada" se regula el trámite aplicable en estos casos, siendo el organismo encargado de recepcionar las mismas la Corporación Nacional para el Desarrollo. Dicho procedimiento, en lo esencial, se tramita conforme lo estipulado en el Capítulo III, estableciéndose una regulación especial en lo que refiere a los derechos del proponente y a la confidencialidad que debe observarse respecto de la información presentada por el proponente (arts. 34 a 38).

En el "Capítulo VIII – Control del Cumplimiento del Contrato" se establece una amplia competencia de la Administración Pública para controlar el cumplimiento del contrato, conjuntamente con la obligación de elevar informes semestrales ante la Unidad de Proyectos de Participación Público-Privada, con la finalidad de informar alteraciones sustanciales o incumplimientos contractuales (arts. 39 a 41).

En el "Capítulo IX – Régimen Sancionatorio" se prevé que en los contratos deberán establecerse las sanciones aplicables para los distintos casos de incum-

15. Carlos E. Delpiazzo, "Caracterización conceptual y positiva", en Carlos E. Delpiazzo (coord.), *Comentarios a la Ley de Participación Público-Privada*, Montevideo, Universidad de Montevideo/Facultad de Derecho, 2012, pp. 12-13.

plimiento o cumplimiento defectuoso, así como sus factores atenuantes o agravantes, siendo facultad de la Administración Pública proceder a la aplicación de sanciones bajo los principios allí indicados (arts. 42 y 43). Asimismo, se regulan los casos en que se resuelva el contrato por incumplimiento del contratista, la solicitud de medidas cautelares, la intervención y el derecho de retención ante el incumplimiento del contratista (arts. 44 a 47).

En el "Capítulo X – Modificaciones y Cesión del Contrato" se regula expresamente el régimen de modificación del contrato, mantenimiento del equilibrio económico del mismo, la posibilidad de su renegociación, así como la posibilidad de cesión y subcontratación (arts. 48 a 51).

En el "Capítulo XI – Extinción del Contrato y Solución de Controversias" se señalan las causales de extinción de los contratos, los casos de abandono de proyectos por el contratista y de término anticipado del contrato (arts. 52 a 54). En especial, se regula el régimen de arbitraje aplicable a la solución de los conflictos que surjan con motivo de la ejecución del contrato (art. 55).

Finalmente, en el "Capítulo XII – Disposiciones Varias" se regula lo atinente a expropiaciones, régimen presupuestario, exposición contable y la vigencia de la ley.

La aprobación de la Ley de Contratos de PPP abre un nuevo horizonte en materia de relacionamiento de la Administración con sus contratistas para el desarrollo de las infraestructuras que el País necesita. No obstante, señala Carlos E. Delpiazzo que, en la medida que se trata de una modalidad de vinculación entre partes en la que el financiamiento será aportado por los inversores privados, adquiere especial importancia respetar la lógica de éstos, superando viejos formalismos a los que a veces se encuentran muy aferradas nuestras Administraciones Públicas.[16]

Uruguay, a través de la nueva Ley de PPP y su reciente reglamentación, se incorpora a este fenómeno mundial, y se espera que los proyectos de infraestructura generen apetito entre inversores locales y extranjeros. La creación de un marco jurídico, apunta José Luis Echevarría Petit, es un primer paso, el segundo es la capacitación del personal del sector público y del sector privado. Queda pendiente la institucionalización de las PPPs y la creación de centros de concentración de conocimiento e intercambio de información.[17]

1.4 Estructura del Decreto reglamentario 17/012 de 26.1.2012

Con fecha 26.1.2012 se dictó el Decreto 17/012, atendiendo a la necesidad de reglamentar diversos aspectos de la Ley 18.786 de 19.7.2011 que faciliten la implementación y la ejecución de contratos de PPP por la Administración Pública contratante y el sector privado.

El decreto reglamentario consta de 13 capítulos. En el "Capítulo Primero – Marco Jurídico" se establece que los contratos de PPP que celebren las Administraciones Públicas contratantes se encuentran regulados por lo establecido en la ley y en el presente decreto reglamentario. En todos aquellos aspectos no regulados por dichas normas serán de aplicación las soluciones

16. Carlos E. Delpiazzo, "Caracterización conceptual y positiva", cit., en Carlos E. Delpiazzo (coord.), *Comentarios a la Ley de Participación Público-Privada*, p. 27.

17. José Luis Echevarría Petit, "Caracterización comparada", en Carlos E. Delpiazzo (coord.), *Comentarios a la Ley de Participación Público-Privada*, Montevideo, Universidad de Montevideo/Facultad de Derecho, 2012, p. 62.

contenidas en los procedimientos administrativos de contratación, en tanto no resulten incompatibles.

En el "Capítulo Segundo – Organización", que es el verdaderamente importante a los efectos del presente trabajo, se regula la Comisión Técnica creada por ley en cuanto a su integración, designación y cometidos; se crea el Comité Coordinador de Evaluación de Contratos de Participación Público-Privada; se regula la integración y el funcionamiento de la Unidad de Proyectos de Participación Público-Privada creada por ley; se establecen disposiciones respecto del Registro de Proyectos y Actos Inscribibles creado por ley; y todo lo relativo a la implementación y estructuración de proyectos por la Corporación Nacional para el Desarrollo.

Los restantes capítulos versan sobre: "Capítulo Tercero – Estudios Previos y Bases de Contratación"; "Capítulo Cuarto – Procedimiento de Contratación"; "Capítulo Quinto – Iniciativa Privada"; "Capítulo Sexto – Diálogo Competitivo"; "Capítulo Séptimo – Contratos de PPP"; "Capítulo Octavo – Ejecución del Contrato de PPP"; "Capítulo Noveno – Solución de Controversias"; "Capítulo Décimo – Garantías en Beneficio de los Acreedores"; "Capítulo Décimo Primero – Control y Seguimiento"; y el "Capítulo Décimo Segundo – Disposiciones Varias".

1.5 Atribución de competencias de ejecución, regulación y control

La Ley 18.786 de 19.7.2011 dedica el Capítulo II a la consagración de un marco institucional novedoso donde se desarrollarán los proyectos de PPP en cuanto a su diseño, estructuración y celebración, con la particularidad de la atribución de competencias de ejecución, regulación y control a distintos organismos estatales, conforme a sus competencias originarias y a las que se atribuyen por la presente ley y por su reglamentación.

En este Capítulo II de la ley se consagran disposiciones respecto de: a) la atribución de competencia a la Administración Pública contratante en cuanto responsable del diseño, estructuración y celebración de contratos de PPP, así como del control de su correcta ejecución y del cumplimiento de las obligaciones asumidas por los contratantes (art. 7); b) la creación de la Comisión Técnica, designada para cada proyecto por la Administración Pública contratante, que asesorará en todas las etapas del procedimiento de contratación (art. 8); c) la creación de la Unidad de Proyectos de PPP, la que dependerá jerárquicamente del Ministerio de Economía y Finanzas (art. 13); y d) la creación del Registro de Proyectos de PPP, cuya organización se comete al Ministerio de Economía y Finanzas (art. 14).

Asimismo Cristina Vázquez apunta que, bajo el título "Organización", el Capítulo II del Decreto 17/012 reglamenta la integración y actividad de la Comisión Técnica, de la Unidad de Proyectos de PPP y del Registro de Proyectos; e introduce la posibilidad de creación de un Comité Coordinador de Evaluación de Contratos de PPP, en cada oportunidad, órgano éste no previsto en la ley. También incluye disposiciones reglamentarias para la implementación de proyectos por la Corporación Nacional para el Desarrollo/CND y la estructuración de proyectos.[18]

En los arts. 9 y ss. de la ley se consagran las nuevas competencias de la

18. Cristina Vázquez, *Reglamentación de la Ley de Contratos de PPP – Decreto n. 17/012 de 26 de Enero de 2012*, Montevideo, AMF, 2012, p. 11.

Corporación Nacional para el Desarrollo respecto de proyectos de PPP, sin perjuicio de los cometidos atribuidos por la Ley 15.785 de 4.12.1985 y demás normas concordantes y modificativas, y disposiciones relativas a la estructuración y a la implementación de proyectos.

Desde el punto de vista institucional, la ley atribuye cometidos al Ministerio de Economía y Finanzas/MEF, fundamentalmente en los arts. 13 y 14, porque es en el ámbito de este Ministerio donde se crean la Unidad de Proyectos de PPP y el Registro de Proyectos de PPP.

La Oficina de Planeamiento y Presupuesto tiene a su cargo la evaluación conjunta con el MEF de los estudios previos y de los pliegos de condiciones que servirán de base de contratación (art. 18 de la ley).[19]

Finalmente, el Tribunal de Cuentas aparece mencionado en el art. 23 de la ley, relativo a la adjudicación de las ofertas, y también en el art. 48, estableciéndose que deberá intervenir en oportunidad en que se modifiquen los contratos.

2. La Administración Pública contratante

2.1 Atribución de competencia

El art. 7 de la ley dispone que la Administración Pública contratante, dentro del ámbito de su competencia, será la responsable del diseño, estructuración y celebración de contratos de PPP, así como del control de su correcta ejecución y del cumplimento de las obligaciones asumidas por los contratantes. Ello, sin perjuicio de las atribuciones y competencias de regulación y control que correspondan a otros organismos estatales conforme a sus competencias originarias y a las que se atribuyen por la presente ley.[20]

La ley establece el marco regulatorio aplicable al régimen de contratos de PPP, que comprende a los Poderes del Estado, Tribunal de Cuentas, Corte Electoral, Tribunal de lo Contencioso Administrativo, Entes Autónomos, Servicios Descentralizados y Gobiernos Departamentales, al considerárseles comprendidos en el término "Administración Pública".

Cristina Vázquez[21] señala que el art. 7 asigna a la Administración Pública contratante, dentro del ámbito de su competencia *– y sin perjuicio de las atribuciones y competencias de regulación y control que correspondan a otros organismos estatales conforme a sus competencias originarias y a las que se atribuyen por la presente ley –*, las siguientes responsabilidades en el contrato: a) el diseño; b) la estructuración; c) la celebración; y d) el control de la correcta ejecución y cumplimiento de las obligaciones asumidas por los contratantes.

El art. 7 de la ley establece que el Estado (Poderes del Estado, Tribunal de lo Contencioso Administrativo y Corte Electoral) así como las entidades descentralizadas tanto territoriales (Gobiernos Departamentales) como por servicios (Entes Autónomos y Servicios Descentralizados) tienen competencia para el diseño, estructuración y celebración de los con-

19. José Luis Echevarría Petit, *Comentario Preliminar sobre la Ley Uruguaya de Participación Público-Privada*, cit., disponible en *http:// www.3i.com.uy/wp- content/uploads/2011/11/ ComentarioSobreLey18_786.pdf.*

20. Pablo Schiavi, "La participación público-privada en el desarrollo de infraestructuras y servicios relacionados en el Uruguay. Primeras reflexiones sobre la Ley n. 18.786", cit., *La Justicia Uruguaya* 144.

21. Cristina Vázquez, *El Régimen de Participación Público-Privada/PPP*, cit., p. 51.

tratos de PPP así como para el control de ejecución y cumplimiento, sin perjuicio de las competencias de regulación y control de otros organismos estatales.[22]

Al respecto apunta Carlos E. Delpiazzo[23] que en el art. 7 hay un actor protagónico, que es la Administración competente. La Administración competente es aquella que tiene asignada la materia a la cual refiere el emprendimiento público-privado que se va a llevar adelante. Complementariamente, en el art. 9 se le asigna un conjunto de cometidos a la Corporación Nacional para el Desarrollo.

En síntesis, debe reafirmarse que la Administración Pública contratante es la actora principal en los procesos de PPP, responsable primera de la "estructuración" de contratos de PPP, quien debe cumplir un rol preponderante teniendo en cuenta las responsabilidades asignadas legalmente en cuanto al diseño, a la estructuración, a la celebración y respecto del control de la correcta ejecución y cumplimiento de las obligaciones asumidas por los contratantes.

Todo lo cual sin perjuicio de la participación de otros actores como el Ministerio de Economía y Finanzas y la Corporación Nacional para el Desarrollo, pero debe quedar claramente de manifiesto que sin la iniciativa en la materia de la Administración competente difícilmente prospere un proyecto al amparo de la ley.

2.2 Control de cumplimiento del contrato: facultades e instrumentos de control

En el Capítulo VIII de la ley, "Control del Cumplimiento del Contrato", se establece una amplia competencia de la Administración Pública para controlar el cumplimiento del contrato, conjuntamente con la obligación de elevar informes semestrales ante la Unidad de Proyectos de PPP, con la finalidad de informar alteraciones sustanciales o incumplimientos contractuales (arts. 39 a 41).

El art. 39 dispone que la Administración Pública contratante será la competente para controlar el cumplimiento del contrato, debiendo informar a la Unidad de Proyectos de PPP, con una periodicidad semestral, el estado de cumplimiento del mismo. Asimismo, deberá informar a dicha Unidad cualquier alteración sustancial o incumplimiento dentro de los 10 días hábiles de verificada dicha alteración, o incumplimiento.

La competencia de la Administración Pública contratante para controlar el cumplimiento del contrato es de principio esencialísima y es acorde a sus responsabilidades en materia de PPP, sin perjuicio de la obligación de elevar informes a la Unidad de PPP.

La reglamentación estableció el alcance, forma y contenido de los informes, disponiendo el art. 66 del decreto que se entenderá por "alteración sustancial" toda intención de modificación unilateral, bilateral o de renegociación del contrato.

Los controles a ejercer por la Administración Pública contratante abarcarán los aspectos técnicos, operativos, legales, económicos, financieros, contables y ambientales, conforme a lo que dispongan la reglamentación y el correspondiente contrato (art. 40).

Sin perjuicio de los informes referidos, la Unidad de Proyectos de PPP

22. José Luis Echevarría Petit, *Comentario Preliminar sobre la Ley Uruguaya de Participación Público-Privada*, cit., disponible en *http:// www.3i.com.uy/wp- content/uploads/2011/11/ ComentarioSobreLey18_786.pdf.*

23. Comisión de Hacienda de la Cámara de Representantes de la República Oriental del Uruguay, Carpeta 485 de 2010, versión taquigráfica de la reunión realizada el día 22.12.2010, palabras del Dr. Carlos Delpiazzo.

podrá solicitar a la Administración contratante, en cualquier momento y cuando lo considere pertinente, toda información o documentación relativa al cumplimiento de los contratos, así como requerir la contratación de auditorías externas específicas que contribuyan a garantizar el correcto seguimiento de los contratos. En caso que la Administración Pública contratante requiera de servicios de auditoria externa, el auditor deberá estar registrado en el Registro de Auditores que administrará la Unidad de Proyectos de PPP.

Los informes mencionados deberán elaborarse siguiendo las pautas de Mejores Prácticas Recomendadas – Guía para Presentación de Informes de Control y Seguimiento.

La Administración Pública contratante tendrá amplias facultades de control y podrá, de acuerdo al art. 41 de la ley, utilizar diferentes instrumentos para el ejercicio de funciones tales como requerimientos de información, auditorías externas, evaluación de desempeño, inspecciones y peritajes.

A estos efectos, de acuerdo al artículo reseñado, el contratista quedará obligado a proporcionar, a requerimiento de la Administración Pública contratante, toda la información y documentación relativa al cumplimiento del contrato que ésta le requiera, sin poder oponer a su respecto el secreto comercial.

En este punto debe señalarse que la reglamentación incorpora nuevos sujetos obligados como los subcontratistas y los suministradores del contratista principal, además del contratista (art. 67 del Decreto 17/012).

2.3 La Comisión Técnica: integración, designación y cometidos

Con la finalidad de brindar a la Administración Pública las herramientas necesarias para contratar bajo este régimen se prevé en el "Capítulo II – Marco Institucional" la participación de una Comisión Técnica que actuará como asesora de la Administración Pública (art. 8). Ello, sin perjuicio de la eventual participación de la Corporación Nacional para el Desarrollo como estructurador, o en su caso para la implementación de proyectos (arts. 9 a 11).

El art. 8 de la ley establece que para cada proyecto la Administración Pública contratante designará una Comisión Técnica que asesorará en todas las etapas del procedimiento de contratación, esto es, el rol principal de la Comisión Técnica es el asesoramiento a la Administración contratante, "que actuará como asesora", dice la Ley, sin perjuicio de la "eventual" participación de la Corporación Nacional para el Desarrollo.

El Mensaje que acompaño la iniciativa del Poder Ejecutivo en noviembre/2010 señalaba que "con la finalidad de brindar a la Administración Pública las herramientas necesarias para contratar bajo este régimen" se preveía la participación de una Comisión Técnica que actuaría como asesora de la misma. Ello era sin perjuicio de la "eventual participación de la Corporación Nacional para el Desarrollo (CND), como estructurador o para la implementación de proyectos de PPP".[24]

En la redacción inicialmente remitida por el Poder Ejecutivo no se disponía que la Comisión Técnica fuera designada "para cada proyecto". A su vez, el artículo sufrió modificaciones en cuanto al número de miembros y la idoneidad requerida para integrarla. También se incorporó con posterioridad el inciso final, estableciendo que

24. Cristina Vázquez, *El Régimen de Participación Público-Privada/PPP*, cit., p. 51.

los integrantes de las comisiones técnicas están obligados a presentar declaración jurada de acuerdo a la Ley 17.060 de 23.12.2008.[25]

La Comisión Técnica estará integrada por un mínimo de tres y un máximo de cinco miembros, debiendo ser dos de ellos, por lo menos, funcionarios de la Administración Pública contratante. Sus miembros deberán tener idoneidad en los diferentes aspectos que componen la materia de contratación y al menos uno, que podrá o no pertenecer a la misma, deberá poseer reconocida idoneidad técnica en la materia objeto de la contratación.[26]

Los integrantes de las comisiones técnicas estarán obligados a presentar declaración jurada de acuerdo a la Ley 17.060 de 23.12.1998.[27] El decreto reglamentario dispone además que su designación será informada a la Junta de Transparencia y Ética Pública.

En cuanto a la integración y designación de la Comisión Técnica, el art. 2 del decreto establece que la Administración Pública contratante designará, para cada proyecto de PPP, una Comisión Técnica que estará integrada por un mínimo de tres y un máximo de cinco miembros, la que asesorará en todas las etapas del procedimiento de contratación.

La Comisión Técnica deberá estar designada al momento de realizarse el llamado público a presentación de ofertas. Dependiendo de la complejidad del contrato de PPP a celebrarse, la Administración Pública contratante resolverá, por decisión fundada, el número de miembros que integrarán la Comisión Técnica y procederá directamente a su designación.

Al respecto apunta Cristina Vázquez que cabe entender la expresión "directamente" en el sentido de que lo hará sin que para ello se requiera concurso u otro procedimiento de selección.[28] Por lo menos dos de los integrantes de la Comisión Técnica deberán ser funcionarios de la Administración Pública contratante con experiencia acreditada en el área de la contratación administrativa y otro, que podrá pertenecer o no a la misma, deberá poseer reconocida idoneidad técnica en la materia específica objeto de contratación.

A diferencia de lo previsto en la ley, señala Cristina Vázquez que aquí se califica a la contratación con los adjetivos de "pública" o "administrativa", la referencia es a la materia de la contratación en general. Asimismo se agrega para estos dos integrantes funcionarios de la Administración contratante el requisito de contar con "experiencia acreditada en el área de la contratación administrativa". Aquí la referencia no se hace a la "idoneidad" sino a la "experiencia" y a la "contratación administrativa" en lugar de a la contratación

25. Idem, ibidem.

26. Pablo Schiavi, "La participación público-privada en el desarrollo de infraestructuras y servicios relacionados en el Uruguay. Primeras reflexiones sobre la Ley n. 18.786", cit., *La Justicia Uruguaya* 144.

27. Los arts. 10 y 11 de la Ley 17.060 de 23.12.1998 ("Normas Referidas al Uso Indebido del Poder Público – Corrupción") establecen la obligación de presentar una declaración jurada de bienes e ingresos a cualquier título ante la Junta de Transparencia y Ética Pública/JUTEP (*www.jutep.gub.uy*).

28. En obra citada, Cristina Vázquez trae a colación el alcance de las nociones de "idoneidad" y "experiencia". La idoneidad refiere a la cualidad de lo idóneo y lo idóneo es – como surge del *Diccionario de la Real Academia Española* – lo "adecuado y apropiado para algo". En cambio, la experiencia referida a una actividad de esta naturaleza es, según dicho *Diccionario*, la "práctica prolongada que proporciona conocimiento o habilidad para hacer algo".

en general.[29] Por lo cual para estos dos funcionarios el requisito de la experiencia en contratación administrativa se suma al de la idoneidad en los diferentes aspectos que componen la contratación en general, que la ley plantea para todos los miembros.[30] En la designación se nombrará al miembro responsable de realizar las convocatorias y coordinar todos los aspectos de funcionamiento de la Comisión Técnica.

Apunta José Luis Echevarría Petit que en el art. 8 no se aclara si esta Comisión Técnica sustituye las Comisiones Asesoras de Adjudicaciones previstas en el art. 57 del Texto Ordenado de la Contabilidad y Administración Financiera del Estado/TOCAF,[31] y, en caso de no sustituirlas, cómo se articulará el funcionamiento de ambas,[32] siendo coherente razonar que en esta materia será la Comisión Técnica que haya sido designada para cada proyecto en particular y que en tales casos la Comisión Asesora de Adjudicaciones no debe intervenir.[33]

Existen diferencias entre el régimen de las Comisiones Asesoras de Adjudicaciones del TOCAF y las Comisiones Técnicas de la Ley 18.786. Si bien la Ley 18.786 no lo dice expresamente (salvo la referencia a la fundamentación a la que refiere el art. 22, inciso final), rige respecto de su actuación idéntica solución a la prevista en el art. 57 del TOCAF para las Comisiones Asesoras de Adjudicaciones respecto de su deber de fundar su pronunciamiento: "Dicho pronunciamiento tendrá carácter de dictamen o informe para el ordenador del gasto y no creará derecho alguno a favor del oferente seleccionado". Por lo qué respecto de ambas Comisiones rige el carácter de que sus dictámenes son necesarios, no vinculantes y deben ser fundados.[34]

De acuerdo al art. 3 del decreto, la Comisión Técnica tendrá los siguientes cometidos: a) asesorar a la Administración Pública contratante en todas las etapas del procedimiento de contratación, procurando que el mismo se realice observando criterios de transparencia, celeridad y eficiencia; b) en caso de corresponder, sugerir el rechazo de algunas o todas las ofertas presentadas cuando éstas no se ajusten a las condiciones exigidas en las bases de contratación o sean manifiestamente inconvenientes.

En definitiva, y tal como lo señala Cristina Vázquez, la Comisión Técnica estará integrada por el número de miembros que – con un mínimo de tres y un máximo de cinco, dependiendo de la complejidad del contrato a celebrarse – resuelva la Administración Pública contratante, por resolución fundada. Todos los integrantes deben tener idoneidad en los diferentes aspectos que componen la materia de la contratación; por lo menos dos de ellos, que deben ser funcionarios de la Administración contratante, deben tener, además, experiencia acreditada en el área de la contratación administrativa, y otro, que

29. Cristina Vázquez, *Reglamentación de la Ley de Contratos de PPP – Decreto n. 17/012 de 26 de Enero de 2012*, cit., p. 12.

30. Idem, ibidem.

31. Hoy debe hacerse referencia a los arts. 66 y ss. del Texto Ordenado de la Contabilidad y Administración Financiera del Estado/TOCAF, aprobado por el Decreto 150/012 de 11.5.2012.

32. José Luis Echevarría Petit, *Comentario Preliminar sobre la Ley Uruguaya de Participación Público-Privada*, cit., disponible en *http://www.3i.com.uy/wp- content/uploads/2011/11/ComentarioSobreLey18_786.pdf.*

33. Natalie Bonjour y María José Panizza, "Competencia pública para contratar", en Carlos E. Delpiazzo (coord.), *Comentarios a la Ley de Participación Público-Privada*, Montevideo, Universidad de Montevideo/Facultad de Derecho, 2012, p. 146.

34. Idem, p. 147.

puede no pertenecer a la Administración contratante, debe poseer reconocida idoneidad técnica en la materia específica objeto de la contratación.[35]

Tal como surge de la lectura de la ley y de su decreto reglamentario, la Comisión Técnica deberá ser designada por resolución fundada de la Administración Pública contratante, resolución que deberá estar motivada tanto en aspectos cuantitativos como cualitativos.

Con respecto a los aspectos cuantitativos, el número de miembros de la Comisión Técnica es variable, ya que debe contar con un mínimo de tres y un máximo de cinco, lo cual deberá estar debidamente motivado teniendo en cuenta la complejidad del contrato a celebrarse.

Con respecto a los aspectos cualitativos, en la parte expositiva de la resolución debe hacerse referencia a que los integrantes de la Comisión que serán designados poseen idoneidad en los diferentes aspectos que componen la materia de la contratación y además quienes sean funcionarios de la Administración contratante – por lo menos dos de ellos – deberán tener experiencia acreditada en el área de la contratación administrativa, mientras que el otro integrante, que puede no pertenecer a la Administración contratante, deberá poseer reconocida idoneidad técnica en la materia específica objeto de la contratación.

3. El Ministerio de Economía y Finanzas

3.1 La intervención del Ministerio de Economía y Finanzas

La intervención del MEF en los procesos de PPP se da en dos niveles: interviene preceptivamente en la evaluación de los estudios previos y los pliegos que servirán de base para la contratación (art. 18); y a través de una Unidad de Proyectos de PPP que se crea en su organigrama (art. 13). Dicha Unidad de Proyectos de PPP interviene dando la conformidad previa a la adjudicación provisional y luego recibe información semestral de la marcha de los contratos de PPP.[36]

Desde el punto de vista institucional, la ley atribuye cometidos al Ministerio de Economía y Finanzas, fundamentalmente en los arts. 13 y 14, porque es en el ámbito de este Ministerio donde se crean la Unidad de Proyectos de PPP y el Registro de Proyectos de PPP, por lo qué el Ministerio de Economía y Finanzas/MEF actuará por sí y a través de unidades especializadas y registros que se crean especialmente y de unidades ejecutoras tradicionales.

En el art. 18 se distribuye entre la Oficina de Planeamiento y Presupuesto/OPP y el Ministerio de Economía y Finanzas la evaluación de los estudios previos y de las bases de contratación.

Asimismo, el art. 4 del Decreto 17/012 crea el Comité Coordinador de Evaluación de Contratos de PPP a los efectos de lograr la actuación coordinada de la OPP y del MEF requerida en los arts. 18 y 47 de la ley.

Finalmente, la ley establece nuevas atribuciones para la Contaduría General de la Nación/CGN en materia de contratos de PPP,[37] en tanto Unidad Ejecutora del Ministerio de Economía y Finanzas.

35. Cristina Vázquez, *Reglamentación de la Ley de Contratos de PPP – Decreto n. 17/012 de 26 de Enero de 2012*, cit., p. 13.

36. José Luis Echevarría Petit, *Comentario Preliminar sobre la Ley Uruguaya de Participación Público-Privada*, cit., disponible en *http:// www.3i.com.uy/wp- content/uploads/2011/11/ ComentarioSobreLey18_786.pdf*.

37. Pablo Schiavi, "La participación público-privada en el desarrollo de infraestructuras y

3.2 *La Unidad de Proyectos de Participación Público-Privada: integración, funcionamiento y cometidos*[38]

El art. 13 de la Ley 18.786 crea la Unidad de Proyectos de PPP con dependencia jerárquica del Ministerio de Economía y Finanzas, mientras que los arts. 5 y 6 del Decreto 17/012 reglamentan su integración y funcionamiento.

La Unidad de Proyectos de PPP depende jerárquicamente del Ministerio de Economía y Finanzas, tal cual lo establece el art. 13: "Créase la Unidad de Proyectos de Participación Público-Privada la que dependerá jerárquicamente del Ministerio de Economía y Finanzas".

En el proyecto remitido por el Poder Ejecutivo se preveía su funcionamiento "en la órbita del Ministerio de Economía y Finanzas", expresión que fue observada por Cajarville[39] en su primera visita a la Comisión de Hacienda de Diputados, por carecer de contenido técnico preciso.[40]

Con respecto a la ubicación de estas unidades especializadas en el Derecho Comparado apunta Luis Porto que a nivel internacional existen diferentes experiencias en los diversos Países en cuanto a las unidades o agencias especializadas en materia de contratos de PPP. Hay algunos, como Francia, que tienen una unidad especializada que funciona dentro del símil del MEF del Uruguay; en otros, como Gran Bretaña, la unidad especializada estuvo durante mucho tiempo dentro del sector privado; asimismo, hay experiencias, como la de España, donde cada Consejería de la Comunidad de Madrid – como, por ejemplo, la Consejería de Transportes e Infraestructuras y la de Sanidad – tiene su propia unidad de participación público-privada. A su vez, podemos citar el ejemplo de Andalucía, donde hay una agencia especializada que atiende a todas las Consejerías.[41]

El caso uruguayo presenta una solución híbrida, al prever la actuación de la Comisión Técnica designada por la Administración contratante, la posibilidad de actuación de la CND y empresas de

servicios relacionados en el Uruguay. Primeras reflexiones sobre la Ley n. 18.786", cit., *La Justicia Uruguaya* 144.

38. Sitio Web: *http://www.mef.gub.uy/ppp/ppp.php*.

39. Sobre el punto Juan Pablo Cajarville apuntaba que: "'En la órbita' es una expresión que el legislador se ha acostumbrado a usar cuando no sabe qué quiere decir, y resulta que quienes interpretamos las leyes tampoco lo sabemos. Jurídicamente, expresar que un órgano está en la órbita de alguna entidad no quiere decir nada; fue una expresión que se usó y que se sigue usando para las unidades reguladoras, si mal no recuerdo. Aquí, debería decirse que funcionará en el Ministerio de Economía y Finanzas o, si se quiere ser más preciso, debería decirse que será un órgano desconcentrado del Ministerio, porque eso sí tiene un significado jurídico bien preciso. Significa que se trata de un órgano que está sometido a jerarquía y que ejerce sus potestades propias. También señalo que se crea esa Unidad, pero no se crean cargos. De modo que, si la solución legislativa se mantiene así, dicha Unidad deberá integrarse con funcionarios del Ministerio. La Cartera luego la conformaría, determinando su personal y sus autoridades" (Comisión de Hacienda de la Cámara de Representantes de la República Oriental del Uruguay, Carpeta 485 de 2010, versión taquigráfica de la reunión realizada el día 22.12.2010).

40. Cristina Vázquez, *El Régimen de Participación Público-Privada/PPP*, cit., p. 60.

41. Comisión de Hacienda de la Cámara de Representantes de la República Oriental del Uruguay, Carpeta 547 de 2011, versión taquigráfica de la sesión del día 9.6.2011, palabras del Ec. Luis Porto.

reconocida idoneidad en la materia, además de la Unidad de Proyectos del MEF.[42]

En cuanto a la integración y funcionamiento de la Unidad de Proyectos de PPP, el art. 5 del Decreto 17/012 dispone que estará integrada por técnicos del Ministerio de Economía y Finanzas, que su director será designado por el Ministro de Economía y Finanzas y que funcionará en la Dirección General de Secretaría del Ministerio de Economía y Finanzas, en tanto Unidad Ejecutora del MEF.

Los cometidos de la Unidad de Proyectos de PPP establecidos en el art. 13 de la ley, sin perjuicio de lo dispuesto en la reglamentación respectiva, son: a) realizar el seguimiento de los aspectos económico-financieros; b) verificar el cumplimiento de los aspectos presupuestarios; c) evaluar los riesgos asociados; y d) realizar los análisis y registros que se cometen al Ministerio de Economía y Finanzas en la presente ley.

Por su parte, el art. 6 del Decreto 17/012, la Unidad de Proyectos de PPP tendrá los siguientes cometidos: a) aprobar, previo informe de la OPP, los lineamientos técnicos aplicables a proyectos de PPP; guías de mejores prácticas recomendadas; uniformización de procedimientos; manuales, modelos e instrumentos que contribuyan al diseño y ejecución de los referidos proyectos en forma más eficaz y eficiente; b) realizar el seguimiento de los aspectos económico-financieros vinculados a los proyectos de PPP y su ejecución; c) verificar el cumplimiento de los aspectos presupuestarios vinculados a los proyectos de PPP y su ejecución; d) evaluar la factibilidad fiscal; e) evaluar los riesgos asociados a los proyectos; f) evaluar la conveniencia de la implementación de los proyectos por la vía de contratos de PPP frente a su implementación como proyectos de inversión pública; g) realizar los análisis que se cometen al MEF en la Ley 18.786 de 19.7.2011; h) emitir opinión sobre tratamiento contable de los contratos; i) definir la metodología para cuantificación de los topes establecidos en el art. 62 de la Ley 18.786 de 19.7.2011; j) analizar los informes que la Administración Pública contratante enviará a la Unidad de Proyectos de PPP, en virtud del cumplimiento del art. 39 de la Ley 18.786 de 19.7.2011; k) administrar el registro de proyectos de PPP; l) administrar el registro de auditores externos de contratos de PPP; y m) recomendar a la Administración Pública contratante la contratación de auditorías externas a los efectos del control.

Respecto de los cometidos, apunta con acierto Cristina Vázquez que los literales "b)", "c)", "e)" y "g)" reiteran lo previsto respectivamente en los literales "a)", "b)", "c)" y "d)" del art. 13 de la ley.[43] La elaboración de las Guías de Mejores Prácticas Recomendadas, que, de acuerdo con el literal "a)" mencionado, serán aprobadas por la Unidad de Proyectos de PPP, debe ser confeccionada por la CND,[44]

42. Cristina Vázquez, *El Régimen de Participación Público-Privada/PPP*, cit., p. 61.

43. Cristina Vázquez, *Reglamentación de la Ley de Contratos de PPP – Decreto n. 17/012 de 26 de Enero de 2012*, cit., p. 15.

44. El art. 14 del Decreto 17/012 de 26.1.2012 establece que la Corporación Nacional para el Desarrollo elaborará las Guías de Mejores Prácticas Recomendadas en un plazo no superior a los 30 días luego de la publicación de este decreto reglamentario. El Ministerio de Economía y Finanzas, previo informe de la Oficina de Planeamiento y Presupuesto, aprobará dichas Guías con o sin modificaciones. Los estudios realizados en base a las Guías de Mejores Prácticas Recomendadas constituirán un insumo relevante

según define el literal "b)" del art. 9 de la ley.[45]

La ampliación de los cometidos de la Unidad de Proyectos de PPP, al decir de Daniel Hugo Martins, excede la competencia reglamentaria del Poder Ejecutivo, en la medida que parte del supuesto de que la reglamentación se excede al extender las normas, sin duda aplicables a las dependencias del Poder Ejecutivo, a otros entes estatales con autonomía en el ejercicio de la función administrativa.[46]

En los arts. 23 y 39 de la ley y en el art. 68 del decreto se establecen otros cometidos concretando y ampliando los anteriores.

El art. 23 establece, en sede de adjudicación de ofertas, el informe previo de la Unidad de Proyectos para la adjudicación provisional realizada por la Comisión Técnica, asimismo requiere informe previo de dicha Unidad en caso de que la adjudicación definitiva no se otorgue al adjudicatario provisional y se realiza una nueva adjudicación provisional.[47]

Por su parte, el art. 39 ordena a la Administración Pública contratante a informar a la Unidad, con una periodicidad semestral, el estado de cumplimiento de los contratos; así como cualquier alteración sustancial o incumplimiento, dentro de los 10 días hábiles de verificado alguno, facultando a la Unidad a solicitarle en cualquier momento y cuando lo considere pertinente información o documentación en lo relativo a cumplimiento de los contratos. Tiene además la facultad de recomendar contratación externa de auditorías para el seguimiento de los contratos.[48]

Finalmente cabe señalar que el art. 68 del decreto regula la solicitud de auditorías por la Unidad de Proyectos de PPP. Al respecto dispone que la Unidad podrá, mediante informe fundado, recomendar a la Administración Pública la contratación de auditorías externas específicas que contribuyan a garantizar el correcto seguimiento de los contratos indicándose, en cada caso, alcance y objetivos de la auditoría a realizarse.

3.3 El Registro de Proyectos de Participación Público-Privada

El art. 14 de la ley crea el Registro de Proyectos de PPP, cuya organización

a los efectos de la elaboración de informes que competen al Ministerio de Economía y Finanzas y a la Oficina de Planeamiento y Presupuesto.

45. Cristina Vázquez, *Reglamentación de la Ley de Contratos de PPP – Decreto n. 17/012 de 26 de Enero de 2012*, cit., p. 15.

46. Daniel Hugo Martins, "Excesos y omisiones del Decreto n. 17/012, reglamentario de la ley sobre contratos de participación público-privada", *La Ley Uruguay, Revista de Legislación, Doctrina y Jurisprudencia* 4/423-428, Año V, abril/2012. Señala el Profesor que el problema se plantea porque la Ley 18.786, que establece "el marco regulatorio aplicable al régimen de contratos de participación público-privada", es aplicable a "los Poderes del Estado, Tribunal de Cuentas, Corte Electoral, Tribunal de lo Contencioso Administrativo, Entes Autónomos, Servicios Descentralizados y Gobiernos Departamentales", al considerárseles comprendidos en el término 'Administración Pública' (art. 3), afirmando que si la ley no puede invadir las competencias exclusivas de los Poderes Legislativo y Judicial, de los Gobiernos Departamentales, de los Entes Autónomos y Servicios Descentralizados, menos aún lo puede hacer el Poder Ejecutivo, por vía reglamentaria, exista o no delegación de la función legislativa. Concluye que estas disposiciones del decreto reglamentario son ilegales.

47. Alicia Andrade y Vanesa Gutiérrez, "Competencia de la Corporación Nacional para el Desarrollo y del Ministerio de Economía y Finanzas", en Carlos E. Delpiazzo (coord.), *Comentarios a la Ley de Participación Público-Privada*, Montevideo, Universidad de Montevideo/ Facultad de Derecho, 2012, p. 165.

48. Idem, p. 15.

se comete al Ministerio de Economía y Finanzas, el que incluirá: los contratos suscritos para el desarrollo de proyectos de PPP y sus modificaciones; los llamados a interesados para la adjudicación de proyectos de PPP; las iniciativas privadas presentadas para el desarrollo de proyectos de PPP, respetando los derechos de confidencialidad que correspondan al titular de la iniciativa; y los informes de auditoría de proyectos de PPP.

En este punto debe señalarse que la ley comete al MEF la organización de este registro y deriva a la reglamentación establecer el contenido y las formalidades bajo las que corresponderá su constitución y administración, así como la actualización de la información en el contenida, entre otros aspectos.[49]

Un resumen de los contenidos de este registro debe informarse anualmente a la Asamblea General, en cada Rendición de Cuentas (*in fine* del art. 62 de la ley).[50]

En consonancia con lo dispuesto en la ley[51] y en el literal "k)" del art. 6 del decreto,[52] el art. 8 del Decreto 17/012 dispone que el Registro de Proyectos de PPP estará a cargo del Ministerio de Economía y Finanzas, por intermedio de la Unidad de Proyectos de PPP.

Dicho Registro estará conformado por las siguientes secciones: Sección Proyectos de PPP; Sección Contratos de PPP y Sección Auditores de Contratos de PPP. Las inscripciones se realizarán conforme a las formalidades que determine la Unidad de Proyectos de PPP.

El art. 9 del decreto determina los actos inscribibles en las distintas Secciones referidas.[53] En tal sentido, en la Sección Proyectos de PPP se inscribirán los siguientes actos: las iniciativas públicas; los estudios previos y las iniciativas privadas para el desarrollo de proyectos de PPP que hubieren sido aceptadas, con o sin modificaciones, por la Administración Pública contratante.

En la Sección Contratos de PPP se inscribirán los siguientes actos: las resoluciones en virtud de las cuales se adjudiquen, en forma provisional o definitiva, contratos de PPP; los contratos de PPP que se suscriban entre la Administración Pública contratante y el contratista; las resoluciones que impongan sanciones al contratista en el marco de la implementación y/o ejecución de contratos de PPP; las garantías otorgadas; los informes de auditoría de proyectos de PPP; los pagos anuales realizados al contratista; y las cesiones de contratos de PPP. Asimismo en la referida Sección se inscribirán toda modificación de los contratos de PPP, la extinción de los contratos de PPP y su causal, las impugnaciones deducidas

49. Cristina Vázquez, *Reglamentación de la Ley de Contratos de PPP – Decreto n. 17/012 de 26 de Enero de 2012*, cit., p. 15.

50. Cristina Vázquez, *El Régimen de Participación Público-Privada/PPP*, cit., p. 61.

51. La reglamentación establecerá el contenido y las formalidades bajo las cuales corresponderá la constitución y administración del Registro, así como la actualización de la información contenida en el mismo, entre otros aspectos (art. 14, inciso final, de la Ley 18.786 de 19.7.2011).

52. Cristina Vázquez, *Reglamentación de la Ley de Contratos de PPP – Decreto n. 17/012 de 26 de Enero de 2012*, cit., p. 15.

53. En la misma línea de lo señalado con anterioridad, Daniel Hugo Martins entiende que la ampliación de los actos inscribibles en el Registro de Proyectos excede la competencia reglamentaria del Poder Ejecutivo (en "Excesos y omisiones del Decreto n. 17/012, reglamentario de la ley sobre contratos de participación público-privada", *La Ley Uruguay, Revista de Legislación, Doctrina y Jurisprudencia* 4/423-428).

contra los actos inscribibles, los laudos del Tribunal Arbitral que recaigan en la resolución de conflictos que se susciten en el marco de contratos de PPP.

Finalmente, en la Sección Auditores de Contratos de PPP se inscribirán los siguientes actos: los auditores autorizados para la realización de auditorías vinculadas a la ejecución y la extinción de contratos de PPP.

3.4 La Contaduría General de la Nación[54]

La Ley 18.786 establece nuevas atribuciones para la Contaduría General de la Nación/CGN en materia de contratos de PPP,[55] en tanto Unidad Ejecutora del Ministerio de Economía y Finanzas, responsable del sistema presupuestario nacional en sus aspectos técnicos y operativos[56] y del sistema integrado de información financiera.[57]

Al tenor del art. 60 de la ley ("Exposición Contable"), el tratamiento contable de las obligaciones emergentes de un contrato de PPP dependerá de la existencia de una transferencia significativa de riesgos comerciales en la fase de construcción y operación, esto es, cuando los pagos a cargo de la Administración Pública dependan de la disponibilidad y calidad de servicio o de la demanda, conforme al informe realizado de acuerdo a lo dispuesto en el art. 18 de la ley en estudio. Cuando exista transferencia de riesgo, los pagos al contratista por concepto de inversión realizada deberán incluirse en el presupuesto de inversión correspondiente al ejercicio fiscal en que deba realizarse el mismo.

Siempre que la Administración Pública contratante sea un Inciso del Presupuesto Nacional, se incluirán los pagos dentro del Presupuesto de Inversiones del Inciso 24 "Diversos Créditos" y se deducirá el equivalente del crédito de Inversiones del Inciso contratante. En aquellos casos en que no exista una transferencia significativa de riesgos comerciales en la fase de construcción y operación, el componente de la inversión será considerado gasto presupuestario dentro de la Administración Pública contratante correspondiente, en la medida que la inversión se devengue, y los pagos diferidos a su cargo serán considerados como un pasivo.

La Contaduría General de la Nación deberá llevar en forma identificable el registro de pasivos firmes y contingentes correspondientes a contratos de PPP e informar en cada instancia de Rendición de Cuentas el monto estimado de los mismos en forma separada de la Deuda Pública, como asimismo la inversión ejecutada por Ejercicio Fiscal y por Inciso del Presupuesto.

Por su parte, el art. 87 del decreto, en cuanto a las obligaciones de la Administración Pública contratante, dispone que dentro de los 90 días de iniciado cada ejercicio los Incisos de la Administración Central y las Empresas Públicas que tengan contratos de PPP deberán remitir al Ministerio de Economía y Finanzas el flujo de fondos proyectado así como del

54. El marco normativo y los cometidos de la Contaduría General de la Nación/CGN pueden consultarse en el sitio Web oficial: *http://www.cgn.gub.uy/*.

55. Pablo Schiavi, "La participación público-privada en el desarrollo de infraestructuras y servicios relacionados en el Uruguay. Primeras reflexiones sobre la Ley n. 18.786", cit., *La Justicia Uruguaya* 144.

56. Fuente: Ley 16.736 de 5.1.1996, "Sección III – Ordenamiento Financiero", "Capítulo I – Normas Generales", art. 37.

57. Fuente: Texto Ordenado de Contabilidad y Administración Financiera/TOCAF, art. 101, incorporado por art. 43 de la Ley 16.736 de 5.1.1996 en la redacción dada por el art. 15 de la Ley 17.213 de 24.9.1999.

informe de los pasivos contingentes de cada contrato por el período de vigencia del mismo, en la forma y condiciones que establezca la referida Secretaría de Estado.

Los presupuestos proyectados de las empresas públicas deberán acompañarse del referido flujo de fondos e informe de pasivos contingentes, los cuales deberán estar contemplados en los proyectos así como en los presupuestos aprobados.

4. La Oficina de Planeamiento y Presupuesto[58]

4.1 Competencia en materia de evaluación de los estudios previos y las bases de contratación

De acuerdo al art. 18 de la ley, la Oficina de Planeamiento y Presupuesto es competente en materia de la evaluación de los estudios previos y de las bases de contratación al disponer que los estudios de evaluación previa y las bases de contratación serán presentados ante la OPP y el MEF para su consideración e informe, el que se procesará según los plazos y condiciones que a tales efectos estableció la reglamentación.

El art. 17 del decreto establece que la Administración Pública contratante deberá elaborar un estudio de factibilidad que deberá ser presentado ante la OPP y el MEF para su consideración e informe dentro de un plazo máximo de 12 meses.

Por su parte, el art. 18 del decreto establece que, una vez obtenido el informe por parte de la OPP y el MEF, la Administración Pública contratante deberá elaborar un documento de evaluación.

Y finalmente el art. 19 del decreto dispone que, obtenido el informe de la OPP y el MEF sobre el documento de evaluación previa, la Administración Pública contratante elaborará las bases generales de contratación y el borrador del contrato.

4.2 Competencia en materia de modificaciones del contrato por la Administración

De acuerdo al art. 47 de la ley, en sede de modificaciones del contrato por la Administración, se establece que el contrato de PPP podrá reconocer la potestad de la Administración contratante de modificar el contrato, estipulándose los aspectos concretos del contrato susceptibles de tal modificación, las contraprestaciones que en su caso correspondan, así como el monto máximo de la inversión adicional que las modificaciones podrán requerir y el plazo dentro del cual la potestad podrá ser ejercida.

Pactada que sea la potestad referida, la Administración Pública contratante – previo informe de la OPP, del MEF e intervención del Tribunal de Cuentas – podrá proceder a la modificación de las características o la cuantía de las obras o de los servicios contratados, para mejorar o incrementar los niveles de servicios o estándares técnicos establecidos en los pliegos de condiciones y en el contrato, o por otras razones de interés público debidamente fundadas, sin afectar con ello las condiciones sustanciales del contrato.

El contratista tendrá derecho a la compensación económica que corresponda por los costos adicionales netos en que incurriere por tal concepto. En todo caso, el monto máximo de las nuevas inversio-

58. El marco normativo y los cometidos de la Oficina de Planeamiento y Presupuesto/OPP pueden consultarse en el sitio Web oficial: *http://www.opp.gub.uy/*.

nes o del gasto del servicio, requeridas por las modificaciones dispuestas conforme al inciso anterior, no podrá exceder del 20% del presupuesto de la obra o del gasto en operación acordado en el contrato original.

5. El Comité Coordinador de Evaluación de Contratos de Participación Público-Privada

El art. 4 del Decreto 17/012 de 26.1.2012 crea el Comité Coordinador de Evaluación de Contratos de Participación Público-Privada, órgano de creación opcional no previsto en la ley.

De la lectura de la ley, podemos señalar que existen tres casos en los cuales podría crearse Comité Coordinador de Evaluación de Contratos de Participación Público-Privada: arts. 18, 36 y 47.

A efectos de lograr la actuación coordinada de la Oficina de Planeamiento y Presupuesto y el Ministerio de Economía y Finanzas requerida en los arts. 18 y 47 de la ley, ambos organismos podrán crear, en cada oportunidad, un Comité Coordinador de Evaluación de Contratos de PPP que estará integrado por dos miembros: un representante designado por la OPP y otro representante designado por el MEF.

Debe resaltarse que la creación del Comité Coordinador está sujeta a la voluntad del MEF y de la OPP a los efectos de lograr una actuación coordinada entre ambos, por lo qué no necesariamente debe existir un Comité en los procesos de PPP.

Tal como señala Cristina Vázquez, el art. 18 de la ley refiere a los informes que la OPP y el MEF deben producir coordinadamente en relación a los estudios de evaluación previa y las bases de contratación que se les presenten, mientras que el art. 47 prevé el informe de la OPP y el MEF en el caso de ejercicio de la potestad de modificación del contrato de PPP por la Administración Pública contratante, en el marco de lo ya acordado en el contrato, respecto del plazo para disponerlas, aspectos concretos que puedan modificarse, contraprestaciones y monto máximo de inversión adicional.[59]

Asimismo Cristina Vázquez apunta que cabe entender también que puede crearse un Comité Coordinador de Evaluación de Contratos de PPP en el caso de la intervención de la OPP y el MEF en el procedimiento de iniciativa privada, dada la remisión al art. 18 que efectúa el inciso final del art. 36 de la ley.

El art. 7 del decreto establece el plazo dentro del cual deben pronunciarse el Ministerio de Economía y Finanzas y la Oficina de Planeamiento y Presupuesto, que se determinará, en cada caso y de común acuerdo, con la Administración Pública contratante, en función de la complejidad de cada proyecto de PPP que le sea presentado, plazo que se interrumpirá cuando la OPP y/o el MEF requieran a la Administración Pública contratante información o estudios complementarios.

6. El Tribunal de Cuentas[60]

6.1 Competencia en materia de adjudicación de ofertas

El Tribunal de Cuentas aparece mencionado en el art. 23 de la ley, relativo a la adjudicación de las ofertas, y también en el art. 47, estableciéndose que deberá intervenir en oportunidad en que se modifiquen los contratos.

59. Cristina Vázquez, *Reglamentación de la Ley de Contratos de PPP – Decreto n. 17/012 de 26 de Enero de 2012*, cit., p. 13.

60. El marco normativo y los cometidos del Tribunal de Cuentas pueden consultarse en el sitio Web oficial: *http://www.tcr.gub.uy/*.

El art. 23 de la ley dispone que "el proceso continuará con la intervención del Tribunal de Cuentas, el que dispondrá de 30 (treinta) días corridos para su pronunciamiento, contados desde la recepción del expediente de notificación". Vencido este plazo sin que el Tribunal de Cuentas se expida, se considerará que existe un pronunciamiento favorable del Tribunal por lo qué el proceso continuará de acuerdo a lo establecido por los incisos siguientes.

Asimismo, el art. 33 del decreto establece que la adjudicación provisional será sometida a la intervención del Tribunal de Cuentas.[61] Finalmente, el art. 34 del decreto establece que la adjudicación definitiva será notificada a cada uno de los oferentes y al Tribunal de Cuentas.

6.2 Competencia en materia de modificaciones del contrato por la Administración

De acuerdo al art. 47 de la ley, el Tribunal de Cuentas deberá intervenir en oportunidad en que se modifiquen los contratos. Debe recordarse que hasta ahora la intervención del Tribunal de Cuentas en la modificación de los contratos está establecida por ordenanza del Tribunal de Cuentas, mientras que a partir de la aprobación de la presente ley su intervención tendrá fuente legal.[62]

Esto es interesante, señala Carlos E. Delpiazzo,[63] porque, hasta ahora, la intervención del Tribunal de Cuentas en la modificación de los contratos está establecida por ordenanza del Tribunal de Cuentas, que ha impuesto a las Administraciones remitir los acuerdos de modificación, las renegociaciones etc. Parece positivo que se explicite en una ley y no ya en una ordenanza del Tribunal de Cuentas.

7. La Corporación Nacional para el Desarrollo[64]

7.1 Competencias de la Corporación Nacional para el Desarrollo respecto de proyectos de PPP: fortalecimiento de capacidades de las Administraciones Públicas

La Corporación Nacional para el Desarrollo/CND fue creada por la Ley 15.785 de 4.12.1985, como persona jurídica de derecho público no estatal. Su

61. En cuanto a la adjudicación provisional de ofertas, el art. 32 del Decreto 17/012 de 26.1.2012 establece que la Administración Pública contratante realizará la adjudicación provisional, o el rechazo de las ofertas presentadas, lo que deberá notificarse a todos los oferentes. La adjudicación se hará a la oferta más conveniente a los intereses de la Administración Pública y las necesidades del servicio, dejando expresa constancia de los fundamentos por los cuales se adopta una resolución. En dicha resolución se fijarán los aspectos esenciales de la contratación.

62. Sobre el punto, el art. 47 de la ley dispone que el contrato de PPP podrá reconocer la potestad de la Administración contratante de modificar el contrato, estipulándose los aspectos concretos del contrato susceptibles de tal modificación, las contraprestaciones que en su caso correspondan, así como el monto máximo de la inversión adicional que las modificaciones podrán requerir y el plazo dentro del cual la potestad podrá ser ejercida.

63. Comisión de Hacienda de la Cámara de Representantes de la República Oriental del Uruguay, Carpeta 485 de 2010, versión taquigráfica de la reunión realizada el día 22.12.2010, palabras del Dr. Carlos Delpiazzo.

64. El marco normativo y los cometidos la Corporación Nacional para el Desarrollo/CND pueden consultarse en el sitio Web oficial: *http://www.cnd.org.uy/*.

funcionamiento fue reglamentado por el Decreto 247/987 de 22.5.1987.

La posibilidad de existencia de la categoría conceptual "persona pública no estatal" – esto es, persona jurídica regida por disposiciones de derecho público pero que no integra el Estado como organización jurídica de la colectividad y cuyo patrimonio no integra el patrimonio del Estado – fue afirmada, por primera vez, por Enrique Sayagués Laso.[65]

La Corporación Nacional para el Desarrollo tiene un rol fundamental en el ámbito de las PPPs. En efecto, el art. 9 le atribuye competencia en diversos aspectos relacionados a los contratos de PPP, tales como: i) desarrollo y fomento de las PPPs; ii) elaboración de lineamientos técnicos, manuales de mejores prácticas; iii) asesoramiento en la selección de proyectos; y iv) recepción y evaluación de iniciativas privadas de PPP. Más allá de las competencias aludidas, el art. 10 de la ley habilita a las entidades estatales a contratar a la CND para estructurar proyectos de PPP, y, adicionalmente, el art. 11 prevé que la CND pueda ser contratada por dichas Administraciones para implementar los proyectos.[66]

El art. 9 de la Ley 18.786 establece cuáles serán los cometidos de la CND en función de esta norma jurídica. Los cuáles se suman a los que la misma ya tenía asignados por la Ley 15.785 en su art. 11, cuya redacción fue modificada por el art. 34 de la Ley 18.602.[67]

Esto es, el papel preponderante y principal de la CND gira en torno a su rol de contribución al fortalecimiento de capacidades de las Administraciones Públicas en el diseño e implementación de proyectos PPP y los aspectos relacionados a su desarrollo y fomento, a la elaboración de lineamientos técnicos, manuales de mejores prácticas – Guías de Mejores Prácticas Recomendadas –, al asesoramiento en la selección de proyectos y a la recepción y evaluación de iniciativas privadas de PPP.[68]

En cuanto a la CND, vamos a detenernos en forma exclusiva en las nuevas competencias que tiene en materia de PPP, las cuales están establecidas en el art. 9 de la Ley 18.786. Sin perjuicio de los cometidos atribuidos por la Ley 15.785 y demás normas concordantes y modificativas, la CND tendrá los siguientes

65. *Apud* Cristina Vázquez, *El Régimen de Participación Público-Privada/PPP*, cit., p. 52.

66. José Luis Echevarría Petit, *Comentario Preliminar sobre la Ley Uruguaya de Participación Público-Privada*, cit., disponible en *http:// www.3i.com.uy/wp- content/uploads/2011/11/ ComentarioSobreLey18_786.pdf.*

67. Alicia Andrade y Vanesa Gutiérrez, "Competencia de la Corporación Nacional para el Desarrollo y del Ministerio de Economía y Finanzas", cit., en Carlos E. Delpiazzo (coord.), *Comentarios a la Ley de Participación Público-Privada*, p. 156.

68. El art. 13 del Decreto 17/012 dispone que los estudios de evaluación previa a que refiere el art. 16 de la ley serán realizados por la Administración Pública contratante de acuerdo a las Guías de Mejores Prácticas Recomendadas. Dichos estudios deberán estar divididos en las siguientes etapas: perfil y elegibilidad de proyecto, factibilidad y documento de evaluación.

El art. 14 del decreto establece que la Corporación Nacional para el Desarrollo elaborará las Guías de Mejores Prácticas Recomendadas en un plazo no superior a los 30 días luego de la publicación de este decreto reglamentario. El Ministerio de Economía y Finanzas, previo informe de la Oficina de Planeamiento y Presupuesto, aprobará dichas Guías con o sin modificaciones. Los estudios realizados en base a las Guías de Mejores Prácticas Recomendadas constituirán un insumo relevante a los efectos de la elaboración de informes que competen al Ministerio de Economía y Finanzas y a la Oficina de Planeamiento y Presupuesto.

cometidos: a) desarrollar y fomentar la ejecución de proyectos de PPP mediante la aplicación de los mejores criterios técnicos y el apego a los principios y orientaciones contenidos en la presente ley; b) elaborar los lineamientos técnicos aplicables a proyectos de PPP a través de la confección de Guías de Mejores Prácticas Recomendadas, uniformización de procedimientos y preparación de manuales, modelos e instrumentos que contribuyan al diseño y ejecución de los referidos proyectos en forma más eficaz y eficiente. La difusión de los mismos requerirá la aprobación del Ministerio de Economía y Finanzas, previo informe de la Oficina de Planeamiento y Presupuesto; c) asesorar en la identificación, concepción, diseño, estudio, estructuración, promoción, selección y contratación de los proyectos de PPP, en los términos y condiciones que se acuerden mediante convenio con las Administraciones Públicas contratantes; d) contribuir al fortalecimiento de capacidades de las Administraciones Públicas contratantes en el diseño e implementación de proyectos de PPP; e) asesorar al Poder Ejecutivo a identificar y priorizar proyectos susceptibles de ser ejecutados mediante el sistema de PPP; f) facilitar a las Administraciones Públicas contratantes la coordinación interinstitucional de sus actividades relacionadas con proyectos de PPP; y g) crear o adquirir sociedades comerciales de cualquier naturaleza así como instrumentos financieros, cuando ello se entienda necesario para el mejor desarrollo de proyectos de PPP.

La actividad de la CND para la estructuración de proyectos de PPP podrá contratarse por la Administración Pública contratante (art. 10, inciso 1º). Siendo la CND una persona pública no estatal, esta posibilidad ya se encuentra facultada por el art. 33 del TOCAF en su numeral 3º, literal "a)". Expresaba Porto, en su visita al Parlamento, que "el espíritu del artículo es no dar exclusividad a la Corporación, sino que compita con otros agentes del mercado, con consultoras tradicionales".[69]

Las atribuciones que la ley de contratos PPP asigna a la CND son sin perjuicio de los cometidos atribuidos por su ley de creación, n. 15.785, y demás normas concordantes y modificativas (primer inciso del art. 9 de la ley).[70]

Con total claridad señala Cristina Vázquez que en los literales "b)", "d)" y "e)" del art. 11 de la Ley 15.785, citada, en su redacción sustituida por el art. 34 de la Ley 18.602 de 21.9.2009, se perfila una CND como gestora de proyectos (*proyect*

69. *Apud* Cristina Vázquez, *El Régimen de Participación Público-Privada/PPP*, cit., p. 55.

70. El art. 11 de la Ley 15.785 citada, en su redacción sustituida por el art. 34 de la Ley 18.602 de 21.9.2009, dispone que la Corporación Nacional para el Desarrollo tendrá los siguientes cometidos: a) actuar como concesionario de proyectos de infraestructura pública de transporte, energía, telecomunicaciones y de cualquier otro tipo que sean de uso público, de acuerdo con lo qué, por ley, contratos y convenios se le asignen. A estos efectos la Corporación podrá crear o adquirir sociedades comerciales o participar en consorcios y/o en fideicomisos especializados en la explotación de las concesiones o proyectos que se le otorguen; b) ejercer como administrador y/o fiduciario de proyectos vinculados al desarrollo y mantenimiento de infraestructura financiados con recursos públicos, préstamos o donaciones nacionales o internacionales; c) constituir sociedades comerciales, consorcios y/o fideicomisos con entes autónomos y servicios descentralizados a los efectos de la realización de obras de infraestructura o prestación de servicios; d) analizar y preparar proyectos de inversión así como identificar áreas de oportunidad en infraestructura pública; e) prestar servicios de administración de fondos, de recursos humanos o de administración contable y financiera, siempre y cuando los mismos no puedan ser prestados por otras personas públicas en razón de sus cometidos.

manager), en tanto en los literales "a)" y "c)" del artículo referido puede vérsela más como vehículo para una PPP, como instancia de transición hacia una gestión privada o mixta.[71]

7.2 Estructuración de proyectos de PPP

Habíamos señalado que con la finalidad de brindar a la Administración Pública las herramientas necesarias para contratar bajo este régimen en el "Capítulo II – Marco Institucional" se prevé la participación de una Comisión Técnica que actuará como asesora de la Administración Pública (art. 8), sin perjuicio de la eventual participación de la Corporación Nacional para el Desarrollo como estructurador, o en su caso para la implementación de proyectos (arts. 9 a 11).

El art. 10 de la ley establece que para la estructuración de proyectos de PPP la Administración Pública contratante podrá contratar en forma directa a la Corporación Nacional para el Desarrollo.[72] Asimismo, podrá contratar para ello a empresas de reconocida idoneidad en la materia. La selección y la contratación de dichas empresas deberán realizarse a través del régimen general de contratación administrativa, no siendo aplicable para ello los mecanismos de contratación establecidos en la presente ley.

Si bien, según lo dispuesto en el art. 7, el sujeto responsable de la "estructuración" de contratos de PPP es la Administración Pública contratante, el art. 10 bajo el acápite "Estructuración de Proyectos" prevé la posibilidad de que la Administración Pública contratante contrate a la Corporación Nacional para el Desarrollo.[73]

En este punto debemos recordar lo ya señalado en cuanto a que la Administración Pública contratante es el actor protagónico en los procesos PPP, y podrá recurrir eventualmente a la CND a los efectos de la estructuración de proyectos y de su asesoramiento, pero no está obligada a hacerlo.

Al respecto señala Cristina Vázquez que para la estructuración de proyectos de PPP la Administración Pública contratante puede contratar en forma directa a la CND o a empresas de reconocida idoneidad en la materia, cuya selección debe realizarse a través del régimen general de contratación administrativa. Siendo la CND una persona pública no estatal, la posibilidad de contratarla directamente a estos efectos ya se encuentra facultada por el art. 33 del TOCAF en su numeral 3º, literal "a)";[74] por lo cual no era necesario que la norma previera la posibilidad de contratación directa con la Corporación Nacional para el Desarrollo, ya que, por su carácter de persona pública no estatal, esta posibilidad estaba prevista en el art. 33, numeral 3º, literal "a)" del TOCAF.[75]

Sobre el punto el art. 11 del Decreto 17/012 establece que la estructuración de

71. Cristina Vázquez, *El Régimen de Participación Público-Privada/PPP*, cit., p. 57.

72. Pablo Schiavi, "La participación público-privada en el desarrollo de infraestructuras y servicios relacionados en el Uruguay. Primeras reflexiones sobre la Ley n. 18.786", cit., *La Justicia Uruguaya* 144.

73. Natalie Bonjour y Maria José Panizza, "Competencia pública para contratar", cit., en Carlos E. Delpiazzo (coord.), *Comentarios a la Ley de Participación Público-Privada*, p. 148.

74. Cristina Vázquez, *Reglamentación de la Ley de Contratos de PPP – Decreto n. 17/012 de 26 de Enero de 2012*, cit., p. 17.

75. Natalie Bonjour y Maria José Panizza, "Competencia pública para contratar", cit., en Carlos E. Delpiazzo (coord.), *Comentarios a la Ley de Participación Público-Privada*, p. 148.

proyectos, definida en el art. 10 de la ley, comprende: a) asesoramiento y elaboración de estudios previos; b) asesoramiento en la elaboración de bases de contratación, pliegos, procedimientos competitivos y contratos de participación público-privada; c) asesoramiento en el análisis de ofertas; d) colaboración con la Comisión Técnica en el cumplimiento de sus cometidos; e) asesoramiento en la elaboración de esquemas de control y seguimiento.

Asimismo, como parte de la estructuración, la Corporación Nacional para el Desarrollo podrá participar como agente fiduciario a efectos del control.

En la misma línea de lo señalado con anterioridad, Daniel Hugo Martins entiende que la ampliación de los cometidos de la Corporación Nacional para el Desarrollo excede la competencia reglamentaria del Poder Ejecutivo. Sobre el punto señala que el decreto reglamentario establece, lo que no hace la ley, que "podrá participar como agente fiduciario a efectos del control" (art. 11, *in fine*).[76]

7.3 Implementación de proyectos de PPP

El art. 11 de la ley establece que, previa autorización debidamente fundada del Poder Ejecutivo, la Administración Pública contratante podrá acordar directamente con la Corporación Nacional para el Desarrollo/CND que esta asuma la implementación de un proyecto de PPP en forma integral, con el fin de viabilizar su concreción y, posteriormente, transferir el mismo al sector privado a través de los procedimientos de contratación previstos en la presente ley.[77]

Esta modalidad de implementación, de carácter excepcional, podrá aplicarse únicamente en aquellos proyectos que no superen el monto de inversión estimada en 850 millones de Unidades Indexadas – aproximadamente U$S 100 millones a valores junio/2012 (art. 10 del Decreto 17/012).

Asimismo, la reglamentación estableció el plazo máximo dentro del cual la CND deberá trasferir el proyecto al sector privado. A estos efectos, la CND podrá ejecutar el proyecto directa o indirectamente, mediante la celebración de contratos o acuerdos comerciales de cualquier naturaleza, de acuerdo a lo establecido en el art. 3 de la ley.

El Poder Ejecutivo, en oportunidad de autorizar la implementación de un proyecto de PPP por la Corporación Nacional para el Desarrollo, establecerá el plazo dentro del cual dicha Corporación deberá transferir el proyecto al sector privado. Dicho plazo no podrá superar en ningún caso los 36 meses, contados a partir del inicio de la etapa de operación.

7.4 Los contratos de PPP institucional en la Ley 18.786 de 19.7.2011

El art. 12 de la Ley 18.786 regula los contratos de Participación Público-Privada Institucional al disponer que: "En el marco de los cometidos establecidos en el art. 11 de la Ley n. 15785 del 4 de diciembre de 1985 en la redacción dada por el art. 34

76. Daniel Hugo Martins, "Excesos y omisiones del Decreto n. 17/012, reglamentario de la ley sobre contratos de participación público-privada", cit., *La Ley Uruguay, Revista de Legislación, Doctrina y Jurisprudencia* 4/423-428.

77. Pablo Schiavi, "La participación público-privada en el desarrollo de infraestructuras y servicios relacionados en el Uruguay. Primeras reflexiones sobre la Ley n. 18.786", cit., *La Justicia Uruguaya* 144.

de la Ley n. 18.602 del 21 de setiembre de 2009, la Administración contratante podrá celebrar directamente contratos de participación público-privada con la Corporación Nacional para el Desarrollo de acuerdo a los procedimientos definidos en los arts. 15, 16, 17 y 18 de la presente Ley. En caso de que la Corporación Nacional para el Desarrollo ceda en forma total el contrato referido deberá hacerlo por alguno de los procedimientos definidos en los arts. 19 y 20 de la presente Ley".

Es interesante recordar en este punto la discusión suscitada respecto de la redacción anterior de este artículo en cuanto preveía que "la Administración Pública contratante podrá celebrar directamente contratos de participación público-privada con otras entidades públicas, con personas públicas no estatales (...)". Al respecto se sostuvo con acierto que las personas públicas no estatales son entidades públicas, por lo qué la redacción es redundante. Para que no lo fuera, el artículo se tendría que referir a entidades públicas estatales, personas públicas no estatales o, de lo contrario, a entidades públicas estatales o no estatales. Al referir a entidades públicas, están incluidas las personas públicas no estatales, que por eso son personas públicas... Si el Estado contrata con el Estado, no necesita contratos de participación público-privada; lo puede hacer desde hoy, y los riesgos siempre son estatales; estarán en un organismo o en otro, pero siempre son fondos públicos.[78]

La esencia de este tipo de contratos, al decir de Cajarville, para que dé resultado, consiste en que el riesgo se asuma por la parte que es más hábil para ello, ya sea por su actividad, su estructura, su naturaleza jurídica o por la razón que sea; esta es la sustancia de este tipo de contratos. Por eso digo que es concebible que este régimen jurídico, que la ley llama participación público-privada, pueda aplicarse, aunque sean dos entidades estatales las que actúen. La dificultad, en ese caso, sería de denominación del contrato.[79]

Sin perjuicio de la facultad de las Administraciones de encomendar la estructuración e implementación de proyectos de PPP a la CND, el art. 12 de la ley prevé que las Administraciones Públicas pueden celebrar directamente (sin proceso competitivo) contratos de PPP con la CND. Más allá de la crítica que merece la creación de sociedades privadas por entidades estatales o públicas no estatales, la idea de crear una PPP entre el Estado y una "sociedad privada del Estado" o la propia CND no es de recibo. En efecto, no puede considerarse que existe un contrato de participación público-privada cuando de un lado y del otro del contrato está el Estado (por sí o a través de esas personas privadas que en el mundo se conocen como "entes instrumentales" o personas públicas no estatales que reciben del Estado fondos públicos) porque, como es obvio, falta la participación privada.[80]

78. Comisión de Hacienda de la Cámara de Representantes de la República Oriental del Uruguay, Carpeta 485 de 2010, versión taquigráfica de la reunión realizada el día 22.12.2010, palabras del Dr. Juan Pablo Cajarville.

79. Pablo Schiavi, "La participación público-privada en el desarrollo de infraestructuras y servicios relacionados en el Uruguay. Primeras reflexiones sobre la Ley n. 18.786", cit., *La Justicia Uruguaya* 144.

80. José Luis Echevarría Petit, *Comentario Preliminar sobre la Ley Uruguaya de Participación Público-Privada*, disponible en *http://www.3i.com.uy/wp- content/uploads/2011/11/ComentarioSobreLey18_786.pdf*.

8. *Desafíos de una nueva institucionalidad: coordinación y articulación*

La nueva institucionalidad creada por la Ley 18.786 de 19.7.2011 y su decreto reglamentario en materia de PPP impone una serie de desafíos para los procesos que se desarrollen a su amparo, por la multiplicidad de actores intervinientes, tanto del sector público como del sector privado.

El marco regulatorio aplicable al régimen de contratos de PPP en sus aspectos organizacionales y administrativos es novedoso al atribuir competencias de ejecución, regulación y control a distintos organismos estatales y no estatales conforme a sus competencias originarias y a las que se atribuyen por la presente ley, de distinta naturaleza jurídica, ubicación institucional y cultura organizacional: Ministerio de Economía y Finanzas, Oficina de Planeamiento y Presupuesto, Tribunal de Cuentas y una renovada Corporación Nacional para el Desarrollo.

Distinta naturaleza jurídica en cuanto se atribuyen competencias a personas jurídicas de derecho público estatal y personas jurídicas de derecho público no estatal con regímenes jurídicos diversos, en el mismo proceso del contrato de participación público-privada, con un especial protagonismo de la Corporación Nacional para el Desarrollo, cuya legislación-madre fue especialmente modificada y ampliada a tales efectos.

Distinta ubicación institucional, esto es, por un lado el Ministerio de Economía y Finanzas por sí y través de unidades especializadas y registros que se crean especialmente y con unidades ejecutoras tradicionales; por otro lado, la Oficina de Planeamiento y Presupuesto y finalmente el Tribunal de Cuentas.

Y decimos distinta cultura organizacional. Y en este punto se nos puede preguntar que incidencia puede tener desde el punto de vista jurídico. Si queremos apuntar a las claves para el éxito de la gestión institucional de los procesos de participación público-privada, no podemos dejar de lado este punto de especial sensibilidad.

Por tal motivo es imprescindible dar la relevancia que corresponde a la capacitación de los funcionarios de distintas unidades y organizaciones públicas que intervengan en estos procesos, quienes deben ser debidamente capacitados y "concientizados" de la gran apuesta que significan para el Uruguay los procesos de participación público-privada.

Teniendo presente la intervención de multiplicidad de actores públicos, entendemos que hay hablar en forma necesaria de una gestión institucional de la participación público-privada, de ahí que la coordinación y la articulación entre los distintos actores constituye sin lugar a dudas una de las claves para el éxito de los procesos.

La participación público-privada en el Uruguay se sustenta en un complejo entramado institucional en el que, de un modo u otro, diferentes entidades intervienen en el proceso. La división de funciones y tareas atribuidas a distintos organismos implica una división de tareas, poderes y responsabilidades, que garantiza en principio una adecuada asignación de responsabilidades y una necesaria independencia entre instituciones, basada en razones de transparencia y eficiencia.[81]

81. José Manuel Vasallo Magro y Rafael Izquierdo de Bartolomé, *Infraestructura Pública y Participación Privada: Conceptos y Experiencias en América y España*, cit., p. 297. El autor se refiere en estos términos a la organización institucional en Perú. No obstante, lo que en un principio fue pensado para mejorar la transparen-

Modelos y experiencias comparadas en nuestro Continente pueden ilustrar realidades particulares con resultados también disímiles. Por ejemplo, en el modelo chileno el Ministerio de Obras Públicas es el actor protagónico, a diferencia del Uruguay, donde el Ministerio de Transporte y Obras Públicas no tiene competencias específicas a texto expreso en materia de participación público-privada.

En Chile[82] además se llevó a cabo la reforma de la normativa vigente a fin de eliminar todas las trabas posibles a la financiación de los proyectos de infraestructura.

En Perú[83] existe el PROINVERSIÓN, que es un organismo público, descentralizado, adscrito al sector economía y finanzas, con personalidad jurídica propia, autonomía técnica, funcional, administrativa, económica y financiera.

Tomando en cuenta el modelo peruano y el chileno, quizás en Uruguay sería necesaria la existencia de un Consejo Coordinador Institucional[84] donde estén representadas todas las personas jurídicas públicas estatales y no estatales que participan en los procesos de PPP, partiendo de la base de que la realidad impone la necesidad de instituciones de coordinación y articulación en PPP para alcanzar un fuerte *commitment* nacional.

9. Conclusiones

Con relevantes ejemplos en el mundo de hoy, fenómeno que nace en el Reino

cia y la eficiencia del proceso está convirtiéndose, según el autor, con el paso de los años, en una complicada maquinaria administrativa, con tareas de supervisión en muchos casos duplicadas, lo que a la larga puede hacer perder eficiencia al sistema.

82. José Manuel Vasallo Magro y Rafael Izquierdo de Bartolomé, *Infraestructura Pública y Participación Privada: Conceptos y Experiencias en América y España*, cit., p. 297. En este sentido se destacan: la modificación de la Ley General de Bancos, para ampliar los préstamos a las sociedades concesionarias y constructoras; también los cambios a la legislación de administradoras de fondos de pensiones, compañías de seguros, fondos de inversión y fondos de inversión de capital extranjero, para que pudieran intervenir en la financiación de las concesiones; por último, la modificación de la Ley de Valores, que permitió que los flujos futuros de la concesión pudieran integrarse en el activo de un fondo de titularización. También se cambiaron algunas leyes tributarias y recientemente se aprobó la Ley del Telepeaje, que es un requisito indispensable para el funcionamiento de las concesiones urbanas, al asegurar el pago de las tarifas mediante un sistema electrónico.

83. José Manuel Vasallo Magro y Rafael Izquierdo de Bartolomé, *Infraestructura Pública y Participación Privada: Conceptos y Experiencias en América y España*, cit., p. 297. Su misión es promover la inversión del sector privado en empresas e infraestructura pública, con el fin de impulsar la competitividad de Perú y su desarrollo sostenible para mejorar el bienestar de la población. El Consejo Directivo de PROINVERSIÓN está constituido por ocho Ministros del Estado Peruano, quienes son los que guardan una mayor relación con procesos de privatización o de concesión. Entre los Ministros que forman parte del Consejo Directivo se encuentran el Ministro de Economía y Finanzas y el Ministro de Transportes y Comunicaciones. La labor de PROINVERSIÓN comienza cuando una entidad administrativa – entidad concedente, que suele ser uno de los Ministerios con representación en el Consejo Directivo de PROINVERSIÓN – le encarga a ésta que estructure un determinado proyecto en concesión, de modo que sea atractivo para el sector privado.

84. Si bien el art. 4 del Decreto 17/012 de 26.1.2012 crea el Comité Coordinador de Evaluación de Contratos de Participación Público-Privada, a efectos de lograr la actuación coordinada de la Oficina de Planeamiento y Presupuesto y el Ministerio de Economía y Finanzas, debe precisarse que tiene alcance limitado ya por un lado

Unido y se expande al resto de Europa y de América, la participación público-privada/PPP llega a Uruguay para responder a sus grandes necesidades en materia de infraestructura y servicios relacionados,[85] de manera de maximizar el llamado efecto multiplicador de la infraestructura que redunde en una mejora de la calidad de vida de los ciudadanos, mejorando la accesibilidad a mejores servicios, la competitividad y la productividad.

El marco regulatorio aplicable al régimen de contratos de PPP en sus aspectos organizacionales y administrativos es novedoso al atribuir competencias de ejecución, regulación y control a distintos organismos estatales conforme a sus competencias originarias y a las que se atribuyen por la presente ley, de distinta naturaleza, ubicación institucional y cultura organizacional: Ministerio de Economía y Finanzas, Oficina de Planeamiento y Presupuesto, Tribunal de Cuentas y una renovada Corporación Nacional para el Desarrollo.

La PPP en el Uruguay se sustenta en un complejo entramado institucional en el que, de un modo u otro, diferentes entidades intervienen en el proceso. Teniendo presente la intervención de multiplicidad de actores públicos, entendemos que hay hablar en forma necesaria de una gestión institucional de la PPP, de ahí que la coordinación y la articulación entre los distintos actores constituye sin lugar a dudas una de las claves para el éxito de los procesos.

La experiencia comparada nos alerta en cuanto a que los abusos y los usos poco transparentes así como la existencia de una complicada maquinaria administrativa, con tareas de supervisión en muchos casos duplicadas, pueden terminar neutralizando el incremento de la eficiencia económica, de la productividad, de la competitividad y de la accesibilidad que justifican el desarrollo de proyectos de PPP.

Bibliografía

ALLARD, Gayle, y TRABANT, Amanda. *Public-Private Partnerships in Spain: Lessons and Opportunities*. IE Business Working Paper, W.P 10-07, 10.7.2007.

ANDRADE, Alicia, y GUTIÉRREZ, Vanesa. "Competencia de la Corporación Nacional para el Desarrollo y del Ministerio de Economía y Finanzas". En: DELPIAZZO, Carlos E. (coord.). *Comentarios a la Ley de Participación Público-Privada*. Montevideo, Universidad de Montevideo/Facultad de Derecho, 2012.

BONJOUR, Natalie, y PANIZZA, María José. "Competencia pública para contratar". En: DELPIAZZO, Carlos E. (coord.). *Comentarios a la Ley de Participación Público-Privada*. Montevideo, Universidad de Montevideo/Facultad de Derecho, 2012.

DELPIAZZO, Carlos E. "Caracterización conceptual y positiva". En: DELPIAZZO, Carlos E. (coord.). *Comentarios a la Ley de Participación Público-Privada*. Montevi-

ambos organismos podrán crear, *en cada oportunidad*, un Comité Coordinador de Evaluación de Contratos de Participación Público-Privada, y por otro no comprende a la Corporación Nacional para el Desarrollo.

85. Uruguay se encuentra en el puesto *65* entre *133* Países en lo que refiere a la situación general en infraestructura. En materia de calidad de infraestructura, Uruguay se encuentra en el puesto *66* en lo que refiere a calidad global; en el puesto *49* en lo que refiere a la calidad de las carreteras; en el puesto *101* en lo que refiere a calidad de la red ferroviaria; en el puesto *50* en lo que refiere a la calidad portuaria; y en el puesto *116* en lo que refiere a la calidad del transporte aéreo (fuente: *The Global Competitiveness Report 2010-2011 – The Global Competitiveness Report 2010–2011 is Published by the World Economic Forum within the Framework of the Centre for Global Competitiveness and Performance*, © *2010 World Economic Forum*).

deo, Universidad de Montevideo/Facultad de Derecho, 2012.

————. "Colaboración público-privada en la ejecución contractual de obras públicas". *Revista de Derecho y Tribunales* 4/11 y ss. Montevideo, 2007.

————. *Contratación Administrativa*. Montevideo, Universidad de Montevideo, 1999 (reed. 2004).

————. *Manual de Contratación Administrativa*. t. II. Montevideo, PRONADE/IEEM, 1994.

————. *Normas y Principios de la Contratación Administrativa*. Montevideo, FCU, 2002.

———— (coord.). *Comentarios a la Ley de Participación Público-Privada*. Montevideo, Universidad de Montevideo/Facultad de Derecho, Montevideo, 2012.

DURÁN MARTÍNEZ, Augusto. "Nuevas formas de relacionamiento público-privado en el cumplimiento de los cometidos del Estado". *Revista de Derecho* 4/57-102. Montevideo, publicación arbitrada de la Universidad Católica del Uruguay, 2009.

————. "Papel del Estado en el siglo XXI. Prestación de servicios públicos, explotación de actividades económicas y actividad regulatoria". En: *Estudios de Derecho Público*. vol. II. Montevideo, 2008.

————. "Principio de eficacia y Estado subsidiario". En: *Estudios de Derecho Público*. vol. II. Montevideo, 2008.

————. "Procesos de privatización". En: *Estudios de Derecho Administrativo – Parte Especial*. Montevideo, 1999.

————. "Transformaciones del sector público". En: *Estudios de Derecho Administrativo – Parte Especial*. Montevideo, 1999.

ECHEVARRÍA PETIT, José Luis. "Caracterización comparada". En: DELPIAZZO, Carlos E. (coord.). *Comentarios a la Ley de Participación Público-Privada*. Montevideo, Universidad de Montevideo/Facultad de Derecho, 2012.

————. *Comentario Preliminar sobre la Ley Uruguaya de Participación Público-Privada*. Disponible en *http://www.3i.com.uy/wp- content/uploads/2011/11/ComentarioSobreLey18_786.pdf*.

————. "Participación conjunta del sector público y del sector privado en proyectos de infraestructura en la experiencia canadiense". *Revista de Derecho Universidad de Montevideo* 3. Año II. Montevideo, Facultad de Derecho, 2003.

————. "Qué se entiende por participación *público*-privada (PPP)". *Revista de Antiguos Alumnos del IEEM* 21. Año VIII. Montevideo, 2005.

GUTIÉRREZ, Adrián, y VÁZQUEZ, Cristina. "Participación *público*-privada". En: SCHIAVI, Pablo (coord.). "Diálogos de Doctrina" – *La Ley Uruguay, Revista de Legislación, Jurisprudencia y Doctrina* 11/1.473-1.485. Año IV. Noviembre/2011.

GUTIÉRREZ, Vanesa, y ANDRADE, Alicia. "Competencia de la Corporación Nacional para el Desarrollo y del Ministerio de Economía y Finanzas". En: DELPIAZZO, Carlos E. (coord.). *Comentarios a la Ley de Participación Público-Privada*. Montevideo, Universidad de Montevideo/Facultad de Derecho, 2012.

IZQUIERDO DE BARTOLOMÉ, Rafael, y VASALLO MAGRO, José Manuel. *Infraestructura Pública y Participación Privada: Conceptos y Experiencias en América y España*. Corporación Andina de Fomento/CAF, 2010.

MARTINS, Daniel Hugo. *El Proyecto de Ley Uruguayo sobre Colaboración Público-Privada*. Cita On Line, La Ley Uruguay 2011-5.

————. "Excesos y omisiones del Decreto n. 17/012, reglamentario de la ley sobre contratos de participación público-privada". *La Ley Uruguay, Revista de Legislación, Doctrina y Jurisprudencia* 4. Año V. Abril/2012.

————. *La Construcción de Infraestructuras y las Leyes de Ordenamiento Territorial e Impacto Ambiental*. Cita On Line, La Ley Uruguay 2011-10.

————. *Modificaciones Introducidas por la Cámara de Representantes al Proyecto Enviado por el Poder Ejecutivo sobre Con-*

tratos de Participación Público-Privada. Cita On Line, La Ley Uruguay 2011-8.

PANIZZA, María José, e BONJOUR, Natalie. "Competencia pública para contratar". En: DELPIAZZO, Carlos E. (coord.). *Comentarios a la Ley de Participación Público-Privada*. Montevideo, Universidad de Montevideo/Facultad de Derecho, 2012.

SCHIAVI, Pablo. "La influencia del Derecho Español en la Ley n. 18.786 de Participación Público-Privada". En: *Estudios de Derecho Administrativo* 5/253 y ss. La Ley Uruguay, 2012.

————. "La participación público-privada en el desarrollo de infraestructuras y servicios relacionados en el Uruguay". *Revista Argentina del Régimen de la Administración Pública* 395/25-47. Año XXXIII. Buenos Aires, 2011.

————. "La participación público-privada en el desarrollo de infraestructuras y servicios relacionados en el Uruguay. Primeras reflexiones sobre la Ley n. 18.786". *La Justicia Uruguaya* 144/111-139. Noviembre-diciembre/2011 ("Doctrinas"); *Revista de Derecho y Tribunales* 18/119-147. Febrero/2012; *Revista de Derecho Universidad de Montevideo* 20. Año X. Montevideo, Facultad de Derecho, 2011.

———— (coord.). "Diálogos de Doctrina" – *La Ley Uruguay, Revista de Legislación, Jurisprudencia y Doctrina* 11/1.473-1.485. Año IV. Noviembre/2011.

TRABANT, Amanda, y ALLARD, Gayle. *Public-Private Partnerships in Spain: Lessons and Opportunities*. IE Business Working Paper, W.P 10-07, 10.7.2007.

VASALLO MAGRO, José Manuel, y IZQUIERDO DE BARTOLOMÉ, Rafael. *Infraestructura Pública y Participación Privada: Conceptos y Experiencias en América y España*. Corporación Andina de Fomento/CAF, 2010.

VÁZQUEZ, Cristina. *Contratación de Obra Pública*. Montevideo, AMF, 2011.

————. *El Régimen de Participación Público-Privada/PPP*. Montevideo, AMF, 2011.

————. *Reglamentación de la Ley de Contratos de PPP – Decreto n. 17/012 de 26 de Enero de 2012*. Montevideo, AMF, 2012.

————, y GUTIÉRREZ, Adrián. 'Participación *público*-privada". En: SCHIAVI, Pablo (coord.). "Diálogos de Doctrina" – *La Ley Uruguay, Revista de Legislación, Jurisprudencia y Doctrina* 11/1.473-1.485. Año IV. Noviembre/2011.

EL NUEVO CONSTITUCIONALISMO Y EL DERECHO ADMINISTRATIVO

JUAN CARLOS CASSAGNE

Profesor Emérito de la Pontificia Universidad Católica Argentina Santa María de los Buenos Aires/UCA Titular Consulto de la UBA – Miembro de Número de la Academia Nacional de Derecho y Ciencias Sociales de Buenos Aires – Académico Honorario de la Real Academia de Jurisprudencia y Legislación – Académico Correspondiente de la Real Academia de Ciencias Morales y Políticas (ambas de Madrid/España)

1. El nuevo escenario: 1.1 Sobre el Neoconstitucionalismo y el Positivismo – 1.2 La declinación del Positivismo legalista y el auge de las tendencias "iusnaturalistas" – 1.3 Características y notas principales del nuevo Constitucionalismo – 1.4 La distinción entre Moral y Derecho – 1.5 La fuente primaria de la ley natural y el error de base del Positivismo y concepciones afines. 2. La estructura del ordenamiento: 2.1 Las normas – 2.2 Los principios generales: su diferencia con las normas. Las directrices o directivas políticas. Los valores – 2.3 Los principios son preceptivos. Características de los mandatos. La confusión o identidad entre derecho y principio. 3. El papel de los principios generales. 4. Los paradigmas del derecho público y su proyección al acto administrativo: 4.1 El surgimiento de los paradigmas – 4.2 La dignidad de la persona. 5. Los nuevos paradigmas: 5.1 El principio pro homine *y su función ordenadora. El principio* in dubio pro libertate *– 5.2 El principio de la confianza legítima – 5.3 El principio de la tutela judicial y administrativa efectiva. 6. Reflexiones finales.*

1. El nuevo escenario

1.1 Sobre el Neoconstitucionalismo y el Positivismo

El auge que tuvieron los principios generales en algunos Países europeos por obra de la jurisprudencia (como la del Consejo de Estado francés)[1] y en otros,

1. Charles Debbasch, *Droit Administratif*, Paris, Económica, 2002, pp. 115 y ss. Jacqueline Morand-Deviller (*Droit Administratif, Cours*, 10ª

a raíz de la sanción de los nuevos textos constitucionales (*v.g.*, España, Alemania e Italia), originó distintas corrientes interpretativas que terminaron desplazando la supremacía de la ley como centro del sistema jurídico junto a una serie de dogmas consecuentes que sostenían el cuadro básico del Positivismo legalista.

En ese cuadro figuraban desde la limitación del papel del juez a la mera aplicación de la norma, el rechazo de los valores o de la Moral como integrantes del Derecho, hasta la idea de que la tarea de interpretación consistía más en una operación lógica de subsunción antes que en una ponderación basada en el razonamiento práctico o en la argumentación jurídica, como ahora sostiene. Obviamente, en ese esquema positivista, los principios generales del Derecho no tenían cabida y la justicia se consideraba una cuestión metafísica, ajena al mundo jurídico.

A partir de la II Guerra Mundial, la mayoría de esos antiguos dogmas cayeron en forma bastante generalizada y uniforme en los principales Países europeos.[2] No obstante, no faltaron quienes trataron de rescatar algunos restos del naufragio refugiándose en lo que algunos juristas denominan "Neoconstitucionalismo", el cual aparece con un rumbo radicalmente opuesto al que practicaban las escuelas positivistas de antaño, a pesar de algunas rectificaciones,[3] que se adelantaron a la evolución del pensamiento de esas corrientes filosóficas.

Encandilados con el nuevo esquema que han propuesto algunos de los teóricos europeos del nuevo Constitucionalismo son pocos los que han subrayado que la mayoría de los Países de América (fieles en este punto a la tradición y al sistema de la Constitución norteamericana) estuvieron regidos, desde sus orígenes,[4] por principios de un sistema que, aunque con los vicios y defectos de los nuevos Estados, obedecía a la lógica de una arquitectura constitucional superior que, recién muchos años después, adoptaron las Constituciones europeas de posguerra.[5]

Esa superioridad de la concepción americana se basó en tres elementos fundamentales que se introdujeron en los marcos de los derechos constitucionales positivos: (a) la concepción de la Constitución como norma suprema[6] que prevalece sobre las leyes ordinarias en virtud de un pacto (basado en el consentimiento del pueblo) que garantiza la estabilidad de los derechos en el marco de una Constitución rígida; (b) el reconocimiento en la

ed., Paris, Montchrestien, 2007, pp. 273 y ss.) expone un nutrido conjunto de principios generales del Derecho, que resultan aplicables aún en ausencia de texto normativo, desarrollados por el Consejo de Estado a partir de los casos "Dame Trompier-Gravier" (1944) y "Aramú" (1945)".

2. Arthur Kaufmann, *La Filosofía del Derecho en la Posmodernidad*, trad. del Alemán, Bogotá, Temis, 2007, pp. 11 y ss.

3. Martín Laclau, "Relación entre Lógica y Derecho en el último período de Kelsen", *La Ley* 1982-B/700-701.

4. V.: Augusto Durán Martínez, *Neoconstitucionalismo y Derecho Administrativo*, Montevideo, La Ley, 2012, pp. 9 y ss., especialmente p. 13.

5. Luis Prieto Sanchis (*Constitucionalismo y Positivismo*, 2ª ed., México, UNAM/Fontamara, 1997, p. 16) señala dicha circunstancia y aunque no desarrolla el tema es uno de los pocos juristas europeos que lo advierte.

6. Alan Randolph Brewer Carías (*Principios Fundamentales del Derecho Público*, Caracas, Editorial Jurídica Venezolana, 2005, pp. 13 y ss.) apunta que la idea de la Constitución como norma suprema de aplicación inmediata y fundamento del orden jurídico posee una tradición normativa que se remonta a la Constitución venezolana de 1811 (p. 19). V., del mismo autor: *La Constitución de Cádiz y el Constitucionalismo Americano*, San José de Costa Rica, Editorial Investigaciones Jurídicas, 2012, pp. 21 y ss.

Constitución de los valores republicanos y derechos fundamentales por encima de la ley ordinaria sobre la que predominan la dignidad del hombre[7] y sus libertades como objetivo central de la vida política;[8] y (c) una Justicia imparcial e independiente que aplica e interpreta directamente la Constitución garantizando la limitación de los Poderes, que es algo así como la médula del modelo norteamericano.

Las bases de ese esquema constitucional permiten afirmar que para los Países americanos el sistema que los europeos denominan Estado Constitucional de Derecho no es una novedad,[9] pues siempre lo tuvieron en sus ordenamientos positivos desde los comienzos de la Constitución norteamericana. En tal sentido, las nuevas Repúblicas de América siguieron este aspecto básico del modelo, no obstante la mixtura con otras fuentes que armonizan con el sistema norteamericano y aún lo profundizan, como la Constitución de Cádiz, que tuvo gran influencia en las Constituciones de los Países iberoamericanos.[10]

El peligro de trasplantar este nuevo Constitucionalismo europeo a América no se encuentra entonces en la raíz del sistema adoptado sino en la incorporación de otras ideas al proceso de construcción e interpretación del derecho positivo constitucional. Entre ellas se destacan las basadas en ideologías que conciben el Derecho como un mero mecanismo de dominación económica, confundiendo la incuestionable protección de los derechos humanos o fundamentales (en el que la dignidad de la persona constituye el valor supremo) con la socialización del Derecho y de la Justicia[11] y una pretendida hegemonía cultural que ahoga el pluralismo. El grado máximo de esta tendencia, expresada en diferentes visiones, asigna, básicamente, una absoluta preminencia a lo colectivo sobre lo individual y al Estado sobre el hombre, desplazando el principio de subsidiariedad. En esa línea, si se atribuye irrestricta prevalencia a la igualdad sobre la libertad y la propiedad, el Derecho enfrenta el riesgo de nutrirse de una axiología colectivizante que, llevada al extremo, en vez de procurar la cohesión de la sociedad, introduce la confrontación y el conflicto permanente entre los distintos estamentos sociales, cada uno de los cuales busca aceleradamente crecer a expensas de los otros.[12]

7. V.: Augusto Durán Martínez, *Neoconstitucionalismo y Derecho Administrativo*, cit., pp. 30 y ss.

8. Cf. Gregorio Badeni, *Tratado de Derecho Constitucional*, 3ª ed., t. I, Buenos Aires, La Ley, 2010, p. 56.

9. Alfonso Santiago ("Neoconstitucionalismo", separata de *Anales de la Academia Nacional de Ciencias Morales y Políticas*, Buenos Aires, 2008) señala que ciertos aspectos del Neoconstitucionalismo no constituyen una novedad para los sistemas inspirados en el modelo constitucional norteamericano (p. 8).

10. V. nuestro trabajo: "El bicentenario de la Constitución de Cádiz, sus raíces y sus proyecciones", *La Ley*, diario de fecha 20.12.2011, suplemento de la Academia de Derecho y Ciencias Sociales de Buenos Aires, pp. 1 y ss.

11. Roberto Enrique Luqui, "Socialización de la justicia", *La Ley*, diario de fecha 16.12.2011, pp. 2 y ss.

12. La tendencia hacia la socialización o prevalencia de los derechos colectivos sobre los derechos humanos de toda la población se muestra patente en el abuso que hacen los sectores sindicales al utilizar el derecho de huelga en los servicios públicos o esenciales como en el derecho absoluto o ilimitado que conculca otros derechos fundamentales de las personas (trabajar, circular libremente, atender su salud o vida etc.). Sobre este tema puede verse: Aída Kemelmajer de Carlucci, "Huelga y servicios públicos", en Agustín Gordillo (dir.), *Derecho Administrativo. Doctrinas Esenciales*, t. III, Buenos Aires, La Ley, 2010, pp. 783 y ss.

Lejos de creer que el papel del Estado deba ser siempre neutral, pensamos que su intervención es, por naturaleza, subsidiaria de las fuerzas espontáneas de la sociedad, lo que no impide que intervenga, positivamente y en forma razonable, con el fin de evitar los abusos del mercado que impidan la libre competencia así como para suplir las carencias sociales de los sectores más necesitados de la población, incluso de los desocupados que no consiguen empleo. A su turno, la justicia social precisa orientarse hacia el bien común, sin discriminaciones irrazonables, mediante una política distributiva destinada a compensar las carencias sociales, de manera de no destruir la espontaneidad de los actores económicos ni la capacidad financiera de cada comunidad. Lo que no hay que confundir es la política social con los principios generales del sistema jurídico y los derechos fundamentales del hombre, preexistentes a cualquier acto de creación o reconocimiento estatal.

Precisamente, hay que advertir que el llamado Neoconstitucionalismo[13] irrumpe en ese complejo escenario mundial, con tendencias que van de un extremo al otro,[14] gestadas en pleno proceso de globalización del Derecho.

La aparición de esta corriente responde a variadas causas. Desde los cambios aparentemente neutros provocados en el seno del Positivismo y las conversiones transversales de sus antiguos fieles hacia posiciones afines al Iusnaturalismo junto a las matrices puramente ideológicas que impulsan la socialización del Derecho hasta los que desde una posición trans-positivista intentan diluir la distinción entre Positivismo y Iusnaturalismo (llevando quizás más agua al molino del primero) el abanico de posturas filosóficas que abarca ese proceso es prácticamente inagotable. Son escasos los trabajos que han intentado la sistematización de las teorías,[15] asumiendo el riesgo inevitable de no incluir muchos de los variados aportes que impulsan las modas de turno, cuyas tendencias suelen ser tan opuestas como contradictorias.[16] Con todo, aun con la relatividad propia de una tendencia que exhibe algunas fisuras por ciertos efectos disvaliosos que es susceptible de producir (fundamentalmente, la socialización extrema y abusiva de los derechos individuales de las personas), no se puede desconocer que, en el plano del derecho público, viene imponiéndose la llamada constitucionalización del ordenamiento jurídico,[17] caracterizada por un condicionamiento acentuado de la Constitución sobre la ley ordinaria y la actividad administrativa.

13. Alfonso Santiago ("Neoconstitucionalismo", cit., separata de *Anales de la Academia Nacional de Ciencias Morales y Políticas, Neoconstitucionalismo*) ha hecho una buena descripción del fenómeno.

14. Arthur Kaufmann advierte que es un signo de la Modernidad ir de un extremo al otro (*La Filosofía del Derecho en la Posmodernidad*, cit., p. 9).

15. Manuel Hallivis Pelayo (*Teoría General de la Interpretación*, México, Editorial Porrúa, 2009, especialmente pp. 20 y ss.) aborda, en forma exhaustiva, la mayoría de los temas y doctrinas sobre la teoría de la interpretación en la Filosofía del Derecho y en la Teoría General.

16. Alejandro Pérez Hualde ("Reflexiones sobre Neoconstitucionalismo y derecho administrativo", *La Ley* 2007-C/851 y ss.) apunta, siguiendo a Carbonell, que "bajo el manto del Neoconstitucionalismo se cobijan tendencias contradictorias".

17. Riccardo Guastini, "La constitucionalización del ordenamiento jurídico: el caso italiano", en Miguel Carbonnell (dir.), *Neoconstitucionalismo(s)*, Madrid, Universidad Autónoma de México/ed. Trotta, 2006, p. 49.

La constitucionalización del ordenamiento supone como principal efecto el desplazamiento, como dogma absoluto, de la presunción de constitucionalidad de las leyes,[18] lo que implica un aumento de las facultades de los jueces para controlar a los otros Poderes.

Para circunscribir las objeciones que merece este proceso de constitucionalización (tarea, por cierto, difícil de llevar a cabo en base a un criterio objetivo) puede decirse que una de las características más cuestionables consiste en elevar la jerarquía de los denominados "nuevos derechos", oponiéndolos a los derechos fundamentales o humanos clásicos del derecho natural, reconocidos positivamente en la casi totalidad de las Constituciones decimonónicas. Una de las técnicas que suelen utilizarse para afirmar esa primacía opera a través del planteamiento radical de los conflictos de derechos.

Esta es la principal dificultad que plantea la línea más extrema del llamado Neoconstitucionalismo ya que el llamado conflicto de derechos, aparte de afectar el principio de no contradicción[19] – y no obstante la dimensión de peso que puedan tener los principios generales –, no tiene en cuenta que cada uno de ellos juega un papel armónico dentro del sistema jurídico, en el cual, en principio, no hay jerarquías dogmáticas predeterminadas, sean estas positivas o naturales (con excepción del derecho a la vida y sus derivaciones). El desplazamiento de un principio general por otro no debe ser un acto de puro voluntarismo judicial o doctrinario sino de ponderación de los distintos valores en juego en el caso, conforme a las exigencias de la razonabilidad práctica.[20]

Sin embargo, a favor del llamado Neoconstitucionalismo, aunque de manera desordenada (con fundamento en las diversas ideologías de sus cultores), corresponde reconocer que ha sabido conectarse con la Filosofía y sobre todo, con la Teoría General del Derecho, para adoptar las nuevas tendencias y técnicas de interpretación de la ley y del Derecho. Dichas técnicas, en cualquier caso, no necesitaban una nueva escuela para desarrollarse, por la sencilla razón que eran y son también sostenidas por los juristas que profesan un Iusnaturalismo actualizado y por juristas del derecho público pertenecientes a otras disciplinas.[21]

En efecto, en un escenario caracterizado por la primacía de los principios generales y de la interpretación del Derecho las nuevas tendencias no precisaban un movimiento filosófico- jurídico peculiar o típico para desarrollarse.[22] A la inversa,

18. Juan Pablo Cajarville Peluffo, "Supremacía constitucional e interpretación", en *Sobre Derecho Administrativo*, t. 1, Montevideo, FCU, 2007, pp. 273 y ss. Sin embargo, de ello no se deriva necesariamente la presunción de inconstitucionalidad de ciertas leyes (categorías sospechosas) ya que, por principio, la tacha de anticonstitucionalidad debe ser objeto de debate y prueba en sede judicial.

19. Como lo ha demostrado Fernando M. Toller en el trabajo "Refutaciones lógicas a la teoría de los conflictos de derechos", en Juan Cianciardo (coord.), *La Interpretación en la Era del Neoconstitucionalismo*, Buenos Aires, Ábaco, 2006, pp. 138 y ss.

20. John Finnis, *Ley Natural y Derechos Naturales*, trad. de Cristóbal S. Orrego, Buenos Aires, Abeledo-Perrot, 2000, pp. 131 y ss.

21. Sobre los avances producidos en el seno del derecho procesal con la potencialización del papel de los principios generales, el impulso hacia la tutela judicial efectiva y la protección de los derechos humanos, v.: Osvaldo A. Gozaini, *Tratado de Derecho Procesal Civil*, t. I, Buenos Aires, La Ley, 2009, p. 32.

22. Tan es así que dos de las más destacados cultores del movimiento post-positivista como

puede advertirse que fue un movimiento que se gestó *a posteriori* del proceso de recepción de los principios generales, nutriéndose tanto de tradiciones y principios de derecho público como de los nuevos preceptos constitucionales de la posguerra europea, en medio de un marcado divisionismo filosófico. En ese contexto, entonces, resulta impensable postular la unidad y persistencia de un fenómeno doctrinario que seguramente evolucionará hacia otros rumbos en el futuro, que son, por el momento, difíciles de avizorar.

Porque si bien podría decirse que uno de los pocos acuerdos existentes entre todas las teorías de la Filosofía del Derecho y del derecho público radica en la defensa del Estado de Derecho y en el mantenimiento de un régimen que lo garantice de una manera efectiva, los desacuerdos surgen, entre otras cosas, en relación (1) a la determinación del contenido o fines del Estado de Derecho (Liberal, Social o Benefactor o Subsidiario); (2) a la medida y extensión del régimen garantístico (lo que tiene particular incidencia en el régimen del acto administrativo); y (3) a la tendencia hacia la configuración de un complejo sistema de Derecho Internacional lejos todavía de alcanzar consenso y uniformidad.[23]

Dworkin y Alexy estuvieron relacionados con la Escuela Positivista de Hart y para fundar sus teorías no se apoyaron en el Constitucionalismo europeo de posguerra.

23. Lucas Ferrajoli, *El Garantismo y la Filosofía del Derecho*, Bogotá, Universidad del Externado, 2000, p. 178. Por ejemplo, entre los Países que no aceptan la jurisdicción del Tribunal Penal Internacional se encuentran las grandes potencias como Estados Unidos y China. En forma paralela, tampoco puede afirmarse que el denominado *jus cogens* se haya totalmente generalizado en el mundo, no obstante que algunos tribunales lo prediquen incluso en contra de preceptos constitucionales expresos (ejemplo el principio de la irretroactividad de la ley penal).

1.2 La declinación del Positivismo legalista y el auge de las tendencias "iusnaturalistas"

La Teoría del Derecho Administrativo se encuentra inmersa en un escenario distinto al que existía en el siglo anterior. La pretensión de reducir el fenómeno jurídico exclusivamente a la ley positiva se ha batido en retirada y son pocos los juristas que la sostienen. Ella ha cedido a raíz del reconocimiento de la prevalencia de los principios generales,[24] fundados en principios de la ley natural (la justicia, la equidad y otros valores de naturaleza eminentemente moral) (*v.g.*, el principio general de la buena fe). En realidad – como se ha dicho –, las nuevas concepciones jurídicas se concentran más que en la cultura de la ley en la cultura del Derecho.[25]

A su turno, la progresiva constitucionalización de los principios generales – que abrió paso a nuevas técnicas de interpretación[26] – ha ahondado el declive del

24. V: Jorge Sarmiento García, *Los Principios en el Derecho Administrativo*, Mendoza, Diké, 2000, pp. 41 y ss.; Rodolfo Luis Vigo, "Los principios generales del Derecho", en *JA* 1986-II/860; Pedro J. J. Coviello, "Los principios generales del Derecho frente a la ley y al reglamento en el derecho administrativo argentino", *REDA* 62/1.088 y ss., Buenos Aires, LexisNexis, 2007; y nuestro libro *El Principio de Legalidad y el Control Judicial de la Discrecionalidad Administrativa*, Buenos Aires/Madrid, Marcial Pons, 2009, pp. 19 y ss.

25. Rodolfo Luis Vigo (*De la Ley al Derecho*, 2ª ed., México, Editorial Porrúa, 2005, pp. 3 y ss.) describe muy bien el proceso de cambio de la cultura de la ley a la cultura del Derecho en el mundo occidental.

26. Juan Cianciardo (coord.), *La Interpretación en la Era del Neoconstitucionalismo*, Buenos Aires, Ábaco, 2006, pp. 7 y ss.; Manuel Hallivis Pelayo, *Teoría General de la Interpretación*, cit., pp. 304-308.

llamado Positivismo excluyente que, en su caída, ha arrastrado antiguos dogmas. En la actualidad, casi nadie sostiene que la interpretación y aplicación al caso sea una operación de pura lógica formal que consista en un proceso de subsunción de los hechos a la norma aplicable.[27]

Ello no implica, desde luego, desconocer la utilidad de los estudios llevados a cabo, desde distintas visiones, para desentrañar aspectos trascendentes de la lógica formal aplicados con frecuencia en el campo de la interpretación normativa, como el concerniente a las relaciones entre el Derecho y el lenguaje y el relativo a los criterios que presiden el razonamiento y la argumentación jurídica.

¿Qué debe entenderse por "derecho"? Esta es la primera dificultad que afronta cualquier jurista, porque al ser el derecho un concepto multívoco y analógico – que admite varios sentidos no necesariamente distintos ni opuestos – no existe una sola respuesta uniforme que permita establecer un único sentido del concepto y que éste sea el correcto o verdadero. Así, cuando el ordenamiento o cualquier persona se refieren al derecho hay que indagar, previamente, el sentido de su uso, ya que puede referirse tanto al *ius* del derecho clásico (lo justo), al derecho subjetivo como facultad o poder, a la ley, al orden coactivo o al conjunto del ordenamiento jurídico. A su vez, con referencia al quehacer de los juristas se ha llegado a afirmar que hacer derecho consiste en "dar y exigir razones".[28]

En la dimensión del derecho como concepción ordenadora del mundo jurídico se han impuesto las dos tesis centrales del "Iusnaturalismo" que predican, por una parte, que las fuentes del ordenamiento jurídico no se limitan a las de naturaleza positiva sino que comprenden también las fuentes racionales de contenido normativo-jurídico y, por la otra, que no existen compartimentos estancos entre Moral y Derecho, habida cuenta que éste último contiene "condiciones de verdad que corresponden a ciertas proposiciones morales".[29]

Por cierto que el "Iusnaturalismo" constituye una tendencia filosófica que ha desarrollado diversas etapas,[30] cuyo análisis escapa al objeto de nuestro estudio, tanto por la extensión que demandaría su tratamiento como porque la tarea excedería los límites del tema central que abordamos.

No obstante, a la vista del nuevo escenario descripto, seguimos manteniendo, en lo sustancial, la adhesión (con los enfoques de la nueva Escuela de Derecho Natural/NEDN) a la teoría trialista de Goldschmidt,[31] que concibe al mundo jurídico compuesto por las tres dimensiones que se integran respectivamente por las normas, las conductas y los valores.

27. Emilio A. Ibarlucía (*El Derecho Constitucional a la Reparación*, Buenos Aires, Ábaco, 2013, pp. 366 y ss.) afirma que el Neoconstitucionalismo se traduce en una "sobre-interpretación de la Constitución" (p. 374).

28. Tomás-Ramón Fernández, *Sobre el Derecho y el Quehacer de los Juristas. Dar y Exigir Razones*, Madrid, Universidad Complutense/Servicio de Publicaciones/Facultad de Derecho, 2011, pp. 7 y ss., reproducido en *La Ley*, diario del 13.4.2012.

29. Carlos Ignacio Massini Correas, "Iusnaturalismo e interpretación jurídica", en Juan Cianciardo (coord.), *La Interpretación en la Era del Neoconstitucionalismo*, cit., p. 65, con cita de la doctrina de Michael S. Moore (*Law as a Functional Kind*).

30. V.: Gustavo E. Silva Tamayo, "Corsi e ricorsi de los principios generales del Derecho", *REDA* 79/74-86, Buenos Aires, Abeledo-Perrot, 2012.

31. Werner Goldschmidt (*Introducción Filosófica al Derecho*, 4ª ed., Buenos Aires, Depalma,

En la vereda opuesta militan distintas corrientes filosóficas herederas o emparentadas con el Positivismo que han evolucionado fuertemente y que hoy día tienden a hacer más flexible el dogma que reduce el Derecho a la norma jurídica, admitiendo que, a la hora de repartir o adjudicar derechos, los jueces no están obligados a una aplicación mecánica de la norma legal o principio constitucional, cuya textura abierta conduce a la interpretación judicial creativa.[32]

Ha sido el gran filósofo del derecho Finnis (buen conocedor de las entrañas del Positivismo) quien sin desmerecer el derecho positivo encabeza con mayor rigor lógico-filosófico el movimiento que propugna los principios del Iusnaturalismo basado principalmente en la ley natural, sus valores básicos[33] y la aplicación de las exigencias fundamentales de la razonabilidad práctica (que enseña las cosas que moralmente pueden y no pueden hacerse).[34]

En efecto, aunque resulta paradojal, la tradición iusnaturalista no busca desplazar al derecho positivo sino hacer que éste sea siempre guiado por reglas y principios morales. Las reglas morales "son una cuestión de razonabilidad objetiva, no de capricho, convención o mera decisión (...)".[35]

Cabe anotar que la obra de Finnis fue elogiada por Hart y contribuyó, en grado sumo, a la revalorización del Iusnaturalismo por parte de los positivistas.[36] Según Hart, "el mérito principal y muy grande de esta aproximación iusnaturalista es que muestra la necesidad de estudiar el Derecho en el contexto de otras disciplinas y favorece la percepción de la manera en que asunciones no expresadas, el sentido común y los propósitos morales influyen en el Derecho e integran su adjudicación (*adjudication*)".[37]

1.3 Características y notas principales del nuevo Constitucionalismo

Como consecuencia de un conjunto de causas concatenadas que, en forma somera, hemos descripto, no se puede

1973, especialmente pp. 8 y ss.) recoge nuestra opinión en el sentido de que la teoría trialista del mundo jurídico constituye un Iusnaturalismo actualizado (p. 383).

32. Sobre el tema, María del Pilar Zambrano ("El Liberalismo político y la interpretación constitucional", en Juan Cianciardo (coord.), *La Interpretación en la Era del Neoconstitucionalismo*, cit., p. 85) anota que ya está bastante difundida la distinción entre Positivismo excluyente (el clásico) y el Positivismo incluyente (que reconoce al papel activo del juez en la creación del Derecho).

33. En el mismo sentido, se habla ahora de un Iusnaturalismo humanista como síntesis entre el derecho positivo y el derecho natural que pone el acento más en los principios generales que contienen los valores básicos o fundamentales, que en las normas o reglas positivas; sobre el contenido de esta vertiente v.: Gustvo E. Silva Tamayo, "Corsi e ricorsi de los principios generales del Derecho", cit., *REDA* 79/86 y ss.

34. John Finnis, *Ley Natural y Derechos Naturales*, cit., p. 134.

35. John Finnis (*Ley Natural y Derechos Naturales*, cit., p. 137) agrega que las exigencias de la razonabilidad práctica ofrecen "una base racional para los legisladores, los jueces y los ciudadanos" (p. 317).

36. Cristobal S. Orrego, "Estudio preliminar", en la obra de Finnis, *Ley Natural y Derechos Naturales*, cit., p. 15.

37. H. L. A. Hart, *Essays in Jurisprudente and Philosophy*, Oxford, Oxford University Press, 1983, p. 11, cit. por Orrego en el "Estudio preliminar", cit., a la obra de Finnis, *Ley Natural y Derechos Naturales*, p. 15, donde apunta que Hart consideró a la obra de Finnis como una interpretación flexible del Iusnaturalismo que, en muchos aspectos, resulta complementaria a la teoría jurídica positivista (p. 10).

desconocer que el nuevo Constitucionalismo ha operado un cambio radical en: (a) el sistema de las fuentes del Derecho; (b) la interpretación y la consecuente metodología que acompaña la Hermenéutica; (c) la realización efectiva del control de constitucionalidad para afirmar la supremacía constitucional; y (d) la consolidación, en algunos Estados, comunidades o asociaciones de Estados, de un derecho supranacional que conlleva la necesidad de efectuar el llamado control de convencionalidad.[38]

En ese marco se potencian los sistemas de protección de las personas, que tienen como eje el principio de la dignidad de la persona humana, del cual se derivan una serie de principios o sub-principios (*v.g.*, la buena fe, la confianza legítima, la buena administración, la responsabilidad estatal, la participación pública etc.).

También aparecen, en el escenario constitucional positivo de muchos Estados (entre ellos, en el ordenamiento constitucional argentino tras la reforma de la Constitución de 1994), los nuevos derechos o derechos de incidencia colectiva, tales como los derechos que protegen el ambiente (arts. 41 y 43 CN), la información adecuada y veraz (art. 41 CN), el patrimonio cultural (art. 41 CN) y la competencia (art. 43 CN), los usuarios y consumidores en la relación de consumo (arts. 41 y 43 CN), la igualdad real de oportunidades (art. 75 inc. 23 CN) y los derechos de los niños, mujeres, ancianos y personas con discapacidad (art. 75 CN) entre otros, a los que cabe adicionar los reconocidos en los tratados, particularmente los que poseen jerarquía constitucional (art. 75 inc. 22), como por ejemplo el derecho a la tutela judicial efectiva consagrado en los arts. 8 y 25 de la CADH.

En la realización efectiva de los nuevos derechos constitucionales subyace una tensión entre la libertad y la igualdad que conduce a la generación de los denominados conflictos de derechos. Aun cuando la fuente de esos nuevos derechos tiene basamento en convenciones internacionales que en algunos Estados poseen jerarquía constitucional y superioridad sobre las leyes (ejemplo: nuestro art. 75 inc. 22 de la CN) lo cierto es que también los clásicos derechos constitucionales de primera generación (e incluso los derechos sociales de segunda generación) tienen también su anclaje en el derecho supra-nacional de los tratados internacionales (*v.g.*, el derecho de propiedad).

Sobre la base del esbozo precedente veamos ahora que es lo que se mantiene y cuáles son los cambios que se han producido, cuya captación requiere tener en cuenta los fenómenos históricos (políticos, económicos y sociales) así como los principios que provienen de la Filosofía del Derecho y las técnicas interdisciplinarias de interpretación, como la Lógica, ya que resulta prácticamente imposible hacer Ciencia Jurídica sin el acuerdo de una metodología sistemática[39] y abarcativa de todos los elementos que componen o complementan el conocimiento jurídico.

El nuevo Constitucionalismo mantiene a rajatabla el Estado de Derecho cuyo contenido no es más la ideología liberal

38. Manuel Hallivis Pelayo, *Interpretación de Tratados Internacionales Tributarios*, México, Editorial Porrúa, 2011, especialmente pp. 86-98, y el artículo "Elementos para lograr una homologación metodológica del control difuso de constitucionalidad en México", *Revista Pro-Homine* 1/133 y ss., Año I, México, Suprema Corte de Justicia de la Nación, 2014.

39. Ampliar en el excelente libro de Germán Cisneros Farias, *Derecho Sistemático*, México, Editorial Porrúa, 2005, pp. 239 y ss.

de antaño sino que, conservando como principio la protección de la libertad frente a las arbitrariedades de los Poderes Públicos, se orienta a la realización del Estado Social y Democrático de Derecho, o si se prefiere el Estado de Justicia.

La democracia pasa a convertirse en un principio general del derecho público prácticamente absoluto en sentido contrario al Relativismo crítico que sostuvo Kelsen. En efecto, si cualquiera fuera el ordenamiento positivo éste entraña una verdad relativa: las atrocidades hitlerianas encuentran su justificación en el propio Relativismo que cobijaría el principio democrático,[40] aunque sean repugnantes a la ley natural, lo cual constituye un absurdo lógico y político de primer orden.

La afirmación del principio democrático como derivación de la ley natural, en cuanto resulta ser la forma de gobierno en la que el órgano Ejecutivo y los parlamentarios resultan elegidos por el pueblo, es la que mejor se concilia con la realización del bien común, sin que necesariamente excluya la llamada Monarquía constitucional, en la que la figura del rey simboliza a la Nación a través de la sabia fórmula que prescribe que reina sin gobernar.

Ahora bien, toda democracia no funcionaría con justicia y eficacia pudiendo devenir en un gobierno despótico sino tuviera como complemento el principio de separación de Poderes y sus corolarios básicos, esto es, el principio de limitación del poder[41] (como en la Constitución norteamericana, un sistema de Poderes limitados) y la independencia del Poder Judicial con garantías de inamovilidad e imparcialidad.[42]

Este último principio se ha extendido a otros órganos o entes a los que se le asignan funciones regulatorias, incluso de contenido jurisdiccional, interpretándose que los principios de independencia e imparcialidad se extienden a las llamadas autoridades regulatorias independientes.[43] De ese modo, el campo clásico de la separación de Poderes se ha ampliado considerablemente y el sistema exhibe una suerte de Poderes múltiples[44] que vienen a complementar, con el Ejecutivo, Legislativo y Judicial, el ejercicio de funciones estatales en base a competencias establecidas conforme al principio de especialización.

El nuevo Constitucionalismo reafirma la caracterización de la Constitución como norma suprema y algunos piensan que estamos ante la llamada constitucionalización del ordenamiento, algo que en cierto modo parece redundante en América, en cuyos sistemas se consagró, a partir

40. Hans Kelsen (*Esencia y Valor de la Democracia*, trad. del Alemán por Rafael Luengo Tapia y Luis Legaz y Lacambra, Barcelona/Buenos Aires, Editorial Labor, 1934, pp. 143 y ss., especialmente pp. 153 y ss.) llega a decir que la paradoja de la democracia es darse su sentencia de muerte (pp. 144 y ss.) y que todos los metafísicos postulan la autocracia, lo cual es contrario a la verdad histórica ya que basta con el ejemplo que dio la Escuela de Salamanca al rechazar la tesis absolutista sobre el origen divino del Poder para demostrar la falsedad histórica en que incurre Kelsen.

41. John Finnis, *Ley Natural y Derechos Naturales*, cit., pp. 300 y ss., y comentario de Orrego en el "Estudio Preliminar" a la obra de Finnis (p. 27).

42. Ampliar en: Rodolfo Luis Vigo, *De la Ley al Derecho*, cit., 2ª ed., pp. 219-220.

43. Caso "Baena" de la Corte Interamericana de Derechos Humanos.

44. Santiago Muñoz Machado (*Tratado de Derecho Administrativo y Derecho Público General*, 2ª ed., t. I, Madrid, Iustel, 2006, pp. 1.197 y ss.) describe la diversidad y múltiples poderes de las agencias o comisiones independientes.

de la Constitución de los Estados Unidos, el principio de supremacía constitucional.

Por otra parte, con toda la buena intención del mundo muchos sostienen hoy – siguiendo a la doctrina alemana[45] – que el derecho administrativo constituye un derecho constitucional concretizado, lo que nos parece una generalización excesiva al punto que de seguirse esa línea de pensamiento hasta el derecho civil sería un derecho constitucional concretizado, habida cuenta que se ocupa de reglamentar, entre otros derechos, el derecho constitucional de propiedad.

En ese proceso de revalorización constitucional el derrumbe de los dogmas positivistas ha conducido a la potenciación de la función del juez como creador del Derecho y no como un aplicador mecánico de la ley a través de un proceso de subsunción.

A su turno, el reconocimiento de la prevalencia de los principios generales sobre la ley positiva abrió un ancho cauce para las técnicas propias de la argumentación jurídica y al método interpretativo de la ponderación (justificación interna y externa) cuyo adalid ha sido, sin duda, Robert Alexy.[46] En este escenario, se desarrolla un proceso interpretativo, primero en Alemania y luego en varios Estados europeos y americanos, en el que se adopta y desarrolla el denominado principio de proporcionalidad, descompuesto en tres tipos de juicio que debe realizar el juez en la búsqueda de la solución justa de cualquier controversia, a saber: (a) el de necesidad; (b) el de adecuación; y (c) el de proporcionalidad en sentido estricto.[47]

Para completar el cuadro de las grandes transformaciones que caracterizan el nuevo Constitucionalismo, sobre todo en sus derivaciones positivas y jurisprudenciales, hay que tener en cuenta el abandono de una de las premisas del Positivismo legalista que sostenía una separación absoluta entre la Moral y el Derecho, tema que merecerá nuestra atención en el punto 1.4, que desarrollamos a continuación.

1.4 La distinción entre Moral y Derecho

Se trata del antiguo y clásico debate entre el Positivismo y el Iusnaturalismo que dividió durante mucho tiempo a la doctrina jurídica, en el cual, al partir de bases e ideas diferentes, nunca lograron ponerse de acuerdo.[48] Los positivistas puros, aunque reconocían la existencia de una Moral objetiva o social,[49] consideraron

45. Eberhard Schmidt-Assmann, "Cuestiones fundamentales sobre la reforma de la teoría general del derecho administrativo", en Javier Barnes (dir.), *Innovación y Reforma del Derecho Administrativo*, 2ª ed., Sevilla, Inap/Global Law Press, 2012, pp. 52 y ss.

46. Robert Alexy, *Teoría de la Argumentación Jurídica. La Teoría del Discurso Racional como Teoría de la Fundamentación Jurídica*, trad. de Manuel Atienza e Isabel Espejo, Madrid, Centro de Estudios Constitucionales, 1997, pp. 215 y ss.

47. Javier Barnes, "Introducción al principio de proporcionalidad en el Derecho Comparado y comunitario", *RAP* 135/495 y ss., Madrid, 1994. Mientras en el juicio de adecuación hay que valorar la idoneidad del fin, en el de necesidad se exige valorar si la medida es la menos restrictiva de los derechos y, por último, el juicio de proporcionalidad supone una valoración entre los medios elegidos, los sacrificios y el interés general, los que deben guardar proporción, o, en otros términos, ser razonables.

48. V.: Jaques Leclerk, *El Derecho y la Sociedad*, trad. del Francés, *Leçons du Droit Natural* (t. I), Barcelona, Herder, 1965, pp. 40 y ss.; Giuseppe Granneris, *Contribución Tomista a la Teoría del Derecho*, trad. del Italiano, Buenos Aires, Eudeba, 1977, pp. 43 y ss.

49. La Moral y el Derecho operan como círculos concéntricos. Aún cuando se reconozca

siempre que Derecho era algo distinto a la Moral, y, no obstante reconocer que los preceptos positivos se fundaban, en lo esencial, en principios morales, negaban la configuración de principios generales del Derecho como base y fundamento del orden normativo, apoyándose solo en sus fuentes formales. En ese contexto y frente a la insuficiencia del Positivismo legalista para detener los abusos de las dictaduras europeas (que impusieron el Nazismo y Fascismo sobre la base de un Legalismo formal) fueron muchos los juristas que se convencieron de la necesidad de acudir a los principios generales, incorporarlos a las Constituciones, abriendo así nuevos cauces de creación por parte de la doctrina y de los jueces, que permitieron configurar nuevos principios tanto generales como sectoriales o institucionales.

Paralelamente, el dogma de la plenitud del ordenamiento pronto se agotó en ese esquema y fue reemplazado por el papel creativo del juez que aplica esos principios generales mediante la técnica de la ponderación.

En definitiva, si la Moral está ligada al ámbito de los valores, a los cuales se somete, y si el orden jurídico (que no es más solo el orden normativo) acepta la superioridad de principios o valores generales como fundamento del ordenamiento, es evidente que no se puede sostener que el valor sea algo extraño al Derecho.[50]

Ese panorama se proyecta, como no podría ser de otro modo, a la teoría y, consecuentemente, al régimen del acto administrativo, a través de los principios generales que juegan como mandatos que debe acatar la Administración y que están, incluso, por encima del sistema normativo. Así, la configuración del ordenamiento jurídico cobra una nueva dimensión al ampliarse significativamente el clásico bloque de legalidad. En efecto, tras la recepción de los principios generales en los derechos públicos internos de los Estados, ya fuere por la jurisprudencia o por las respectivas Constituciones, el fenómeno de la globalización y, en su caso, la prevalencia de los derechos supranacionales generalizan principios que pasan a constituir nuevos paradigmas del derecho administrativo, en el curso de un proceso que favorece la creación por parte de los jueces del Derecho, el cual termina caracterizándose por una integración entre elementos estáticos (los principios generales) y dinámicos (los nuevos paradigmas e instituciones).

La aparición de estos nuevos paradigmas, aplicados conforme a las exigencias de la razón práctica, trae consigo la caída de antiguos dogmas que estaban anclados en una concepción autoritaria del derecho administrativo, aunque la tarea de erradicarlos no corra pareja en los diferentes

la división que hizo Hegel entre Moral subjetiva y objetiva y que el Derecho tiene por objeto, fundamentalmente, ésta última, la protección de la conciencia individual no es ajena al orden jurídico. Es cierto que hay valores que no pueden ser objeto directo de normas jurídicas ni prescribir mandatos positivos, como la amistad y el amor a la Patria, pero hay siempre mandatos negativos que los protegen. En definitiva, la integración de la Moral en el Derecho se lleva a cabo, en la actualidad, a través de la recepción en la Dogmática jurídica y en la jurisprudencia de los principios generales del Derecho, se encuentren o no incorporados al ordenamiento positivo. La fuente de los citados principios se encuentra tanto en la Constitución y las leyes como en la doctrina, en la costumbre y en la jurisprudencia, y en esto radica la principal diferencia con el Positivismo legalista.

50. Diogo de Figueiredo Moreira Neto (*Curso de Direito Administrativo*, 15ª ed., Río de Janeiro, Forense, 2009, pp. 77 y ss.) destaca el resurgimiento de los principios y la superación de los errores históricos del Positivismo legalista.

sistemas comparados ni la transformación se proyecte de la misma manera en cuanto a su intensidad.

1.5 La fuente primaria de la ley natural y el error de base del Positivismo y concepciones afines

En la actualidad, ya fuera porque resulta evidente para un sector del Iusnaturalismo distinguir la ley natural de la ley positiva o bien porque se considere – conforme al Positivismo legalista de matriz kelseniana – que la ley natural es de inspiración metafísica, que, por fundarse en la naturaleza, es algo extraño al Derecho, que debe ser depurado de elementos ajenos a la norma legal positiva, lo cierto es que los filósofos del Derecho, con excepción de la NEDN y sus seguidores,[51] no han prestado debida atención al examen más o menos exhaustivo de este punto. Sin la pretensión de profundizar en el tema (lo cual excedería el propósito que perseguimos), haremos una serie de reflexiones básicas con la idea de captar su problemática central en sus grandes rasgos.

Mientras hay bastante acuerdo entre los filósofos del Derecho en cuanto a que la ley positiva es la que resulta promulgada por el legislador, en sentido formal y material, y por el legislador material (ejemplo: los reglamentos), para los iusnaturalistas, en la vereda opuesta al Positivismo, toda ley positiva debe ser conforme a la ley natural.[52]

La diversidad de concepciones formuladas sobre el derecho natural ha sido campo propicio para las críticas que recibió del Positivismo, principalmente de Kelsen, quien, por no dominar el panorama del derecho natural de la Escolástica, generalizó una serie de errores que se gestaron *a posteriori* en las tendencias del Iusnaturalismo. La mayoría de esos errores y críticas ha sido refutada por la NEDN, particularmente en la obra de Finnis,[53] con una profundidad filosófica y lógica remarcable.

El error básico de Kelsen sobre el derecho natural estriba en sostener que la norma fundante del derecho natural presupone una norma que diga "deben obedecerse las leyes de la naturaleza",[54] lo que traduce un juicio equivocado.

Han sido muchos los partidarios del derecho natural que antes y después de Kelsen incurrieron en ese error (repárese nada más en Villey) y carece de sentido criticarlos y traerlos a colación porque en vez de refutar al gran filósofo austríaco vienen a convalidar su equívoco.

Los estudios hechos en el marco de la NEDN han revalorizado el pensamiento de Tomás de Aquino sobre el punto, además de actualizarlo y explicarlo en clave entendible por la Modernidad.

El Aquinate jamás sostuvo que el Derecho o ley natural se fundaba en la naturaleza, ni siquiera en la naturaleza humana en sí misma, sino en el orden impuesto por la razón natural, que, en definitiva, se funda en el principio de razonabilidad, habida cuenta que todo hombre posee "la inclinación natural a

51. John Finnis, *Ley Natural y Derechos Naturales*, cit., pp. 68 y ss.

52. V.: Werner Goldschmidt, *Introducción Filosófica al Derecho*, cit., 4ª ed., con citas de Tomás Aquino y de Suárez.

53. John Finnis, *Ley Natural y Derechos Naturales*, cit., pp. 66 y ss.

54. Hans Kelsen, *Teoría Pura del Derecho,* trad. del Alemán, México, Editorial Porrúa, 2011, p. 231.

actuar según la razón" y que ella implica en forma virtuosa.[55]

En ese sentido, la interpretación que hace Finnis sobre los textos de Tomás de Aquino demuestra lo afirmado precedentemente al señalar que "el criterio de conformidad o contrariedad respecto de la naturaleza es la razonabilidad":[56] "Y así todo lo que es contrario al orden de la razón es contrario a la naturaleza de los seres humanos en cuanto tal; y lo que es razonable está conforme con la naturaleza humana en cuanto tal. El bien del ser humano consiste en estar conforme con la razón, y el mal humano consiste en estar fuera del orden de la razonabilidad (...). De modo que la virtud humana, que hace buena a la persona humana y a sus obras, está conforme con la naturaleza humana sólo en cuanto *[tantum ... in quantum]* está conforme con la razón; y el vicio es contrario a la naturaleza humana solo en cuanto es contrario al orden de la razonabilidad".[57]

"En otras palabras" – dice Finnis –, "para Tomás de Aquino la manera de descubrir que es moralmente recto (virtud) y desviado (vicio) no es preguntar qué está de acuerdo con la naturaleza humana, sino qué es razonable. Y esta investigación nos conducirá, al final, hasta los primeros principios inderivados de razonabilidad práctica, principios que no hacen ninguna referencia a la naturaleza humana, sino solo al bien humano. Del principio al fin de sus exposiciones sobre Ética, las categorías primarias para Tomás de Aquino son lo 'bueno' y lo 'razonable', lo 'natural' es, desde el punto de vista de su Ética, un apéndice especulativo añadido a modo de reflexión metafísica, no un instrumento con el cual moverse hacia o desde los *prima principia per se nota* prácticos".[58]

Una interpretación similar sobre el pensamiento tomista en este punto hizo con anterioridad Goldschmidt; aunque el desarrollo que hizo no puede compararse al rigor argumentativo de Finnis, señaló que "la *lex naturalis*" es aquella parte de la ley externa que resulta conocible a los hombres mediante la razón y que "su principio supremo estatuye: hacer lo bueno y no hacer lo malo".[59]

Esta coincidencia de Goldschmidt con la interpretación de Finnis[60] sobre la obra de Tomás de Aquino resulta notable no solo por haberla efectuado con bastante anterioridad (la 1ª edición data de 1960) sino por extenderse a la concepción sobre la ley humana o positiva, la cual, según el maestro austríaco y profesor argentino tras su exilio, se desprende de la ley natural "de dos maneras: por conclusión y por determinación. Las conclusiones deducidas de la *lex naturalis* son uniformes (...) las determinaciones, al contrario, conceden un espacio de libertad dentro del cual caben lícitamente diferentes regulaciones".[61]

Debe quedar claro, entonces, que en el pensamiento de la NEDN la ley positiva deriva siempre del primer principio del derecho natural que manda hacer el bien y evitar el mal,[62] principio que preside un

55. S.T. I-II, q. 94, a.3, en Tomás de Aquino, *Tratado de Ley. Tratado de la Justicia. Opúsculo sobre el Gobierno de los Príncipes*, México, Editorial Porrúa, 1975, p. 28.

56. John Finnis, *Ley Natural y Derechos Naturales*, cit., p. 69.

57. Idem, ibidem.

58. Idem, ibidem.

59. Werner Goldschmidt, *Introducción Filosófica al Derecho*, cit., 4ª ed., p. 476.

60. John Finnis, *Ley Natural y Derechos Naturales*, cit., pp. 311 y ss.

61. Werner Goldschmidt, *Introducción Filosófica al Derecho*, cit., 4ª ed., p. 477.

62. Tomás de Aquino (*Tratado de Ley. Tratado de la Justicia. Opúsculo sobre el Gobierno de*

sistema complejo que poco tiene que ver con la norma básica que Kelsen ubicó en la cúspide de su pirámide jurídica. Esta norma de clausura del sistema kelseniano carece por cierto de positividad, ya que su naturaleza es más bien sociológica, como lo reconoce el propio Kelsen al definirla como "el hecho fundante de la producción del Derecho", admitiendo que se trata de una norma presupuesta que puede ser designada "como constitución en sentido lógico-jurídico, para diferenciarla de la constitución en sentido jurídico-positivo".[63]

Como puede advertirse, en el sistema kelseniano la norma básica no es impuesta sino presupuesta y, por tanto, no tiene nada de positiva aunque lo peor sea que, a consecuencia de la misma, "cualquier contenido puede ser derecho"[64] (*v.g.*, normas de la dictadura nazi tendientes a exterminar a los judíos).

En el sistema del derecho natural – en cambio – no tiene cabida una norma opuesta a la justicia la que se condensa en el primer principio antes señalado[65] y en los principios generales del Derecho de primer y segundo grado,[66] los cuales conforman un sistema de fuentes que se completa con las normas positivas. Los principios generales interactúan sin que exista una prevalencia de unos sobre otros, lo que no obsta a reconocer la distinta dimensión de peso que pudieran tener para poderlos ponderar y armonizar con miras a la realización del bien común, salvo aquellos que se definan como derechos prácticamente absolutos, como el derecho a la vida (ya que salvo por el ejercicio de legítima defensa no es lícito provocar la muerte de una persona).

Como conclusión podemos decir que mientras el Positivismo puro encorseta el Derecho en un sistema lógico-formal basado en normas positivas, excluyendo del mismo la justicia y los consecuentes principios generales del Derecho, el Iusnaturalismo, particularmente a través de la NEDN, se revela como un sistema más amplio y abierto, que se nutre con el aporte interdisciplinario de otras ciencias y disciplinas, permitiendo así enriquecer las determinaciones positivas, a condición de que no trasgredan los principios básicos de la justicia, en suma, del derecho natural.

De ese modo, se acrecienta el papel del juez en la creación del Derecho reafirmándose los principios de independencia e imparcialidad de la función jurisdiccional, los que constituyen principios generales del derecho público que los otros órganos del Estado no pueden alterar con leyes y/o el dictado de actos administrativos de alcance individual o generales (en sentido estricto: "reglamentos").

los Príncipes, cit., I-II, ej. 94, a. 2) puntualiza que "sobre este precepto se fundan todos los demás preceptos de la ley natural: o sea, que todo aquello que ha de hacerse o evitarse cae bajo los preceptos de la ley natural en cuanto la razón práctica puede captar que tales actos son bienes humanos".

63. Hans Kelsen, *Teoría Pura del Derecho*, cit., p. 206.

64. Idem, p. 207.

65. Carlos I. Massini Correas (*El Derecho Natural y sus Dimensiones*, con "Prólogo" de John Finnis, Buenos Aires, Ábaco, 1999, p. 38) afirma el carácter normativo del primer principio del derecho natural, refutando la crítica de la Filosofía Analítica que suponía que Tomás de Aquino extraoctaba los principios del derecho natural de proposiciones descriptivas basadas en los rasgos de la naturaleza humana. En realidad – señala Massini Correas –, Santo Tomás compartía la tesis de Hume en el sentido en cuanto a que "de proposiciones meramente enunciativas son podía seguirse una proposición normativa" (p. 38).

66. John Finnis, *Ley Natural y Derechos Naturales*, cit., pp. 131 y ss.

2. La estructura del ordenamiento

El ordenamiento jurídico se compone de normas y principios. Suele decirse (alguna vez utilizamos la expresión) que las normas representan la faz positiva del ordenamiento. En realidad, para captar el sentido de dicha expresión hay que definir primero que es una norma y que constituye un principio jurídico.[67] La tarea, si bien puede aparecer dotada de cierta complejidad ante las múltiples concepciones y definiciones existentes, resulta relativamente sencilla si nos atenemos a los conceptos básicos que proporcionan la lógica y la filosofía del Derecho.

De ahí en más, advertimos que la positividad no es patrimonio exclusivo de la norma legal, habida cuenta que es posible de crearla por vía consuetudinaria o jurisprudencial y algo similar acontece con los principios, que pueden hallarse o no incorporados al ordenamiento legal positivo.

2.1 Las normas

Toda norma se caracteriza por contener una estructura tripartita, a saber: (a) la descripción del supuesto de hecho, el mandato (o cópula que expresa el deber-ser) y la consecuencia jurídica. Esta es, digamos, la concepción clásica sobre la norma, que, desde luego, admite una serie de matizaciones, según el tipo de normas y las características peculiares de cada disciplina. Por ejemplo, el mandato, en el derecho penal suele hallarse implícito[68] y, a su vez, en el derecho administrativo los mandatos pueden contener conceptos jurídicos indeterminados (*v.g.*, el interés público) que deben determinarse en cada caso por los gobernantes o jueces con arreglo a las exigencias de la razonabilidad práctica, no admitiendo más que una solución justa o respuestas de equidad. También, sobre todo en el derecho administrativo, es posible atribuir a la Administración, salvo en materia de sanciones de naturaleza penal (o de actos de gravamen, en general), la potestad de utilizar la potestad discrecional con respecto a los tres elementos que componen la estructura de la norma, lo que no siempre se ha percibido hasta ahora con claridad. Por cierto que la atribución legal o reglamentaria de la discrecionalidad a la Administración se encuentra sometida siempre a un control judicial pleno y efectivo para garantizar los derechos de las personas, que es el fin principal de la separación de los Poderes.

2.2 Los principios generales: su diferencia con las normas. Las directrices o directivas políticas. Los valores

Mientras las normas responden a una cierta estructura lógica, donde tanto la proposición jurídica constituida por

67. Al referirnos a los principios jurídicos entendemos por tales los principios generales de todo el Derecho y los de las distintas ramas, particularmente los pertenecientes al derecho administrativo.

68. El art. 79 del Código Penal/CP prescribe que "se aplicara reclusión o prisión de 8 (ocho) a 25 (veinticinco) años al que matare a otro siempre que en este Código no se estableciera otra pena". El supuesto de hecho es la acción de matar a otro (se entiende a una persona), la consecuencia o sanción jurídica la pena de reclusión o prisión y el mandato legal implícito es la prohibición de matar a otro. Los mandatos penales son casi siempre negativos aún cuando prescriben también mandatos positivos como en los llamados delitos de omisión, en los que el sujeto debe actuar por imperio de la ley y omite hacerlo (*v.g.*, el delito de abandono de personas prescripto en los arts. 106 y 108 del CP).

el supuesto de hecho que ella determina como su consecuencia se encuentran formuladas "con similar propósito de precisión",[69] los principios aparecen con un margen de indeterminación y abstracción[70] que los lleva a requerir siempre de un acto posterior que los precise en una formulación más detallada, ya sea en su incorporación al derecho positivo o, a falta de éste, en su aplicación al caso concreto.[71] Los principios carecen de supuestos de hecho[72] los que deben ser cubiertos, en principio, por los legisladores o jueces, dadas las restricciones que pesan sobre la Administración para determinar su propia competencia.

Se ha procurado distinguir entre principios y valores en el sentido de que mientras éstos últimos no permiten especificar los supuestos en que se aplican, ni las consecuencias jurídicas que, en concreto, deben seguirse, los principios, sin llegar a ser normas analíticas, traducen un mayor grado de concreción.[73] Como puede apreciarse, el valor, así definido, se parece a la directiva o directriz de Dworkin en cuanto apunta a un estándar – que al igual que el principio debe ser observado – pero que reposa en un objetivo político, económico o social que persigue la comunidad.

La diferencia entre valor y principio dista de ser clara, pues, independientemente de que en algunos principios existe un menor grado de concreción que en otros, los valores siempre deben ser observados cuando razonablemente son susceptibles de ser captados por el sistema jurídico. ¿Podría acaso negarse – por ejemplo – que la justicia, la buena fe, la protección de la libertad y de la igualdad no constituyen principios generales del Derecho exigibles?[74] En suma, todo principio contiene un valor pero no todo valor configura un principio jurídico exigible como tal (*v.g.*, la amistad). En suma, el valor concebido como bien es captado por el Derecho cuando constituye un mandato que vincula al Estado con los sujetos privados o a éstos entre sí y puede estar representado tanto en un principio como en una norma positiva, legal o consuetudinaria.

69. Cf. Augusto Durán Martínez, *Los Principios Generales del Derecho en el Derecho Administrativo Uruguayo. Aplicación por el Legislador, el Administrador y el Juez*, La Coruña, Junta de Castilla y León, ed. Netbiblo, 2007, pp. 595-596; Rodolfo Luis Vigo, "Los principios generales del Derecho", *JA* 1986-III/864.

70. Para De Diego la abstracción de los principios es superior a la de las normas, correspondiendo su estudio tanto a los filósofos del Derecho como a los juristas prácticos, y en un pasaje del "Prólogo" que hiciera a la obra del Del Vecchio afirma: "Considerados, en efecto, los principios generales del Derecho en su más amplio y comprensivo sentido, son materia del filósofo del Derecho; empero, hallándose ellos en la raíz misma de las instituciones jurídicas particulares, no pueden ser extraños al jurista profesional y a éste pertenecen y dentro de su competencia están cuando descienden de aquellas alturas para encarnar en la vida, prestando espíritu, color y base a los preceptos de una legislación positiva. En el tránsito de una a otra esfera lo que ganan en concreción y acaso en intensidad lo pierden en amplitud y extensión; al fin ese tránsito representa una mayor determinación, un acomodamiento en que la virtud del principio, antes generalísimo, se infunde en términos más particulares que a su modo la encintan y disminuyen deviniendo principios ya menos generales y más limitados" (in Giorgio Del Vecchio, *Los Principios Generales del Derecho*, cit., 9, pp. 6-7).

71. Cf. Augusto Durán Martínez, *Neoconstitucionalismo y Derecho Administrativo*, cit., p. 88.

72. Luis Prieto Sanchis, *Constitucionalismo y Positivismo*, cit., 2ª ed., pp. 30-31.

73. Antonio E. Pérez Luño, *Derechos Humanos, Estado de Derecho y Constitución*, 4ª ed., Madrid, Tecnos, 1991, pp. 286 y ss.

74. Margarita Beladíez Rojo, *Los Principios Jurídicos*, 1ª ed., reimpr., Madrid, Tecnos, 1997, pp. 75 y ss.

Uno de los ataques más serios que ha sufrido el Positivismo anglosajón[75] radica en la distinción formulada por Dworkin entre principios, directrices y normas, que, paradojalmente, sirve también para limitar las exageraciones interpretativas en que ha incurrido un sector del Neoconstitucionalismo continental y vernáculo cuando asignan plena operatividad a principios y valores que encierran objetivos o directivas políticas a cumplir por los gobernantes de turno por decisión del poder constituyente, que no delegó en el juez el poder de crear, con carácter general, los mandatos propios de las normas operativas.

Esta diferencia reposa en una serie de distinciones de naturaleza lógica[76] que hacen al grado de determinación, generalidad y precisión, que, en definitiva, se traduce en la orientación que se proporciona al juez encargado de dirimir una controversia o al órgano administrativo que aplica o interpreta el Derecho ya fuera para crear una situación de gravamen o de ventaja, respecto de un particular.

2.3 Los principios son preceptivos. Características de los mandatos. La confusión o identidad entre derecho y principio

La mayoría de los autores modernos participa de la tendencia, originada a contramano del Positivismo clásico, que atribuye obligatoriedad a la observancia de los principios y superioridad sobre las leyes positivas, cuyo grado de primacía se acentúa en la medida en que se incorporan, en su gran mayoría, a las nuevas Constituciones. Incluso, los principios contenidos en el "Preámbulo" se consideran operativos.[77] Los principios carentes de supuestos de hecho y de consecuencias jurídicas determinadas resultan, sin embargo, preceptivos y se complementan con la garantía pública[78] que los protege, lo que tiene particular relevancia en el campo de los derechos humanos.

Se ha sostenido, en el campo de la teoría moderna de Alexy sobre la argumentación jurídica, que se trata de mandatos de optimización[79] cuando, en realidad, ello es peculiar solo de una clase de principios, que predican enunciados susceptibles de ser ponderados con gradualidad, en un marco abierto e indeterminado de aplicación a los supuestos de hecho o sujetos a las orientaciones, estándares o directrices de naturaleza política, en el sentido empleado por Dworkin.

Por el contrario, basta con reparar en la mayoría de los principios generales para darnos cuenta que no son todos mandatos de optimización y que hay mandatos de aplicación imperativa, ya sean mandatos

75. Cf. Ronald Dworkin, *Los Derechos en Serio*, Barcelona, Ariel, 1989, pp. 72-73.

76. Dworkin sostiene que: "Ambos conjuntos de estándares apuntan a decisiones particulares referentes a la obligación jurídica en determinadas circunstancias, pero difieren en el carácter de la orientación que dan. Las normas son aplicables a la manera de disyuntivas. Si los hechos que estipula una norma están dados entonces o bien la norma es válida, en cuyo caso la respuesta que da debe ser aceptada, o bien no lo es, y entonces no aporta nada la decisión".

77. Guido Santiago Tawil, "El 'Preámbulo' de la Constitución Nacional", en *Estudios de Derecho Administrativo*, Buenos Aires, Abeledo-Perrot, 2012, pp. 798 y ss.

78. Rodolfo Carlos Barra ("El ordenamiento institucional de los derechos humanos", en el libro *Temas de Derecho Público*, Buenos Aires, RAP, 2008, p. 300) puntualiza que la exigibilidad es una cualidad inherente a todo derecho humano que se complementa con la garantía pública.

79. Robert Alexy, *Teoría de la Argumentación Jurídica*, trad. del Alemán, Lima, Palestra, 2007, pp. 458 y ss.

negativos o positivos. Hasta existen principios que generan derechos del hombre que tienen primacía sobre otros, como el derecho a la vida,[80] que no pueden ser alterados por los gobernantes (legisladores, jueces o funcionarios públicos).

Esto acontece, por ejemplo, en el campo del derecho público, con el principio de la tutela judicial efectiva, el de la buena fe y el de verdad material, para citar algunos ejemplos en los que no hay optimización posible porque lo óptimo es la realización plena del principio.

En cambio, el mandato de optimización aparece en aquellos supuestos en que más que principios se trata de directivas políticas, económicas o sociales tendientes a orientar al legislador o al funcionario en determinado sentido a través de estándares indeterminados con respecto a las decisiones que adopte. Son las que, en la teoría constitucional clásica, se denominaban normas o cláusulas programáticas de la Constitución.[81]

Dadas las múltiples conceptualizaciones que hay sobre el Derecho en el mundo jurídico, suelen confundirse o identificarse los principios con los derechos y estos, a su vez, con las garantías constitucionales. El derecho público es proclive al uso promiscuo de estos conceptos pero lo cierto es que hay una libertad de estipulación en el medio doctrinario favorecida por la textura abierta del lenguaje natural que se utiliza y la variedad de sentidos del término. Sólo el conocimiento teórico-práctico permite saber en qué sentido el juez o el legislador han empleado el concepto (*v.g.*, como principio, derecho o garantía) y si el término "derecho" que utilizamos se refiere al poder jurídico o facultad que habilita la pretensión procesal o a cualquiera de las otras acepciones reconocidas (ejemplo: lo justo o el derecho concebido como ordenamiento).

3. El papel de los principios generales

Los principios generales guardan estrecha relación con la justicia o con la ley natural, en el que encuentran su fundamento,[82] siendo valores que se asemejan a creencias indiscutibles, forjadas desde afuera de la persona, en las que todo el mundo cree. Los principios son universales,[83] existen por sí mismos.[84] Puede

80. John Finnis (*Ley Natural y Derechos Naturales*, cit., p. 251) atribuye el carácter absoluto al derecho a la vida. Pero la ley natural y el derecho positivo consagran excepciones al carácter absoluto del derecho a la vida cuando se trata de la defensa de la propia vida (legítima defensa). Aunque es un tema que exige mayores desarrollos también cabe admitir que el Derecho legitima la defensa colectiva en los supuestos de guerra, habiendo convenciones que regulan diversos aspectos (ejemplo: las convenciones de Ginebra).

81. Jorge Reinaldo Vanossi (*Teoría Constitucional*, t. II, Buenos Aires, Depalma, 1976, pp. 3 y ss.) distingue entre cláusulas operativas y cláusulas programáticas no operativas que cumplen la función de indicar a los Poderes Públicos ciertas directivas para el accionar de los Poderes Públicos o bien establecer reglas de interpretación dirigidas particularmente a los jueces (p. 4).

82. V.: Jorge Sarmiento García, *Los Principios en el Derecho Administrativo*, cit., pp. 41 y ss.

83. El Realismo moderado, de raíz aristotélico-tomista, aunque postula la independencia de las cosas de las ideas (unificando el mundo sensible con el inteligible), acepta, a diferencia del Nominalismo, la categoría de los universales. En la actualidad, algunos juristas suelen ser nominalistas inconscientes, como los neo-positivistas (ampliar en José Ferrater Mora, *Diccionario de Filosofía*, t. III, pp. 2.575 y ss., e t. IV, pp. 3.603 y ss., Barcelona, Ariel Filosofía, 1994).

84. Miguel S. Marienhoff (*Tratado de Derecho Administrativo*, 4ª ed., t. I, Buenos Aires, Abeledo-Perrot, 1990) afirma que, "si el Consejo

decirse que son tan obvios que nadie los puede negar o refutar (*v.g.*, la defensa de la vida, la dignidad de la persona, el de justicia, la libertad interior y exterior, la buena fe, la razonabilidad, la tutela judicial efectiva etc.).

Sin embargo, no obstante el auge que tuvieron las corrientes iusnaturalistas durante el siglo pasado,[85] incluso las más complejas y abarcativas como el Trialismo (una especie de Iusnaturalismo actualizado), ellas se enfrentan a otras teorías que se desarrollan en un ámbito caracterizado por una notable diversidad en el que desfilan desde concepciones positivistas hasta metapositivistas y eclécticas[86] o bien transpositivistas.[87]

Con todo, las clasificaciones apuntadas no deben llevarnos a confundir las cosas, porque muchos de los principios generales prevenientes del Iusnaturalismo clásico o aún del racionalista han pasado al derecho positivo a través de su incorporación a la Constitución y a la ley (formal y material) o mediante su recepción generalizada por vía de la jurisprudencia. Esta recepción no implica diluir la jerarquía que poseen los principios generales del Derecho como fuente del ordenamiento, se encuentren o no positivizados.

Llevados al plano de los Poderes, los principios constituyen el fundamento de los derechos o garantías que facultan a los particulares a invocarlos en los procesos judiciales y obtener así la tutela jurisdiccional de las situaciones jurídicas subjetivas. En suma, constituyen límites al ejercicio del poder arbitrario por parte del Estado.[88]

El renacimiento de los principios en el Estado de Derecho contemporáneo implica reconocer, como se ha visto, que ha habido, en forma conciente o inconciente, una huida masiva del Positivismo[89] y de las técnicas puramente deductivas de interpretación de las normas y, por más que algunos sigan postulando una concepción estrictamente positivista del Derecho, lo cierto es que los principios de la justicia, o si se quiere de los basados en la ley natural, han socavado los cimientos de la pirámide kelseniana, ya que ellos existen, se desarrollan y se aplican con independencia de las normas positivas.[90] Más aún, muchas veces los principios generales representan un freno que cumple la función de garanti-

de Estado francés invoca y aplica 'los principios generales del Derecho' es porque éstos existen" (p. 282).

85. Jorge Sarmiento García, *Los Principios en el Derecho Administrativo*, cit., pp. 25-26.

86. Rodolfo Luis Vigo ("Los principios generales del derecho", cit., *JA* 1986-III/860) señala que en el escenario doctrinario hay cinco corrientes: la positivista, que sostiene que no hay principios fuera del derecho positivo; la historicista, que encuentra el fundamento de los principios generales en un Derecho pretérito; la cientificista, que sólo tiene en cuenta su elaboración por la Ciencia Jurídica; la metapositivista, que fundamenta el contenido de los principios fuera del derecho positivo; y, por último, la ecléctica, que armoniza las distintas posturas.

87. Pedro J. J. Coviello, "Los principios generales del Derecho frente a la ley y al reglamento en el derecho administrativo argentino", cit., *REDA* 62/1.088 y ss.

88. V.: Carlos F. Balbín, *Curso de Derecho Administrativo*, t. I, Buenos Aires, La Ley, 2007, p. 252, con cita de un trabajo nuestro anterior (Juan Carlos Cassagne, *Los Principios Generales del Derecho en el Derecho Administrativo*, Buenos Aires, Abeledo-Perrot, 1988, pp. 47 y ss.).

89. Una fuerte reacción contra el Positivismo legalista en Uruguay en el campo del derecho administrativo puede verse en Daniel Hugo Martins, *Introducción al Derecho Administrativo*, Montevideo, FCU, 1982, pp. 15 y ss.

90. V.: Gustavo Silva Tamayo, *Desviación de Poder y Abuso de Derecho*, Buenos Aires, LexisNexis/Abeledo-Perrot, 2006, p. 29.

zar los derechos de los particulares frente a los abusos en que suelen incurrir las leyes o reglamentos administrativos.

En cierto modo, el derecho administrativo puede describirse partiendo de una cadena formada por principios generales que se encuentran en la base del sistema jurídico, inspiran sus normas e informan su contenido, permitiendo concretar, en caso de lagunas, la obra legislativa.[91] Pero no existe, en realidad, un dualismo entre derecho natural y derecho positivo, sino más bien que el primero sufre un proceso de conversión jurídica por su incorporación a fórmulas técnicas que se configuran tópicamente en función de los problemas. Precisamente, esta conversión de los preceptos del derecho natural en criterios técnicos y tecnificables es lo que se expresa en el concepto de "principios generales del Derecho".[92]

La característica de principalidad que poseen los principios en el mundo del Derecho plantea una serie de problemas que van desde su articulación con el derecho positivo, la dimensión de peso o importancia que cabe asignarles a cada uno de ellos, en su aplicación recíproca, hasta el desarrollo de nuevos principios, como producto de las exigencias de una Justicia que funciona en el marco de la cambiante realidad social.

Ese dinamismo potencial, que es propio de los principios generales del Derecho, corre parejo con las peculiaridades del derecho administrativo como derecho en formación, que siempre se encuentra de cara a un proceso de adaptación a la realidad sobre la que elabora soluciones frecuentemente asistemáticas.[93]

Y, curiosamente, esa elasticidad que muchos llegaron a predicar del derecho positivo, cuya potencia normativa se consideraba prácticamente interminable, es la que cabe reconocer a los principios generales del Derecho. Pero hay que advertir que esa aptitud para expandirse no lleva en sí la idea de cambio constante, sino la de su permanencia, como base de las instituciones fundamentales del derecho público, no obstante su adaptación a una realidad en continuo movimiento.

Esto se ve claro en la evolución que se ha operado en el derecho administrativo francés, y es lo que llevó a Rivero a sostener que el Consejo de Estado, consciente de que la seguridad jurídica no podía hallarse sino en la continuidad del Derecho, "ha tenido que ir a buscarla fuera de la ley para mantenerla pese a los cambios políticos y a sus repercusiones legislativas: afirmando enérgicamente la

91. Julio Isidro Altamira Gigena, *Los Principios Generales del Derecho como Fuente del Derecho Administrativo*, Buenos Aires, Astrea, 1972, p. 29.

92. Eduardo García de Enterría (*Reflexiones sobre la Ley y los Principios Generales del Derecho*, Madrid, Civitas, 1984, p. 63) agrega que: "La sustantividad de éstos, paralela a la propia sustantividad de la técnica jurídica, se manifiesta por de pronto en un hecho elemental, y es que no todos ellos son concreción de ese derecho natural o superior, sino que éste sólo informa una parte de ellos, siendo los otros expresión del orden político concreto, y otros, en fin, y no de los menos importantes, de carácter institucional o estrictamente técnico, aunque éstos vienen a encerrar frecuentemente, todos los anteriores (...)" (pp. 63-34). Entre nosotros se ha sostenido también que el derecho natural y el derecho positivo no constituyen ordenamientos separados y que los principios generales del Derecho se desprenden de la ley natural, de la cual se extraen por medio de la acción práctica (cf. Rodolfo Roquel, *Introducción a la Teoría General del Derecho Administrativo*, Buenos Aires, Dunken, 2004, p. 88).

93. Como lo ha puesto de relieve Agustín Gordillo, *Tratado de Derecho Administrativo*, t. I, Buenos Aires, FDA, 1995, p. V-10.

estabilidad de los principios pudo limitar y corregir los efectos de la inestabilidad de las leyes".[94]

Frente a esta problemática, la función del juez desempeña el papel de mantener el equilibro social a través de las diferentes formas de justicia,[95] cuya realización se alcanza utilizando el mayor margen de libertad que le permite la recurrencia a los principios generales del Derecho, incluso para construir nuevas soluciones jurídicas no previstas en el ordenamiento.[96]

Ahora bien, los principios, en los ordenamientos modernos, tienden a positivarse, y esto acontece con la mayoría de las instituciones del derecho administrativo que encuentran su directo fundamento en la Constitución Nacional, la cual constituye la fuente primaria de gran parte de los principios generales que integran el derecho administrativo. En tal sentido, si bien como en su momento lo advirtió Kaufmann – tras la caída de la dictadura hitleriana – junto al renacimiento del derecho natural sucedió un movimiento regresivo que se refugió en un formalismo y un funcionalismo vacíos de contenido,[97] lo cierto es que, en la actualidad, tanto la aplicación de los principios generales positivizados como la aplicación de los no positivizados han adquirido una importancia desconocida en épocas anteriores en virtud del papel creativo que ha asumido la jurisprudencia inspirada, generalmente, en la doctrina de los juristas.

4. Los paradigmas del derecho público y su proyección al acto administrativo

4.1 El surgimiento de los paradigmas

El concepto de paradigma, empleado para captar el sentido de la revolución científica que se opera en el campo de las Ciencias Físicas y Naturales y, en general, en el de la Historia de las Ciencias, puede ser utilizado con provecho en el ámbito de las Ciencias Sociales, para explicar los fenómenos propios de la transformación de las instituciones.[98]

94. Jean Rivero, "Los principios generales del Derecho en el Derecho Francés contemporáneo", *RAP* 6/293, Madrid, 1951.

95. En el derecho público, donde predominan la justicia legal y la distributiva, existen también intercambios voluntarios que crean relaciones regidas por la justicia conmutativa (cf. nuestro trabajo *Cuestiones de Derecho Administrativo*, Buenos Aires, Depalma, 1987, p. 83).

96. El ordenamiento se halla constituido no sólo por las normas sino también por los principios generales del Derecho. La admisión de los principios generales como fuente del Derecho rompe la estatización del Derecho que se pretendió asegurar con el dogma de la completividad del ordenamiento. Además de lo dicho en el texto, la distinción entre normas y principios se apoya – según Dworkin – en que estos tienen una dimensión que no poseen aquellas: la de peso o importancia. Al respecto, señala este autor que: "Cuando los principios se interfieren (la política de protección de los consumidores de automóviles interfiere con los principios de libertad de contratación, por ejemplo) quien debe resolver el conflicto tiene que tener en cuenta el peso relativo de cada uno. En esto no puede haber, por cierto, una medición exacta y el juicio respecto de si un principio o directriz en particular es más importante que otro será con frecuencia motivo de controversia. Sin embargo, es parte esencial del concepto de principio el que tenga esta dimensión, que tenga sentido, que importancia o que peso tiene" (Ronald Dworkin, *Los Derechos en Serio*, cit., p. 78).

97. Arthur Kaufmann, *La Filosofía del Derecho en la Posmodernidad*, cit., especialmente p. 13.

98. Tomás Kuhn, *La Estructura de las Revoluciones Científicas*, trad. del Inglés, Argentina, Fondo de Cultura Económica, 2002, pp. 9 y ss., especialmente pp. 268 y ss.

Porque es evidente que todas las Ciencias se apoyan en un paradigma o conjunto de ellos, los cuales cumplen la función de ser una suerte de ley básica que alimenta sus principios de un modo continuo y generalizado.

La dinámica de los paradigmas hace que las formulaciones de los principios en el mundo del Derecho requieran ser ajustadas cuando la realización del bien común lo demande (generalmente orientado por necesidades sociales), y en la medida que éstas no excedan los principios básicos que fundamentan la justicia material, en sus diversas especies (conmutativa, distributiva y legal).

En la actualidad, el paradigma se ha convertido en una noción, ciertamente versátil, que se utiliza para diversos usos interpretativos con significados diferentes, dada la libertad de estipular conceptos que es propia de la Ciencia del Derecho. De ese modo, mientras algunos conciben a los paradigmas como nuevas visiones del Derecho y otros como principios generales o valores jurídicos, no faltan quienes los circunscriben a los principios del llamado Neoconstitucionalismo.

Cuando aludimos a los valores jurídicos asimilándolos a los principios generales no estamos haciendo referencia a los valores básicos fundamentales.[99] Nos referimos a los principios generales del sistema jurídico (estén o no positivizados) que, aún cuando no se relacionan en base a un orden jerárquico predeterminado, se interpretan y aplican con arreglo a las exigencias básicas de la razonabilidad práctica.[100] Lo cierto es que hasta quienes distinguen por su grado de especificación los valores de los principios (el principio tendría un grado mayor de determinación) admiten que ambos son preceptivos[101] y que hay principios que se ha entendido configuran derechos humanos inviolables, como el derecho a la vida,[102] que cumple

99. John Finnis (*Ley Natural y Derechos Naturales*, cit., pp. 91 y ss., especialmente pp. 113-127) enumera entre los valores básicos fundamentales la vida, el conocimiento, el juego, la experiencia estética, la sociabilidad, la razonabilidad práctica y la religión.

100. V.: John Finnis, *Ley Natural y Derechos Naturales*, cit., pp. 165 y ss. Al respecto se pregunta dicho autor: ¿cómo puede saber uno que una decisión es razonable prácticamente? Considera la razonabilidad práctica como un bien que estructura nuestra búsqueda de bienes afirmando que no vivir a la altura de esas exigencias es irracional. Finnis describe y desarrolla como tales: (a) un plan de vida coherente; (b) ninguna preferencia arbitraria entre los valores; (c) ninguna preferencia arbitraria entre las personas; (d) desprendimiento y compromiso; (e) la relevancia de las consecuencias: eficiencia, dentro de lo razonable; (f) respeto por todo valor básico en todo acto; (g) las exigencias del bien común; (h) seguir la propia conciencia; e (i) la Moral, como producto de esas exigencias.

101. Pedro J. J. Coviello, "Los principios y valores como fuentes del derecho administrativo", en la obra *Cuestiones del Derecho Administrativo*, Buenos Aires, RAP, 2009, p. 753.

102. Según Finnis, resultan inviolables y son absolutos conforme a las exigencias de razonabilidad práctica un conjunto básico de derechos humanos, entre los que se encuentran desde "el más obvio, el derecho de no verse privado directamente de la propia vida como medio para ningún fin ulterior; pero también el derecho a que no nos mientan positivamente en ninguna situación (*e.g.*, en la enseñanza...) en la cual se espera razonablemente una comunicación real; y el derecho a no ser condenado sobre la base de cargos deliberadamente falsos; y el derecho a no ser privado u obligado a privarse de la propia capacidad procreadora; y el derecho a ser tenido en cuenta con respecto a cualquier valoración de lo que el bien común exige" (*Ley Natural y Derechos Naturales*, cit., p. 253).

un papel fundamental en el Estado de Derecho, en sus distintas versiones.[103]

Veamos ahora algunas de las razones por las cuales los juristas y aún los filósofos del Derecho no se preguntan acerca de las exigencias de la razonabilidad práctica. Ello puede obedecer a una explícita o implícita adhesión a la tesis positivista ancestral que separa la Moral del Derecho, o bien a una tendencia racionalista moderna, que incorpora formalmente como valores o derechos en el sistema positivo aún a los que no pueden serlo por su repugnancia a la ley natural.

En lo que sigue, vamos a concentrarnos en aquellos principios generales del Derecho aplicables al derecho administrativo que consideramos de relevancia fundamental y que, por tanto, cumplen la función de los paradigmas científicos ya sea que tengan su fuente positiva en los textos constitucionales, en cláusulas de los tratados y en las leyes, así como en la jurisprudencia y en la doctrina, siempre que encarnen interpretaciones iuspublicistas que resulten armónicas con el texto constitucional de 1853-1860 y la reforma de 1994. Ello no implica desechar el comparatismo constitucional que, en cuanto resulte compatible con el Derecho vernáculo, puede ser útil para la interpretación jurídica de los preceptos positivos que, en muchos aspectos, se han fundado en sus prescripciones.

El conocimiento de paradigmas sea bajo la forma de principios generales o de garantías jurídicas no es un fenómeno exclusivo del derecho público contemporáneo ni del llamado Neoconstitucionalismo. Basta recordar la formulación y el desarrollo del principio de razonabilidad y del debido proceso adjetivo,[104] para citar algunos de los principios que se desarrollaron en nuestro País bajo la influencia de las instituciones del derecho constitucional norteamericano. Algo similar ocurrió con los principios generales del Derecho elaborados por la jurisprudencia del Consejo de Estado francés[105] (*v.g.*, la igualdad ante las cargas públicas y la interdicción de la desviación de poder) fundados en la justicia o en la ley natural antes que del derecho positivo, los que también se proyectaron a nuestro derecho administrativo.

En Europa Continental, incluso en algunos Países antes de la sanción de los textos constitucionales de la posguerra, se inició un movimiento doctrinario y jurisprudencial que, como reacción a los dogmas y carencias del derecho administrativo clásico, contribuyó a incorporar una serie de principios generales del derecho administrativo al sistema jurídico[106] (*v.g.*, el informalismo, los principios *pro libertate* y *pro actione*, la buena fe etc.).

El proceso estaba guiado por una revalorización del Estado de Derecho con una finalidad tuitiva de los derechos fundamentales o naturales (particularmente las libertades de los ciudadanos) y ponía el acento en la protección de la persona humana.

103. Sobre el Estado de Derecho y sus diferentes versiones, hasta llegar al Estado de Derecho Constitucional, la literatura jurídica europea es abundante (v.: Santiago Muñoz Machado, *Tratado de Derecho Administrativo y Derecho Público General*, cit., 2ª ed., t. I, pp. 321 y ss.).

104. V.: Juan Francisco Linares, *La Razonabilidad de las Leyes. El Debido Proceso como Garantía Innominada en la Constitución Argentina*, 2ª ed., Buenos Aires, Astrea, 1980.

105. Jean Rivero, "Los principios generales del Derecho en el Derecho Francés contemporáneo", cit., *RAP* 6/293, y su clásico *Droit Administratif*, 18ª ed., actualizada por Jean Waline, París, Dalloz, 2000, p. 72.

106. V.: Eduardo García de Enterría, *Reflexiones sobre la Ley y los Principios Generales del Derecho*, cit., especialmente pp. 63 y ss.

En la continuación de ese proceso el llamado Neoconstitucionalismo europeo extremó la positivización de los principios y nuevos derechos mediante la instrumentación de un amplio catálogo de derechos sociales, y más tarde colectivos, estos últimos concebidos en función de la tutela de bienes comunes (*v.g.*, la protección ambiental) y de la democracia participativa (derecho de participación).[107]

Algunos de esos nuevos principios y derechos plantean falsos dilemas a la hora de su interpretación. Fuera o no por razones ideológicas, un sector de la doctrina sostiene la operatividad directa de todos los nuevos principios y derechos incorporándolos al orden coactivo, como si fueran normas positivas, olvidando que una buena parte de ellos son mandatos de optimización, o, según la terminología que utiliza la Corte, derechos fundamentales con operatividad derivada,[108] que, cuando implican obligaciones de hacer a cargo del Estado están sujetos al control de razonabilidad.[109] Ese proceso de transformación de los principios generales en normas coactivas, de contenido positivo, no ha perseguido siempre una finalidad garantista de los derechos y en ocasiones ha transgredido el principio de la razonabilidad económica.[110]

Antes bien, la ideología ha procurado imponer la prevalencia de los derechos colectivos sobre los derechos individuales, aún a costa de aniquilar el derecho a la vida,[111] que, para el pensamiento iusna-

107. Hernán Celorrio ("Derechos sociales y tutela judicial", en *Estudios de Derecho Administrativo 2011 – N. 3*, Montevideo, La Ley, 2011, pp. 7 y ss.) afirma que no hay contradicción entre los derechos civiles y políticos, "correspondiendo una complementación integral de los mismos en la interpretación de sus alcances y de la debida protección" (p. 8).

108. Domingo García Belaúnde ("El Estado Social re-visitado", en *REDA* 81, Buenos Aires, Abeledo-Perrot, 2012, punto 4 – en prensa) habla de derechos incondicionados y condicionados; éstos últimos requieren regulación legal y recursos económicos, es decir, que no son directamente operativos.

109. En un caso reciente, en el que la madre de un hijo que padecía una grave discapacidad planteó una acción contra la Ciudad Autónoma de Buenos Aires reclamando que se le reconozca y haga efectivo el derecho a una vivienda digna, la Corte hizo lugar a la pretensión ordenando al Gobierno de la Ciudad el otorgamiento de las prestaciones de asistencia social y de salud y que garantizase a la actora, aún en forma no definitiva, "un alojamiento con condiciones edilicias adecuadas a la patología del niño, sin perjuicio de contemplar su inclusión en algún programa de vivienda en curso o futuro para la solución permanente de la solución planteada". En este caso, si bien la Corte parte del reconocimiento de la operatividad efectiva de los derechos fundamentales como es el derecho a la vivienda digna, precisa que esa operatividad no es directa, en el sentido de que todos los ciudadanos la pueden reclamar en sede judicial (Considerando 11º *in fine*), sino una operatividad subordinada a su implementación por los Poderes Públicos (Legislativo y Ejecutivo), dado que existe "la necesidad de valorar de modo general otros derechos, como por ejemplo la salud, las prestaciones jubilatorias, los salarios y otros, así como los recursos necesarios" (Considerando 11º, primera parte). Sin embargo, la Corte considera que "los derechos fundamentales que consagran obligaciones de hacer a cargo del Estado, con operatividad derivada, están sujetos al control de razonabilidad por parte del Poder Judicial" (Considerando 12º primera parte) (cf. en la causa "Recurso de hecho Q.C.S.Y. c/Gobierno de la Ciudad de Buenos Aires s/amparo", de fecha 24.4.2012 – Q. 64 XLVI).

110. Por ejemplo, cuando opone al derecho a la vivienda digna al derecho individual del propietario, sin declaración de utilidad pública ni el cumplimiento de las demás garantías de la expropiación (art. 17 CN).

111. La cita de un texto de Foucault que ha hecho Carlos Ignacio Massini Correas (en su obra *El Derecho Natural y sus Dimensiones Actuales*,

turalista representa un derecho absolutamente inviolable.

Ante todo, cabe advertir que el verdadero problema no radica en el reconocimiento positivo de los derechos y bienes colectivos cuyos valores son naturalmente protegibles en función del bien común (*v.g.*, la protección de la salud y del medio ambiente) sino en el desconocimiento de valores básicos y en su interpretación irrazonable o bien en la utilización demagógica por los gobernantes de turno, cualquiera sea la tendencia que representen (liberales, conservadoras, socialistas etc.).

Los paradigmas que revisten fundamental relevancia en el derecho público, al configurar principios generales del Derecho, se proyectan a la teoría del acto administrativo sobre el cual prevalecen.[112] Muchos de ellos no son sino formulaciones evolucionadas de principios generales anteriormente reconocidos que tuvieron recepción positiva en los tratados internacionales integrantes de nuestro ordenamiento constitucional (art. 75 inc. 22). Ello conduce a la necesidad de aplicar en nuestro derecho administrativo no sólo las normas y principios de estos tratados sino también la jurisprudencia de la Corte Interamericana de Derechos Humanos.[113]

4.2 La dignidad de la persona

La persona humana es el centro de todos los derechos. Más aún, el fundamento[114] y la razón de ser del Derecho radica en la persona, cuya humanidad no deriva de ser una creación formal del hombre.[115] Un ordenamiento positivo que negase la condición de persona de un ser humano sería algo inconcebible, un no-derecho, una aporía que el Positivismo no pudo resolver cuando sostenía que la persona era una creación del Derecho.[116]

En el dominio sobre la propia vida del ser más que del existir se encuentra la raíz de la dignidad de la persona, pues, como decían las Partidas, la persona del hombre es la más noble del mundo.[117] Esa dignidad no admite discriminación alguna por razón de nacimiento, raza o sexo, opiniones o creencias,[118] y en ella

cit., p. 221) ilustra hasta donde llega la tesis que niega a la persona humana y sus derechos fundamentales. Al respecto, ha llegado a decirse que: "Cuando el proletariado tome el poder puede ser perfectamente posible que ejerza contra las clases sobre las que ha triunfado un poder violento, dictatorial e incluso sangriento; no veo que objeción puede hacérsele a esto" (N. Chomsky y Michel Foucault, La Naturaleza Humana: ¿Justicia o Poder?, Valencia, Universidad de Valencia, 1976, pp. 55-56).

112. Jacqueline Morand-Deviller (*Droit Administratif, Cours*, cit., 10ª ed., p. 276) señala que los principios generales del Derecho tienen un valor jurídico superior a cualquier clase de actos administrativos.

113. Ampliar en: Pedro Aberastury y Patrizia E. Gottschau, "Interrelación del derecho supranacional en el procedimiento administrativo nacional", en Pedro Aberastury y Hermann-Josef Blanke (coords.), *Tendencias Actuales del Procedimiento Administrativo en Latinoamérica y Europa*, Buenos Aires, Eudeba/Fundación Konrad Adenauer, pp. 95 y ss.

114. Renato Rabbi-Baldi Cabanillas, *Teoría del Derecho*, Buenos Aires, Ábaco, 2008, p. 33.

115. José W. Tobías ("Persona y mercado", *La Ley, Suplemento de la Academia Nacional de Derecho y Ciencias Sociales de Buenos Aires*, del 28.2.2012, p. 2) señala que la *dignitas* es el fundamento último de los derechos fundamentales.

116. Renato Rabbi-Baldi Cabanillas, *Teoría del Derecho*, cit., p. 62.

117. Jesús González Pérez, *La Dignidad de la Persona*, Madrid, Civitas, 1986, p. 24.

118. Idem, p. 25.

se fundamentan los derechos del hombre, como la libertad religiosa o la libertad de expresión.[119]

De un modo u otro, todos los derechos humanos están relacionados con la dignidad de la persona, que constituye algo así como el principio general básico de todo el Derecho, el cual informa el contenido del ordenamiento y resulta un valor jurídico exigible. Por esa causa, el primer derecho que prevalece respecto de cualquier otro derecho es el derecho a la vida,[120] uno de cuyos contenidos principales es el derecho a la salud, dado que la preservación de la persona representa el grado máximo de su dignidad. La persona es un fin en sí mismo para cuya realización y perfección necesita gozar de todos los derechos que se relacionan con la condición humana, con las restricciones razonables que le imponga el bien común tanto en su dimensión individual como social, espiritual y material.[121] En ese arco protectorio se encuentran la libertad, la propiedad y la igualdad y aún los llamados derechos de segunda y tercera generación, con sus nuevos paradigmas, como la tutela judicial efectiva.

El valor jurídico básico de la dignidad humana ocupa un lugar central en el derecho público, siendo un principio constitucional[122] que se proyecta a la teoría del acto administrativo, a través del desarrollo de una serie de principios generales cuyos diversos contenidos se expresan mediante mandatos, prohibiciones y estímulos.

La dignidad humana, como principio básico del Derecho, ha sido reconocida en numerosos tratados internacionales. Para nuestro Derecho adquieren trascendencia, como fuente de todo el ordenamiento, aquellos que poseen jerarquía constitucional (art. 75 inc. 22 CN). En tal sentido, desde la Declaración Universal de los Derechos Humanos,[123] el Pacto de Derechos Civiles y Políticos,[124] el Pacto de los Derechos Económicos, Sociales y Culturales, la Declaración Americana de Derechos y Deberes del Hombre[125] hasta la Convención Americana sobre Derechos Humanos/CADH han incorporado en sus textos el principio; en particular ésta última lo recoge al prescribir que: "Toda persona tiene derecho al respeto de su honra y al reconocimiento de su dignidad".[126]

El principio de la dignidad de la persona protege una variedad de situaciones (la de los funcionarios, militares, estudiantes, detenidos o reclusos, usuarios de servicios públicos etc.)[127] y debe observarse en todos los elementos del acto administrativo (competencia, causa, objeto, forma y finalidad). Su violación implica la inconstitucionalidad del acto

119. Rodolfo Carlos Barra, "La libertad de prensa en la reciente jurisprudencia de la Corte Suprema", en Agustín Gordillo (dir.), *Derecho Administrativo. Doctrinas Esenciales*, cit., t. I, pp. 1.171 y ss., en especial p. 1.181, y la jurisprudencia de la Corte que cita.

120. John Finnis, *Ley Natural y Derechos Naturales*, cit., pp. 251 y ss.

121. Carlos E. Delpiazzo, "Recepción de los principios generales del Derecho por el derecho positivo uruguayo", en la obra *Los Principios en el Derecho Administrativo Iberoamericano*, Foro Iberoamericano de Derecho Administrativo/Junta de Castilla y León, La Coruña/España, Netbiblo, 2008, p. 616.

122. Fallos 314:421.

123. "Preámbulo" y arts. 1, 2, 3, 4, 5, 6, entre otros.

124. "Considerandos" y arts. 7, 8, 10, 16, 17 y 19.

125. "Considerandos", "Preámbulo" y arts. I, II y XVII, entre otros.

126. Art. 11.1 CADH.

127. Jesús González Pérez, *La Dignidad de la Persona*, cit., pp. 136 y ss.

por la violación de un tratado internacional que es parte integrante de la Constitución, y la nulidad puede encuadrarse en cada uno de los supuestos de nulidad absoluta previstos en el art. 14 de la LNPA (*v.g.*, incompetencia en razón de la materia por violar la Constitución, y así, sucesivamente, con los demás elementos del acto administrativo).

No se puede desconocer tampoco, como se ha señalado, que un grupo de fallos de la Corte Suprema ha conectado el llamado Estado Constitucional de Derecho con la inmediata protección de la dignidad humana.[128]

Recordemos que en la dignidad de la persona humana se fundamentan los demás principios generales del Derecho ya sean comunes a todo el Derecho, como el principio de buena fe, los *pro homine* y *pro libertate*, junto a los que son propios y típicos del derecho público, como el principio de confianza legítima[129] y la tutela judicial y administrativa efectiva, que constituyen nuevos paradigmas del derecho administrativo.

Al propio tiempo, aunque los hechos y actos de los gobernantes suelen demostrar lo contrario, el ordenamiento internacional aplicable en el orden interno[130] ha potenciado la observancia de la moral pública y la lucha contra la corrupción. El acto administrativo cuyo objeto transgrede la moral pública adolece de nulidad absoluta[131] y la conducta del funcionario merece el reproche penal correspondiente.

5. Los nuevos paradigmas

Una primera aplicación de las exigencias de la razonabilidad práctica indica que ninguno de los nuevos paradigmas puede ser interpretado para aniquilar otro principio por fundamentos arbitrarios o preconceptos ideológicos. Si todos los principios generales, aún los que se consideran nuevos paradigmas, poseen igual jerarquía objetiva en el plano de los valores básicos[132] – con excepción del valor vida –, la solución de un conflicto en el que se invoquen diferentes principios o derechos no es susceptible de ser predeterminada dogmáticamente, sino que requiere llevar a cabo una tarea de ponderación conforme a las circunstancias del caso y las reglas de la razonabilidad práctica, a fin de procurar la solución justa o correcta.

Entre los nuevos paradigmas que encarnan las transformaciones ocurridas en el derecho público general y, particularmente, en el derecho administrativo hemos seleccionado tres:

5.1 El principio pro homine *y su función ordenadora. El principio* in dubio pro libertate

Se trata de un principio sustantivo que se dirige tanto al agente público que dicta un acto administrativo como al juez que interpreta un principio, norma o acto

128. Patricio Marcelo E. Sammartino, "Introducción al estudio del acto administrativo en el Estado Constitucional de Derecho", punto 2.3, en *REDA* (en prensa).

129. V.: Pedro J. J. Coviello, *La Protección de la Confianza del Administrado*, Buenos Aires, LexisNexis/Abeledo-Perrot, 2004, pp. 33 y ss.

130. Jesús González Pérez, *La Dignidad de la Persona*, cit., pp. 136 y ss.

131. Miguel S. Marienhoff, *Tratado de Derecho Administrativo*, 4ª ed., t. II, Buenos Aires, Abeledo-Perrot, 1993, pp. 349 y ss.

132. Carlos Ignacio Massini Correas, *El Derecho Natural y sus Dimensiones Actuales*, cit., pp. 216-217.

o contrato administrativo. En tales casos, la aplicación y la interpretación de las normas deben orientarse hacia la solución que proteja en mayor medida a la persona[133] (física o jurídica).[134]

El basamento normativo del principio se encuentra, fundamentalmente, en el art. 2º de la Convención Americana sobre Derechos Humanos, que consagra varias prohibiciones dirigidas a los Estados: (a) suprimir el goce y el ejercicio de los derechos y libertades reconocidos en la Convención o limitarlos en mayor medida que las prevista en ella; (b) limitar el goce y ejercicio de cualquier derecho o libertad que pueda estar reconocido de acuerdo con las leyes de cualquiera de los Estados -Partes o de acuerdo con otra convención en que sea parte uno de esos Estados; (c) excluir otros derechos y garantías que son inherentes al ser humano o que se derivan de la forma democrática representativa de gobierno; y (d) excluir o limitar el efecto que pueda producir la Declaración Americana de Derechos y Deberes del Hombre y otros actos internacionales de la misma naturaleza.

El principio obliga a interpretar en forma favorable a la persona las normas que reconocen o amplían los derechos humanos y, a la inversa, en forma restrictiva los que consagran limitaciones o restricciones,[135] dado que el propósito del principio consiste en "preservar la dignidad, asegurar los derechos fundamentales y alentar el desarrollo de los seres humanos".[136] Pero también amplía el ámbito de los derechos de la persona en cuanto a la exigibilidad de otros derechos humanos o fundamentales como el acceso a la información pública, la participación en la elaboración de los reglamentos y de los usuarios en los entes reguladores, la protección de los derechos de los consumidores[137] y usuarios de servicios públicos[138]

133. V.: el caso "Madorrán" de la CSJN, Fallos 330:1989, Considerando 8º.

134. Héctor A. Mairal, "Hacia una noción más acotada del acto administrativo (donde se explica cómo los argentinos pasamos, sin darnos cuenta, de obedecer la ley a obedecer a los funcionarios públicos)", *RPA* 2011-1 y 2, Buenos Aires, RAP, 2011, p. 43. Anota que la protección de las personas jurídicas está contemplada en el art. 1º del Protocolo Adicional 1 al Convenio para la Protección de los Derechos Humanos y de las Libertades Fundamentales, que entró en vigor el año 1954. Asimismo, señala que en el Derecho Inter-Americano la doctrina considera que la protección comprende sólo a las personas físicas y no a las personas jurídicas, no obstante algunos precedentes de la CIDH (casos "Redio Ñanduty *versus* Paraguay" (1987) y "Cantos *versus* Argentina" (2001). A favor de la protección de la persona jurídica: Germán J. Bidart Campos, *Teoría General de los Derechos Humanos*, Buenos Aires, Astrea, 2006, pp. 39 y ss.

135. Pablo Ángel Gutiérrez Colantuono y Juan Bautista Justo (colabs.), *Administración Pública, Juridicidad y Derechos Humanos*, Buenos Aires, Abeledo-Perrot, 2009, p. 15.

136. CIDH, caso "Comunidad Mayagma (Sumo) Awas Tingni c/Nicaragua", de fecha 31.8.2001, publicado en *La Ley* 2003-C-290, voto concurrente del Juez García Ramírez (párrafo 2).

137. La protección de los consumidores y usuarios fue reglamentada a través de la Ley 24.240 y sus modificatorias (Leyes 24.787, 24.999 u 26.361) (v.: Pablo E. Perrino, "La responsabilidad del Estado y de los prestadores de servicios públicos privatizados frente a los usuarios", en *Aportes para un Estado Eficiente*, publicación del V Congreso Nacional de Derecho Administrativo del Perú, Lima, Palestra, 2012, pp. 365 y ss.).

138. Jorge Danós Ordoñez ("La protección de los derechos de los consumidores y usuarios en el Derecho Peruano", en el libro *Congreso Internacional de Derecho Administrativo*, X Foro Iberoamericano de Derecho Administrativo, El Salvador, 2011, pp. 719 y ss.) realiza una muy completa exposición del tema a la luz del art. 65 de la Constitución peruana.

etc. Se ha sostenido que se trata de un "megaprincipio" cuyo sentido es orientar una dirección valorativa de razonamiento "en dirección de la protección de la persona".[139]

Claro está que es razonable argumentar que, si el eje de la protección radica en la persona, el principio *pro homine* constituye un valor básico y que el principio *in dubio pro libertate* (o *favor libertatis*) es un principio derivado de aquel, dado que la autonomía o libertad del sujeto es un *prius* (aunque atado siempre a la responsabilidad personal), puesto que la heteronomía y las limitaciones revisten siempre carácter excepcional. De este principio deriva la regla de que la Administración debe inclinarse siempre por la interpretación más favorable a la persona y el principio de que la buena fe del administrado siempre se presume, lo cual tiene particular incidencia en el ámbito tributario.[140]

Un claro supuesto que choca con los principios *pro homine*, *pro libertate* y buena fe se encuentra en la interpretación que han efectuado la doctrina y la jurisprudencia de la Corte a partir del caso "Almagro",[141] en torno al art. 18 de la LNPA, que permite a la Administración revocar un acto regular "si el administrado hubiere conocido el vicio". Lo cuestionable no radica en extender la excepción a la revocabilidad del acto regular al acto irregular, lo cual resulta lógico, dado que no puede haber una potestad de mayor extensión para revocar el acto que tiene un vicio menor (de nulidad relativa) que el que exhibe un acto irregular que afecta el orden público administrativo (nulidad absoluta). Lo cuestionable es presumir el conocimiento del vicio por parte del administrado porque ello va en contra de los mencionados principios que predican la regla inversa y de la cual se desprende que la carga de la prueba y la de imputar el vicio al administrado es responsabilidad de la Administración.[142] En tales supuestos, debe requerirse, al menos, una participación voluntaria del administrado, o bien que el vicio le sea imputable[143] o que exista dolo del administrado.[144]

5.2 El principio de la confianza legítima

La actividad de la Administración precisa generar confianza en el administrado para que éste pueda prever razonablemente el grado de seguridad jurídica que posee su relación con el Estado y adoptar las medidas necesarias para cubrir o soportar las contingencias adversas.

El principio de la confianza legítima nace en el Derecho Alemán,[145] en un marco de oposición entre la legalidad estricta y

139. Ricardo Luis Lorenzetti, *Teoría de la Decisión Judicial. Fundamentos de Derecho*, Santa Fe, Rubinzal-Culzoni, 2008, p. 265.

140. Jesús González Pérez, *La Dignidad de la Persona*, cit., pp. 159 y ss.

141. Fallos 321:170.

142. Pablo Ángel Gutiérrez Colantuono y Juan Bautista Justo (colabs., *Administración Pública, Juridicidad y Derechos Humanos*, cit., p. 82) sostienen que una consecuencia fundamental del principio "consiste en desplazar hacia el Estado la carga argumentativa y probatoria sobre la validez y la aplicabilidad de una determinada restricción a un derecho" – con cita del Fallo Hooft de la Corte Suprema (Fallos: 237:5118, Considerando 3), de 2004.

143. Agustín Gordillo, *Tratado de Derecho Administrativo*, 3ª ed., t. 3, Buenos Aires, Machi, 1979, p. VI-18.

144. Juan Carlos Cassagne, *Ley Nacional de Procedimientos Administrativos, Comentada y Anotada*, Buenos Aires, La Ley, 2009, p. 384.

145. Pedro J. J. Coviello, *La Protección de la Confianza del Administrado*, cit., p. 33, especialmente pp. 35 y ss.

el principio de buena fe, la cual terminó siendo una exigencia y no su fundamento, que, en realidad, se encuentra en el principio de la seguridad jurídica.[146]

Si bien hay alguna conexión con el principio de los actos propios, el principio de la confianza legítima es una institución típica del derecho público que tiende a morigerar, por razones de justicia, los efectos de una aplicación irrestricta de la legalidad. Su aplicación, que es siempre subsidiaria, se ha proyectado en el Derecho Español, así como en el derecho comunitario europeo,[147] hallándose en un proceso de desarrollo evolutivo en el Derecho Argentino.[148]

La finalidad del principio estriba en mantener la intangibilidad de los derechos que nacen al amparo de un acto o contrato administrativo (pilar de la competencia y la libertad económica) siempre que la verificación de la ilegalidad del acto se produzca luego de haber transcurrido un tiempo razonable susceptible de generarle al particular una legítima confianza en la estabilidad de la decisión[149] y de sus derechos.

Se trata de situaciones con una apariencia de legalidad o ausencia de vicios manifiestos, con independencia del carácter absoluto o relativo de la invalidez, que genera el derecho a la estabilidad del acto administrativo (*v.g.*, un permiso urbanístico revocado por la Administración por razones de legitimidad después de autorizarse el comienzo de las obras y habilitado el inmueble).

En cuanto al fundamento de la seguridad jurídica[150] que se esgrime como basamento del principio de la confianza legítima, el Tribunal de Estrasburgo lo sitúa en el "Preámbulo" del Tratado que declara el Estado de Derecho como patrimonio común de todos los integrantes.[151]

En el sistema argentino el fundamento se encuentra en el valor de la seguridad jurídica y en los postulados del Estado de Derecho contenidos en los arts. 14, 16, 17 y 18 de la CN,[152] y aunque en los tribunales del sistema interamericano de derechos humanos no ha tenido aún recepción, el principio tiene similar encuadre a la luz de los preceptos de la CADH.[153]

146. Hartmut Maurer, *Derecho Administrativo – Parte General*, 17ª ed., trad. del Alemán *Allgemeines Verwaltungsrecht*, Madrid, Marcial Pons, p. 67.

147. Pedro J. J. Coviello, *La Protección de la Confianza del Administrado*, cit., pp. 85 y ss.

148. Los primeros casos en los que se menciona el principio en la jurisprudencia de la Corte son "Revestek" (Fallos 318:1531) y "Cirlafin" (no publicado), del año 1995.

149. TJCE Basf y otros *versus* Comisión, de fecha 27.2.1992.

150. Odete Medauar, *O Direito Administrativo em Evolução*, 2ª ed., San Pablo, Ed. RT, 2003, pp. 246 y ss. En Francia, el Consejo de Estado lo considera un principio general del Derecho (C.E. Ass. 24.3.2006 Soc. KPMG), no ocurriendo lo mismo con el principio de la confianza legítima, cuya aplicación – según el Consejo de Estado – se limita al derecho comunitario (CE – 9.5. 2001 –, caso "Entreprise Freymuth").

151. Pablo Ángel Gutiérrez Colantuono y Juan Bautista Justo (colabs.), *Administración Pública, Juridicidad y Derechos Humanos*, cit., p. 104. Uno de los casos paradigmáticos que citan es "Pine Valley", del año 1991, en el que se consideró que un permiso urbanístico anulado había generado expectativas legítimas o razonables para ejercer los derechos derivados del acto.

152. Pedro J. J. Coviello, *La Protección de la Confianza del Administrado*, cit., pp. 460 y ss.; Pablo Ángel Gutiérrez Colantuono y Juan Bautista Justo (colabs.), *Administración Pública, Juridicidad y Derechos Humanos*, cit., p. 105.

153. Pablo Ángel Gutiérrez Colantuono y Juan Bautista Justo (colabs.), *Administración Pública, Juridicidad y Derechos Humanos*, cit.,

Una aplicación puntual del principio de confianza legítima consiste en limitar el efecto retroactivo de la declaración de invalidez del acto administrativo[154] cuando se dan los presupuestos requeridos para que el administrado haya tenido una "expectativa razonable" en la certidumbre de su derecho y haya obrado de buena fe. En el Derecho Alemán el principio de la protección de la confianza adquiere mayor fuerza en el caso de la revocación de actos favorables, salvo que se hubiera producido un cambio de circunstancias que transforme al acto en "antijurídico". En este último supuesto, la protección de la confianza juega en el sentido de permitir la revocación a partir del momento en el que se produzca el cambio de las circunstancias. Excepcionalmente, se admite la revocación con efectos retroactivos *ex tunc* en aquellos supuestos en que las subvenciones o ayudas públicas no han sido empleadas conforme a su finalidad.[155]

5.3 El principio de la tutela judicial y administrativa efectiva

En el plano de los principios adjetivos que hacen al derecho de defensa se ha ampliado el ámbito de protección del administrado frente a la Administración cuando: (a) esta vulnera sus derechos o la ley limita el acceso a la Justicia; (b) permanece inactiva frente a las legítimas pretensiones materiales y formales del particular; y (c) no se cumplen en el proceso judicial las reglas de la sana crítica para apreciar la prueba ofrecida y producida.[156]

Con fundamento en los arts. 8 y 25 del Pacto de San José de Costa Rica, ha surgido un nuevo paradigma, el de la tutela judicial y administrativa efectiva. Este nuevo paradigma no se limita a regular el trámite del proceso sino el acceso al mismo y el posterior control por el juez en la etapa de cumplimiento de la sentencia,[157] proyectándose también al ámbito administrativo en su faz adjetiva y sustantiva (*v.g.*, en la ejecutoriedad del acto administrativo) en la medida en que las instituciones y principios que rigen para la Administración tienen, aparte de sus fines específicos, la carga de no obstaculizar la efectividad de la tutela judicial.

En esa línea han surgido serios cuestionamientos a la presunción de legitimidad[158] respecto de la cual si bien creemos no debe descartarse como herramienta del funcionamiento de la Administración tampoco es posible presumir aberraciones jurídicas ni la validez de actos cuya nulidad resulta manifiesta y patente.[159]

p. 106, con citas de fallos de la CIDH ("Cayara *versus* Perú. Excepciones preliminares", párrafo 63, entre otros).

154. V.: Pedro J. J. Coviello, *La Protección de la Confianza del Administrado*, cit., pp. 229-234, y las correspondientes citas jurisprudenciales.

155. Hartmut Maurer, *Derecho Administrativo – Parte General*, cit., 17ª ed., pp. 324-325.

156. Sobre las reglas de la sana crítica en el proceso civil, v.: Enrique Falcón, *Tratado de la Prueba*, 2ª ed., t. I, Buenos Aires, Astrea, 2009, pp. 669 y ss.

157. Ampliar en: Pedro Aberastury, *La Justicia Administrativa*, Buenos Aires, LexisNexis, 2006, pp. 37 y ss.

158. Augusto Durán Martínez, "La presunción de legitimidad del acto administrativo. Un mito innecesario y pernicioso", en *Estudios de Derecho Público*, vol. II, Montevideo, Mestergraf, 2008, pp. 227 y ss.; y Vitor Rhein Shirato, "Repensando a pertinência dos atributos dos atos administrativos", en Odete Medauar y Vitor Rhein Shirato (orgs.), *Os Caminhos do Ato Administrativo*, San Pablo, Ed. RT, 2011, pp. 125-130.

159. Agustín Gordillo, *El Acto Administrativo*, 2ª ed., Buenos Aires, Abeledo-Perrot, 1969, pp. 120 y ss.; Juan Carlos Cassagne, *Ley Nacional*

Otra consecuencia de la tutela judicial efectiva se proyecta en la interdicción del uso de la coacción sobre las personas o bienes por parte de la Administración, que tras haber sido en el Derecho clásico la regla general (componente de la llamada autotutela) pasa a erigirse en la excepción para ciertos y puntuales casos (*v.g.*, protección del dominio público). Esta idea, que sostuvimos en uno de nuestros primeros estudios sobre la materia,[160] ha sido recogida por la Ley de Procedimientos Administrativos de la Ciudad de Buenos Aires.[161] En definitiva, la evolución del principio de la tutela efectiva de los derechos de las personas se dirige también a la Administración y abarca un ámbito que excede al procedimiento administrativo, en el que tiene aplicación plena[162] y superioridad frente a las normas.

A su vez, en el campo más ceñido de la tutela judicial la exigencia de su efectividad del art. 25 de la CADH, tras la caída del dogma revisor,[163] acelera la tendencia a eliminar los breves plazos de caducidad,[164] establecidos como requisito *sine qua non* para el acceso a la Justicia, y a la supresión o, al menos, morigeración de la regla del agotamiento de la instancia administrativa,[165] cuya irrazonabilidad y falta de utilidad práctica creemos haber demostrado.[166] En cualquier caso, ante la ausencia de un sistema jurídico adecuado que garantice la protección efectiva de los derechos del administrado, seguimos pensando que el recurso jerárquico debería ser optativo, como en el sistema francés,[167] y que la exigencia de solicitar previamente la suspensión del acto en sede administrativa en el trámite de un proceso cautelar que se promueva ante los jueces choca abiertamente con el principio[168] de la tutela judicial efectiva.

de Procedimientos Administrativos, Comentada y Anotada, cit., pp. 275-276.

160. En el libro *La Ejecutoriedad del Acto Administrativo*, Buenos Aires, Abeledo-Perrot, 1971.

161. Art. 12 de la Ley de Procedimientos Administrativos de la Ciudad de Buenos Aires.

162. Cf. Julio C. Durand, "El procedimiento administrativo en Argentina", en Pedro Aberastury y Hermann-Josef Blanke (coords.), *Tendencias Actuales del Procedimiento Administrativo en Latinoamérica y Europa*, cit., pp. 281 y ss.

163. V.: Juan Ramón Fernández Torres, *La Jurisdicción Administrativa Revisora y la Tutela Judicial Efectiva*, Madrid, Civitas, 1998, pp. 29 y 55.

164. Ernesto Bustelo, "La Convención Americana sobre Derechos Humanos y la constitucionalidad de los breves plazos de caducidad para impugnar administrativa y judicialmente las decisiones administrativas", en *Estudios de Derecho Administrativo*, IEDA, Mendoza, Diké, 2001, p. 71.

165. Armando N. Canosa, "Influencia del derecho a la tutela judicial efectiva en materia de agotamiento de la instancia administrativa", *ED* 166/988.

166. En el artículo "La tutela judicial efectiva y el agotamiento de la instancia administrativa", publicado en la obra *Congreso Internacional de Derecho Administrativo, X Foro Iberoamericano de Derecho Administrativo*, El Salvador, Corte Suprema de Justicia/Sección Publicaciones, 2011, pp. 5 y ss. V. también: "Subsistencia de la regla del agotamiento de la vía administrativa", *La Ley*, 9.8.2011, 1.

167. Juan Gustavo Corvalán, "Agotamiento de la vía administrativa *versus* tutela judicial efectiva (hacia una modulación razonable del acceso a la Justicia)", *REDA* 2011, Año 33, pp. 490 y ss., especialmente p. 507.

168. Cf.: Juan Carlos Cassagne, Patrizia E. Gottschau y Pedro Aberastury, "Reflexiones sobre la Ley de la Justicia Administrativa Alemana. Desde el Derecho Argentino", en Pedro Aberastury (dir.), *Ley de la Justicia Administrativa Alemana. Análisis Comparado y Traducción*, Buenos Aires, Konrad Adenauer Stiftung/Abeledo-Perrot, 2009, p. 59.

6. Reflexiones finales

En el derecho público, particularmente en el derecho administrativo, se llevan a cabo, cada tanto, transformaciones que modifican instituciones caducas, dan vida a nuevos principios y crean reglas jurídicas compatibles con los fines que persigue el cambio o la adaptación del sistema jurídico.

El fenómeno jurídico puede compararse con el agua de un río que siempre fluye. El Derecho, como el agua, mantiene su contenido sustancial, que viene a ser una combinación de principios y normas, de justicia y experiencia, con exigencias morales insoslayables.

La caída del dogma positivista que postulaba la separación absoluta entre los valores morales y el Derecho representa el cambio más grande que ha habido en el plano de la Filosofía del Derecho, producido a partir de la II Guerra Mundial.

Lo curioso es que, el auge del nuevo Constitucionalismo, ha sido posible gracias a los aportes provenientes de unos cuantos filósofos del Derecho formados en el Positivismo que, sin renegar de todo lo valioso que tiene el derecho positivo, se convencieron de que sin principios de justicia el Derecho se convierte en un instrumento formal que puede ser manejado a su antojo por las dictaduras autoritarias de izquierda y de derecha. Lo que sucedió con el Nazismo y el Fascismo es la demostración más acabada del quiebre del Positivismo legalista en el Derecho de raíz continental y anglosajona.

Es que el problema del mundo y de los Países es y seguirá siendo el de la limitación del Poder para hacerlo compatible con los derechos humanos básicos, entre los que cuentan no solo los nuevos derechos colectivos y los derechos sociales de segunda generación, cuya primacía algunos pretenden imponer, sino también los derechos de la persona individual que hacen a su libertad y a sus necesidades materiales y espirituales, como la propiedad y la igualdad.

Si se respeta el principio de no contradicción nunca puede ser un criterio interpretativo válido darle preferencia dogmática a un principio sobre otro ni al derecho colectivo sobre el derecho individual, en la medida que son derechos fundamentales de la persona humana. Ello implicaría negar de antemano el principio o el derecho, despojándolo de su condición esencial.

Lo que si puede haber y de hecho es lo que acontece, es que deba resolverse un conflicto entre pretensiones de partes que se apoyan en derechos que, en un determinado caso, aparecen enfrentados y en el que el juez deberá darle toda o parcialmente la razón a una u otra sobre la base de la ponderación y de las exigencias de la razonabilidad.

Es ese escenario, el nuevo Constitucionalismo (expresión que preferimos a la de Neoconstitucionalismo) ha contribuido a reafirmar la tendencia del derecho administrativo a prohibir las arbitrariedades de la Administración, potenciando el papel que deben cumplir los principios generales en el sistema jurídico constitucional e internacional de protección de los derechos humanos, lo cual implica extender el alcance del control judicial.

En tal sentido, los tratados internacionales de derechos humanos incorporados a la Constitución (art. 75 inc. 22) han complementado el sistema de protección de los derechos individuales y sociales que consagra nuestra Carta Magna, haciendo preceptiva la aplicación de sus principios a la teoría del acto administrativo, conforme a las técnicas de la ponderación y a las reglas de la razonabilidad práctica.

El abordaje efectuado sobre tres paradigmas fundamentales que impregnan el contenido de las relaciones entre los particulares y la Administración, como los principios *pro homine* y su consecuente, *in dubio pro libertate*, el principio de la confianza legítima y la tutela judicial y administrativa efectiva, no pretende ser abarcativo ni excluyente, ya que los tratados internacionales también contienen otros principios. Sin embargo, cabe advertir que el desarrollo de los mismos no debe hacerse a expensas de los derechos tradicionales de libertad, propiedad e igualdad, lo cual no implica desconocer la extensión que han tenido algunos principios fundamentales, como por ejemplo la igualdad de oportunidades, que es una proyección del principio general de igualdad, base de la justicia y cuya aplicabilidad debe ponderarse en cada caso en función de otros principios (razonabilidad y eficacia), así como el clásico principio de subsidiariedad,[169] cuya recepción en nuestro País se ha limitado al campo doctrinario.[170]

Si tuviéramos que resumir la ecuación actual del derecho administrativo diríamos que ya no gira, exclusivamente, en torno del equilibrio entre autoridad y libertad que, por cierto, hay que seguir manteniendo a rajatabla, sino entre el Poder Público y la dignidad humana – o si se prefiere entre la autoridad[171] y la protección de la persona física y jurídica y de sus derechos individuales y colectivos, interpretados con arreglo a las reglas de la razonabilidad práctica mediante la utilización de la técnica de la ponderación.

Bibliografía

ABERASTURY, Pedro. *La Justicia Administrativa*. Buenos Aires, LexisNexis, 2006.

———— (dir.). *Ley de la Justicia Administrativa Alemana. Análisis Comparado y Traducción*. Buenos Aires, Konrad Adenauer Stiftung/Abeledo-Perrot, 2009.

ABERASTURY, Pedro, CASSAGNE, Juan Carlos, y GOTTSCHAU, Patrizia E. "Reflexiones sobre la Ley de la Justicia Administrativa Alemana. Desde el Derecho Argentino". En: ABERASTURY, Pedro (dir.). *Ley de la Justicia Administrativa Alemana. Análisis Comparado y Traducción*. Buenos Aires, Konrad Adenauer Stiftung/Abeledo-Perrot, 2009.

ABERASTURY, Pedro, y BLANKE, Hermann-Josef (coords.). *Tendencias Actuales del Procedimiento Administrativo en Latinoamérica y Europa*. Buenos Aires, Eudeba/Fundación Konrad Adenauer.

ABERASTURY, Pedro, y GOTTSCHAU, Patrizia E. "Interrelación del derecho supranacional en el procedimiento administrativo nacional". En: ABERASTURY, Pedro, y BLANKE, Hermann-Josef (coords.). *Tendencias Actuales del Procedimiento Administrativo en Latinoamérica y Europa*. Buenos Aires, Eudeba/Fundación Konrad Adenauer.

ALEXY, Robert. *Teoría de la Argumentación Jurídica*. Trad. del Alemán. Lima, Palestra, 2007.

169. V.: Jaime Rodríguez-Arana, *Interés General, Derecho Administrativo y Estado del Bienestar*, Madrid, Iustel, 2012, pp. 101 y ss.; y Odete Medauar, *O Direito Administrativo em Evolução*, cit., 2ª ed., pp. 245-246.

170. Ampliar en nuestro *Curso de Derecho Administrativo*, 10ª ed., t. I, Buenos Aires, La Ley, 2011, pp. 25 y ss.

171. Autoridad que, en cualquier caso, cumple una función servicial cuya razón de ser se encuentra en el principio personalista (la primacía de la persona humana) (cf. Carlos E. Delpiazzo, "Recepción de los principios generales del Derecho por el derecho positivo uruguayo", cit., en la obra *Los Principios en el Derecho Administrativo Iberoamericano*, p. 616).

————. *Teoría de la Argumentación Jurídica. La Teoría del Discurso Racional como Teoría de la Fundamentación Jurídica*. Trad. de Manuel Atienza e Isabel Espejo. Madrid, Centro de Estudios Constitucionales, 1997.

ALTAMIRA GIGENA, Julio Isidro. *Los Principios Generales del Derecho como Fuente del Derecho Administrativo*. Buenos Aires, Astrea, 1972.

AQUINO, Tomás de. *Tratado de Ley. Tratado de la Justicia. Opúsculo sobre el Gobierno de los Príncipes*. México, Editorial Porrúa, 1975.

BADENI, Gregorio. *Tratado de Derecho Constitucional*. 3ª ed., t. I. Buenos Aires, La Ley, 2010.

BARNES, Javier. "Introducción al principio de proporcionalidad en el Derecho Comparado y comunitario". *RAP* 135. Madrid, 1994.

———— (dir.). *Innovación y Reforma del Derecho Administrativo*. 2ª ed. Sevilla, Inap/Global Law Press, 2012.

BARRA, Rodolfo Carlos. "El ordenamiento institucional de los derechos humanos". En: *Temas de Derecho Público*. Buenos Aires, RAP, 2008.

————. "La libertad de prensa en la reciente jurisprudencia de la Corte Suprema". En: GORDILLO, Agustín (dir.). *Derecho Administrativo. Doctrinas Esenciales*. t. I. Buenos Aires, La Ley, 2010.

BELADÍEZ ROJO, Margarita. *Los Principios Jurídicos*. 1ª ed., reimpr. Madrid, Tecnos, 1997.

BIDART CAMPOS, Germán J. *Teoría General de los Derechos Humanos*. Buenos Aires, Astrea, 2006.

BLANKE, Hermann-Josef, y ABERASTURY, Pedro (coords.), *Tendencias Actuales del Procedimiento Administrativo en Latinoamérica y Europa*. Buenos Aires, Eudeba/Fundación Konrad Adenauer.

BREWER CARÍAS, Alan Randolph. *La Constitución de Cádiz y el Constitucionalismo Americano*. San José de Costa Rica, Editorial Investigaciones Jurídicas, 2012.

————. *Principios Fundamentales del Derecho Público*. Caracas, Editorial Jurídica Venezolana, 2005.

BUSTELO, Ernesto. "La Convención Americana sobre Derechos Humanos y la constitucionalidad de los breves plazos de caducidad para impugnar administrativa y judicialmente las decisiones administrativas". En: *Estudios de Derecho Administrativo*. IEDA. Mendoza, Diké, 2001.

CAJARVILLE PELUFFO, Juan Pablo. "Supremacía constitucional e interpretación". En: *Sobre Derecho Administrativo*. t. 1. Montevideo, FCU, 2007.

CANOSA, Armando N. "Influencia del derecho a la tutela judicial efectiva en materia de agotamiento de la instancia administrativa". *ED* 166.

CARBONNELL, Miguel (dir.). *Neoconstitucionalismo(s)*. Madrid, Universidad Autónoma de México/Trotta, 2006.

CASSAGNE, Juan Carlos. *Cuestiones de Derecho Administrativo*. Buenos Aires, Depalma, 1987.

————. *Curso de Derecho Administrativo*. 10ª ed., t. I. Buenos Aires, La Ley, 2011.

————. "El bicentenario de la Constitución de Cádiz, sus raíces y sus proyecciones". *La Ley*, diario de fecha 20.12.2011. Suplemento de la Academia de Derecho y Ciencias Sociales de Buenos Aires.

————. *El Principio de Legalidad y el Control Judicial de la Discrecionalidad Administrativa*. Buenos Aires/Madrid, Marcial Pons, 2009.

————. *La Ejecutoriedad del Acto Administrativo*. Buenos Aires, Abeledo-Perrot, 1971.

————. "La tutela judicial efectiva y el agotamiento de la instancia administrativa". En: *Congreso Internacional de Derecho Administrativo, X Foro Iberoamericano de Derecho Administrativo*. Salvador, Corte Suprema de Justicia/Sección Publicaciones, 2011.

————. *Ley Nacional de Procedimientos Administrativos, Comentada y Anotada*. Buenos Aires, La Ley, 2009.

————. *Los Principios Generales del Derecho en el Derecho Administrativo.* Buenos Aires, Abeledo-Perrot, 1988.

————. "Subsistencia de la regla del agotamiento de la vía administrativa". *La Ley*, 9.8.2011.

————, ABERASTURY, Pedro, e GOTTSCHAU, Patrizia E. "Reflexiones sobre la Ley de la Justicia Administrativa Alemana. Desde el Derecho Argentino". En: ABERASTURY, Pedro (dir.). *Ley de la Justicia Administrativa Alemana. Análisis Comparado y Traducción.* Buenos Aires, Konrad Adenauer Stiftung/Abeledo-Perrot, 2009.

CELORRIO, Hernán. "Derechos sociales y tutela judicial". En: *Estudios de Derecho Administrativo 2011 – N. 3.* Montevideo, La Ley, 2011.

CHOMSKY, N., y FOUCAULT, Michel. *La Naturaleza Humana: ¿Justicia o Poder?.* Valencia, Universidad de Valencia, 1976.

CIANCIARDO, Juan (coord.). *La Interpretación en la Era del Neoconstitucionalismo.* Buenos Aires, Ábaco, 2006.

CISNEROS FARIAS, Germán. *Derecho Sistemático.* México, Editorial Porrúa, 2005.

COVIELLO, Pedro J. J. *La Protección de la Confianza del Administrado.* Buenos Aires, LexisNexis/Abeledo-Perrot, 2004,

————. "Los principios generales del Derecho frente a la ley y al reglamento en el derecho administrativo argentino". *REDA* 62. Buenos Aires, LexisNexis, 2007.

————. "Los principios y valores como fuentes del derecho administrativo". En: *Cuestiones del Derecho Administrativo.* Buenos Aires, RAP, 2009.

DANÓS ORDOÑEZ, Jorge. "La protección de los derechos de los consumidores y usuarios en el Derecho Peruano". En: *Congreso Internacional de Derecho Administrativo, X Foro Iberoamericano de Derecho Administrativo.* Salvador, Corte Suprema de Justicia/Sección Publicaciones, 2011.

DEBBASCH, Charles. *Droit Administratif.* Paris, Económica, 2002.

DELPIAZZO, Carlos E. "Recepción de los principios generales del Derecho por el derecho positivo uruguayo". En: *Los Principios en el Derecho Administrativo Iberoamericano.* Foro Iberoamericano de Derecho Administrativo/Junta de Castilla y León. La Coruña/España, Netbiblo, 2008.

DURÁN MARTÍNEZ, Augusto. "La presunción de legitimidad del acto administrativo. Un mito innecesario y pernicioso". En: *Estudios de Derecho Público.* vol. II. Montevideo, Mestergraf, 2008.

————. *Los Principios Generales del Derecho en el Derecho Administrativo Uruguayo. Aplicación por el Legislador, el Administrador y el Juez.* La Coruña, Junta de Castilla y León, ed. Netbiblo, 2007.

————. *Neoconstitucionalismo y Derecho Administrativo.* Montevideo, La Ley, 2012.

DURAND, Julio C. "El procedimiento administrativo en Argentina". En: ABERASTURY, Pedro, y BLANKE, Hermann-Josef (coords.). *Tendencias Actuales del Procedimiento Administrativo en Latinoamérica y Europa.* Buenos Aires, Eudeba/Fundación Konrad Adenauer.

DWORKIN, Ronald. *Los Derechos en Serio.* Barcelona, Ariel, 1989.

FALCÓN, Enrique. *Tratado de la Prueba.* 2ª ed., t. I. Buenos Aires, Astrea, 2009.

FERNÁNDEZ, Tomás-Ramón. *Sobre el Derecho y el Quehacer de los Juristas. Dar y Exigir Razones.* Madrid, Universidad Complutense/Servicio de Publicaciones/ Facultad de Derecho, 2011 (reproducido en *La Ley*, diario del 13.4.2012).

FERNÁNDEZ TORRES, Juan Ramón. *La Jurisdicción Administrativa Revisora y la Tutela Judicial Efectiva.* Madrid, Civitas, 1998.

FERRAJOLI, Lucas. *El Garantismo y la Filosofía del Derecho.* Bogotá, Universidad del Externado, 2000.

FERRATER MORA, José. *Diccionario de Filosofía.* ts. III y IV. Barcelona, Ariel Filosofía, 1994.

FINNIS, John. *Ley Natural y Derechos Naturales*. Trad. de Cristóbal S. Orrego. Buenos Aires, Abeledo-Perrot, 2000.

FOUCAULT, Michel, y CHOMSKY, N. *La Naturaleza Humana: ¿Justicia o Poder?*. Valencia, Universidad de Valencia, 1976.

GARCÍA BELAÚNDE, Domingo. "El Estado Social re-visitado". *REDA* 81. Buenos Aires, Abeledo-Perrot, 2012, punto 4 (en prensa).

GARCÍA DE ENTERRÍA, Eduardo. *Reflexiones sobre la Ley y los Principios Generales del Derecho*. Madrid, Civitas, 1984.

GOLDSCHMIDT, Werner. *Introducción Filosófica al Derecho*. 4ª ed. Buenos Aires, Depalma, 1973.

GONZÁLEZ PÉREZ, Jesús. *La Dignidad de la Persona*. Madrid, Civitas, 1986.

GORDILLO, Agustín. *El Acto Administrativo*. 2ª ed. Buenos Aires, Abeledo-Perrot, 1969.

————. *Tratado de Derecho Administrativo*. 3ª ed., t. 3. Buenos Aires, Machi, 1979; t. I. Buenos Aires, FDA, 1995.

———— (dir.). *Derecho Administrativo. Doctrinas Esenciales*. t. I. Buenos Aires, La Ley, 2010.

GOTTSCHAU, Patrizia E., ABERASTURY, Pedro, y CASSAGNE, Juan Carlos. "Reflexiones sobre la Ley de la Justicia Administrativa Alemana. Desde el Derecho Argentino". En: ABERASTURY, Pedro (dir.). *Ley de la Justicia Administrativa Alemana. Análisis Comparado y Traducción*. Buenos Aires, Konrad Adenauer Stiftung/Abeledo-Perrot, 2009.

GOTTSCHAU, Patrizia E., y ABERASTURY, Pedro. "Interrelación del derecho supranacional en el procedimiento administrativo nacional". En: ABERASTURY, Pedro, y BLANKE, Hermann-Josef (coords.). *Tendencias Actuales del Procedimiento Administrativo en Latinoamérica y Europa*. Buenos Aires, Eudeba/Fundación Konrad Adenauer.

GOZAINI, Osvaldo A. *Tratado de Derecho Procesal Civil*. t. I. Buenos Aires, La Ley, 2009.

GRANNERIS, Giuseppe. *Contribución Tomista a la Teoría del Derecho*. Trad. del Italiano. Buenos Aires, Eudeba, 1977.

GUASTINI, Riccardo. "La constitucionalización del ordenamiento jurídico: el caso italiano". En: CARBONNELL, Miguel (dir.). *Neoconstitucionalismo(s)*. Madrid, Universidad Autónoma de México/Trotta, 2006.

GUTIÉRREZ COLANTUONO, Pablo Ángel, y JUSTO, Juan Bautista (colabs.). *Administración Pública, Juridicidad y Derechos Humanos*. Buenos Aires, Abeledo-Perrot, 2009.

HALLIVIS PELAYO, Manuel. "Elementos para lograr una homologación metodológica del control difuso de constitucionalidad en México". *Revista Pro-Homine* 1. Año I. México, Suprema Corte de Justicia de la Nación, 2014.

————. *Interpretación de Tratados Internacionales Tributarios*. México, Editorial Porrúa, 2011.

————. *Teoría General de la Interpretación*. México, Editorial Porrúa, 2009.

IBARLUCÍA, Emilio A. *El Derecho Constitucional a la Reparación*. Buenos Aires, Ábaco, 2013.

JUSTO, Juan Bautista, y GUTIÉRREZ COLANTUONO, Pablo Ángel (colabs.). *Administración Pública, Juridicidad y Derechos Humanos*. Buenos Aires, Abeledo-Perrot, 2009.

KAUFMANN, Arthur. *La Filosofía del Derecho en la Posmodernidad*. Trad. del Alemán. Bogotá, Temis, 2007.

KEMELMAJER DE CARLUCCI, Aída. "Huelga y servicios públicos". En: GORDILLO, Agustín (dir.). *Derecho Administrativo. Doctrinas Esenciales*. t. III. Buenos Aires, La Ley, 2010.

KELSEN, Hans. *Esencia y Valor de la Democracia*. Trad. del Alemán por Rafael Luengo Tapia y Luis Legaz y Lacambra. Barcelona/Buenos Aires, Editorial Labor, 1934.

————. *Teoría Pura del Derecho*. Trad. del Alemán. México, Editorial Porrúa, 2011.

KUHN, Tomás. *La Estructura de las Revoluciones Científicas*. Trad. del Inglés. Argentina, Fondo de Cultura Económica, 2002.

LACLAU, Martín. "Relación entre Lógica y Derecho en el último período de Kelsen". *La Ley* 1982-B.

LECLERK, Jaques. *El Derecho y la Sociedad*. Trad. del Francés, *Leçons du Droit Natural* (t. I). Barcelona, Herder, 1965.

LINARES, Juan Francisco. *La Razonabilidad de las Leyes. El Debido Proceso como Garantía Innominada en la Constitución Argentina*. 2ª ed. Buenos Aires, Astrea, 1980.

LORENZETTI, Ricardo Luis. *Teoría de la Decisión Judicial. Fundamentos de Derecho*. Santa Fe, Rubinzal-Culzoni, 2008.

LUQUI, Roberto Enrique. "Socialización de la justicia". *La Ley*, diario de fecha 16.12.2011.

MAIRAL, Héctor A. "Hacia una noción más acotada del acto administrativo (donde se explica cómo los argentinos pasamos, sin darnos cuenta, de obedecer la ley a obedecer a los funcionarios públicos)". *RPA* 2011-1 y 2. Buenos Aires, RAP, 2011.

MARIENHOFF, Miguel S. *Tratado de Derecho Administrativo*. 4ª ed., ts. I e II. Buenos Aires, Abeledo-Perrot, 1990 e 1993.

MARTINS, Daniel Hugo. *Introducción al Derecho Administrativo*. Montevideo, FCU, 1982.

MASSINI CORREAS, Carlos Ignacio. *El Derecho Natural y sus Dimensiones*. Con "Prólogo" de John Finnis. Buenos Aires, Ábaco, 1999.

——————. "Iusnaturalismo e interpretación jurídica'. En: CIANCIARDO, Juan (coord.). *La Interpretación en la Era del Neoconstitucionalismo*. Buenos Aires, Ábaco, 2006.

MAURER, Hartmut. *Derecho Administrativo – Parte General*. 17ª ed., trad. del Alemán, *Allgemeines Verwaltungsrecht*. Madrid, Marcial Pons.

MEDAUAR, Odete. *O Direito Administrativo em Evolução*. 2ª ed. San Pablo, Ed. RT, 2003.

——————, y SHIRATO, Vitor Rhein (orgs.). *Os Caminhos do Ato Administrativo*. San Pablo, Ed. RT, 2011.

MORAND-DEVILLER, Jacqueline. *Droit Administratif, Cours*. 10ª ed. Paris, Montchrestien, 2007.

MOREIRA NETO, Diogo de Figueiredo. *Curso de Direito Administrativo*. 15ª ed. Río de Janeiro, Forense, 2009.

MUÑOZ MACHADO, Santiago. *Tratado de Derecho Administrativo y Público General*. 2ª ed., t. I. Madrid, Iustel, 2006.

ORREGO, Cristobal S. "Estudio preliminar". En: FINNIS, John. *Ley Natural y Derechos Naturales*. Trad. de Cristóbal Orrego Sánchez. Buenos Aires, Abeledo-Perrot, 2000.

PÉREZ HUALDE, Alejandro. "Reflexiones sobre Neoconstitucionalismo y derecho administrativo". *La Ley* 2007-C/851 y ss.

PÉREZ LUÑO, Antonio E. *Derechos Humanos, Estado de Derecho y Constitución*. 4ª ed. Madrid, Tecnos, 1991.

PERRINO, Pablo E. "La responsabilidad del Estado y de los prestadores de servicios públicos privatizados frente a los usuarios". En: *Aportes para un Estado Eficiente*. Publicación del V Congreso Nacional de Derecho Administrativo del Perú. Lima, Palestra, 2012.

PRIETO SANCHIS, Luis. *Constitucionalismo y Positivismo*. 2ª ed. México, UNAM/Fontamara, 1997.

RABBI-BALDI CABANILLAS, Renato. *Teoría del Derecho*. Buenos Aires, Ábaco, 2008.

RIVERO, Jean. *Droit Administratif*. 18ª ed., actualizada por Jean Waline. París, Dalloz, 2000.

——————. "Los principios generales del Derecho en el Derecho Francés contemporáneo". *RAP* 6. Madrid, 1951.

RODRÍGUEZ-ARANA, Jaime. *Interés General, Derecho Administrativo y Estado del Bienestar*. Madrid, Iustel, 2012.

ROQUEL, Rodolfo. *Introducción a la Teoría General del Derecho Administrativo*. Buenos Aires, Dunken, 2004.

SAMMARTINO, Patricio Marcelo E. "Introducción al estudio del acto administrativo en el Estado Constitucional de Derecho". Punto 2.3. *REDA* (en prensa).

SANTIAGO, Alfonso. "Neoconstitucionalismo". Separata de *Anales de la Academia Nacional de Ciencias Morales y Políticas*. Buenos Aires, 2008.

SARMIENTO GARCÍA, Jorge. *Los Principios en el Derecho Administrativo*. Mendoza, Diké, 2000.

SCHMIDT-ASSMANN, Eberhard. "Cuestiones fundamentales sobre la reforma de la teoría general del derecho administrativo". En: BARNES, Javier (dir.). *Innovación y Reforma del Derecho Administrativo*. 2ª ed. Sevilla, Inap/Global Law Press, 2012.

SHIRATO, Vitor Rhein. "Repensando a pertinência dos atributos dos atos administrativos". En: MEDAUAR, Odete, e SHIRATO, Vitor Rhein (orgs.). *Os Caminhos do Ato Administrativo*. San Pablo, Ed. RT, 2011.

————, y MEDAUAR, Odete (orgs.). *Os Caminhos do Ato Administrativo*. San Pablo, Ed. RT, 2011.

SILVA TAMAYO, Gustavo E. "Corsi e ricorsi de los principios generales del Derecho". *REDA* 79. Buenos Aires, Abeledo-Perrot, 2012.

————. *Desviación de Poder y Abuso de Derecho*. Buenos Aires, LexisNexis/Abeledo-Perrot, 2006.

TAWIL, Guido Santiago. "El 'Preámbulo' de la Constitución Nacional". En: *Estudios de Derecho Administrativo*. Buenos Aires, Abeledo-Perrot, 2012.

TOBÍAS, José W. "Persona y mercado". *La Ley, Suplemento de la Academia Nacional de Derecho y Ciencias Sociales de Buenos Aires*, del 28.2.2012.

TOLLER, Fernando M. "Refutaciones lógicas a la teoría de los conflictos de derechos". En: CIANCIARDO, Juan (coord.). *La Interpretación en la Era del Neoconstitucionalismo*. Buenos Aires, Ábaco, 2006.

VANOSSI, Jorge Reinaldo. *Teoría Constitucional*. t. II. Buenos Aires, Depalma, 1976.

VIGO, Rodolfo Luis. *De la Ley al Derecho*. 2ª ed. México, Editorial Porrúa, 2005.

————. "Los principios generales del Derecho". *JA* 1986-II e III.

O MITO DA ELEIÇÃO DIRETA PARA PRESIDENTE DOS TRIBUNAIS

REIS FRIEDE

Mestre e Doutor em Direito – Desembargador Federal – Membro da Associação de Juízes Federais

1. Introdução. 2. Uma breve análise da Proposta de Emenda Constitucional/PEC 187/2012. 3. Critérios para o acesso e exercício da presidência de tribunais em outros Países. 4. A situação atual das eleições para a presidência dos tribunais brasileiros. 5. A esfera do Poder Legislativo: as eleições para a presidência das Casas do Congresso Nacional. 6. O clamor pela democratização do Poder Judiciário. 7. Conclusões.

Resumo: O presente artigo analisa, precipuamente, a viabilidade de se mudar o critério para a escolha da presidência de tribunais no País, tendo em vista a tramitação na Câmara dos Deputados da Proposta de Emenda Constitucional/PEC 187/2012, que propõe alterar a Constituição para permitir, de forma muito mais elástica, a eleição livre para os órgãos diretores de todos os tribunais de segundo grau.

Palavras-chave: Tribunais, Presidência, Eleição, Politização

Abstract: This article examines, especially, the viability of changing the selection criteria for the presidency of the courts of law, having in mind the processing on the Chamber of Deputies of the Constitutional Amendment Proposal 187/2012, which proposes to alter the Constitution in order to allow, in a more flexible way, the free election for the head bodies of all the courts of appeal.

Keywords: Courts of law, Presidency, Election, Politicization

1. Introdução

É da tradição de nossos tribunais – tradição, esta, muito anterior ao advento do *regime militar* (1964-1985) – o critério da *antiguidade* para o acesso e exercício de sua presidência, através de referendo ratificador por parte de seus membros. Ainda que seja cediço reconhecer que esta tradição já vem sendo, de certa forma, rompida – haja vista o que vem ocorrendo em alguns *tribunais estaduais* (nos quais a escolha para a presidência acontece por intermédio da eleição de uma chapa composta por parte de seus membros, não necessariamente os mais antigos, mas com um colégio eleitoral composto apenas pelos desembargadores que compõem a Corte) –, é lícito concluir, todavia, que os resultados colhidos até a presente data indubitavelmente nos dão conta, em maior ou menor medida, de elevado grau de criticável *politização* do Poder Judiciário local, além de um relativo comprometimento da recomendável isenção (corolário do princípio basilar da eficiência) na administração desses tribunais.

Ainda assim, salta aos olhos a tramitação no Congresso Nacional da Proposta de Emenda Constitucional/PEC 187/2012, que propõe, simplesmente, alterar a Constituição para permitir, de forma muito mais elástica, a eleição livre para os órgãos diretores de todos os tribunais de segundo grau.

Em linhas gerais, a chamada "PEC de Democratização do Judiciário" estabelece que os tribunais intermediários deverão passar a eleger os integrantes dos seus cargos de direção (à exceção do cargo de corregedor) por maioria absoluta de todos os magistrados vitalícios, e não apenas de seus membros.

O argumento central repousa no frágil entendimento de que a administração dos tribunais "mantém suas decisões concentradas nas mãos de poucos, sem a devida justiça, e que sua concepção é baseada na hierarquia militar, reflexo dos tempos de regime militar, e que, por esta razão, sua escolha não deveria pertencer à Corte" [Bollmann, 2014].

2. *Uma breve análise da Proposta de Emenda Constitucional/PEC 187/2012*

As mudanças propostas pela Proposta de Emenda Constitucional[1] em análise resumem-se em prover uma nova redação às alíneas "a" e "b" do inciso I do art. 96 da CF, renominar as alíneas subsequentes e acrescentar ao artigo um parágrafo único, dispondo sobre a eleição dos órgãos diretivos dos tribunais de segundo grau. Destarte, o texto do art. 96 passaria a ostentar a seguinte redação, *verbis*:

"Art. 96. Compete privativamente: I – aos tribunais: a) eleger seus órgãos diretivos, por maioria absoluta e voto direto e secreto, dentre os membros do tribunal pleno, exceto os cargos de corregedoria, *por todos os magistrados vitalícios em atividade*, de primeiro e segundo graus, da respectiva jurisdição, para um mandato de 2 (dois) anos, permitida uma recondução; b) elaborar seus regimentos internos, com observância das normas de processo e das garantias processuais das partes, dispondo sobre a criação, a competência, a composição e o funcionamento dos respectivos órgãos jurisdicionais e administrativos; c) (...); *[redação da atual alínea "b"]* d) (...); *[redação da atual alínea "c"]* e) (...); *[redação da atual alínea "d"]* f) (...); *[redação da atual alínea "e"]* g) (...). *[Redação da atual alínea "f"]*

"Parágrafo único. *Não se aplica ao Supremo Tribunal Federal, aos Tribunais Superiores e aos Tribunais Regio-*

1. A PEC 187/2012 teve sua origem encabeçada pelo deputado Wellington Fagundes, congressista filiado ao PR e eleito pelo Estado de Mato Grosso. Foi apresentada em 5.6.2012, tramitando sob regime especial, sendo a última ação legislativa referente a ela a aprovação de parecer pela Comissão de Constituição e Justiça e de Cidadania em 15.10.2013.

nais Eleitorais o disposto no inciso I, 'a', competindo-lhes eleger os seus órgãos diretivos na forma dos seus Regimentos Internos, observado o previsto no § 2º do art. 120" (grifos nossos).

A par de toda a respeitável linha argumentativa, delineada pelos mais ardorosos defensores da presente tese, o mais interessante é que a referida Proposta de Emenda Constitucional não se apresenta com o necessário *dever de coerência argumentativa* quando exclui, expressamente, os órgãos de cúpula do Poder Judiciário – ou seja: o *Supremo Tribunal Federal/STF* e o *Conselho Nacional de Justiça/CNJ*, bem como o próprio "Tribunal da Cidadania", o *Superior Tribunal de Justiça/STJ* – onde provavelmente o argumento pelo "clamor democrático" seria muito mais perceptível, apreciável e adequado.

Também vale ressaltar que a enfática defesa de que o atual *Colégio Eleitoral* para eleições nos órgãos diretivos dos tribunais deveria ser ampliado para igualmente incluir *juízes de primeiro grau* – "justamente os que têm no dia a dia contato direto com o cidadão que demanda justiça" [Bollmann, 2014] – resta, no mínimo, contraditória, posto que, por esta mesma linha de raciocínio, seria necessário incluir os demais operadores do Direito (membros do Ministério Público e advogados), pelas mesmas razões apontadas.

É curioso observar que ninguém se preocupou em estudar mais aprofundadamente e, sobretudo, entender, com maior atenção, as razões históricas de o consagrado *critério de antiguidade* ter se fixado no Poder Judiciário como uma salutar tradição que se iniciou após o fim do Estado Novo (1937 a 1945),[2] exatamente como uma importante e necessária resposta ao *clamor democrático* que repudiou, de forma veemente, o anterior *critério eletivo amplo*, que somente serviu aos interesses populistas daquele odioso e repulsivo momento histórico, que se caracterizou pela centralização de poder, fortemente travestida de nacionalismo e exacerbado autoritarismo.

É importante registrar que todas as Constituições posteriores a este momento ditatorial[3] outorgaram plena *autonomia* aos tribunais para elegerem seus cargos de direção – exclusivamente por voto de seus membros e observado o critério de antiguidade –, o que acabou por consagrar o importantíssimo princípio do *autogoverno da Magistratura* em nosso País.

Ademais, a razão de ter sido historicamente privilegiado o *critério de antiguidade* nos referidos processos de escolha dos órgãos diretivos de nossos tribunais deve-se ao fato de que, não obstante o Poder Judiciário ser um reconhecido *Poder político*, inerente ao Estado Democrático, sua função precípua (jurisdicional) é exercitada de forma predominantemente *técnica*, através de uma tríade

2. A Constituição de 1937, outorgada por Getúlio Vargas logo após o início do período ditatorial do Estado Novo, e que ficou conhecida vulgarmente como a "Polaca", em virtude de sua grande semelhante com a contemporânea Constituição autoritária da Polônia, simplesmente extinguiu a Justiça Federal, bem como retirou poderes dos tribunais pátrios, dentre eles o de elegerem seus próprios dirigentes, restando apenas o disposto em seu art. 93, *verbis*: "Art. 93. Compete aos Tribunais: a) elaborar os regimentos internos, organizar as secretarias, os cartórios e mais serviços auxiliares, e propor ao Poder Legislativo a criação ou supressão de empregos e a fixação dos vencimentos respectivos; b) conceder licença, nos termos da lei, aos seus membros, aos juízes e serventuários, que lhes são imediatamente subordinados".

3. Constituição de 1946: art. 97, I; Constituição de 1967: art. 110, I; Constituição de 1988: art. 96, I, "a"'.

indissociável, a incluir a *imparcialidade*, a *impessoalidade* e a *independência*, paradigmas que revelam um imperativo de necessário e saudável distanciamento político e de ações políticas por parte de seus membros.

A prevalecer, *data maxima venia*, essa irrefletida e descabida (e pouco debatida) Proposta de Emenda à Constituição, passaríamos a ter, de forma impositiva e desafiadora da própria *autonomia* judiciária, nos Tribunais Estaduais e, em particular, nos Tribunais Regionais Federais, caracterizados pelo número restrito de desembargadores, inéditas *disputas político-eleitorais*, que não somente poderiam vir a paralisar o bom andamento de seus trabalhos, a envolver seus membros em intensas campanhas eleitorais por vários meses anteriores ao pleito (assemelhando-se, em muito, ao que ocorre nas seccionais da Ordem dos Advogados do Brasil/OAB), mas também abrir verdadeiro leque de possibilidades inimagináveis, como a de que desembargadores advindos do quinto constitucional e recém-empossados, sem qualquer conhecimento sobre o funcionamento administrativo de um tribunal – mas com excelente trânsito político –, possam ser eleitos para a alta administração do tribunal e, inclusive, para sua presidência, pondo muitas vezes a perder, por seu conhecimento incipiente da função, uma organização eficiente construída ao longo de décadas e forjada em vigorosa experiência e maturidade que somente o tempo efetivamente propicia.

Igualmente, ao excluir dos novos critérios propostos o cargo de corregedor, poderia vir a ocorrer a esdrúxula situação factual em que o cargo de *corregedor*, eventualmente ocupado por desembargador mais antigo, teria certa *ascendência* sobre o *presidente*, em sinérgica subversão hierárquica não somente da estrutura do próprio tribunal, mas também em relação à organização vertical do Poder Judiciário.[4]

Temerariamente, parece que tais situações pontuais se encontram, ainda que de maneira implícita, na justificação para a propositura da Proposta de Emenda Constitucional em comento, haja vista a atual realidade pátria, em que muito tem sido conseguido, lamentavelmente, através do "compadrio".

Em necessária adição argumentativa, deve ser consignado, em tom de sublime advertência, que tal alteração, uma vez conduzida a efeito, seria de monta suficiente para causar graves danos à imagem de *imparcialidade* do Poder Judiciário, com o consequente e eventual surgimento de possíveis *lobbies* de empresários e políticos por trás das chapas concorrentes aos cargos diretivos dos tribunais, tudo com vistas a verem seus interesses privilegiados.

Dessa feita, verifica-se, a toda evidência – especialmente pelas várias possíveis consequências derivadas –, que a Proposta *sub examine* é por demais complexa para ser reduzida a uma simples *identidade democrática*; afinal, dentre os vários poderes de um presidente de tribunal encontram-se não somente a prerrogativa de estabelecer

4. É conveniente lembrar que toda a *estrutura corporativa* – seja no *contexto interno dos tribunais* ou mesmo de *todo o Poder Judiciário* – se encontra indubitavelmente construída sobre os pilares do critério da *antiguidade na carreira*. Assim, a própria organização da *disposição física* (assentos) no *Plenário* é por *ordem de antiguidade*, bem como nos juízos monocráticos o acesso à *titularidade* das *Varas Judiciárias* é realizado por *antiguidade*, sendo certo que, quando providas (quer a titularidade dos juízos, que a promoção ao tribunal) pelo *critério alternativo de merecimento*, os juízes precisam figurar necessariamente na *quinta parte da lista de antiguidade*.

a pauta de julgamento[5] como, ainda, a própria ordem dos trabalhos, influenciando, sobremaneira, o destino temporal dos julgamentos.

3. Critérios para o acesso e exercício da presidência de tribunais em outros Países

A título comparativo, vale, neste momento, trazer à baila como funcionam o acesso e o exercício da presidência nos tribunais em alguns Países com governo reconhecidamente democrático.

Na Índia, a maior democracia do mundo, o presidente da Suprema Corte é nomeado pelo presidente do País, recaindo esta designação, geralmente, sobre o juiz mais antigo da Corte naquele momento; ou seja: é seguido o *critério de antiguidade*, assim como ocorre no Brasil.[6]

No Chile, País de raízes culturais também ibéricas, com sistema legal próximo ao nosso e reconhecida recuperação democrática após os duros anos da *Ditadura Pinochet*, a eleição para a presidência de sua Corte Suprema segue a tradição de os magistrados elegerem o ministro mais antigo,[7] assim como ocorre com os demais tribunais inferiores, como nas chamadas Cortes de Apelação.

Por outro lado, na Espanha, País no qual a Constituição, promulgada em 1978, é contemporânea à nossa e também foi redigida após vários anos de regime ditatorial, a designação para a presidência dos tribunais superiores de justiça das comunidades autônomas se dá, em efetiva contraposição, por meio da realização de criticáveis *acordos políticos*, o que tem gerado grandes problemas, em especial nas regiões tradicionalmente avessas ao poder central emanado de Madri, tais como a Catalunha e o País Basco, apenas para citar algumas. Ademais, a própria categoria dos magistrados daquela Nação tem visto com grande apreensão esta *politização* da Justiça, que não seria de forma alguma um reflexo de uma maior democracia, mas apenas a certeza de que verdadeiros "conchavos políticos" conseguem melhores resultados na hora de se buscar a posição de presidente – o que de forma alguma é o que se espera que

5. É de se pensar refletidamente que a aprovação da PEC 187/2012 abriria importante precedente para se promover, em uma segunda etapa, a ampliação da medida supostamente "democratizante" para os Tribunais Superiores – e mesmo para o STF –, permitindo-nos questionar, neste momento, que, caso tal hipótese já se constituísse em uma realidade e, consequentemente, se houvesse eleições para a presidência do STF, a *AP 470* ("Mensalão") já teria sido julgada com os excepcionais (e inéditos) resultados alcançados?

6. Insta salientar que referida tradição convencionada só foi posta de lado durante o governo de Indira Gandhi, no qual foi nomeado presidente da Suprema Corte A. N. Ray, apesar de haver três juízes mais antigos do que ele naquele momento. Pressupõe-se que a nomeação de A. N. Ray se deu por ser um grande defensor do governo de Gandhi, algo muito importante em um período em que tal governo estava visivelmente se atolando em uma crise política e constitucional.

7. É importante esclarecer, por dever de lealdade acadêmica, que tal tradição somente foi afastada por uma única vez, quando da eleição para substituir o Presidente Milton Juica. Os Mins. Adalis Oyarzún e Jaime Rodríguez Espoz eram os subsequentes na ordem de antiguidade, mas, por lhes faltar pouco tempo para atingir 75 anos de idade e aposentar-se obrigatoriamente, os outros Ministros calcularam que, se ocorresse a eleição de um dos dois, muitos dos que os seguiam na linha de antiguidade atingiriam a idade expulsória antes de poderem ter acesso à presidência. Nesta ocasião optou-se, então, por uma votação fechada, na qual cada juiz escreveu em um papel o nome de seu candidato, sendo vencedor Rubén Ballesteros Cárcamo, o quarto Ministro na ordem de antiguidade daquela Corte Suprema.

ocorra em uma instituição que pugna pela necessária imparcialidade.

4. *A situação atual das eleições para a presidência dos tribunais brasileiros*

Voltando os olhos à nossa própria situação fática, insta salientar que a Lei Orgânica da Magistratura Nacional/LOMAN vigente expressamente prevê, em seu art. 102: "Os tribunais, pela maioria dos seus membros efetivos, por votação secreta, elegerão *dentre seus juízes mais antigos*, em número correspondente ao dos cargos de direção, os titulares destes, com mandato por 2 (dois) anos, proibida a reeleição" (grifamos).

Referido fato nunca preocupou os tribunais com poucos desembargadores. Salvo raras exceções, neles vem sendo seguida a antiguidade nos cargos de direção, sendo que todos ou quase todos chegam à presidência, vice-presidência ou corregedoria.

A situação, contudo, apresenta-se diferente nos tribunais maiores, e por um motivo muito simples: quem entra em um tribunal com 30 juízes ou mais provavelmente nunca chegará aos cargos de direção. Ainda que 15 de seus colegas já tenham presidido a Corte, morram ou se aposentem, os 15 restantes significarão 30 anos de espera. Isto, obviamente, desagrada aos mais novos, alguns com uma enorme vontade (e, mesmo, vocação) de atuar como presidentes.

Assim, são os tribunais de porte médio (20 a 49 desembargadores) e os de grande porte (50 ou mais desembargadores – caso do TJSC, TJPR, TJMG, TJRJ, TJRS e TJSP) que não têm aceitado a antiguidade como critério único de escolha,[8] ainda que não a tenham renegado por completo.

Freitas [2011], Desembargador Federal aposentado do TRF-4ª Região, onde foi presidente, e consagrado professor universitário, entende que "o anseio de presidir um tribunal é uma aspiração legítima e nada tem de errado. Pelo contrário, é ótimo que quem assuma tão difícil posição esteja preparado e disposto, física e psicologicamente, a dedicar dois anos de sua existência à causa pública".

Aduz o douto Colega, ademais, que a presidência de um tribunal intermediário (TJ, TRF ou TRT) é onde se pode fazer mais pela efetividade da Justiça, posto ser o presidente destes tribunais quem dá a política da gestão judiciária no Estado ou na região, que pode incentivar os juízes e servidores, instalar Varas, realizar concursos, conduzir a construção de fóruns, implementar o processo eletrônico, estimular a conciliação e pôr em prática tantas outras importantíssimas medidas.

Freitas menciona também, contrariamente ao pensamento dos defensores da PEC 187/2012, *que não tem qualquer cabimento a pretensão de que todos os juízes votem para presidente*, pois isto culminaria

8. Recentemente o TJMG foi palco de movimentação em favor da adoção de eleições diretas. De acordo com o Des. Nelson Missias de Morais, as eleições democráticas, nas quais todos possam participar, são um forte instrumento de aperfeiçoamento do Poder Judiciário, em razão dos debates acerca das questões institucionais e compromissos de cada candidato. Ainda segundo ele, "dessa forma, com vontade política e atitude, Minas se antecipará ao legislador e, de maneira pioneira, reconhecerá o juiz de primeira instância como membro de Poder, e o é, tal qual os desembargadores".

Em São Paulo, onde o Tribunal de Justiça é composto de 350 desembargadores, a eleição para a presidência do órgão já ocorre sem se atentar especificamente para o critério da antiguidade, havendo atualmente uma forte movimentação política no sentido de que não apenas os desembargadores mas todos os magistrados possam participar da escolha.

em campanhas pelo Interior, promessas de favores, animosidade entre facções em disputa e outros tantos problemas.

Nessa linha, no Estado do Rio de Janeiro, por exemplo, cujo Tribunal de Justiça possui 180 desembargadores, com 25 fazendo parte do Órgão Especial, a escolha da presidência se dá por votação secreta pela *maioria dos membros do Tribunal*, podendo concorrer apenas os *membros efetivos do Órgão Especial*, cuja metade é provida pelo *critério de antiguidade*. Assim, constata-se, neste ente federativo, a adoção de um critério de eleição que poderia ser considerado misto, haja vista o fato de, dentre os desembargadores elegíveis, metade ser composta dos membros mais antigos do Tribunal, mas, ainda assim, excluídos, em qualquer hipótese, os juízes de primeiro grau como sujeitos eleitorais *ativos*.

Analisando a questão no âmbito da Justiça Federal, cabe salientar que o TRF-2ª Região, em seu Regimento Interno, deixa claro que a eleição para sua presidência se dará por votação de seus 27 desembargadores, recaindo a escolha, *preferencialmente*, sobre os *desembargadores federais mais antigos* – ou seja: utiliza-se do *critério de antiguidade*.

Tal critério é o que também é utilizado, tradicionalmente, por nossa Corte máxima, o STF. Assim, nem todos os ministros chegam à presidência do Supremo. Nas eleições, atualmente feitas a cada dois anos, é respeitada a antiguidade, tendo prioridade o ministro que entrou há mais tempo na Corte, com o presidente sendo eleito por seus pares em Plenário, por voto secreto.[9]

Igualmente, é o critério adotado pelo STJ, desde a sua criação e instalação em 1989, em repetição ao idêntico critério aplicado historicamente, desde sempre,[10] ao Tribunal Federal de Recursos/TFR, quando de sua criação, em 1946, durante o importantíssimo processo de *redemocratização* do Brasil.

Uma das anunciadas temeridades no caso de eventual aprovação da PEC 187/2012 recai exatamente no fato de que, como a *base* da pirâmide hierárquica do Judiciário é muito maior do que a sua cúpula, na prática, seriam os juízes vitalícios com *menos* de cinco anos na carreira, muitos com menos de 30 anos de idade e pouquíssima experiência judicante aqueles que, de fato, decidiriam as eleições. E ainda – o que é mais grave –, para que estes, em um segundo "momento democratizante", passem de simples eleitores (sujeitos eleitorais *ativos*) a *membros* elegíveis (sujeitos eleitorais *passivos*)[11] seria relativamente simples, do ponto de vista político, permitindo o risco de começarmos a ver tribunais espalhados pelo País inteiro presididos por juízes de primeiro grau com *menos* de cinco anos de carreira, ou seja, com pouquíssima experiência no pertinente à administração complexa que

9. Vale salientar que muitos ministros do STF se aposentam antes de chegarem ao topo da lista de mais antigos, como foi o caso recente do Min. Eros Grau, que completou 70 anos e foi aposentado compulsoriamente, sendo à época o quarto mais moderno do STF.

10. Deve ser consignado que o texto do art. 8º da Lei 33/1947, que dispõe sobre a criação do Tribunal Federal de Recursos/TFR, expressamente previu que o referido Tribunal seria instalado sob a presidência do mais velho de seus titulares.

11. É importante ressaltar que tal previsão normativa não se encontra prevista no texto da PEC 187/2012. Todavia, após sua aprovação, seria um natural desdobramento de sua aplicação prática, posto que em qualquer sistema eleitoral o direito de eleger se encontra irremediavelmente adstrito à potencialidade eleitoral de também poder ser eleito.

envolve a estrutura de um tribunal, além de uma idade cronológica em que a própria maturidade humana – essencial à função judicante e administrativa – ainda não se encontra plenamente assentada.

5. *A esfera do Poder Legislativo: as eleições para a presidência das Casas do Congresso Nacional*

É interessante destacar que no âmbito do Poder Legislativo – no pertinente ao fato de não recair na massa da população com capacidade eleitoral *ativa* a escolha de seus cargos diretivos – a eleição para a presidência da Câmara dos Deputados igualmente não inclui os senadores, que também são congressistas, sendo certo que, inclusive, para a eleição da Mesa Diretora do Senado Federal – incluindo o cargo de presidente do Senado e de todo o *Congresso Nacional* – não votam os deputados federais,[12] mesmo sendo fato que nos trabalhos conjuntos, englobando ambas as Casas Legislativas, a presidência recai sobre um senador, escolhido exclusivamente por seus pares.

6. *O clamor pela democratização do Poder Judiciário*

Resta incontestável que uma das naturais aspirações de um juiz de carreira – que, através de seus reconhecidos méritos, logrou aprovação em dificílimo concurso público de acesso – é não somente ser promovido ao respectivo tribunal a que se encontra adstrito, na medida em que avança temporalmente na carreira, como também participar mais ativamente das decisões que, em grande medida, alteram os rumos do Poder Judiciário.

É exatamente dentro desse contexto que não somente se faz imperativa como, igualmente, se almeja – como um autêntico clamor de seus membros – uma verdadeira "democratização do Poder Judiciário". Tal pretensão, legítima em sua origem e em sua intenção – resta lícito concluir –, passa, necessariamente, por amplas e profundas mudanças estruturais que afastem definitivamente o *conservadorismo predominante*, sobretudo aquele ditado pelo *poder político* a que, reconhecidamente, o Judiciário se encontra criticavelmente subordinado.

Assim, é de se registrar que, essencialmente, as legítimas aspirações dos magistrados de primeiro grau, em última análise, não são satisfeitas pelo simples fato de que os mesmos não possuem o direito de eleger (ou serem eleitos para) os cargos de direção dos tribunais, mas, muito mais acertadamente, porque dificilmente chegarão a estes importantes cargos pelo isento *critério de antiguidade*, pelo fato de a própria carreira não permitir esta natural evolução gradualística, em razão, sobre-

12. Na Câmara dos Deputados, seu Regimento Interno dispõe, no art. 7º, que a eleição dos membros de sua Mesa Diretora far-se-á em votação por escrutínio secreto e pelo sistema eletrônico, exigida maioria absoluta de votos, em primeiro escrutínio, e maioria simples, em segundo escrutínio, presente a maioria absoluta dos deputados.

O Senado Federal é igualmente dirigido pela Mesa, composta pelo presidente, primeiro e segundo vice-presidentes e quatro secretários. São indicados também quatro suplentes de secretários para substituir os titulares em caso de impedimento. Os senadores se reúnem, em sessão preparatória, para eleger os componentes da Mesa, sendo a votação realizada de maneira secreta, por maioria de votos, presente a maioria dos senadores e assegurada, tanto quanto possível, a participação proporcional das representações partidárias ou dos blocos parlamentares com atuação na Casa (Regimento Interno, arts. 3º e 46).

Vale lembrar que o presidente do Senado Federal acumula a função de presidente do Congresso Nacional.

tudo, de *antidemocráticas intervenções políticas externas* que permitem admitir, de forma ampla e gradual, nas instâncias superiores, o ingresso de juízes oriundos de outras carreiras ou funções, como a Advocacia ou o Ministério Público, e que – além de simplesmente não se submeterem ao concurso público de acesso à Magistratura nacional – *subvertem a natural ordem hierárquica implícita* em todas as carreiras do serviço público (situação em que a carreira da *Magistratura* não pode ser apontada como exceção), em efetivo prejuízo das mais corriqueiras aspirações daqueles que continuam a aguardar, ano após ano, por uma ansiada promoção aos tribunais dos mais variados graus e – por que não? – à última instância, ou seja, ao STF.

Este é exatamente o cerne da *questão democrática* que precisa ser verdadeiramente enfrentado, sem os "desvios de atenção" que se pretende, ainda que inconscientemente, impor, camuflando os verdadeiros caminhos a serem trilhados para efetivamente se avançar no *processo democrático*, rompendo com as últimas amarras da herança autoritária do período getulista.

Se não, vejamos: 100% das vagas de juízes de primeiro grau são, atualmente, providas exclusivamente por candidatos que unicamente pelo critério meritório do concurso público de provas e títulos lograram aprovação, revelando grande avanço democrático, na exata medida em que no período compreendido entre 1966 e 1973 os cargos de juízes federais de primeiro grau eram providos por simples indicação política do Poder Executivo.[13]

Todavia, nos tribunais intermediários, por uma herança da Era Vargas[14] (até hoje não objeto de necessária correção democratizante), apenas 80% das vagas de desembargadores (juízes de segundo grau) são destinadas aos magistrados de carreira, e ainda assim apenas metade destas – ou seja, 40% do total – é reservada aos juízes de primeiro grau pelo critério de antiguidade, sem qualquer ingerência política.[15]

Nos Tribunais Superiores a situação é ainda mais desafiadora, posto que no Tribunal da Cidadania, o STJ, órgão de cúpula das Justiças Comum local (Estadual e Distrital) e Federal, o *quinto constitucional* é transformado em *terço constitucional*, ou seja: o percentual de 80% de acesso de juízes de carreira é reduzido para 67%, sendo certo que todas as vagas são providas por critérios políticos de formação da lista tríplice, com posterior escolha discricionária e soberana pelo chefe do Poder Executivo.[16]

13. Esta, sim, revelou-se uma grande *conquista democrática*, na exata medida em que não somente restringiu, pelo menos na primeira instância da Justiça Federal, as interferências políticas no Judiciário, que tanto comprometiam sua necessária isenção, independência e imparcialidade.

14. A implementação nos tribunais pátrios do chamado *quinto constitucional*, ideia corporativista do governo Getúlio Vargas, ocorreu com a inserção desta no art. 104, § 6º, da Constituição de 1934.

15. As demais vagas (40% do total) são providas pelos magistrados de carreira, porém pelo *critério político do "merecimento"*, em que a escolha final, dentre uma lista tríplice constituída pelos integrantes do tribunal, é submetida ao chefe do Executivo (estadual – governador; ou federal – presidente da República, conforme o caso), para sua livre escolha. Vale registrar que o próprio presidente do STF já se manifestou contrariamente a tal critério (*O Globo*, ed. digital, 20.12.2012), defendendo a exclusividade do *critério de antiguidade* para a promoção de juízes aos tribunais, que é objetivo.

16. Deve ser registrado, por oportuno, que, das 22 vagas (dentre um total de 33) destinadas a desembargadores estaduais ou distritais (11 vagas)

No STF, órgão de cúpula de todo o Poder Judiciário, todas as vagas (11 no total) – insta salientar – são exclusivamente providas por livre escolha do chefe do Executivo, excluída qualquer vinculação à necessária nomeação de juízes de carreira.[17]

O clamor por *mais democracia no Poder Judiciário*, portanto, preconiza, em tom sublime, uma maior defesa pelo *fortalecimento da carreira*, o que se traduz pelo reforço dos critérios meritórios e, consequentemente, por cada vez menos ingerências políticas de outros Poderes e, sobretudo, menor politização *interna corporis*, reafirmando o preceito democrático de amplo acesso de seus membros exclusivamente por *critérios de antiguidade*, que melhor traduzem os esforços naturais de desempenho na carreira judicante.

7. Conclusões

É importante salientar que nos últimos tempos o verbo "democratizar" ganhou notável importância, que, entretanto, não tem sido acompanhada de sua correspondente e correta interpretação.

"Democratizar" não significa, necessariamente, tornar todas as funções do Estado elegíveis e, de igual forma, ampliar irrestritamente o Colégio Eleitoral daquelas em que se faz pertinente o critério de escolha.

Em verdade, é muito mais o princípio do *amplo acesso* – ainda que por critérios distintos da *eleição*, tais como o *concurso público* – o caminho que se revela mais democrático para o preenchimento dos cargos e funções do Estado em praticamente todos os seus níveis, notadamente nos que se exercem à margem da *Política* e que se afirmam por *desempenho técnico*.

No caso específico da função judicante, não é possível deixar de reconhecer que, hodiernamente, esta se perfaz através de um viés no qual a experiência de vida permite uma interpretação crescentemente mais justa das leis, tornando-se cada vez melhor quanto maior for o tempo em atividade. Relembre-se, neste sentido, que na Antiguidade os julgamentos eram efetuados por conselhos de anciãos, ou seja: a "justiça" era proporcionada pelos indivíduos mais experientes no seio social, reconhecendo-se a *maturidade*, a *experiência de vida* e o *conhecimento prático e teórico acumulado ao longo do tempo* como essenciais ao mister da função jurisdicional e administrativa correlata.

É exatamente por esta razão que não é possível que se cogite faltar *democracia* no fato de continuarmos a seguir o consagrado *critério de antiguidade* na eleição de presidentes dos tribunais pátrios, como medida de salutar *equilíbrio* e *não politização* do Poder Judiciário nacional, seguindo os melhores e mais diversos exemplos presentes nos Países mais democráticos da atualidade, bem como do próprio processo de *democratização do Judiciário*, inaugurado a partir de 1946, que buscou sepultar, em definitivo, o "populismo" da Ditadura Vargas, que permitiu curvar todos os tribu-

e federais (11 vagas), as mesmas incluem os desembargadores oriundos do quinto constitucional – o que, na verdade, reduz, por vias transversas, o percentual real de magistrados de carreira a menos de *50% do total*. Apenas no *Tribunal Superior do Trabalho/TST* tal anomalia foi corrigida pelo disposto no art. 111-A da CF, que não somente manteve o critério do quinto constitucional, mas tornou exclusivo o acesso de 80% das vagas aos desembargadores do trabalho de carreira.

17. O critério de acesso ao STF, previsto no art. 101 da CF, preconiza exclusivamente o "notável saber jurídico", o que implica dizer que não somente é possível não nomear nenhum juiz de carreira como, ainda, nomear um juiz de primeiro grau, em virtual subversão da própria carreira da Magistratura nacional.

nais sobreviventes (é importante lembrar que a Constituição de 1937 simplesmente extinguiu a Justiça Federal) às suas ordens e interesses, através – e sobretudo – da aplicação do amplo critério eletivo (e eleitoreiro) de seus presidentes.

Não é por outra sorte de considerações, portanto, que devemos sempre ter em mente que o verdadeiro caminho para a *democratização do Judiciário* passa não pela *politização* tanto de sua estrutura como de seus membros, mas, sim (e principalmente), pelo *fortalecimento* da própria *carreira* (exclusivamente composta de magistrados concursados), como ainda, e fundamentalmente, pela sinérgica efetividade do poder jurisdicional inerente aos magistrados de primeiro grau, o que implica restringir os inúmeros recursos e a ampla gama de nefastos efeitos suspensivos que vêm transformando, na prática, os juízos monocráticos em simples *juízos de instrução*, bem assim seus respectivos julgadores em meros magistrados de *iniciação processual*.[18]

Por efeito conclusivo, exatamente a *despolitização* e o afastamento do *caráter populista* e *eleitoreiro* nos tribunais que, historicamente – ao reverso do que preconizam os mais desavisados –, se constituem na grande e verdadeira conquista democrática *pós-Ditadura Vargas*, sendo certo que ainda resta o desafio de ver sepultada a última herança daquele sombrio regime, ou seja: a extinção da figura política do *quinto constitucional*, a permitir, por derradeiro, a prevalência do critério *meritocrático* de acesso a todos os tribunais, com a consequente promoção de seus membros circundada exclusivamente pelos juízes de carreira, afastando-se, desta feita, qualquer ingerência política de outros Poderes ou, mesmo, de *politizações* indesejadas, em efetiva consagração da *democracia* (e dos valores democráticos), que preconiza a existência de um Poder Judiciário realmente independente. Afinal, não é do interesse do povo brasileiro que o *Poder Judiciário* venha a se transformar em simples *serviço judiciário*.

18. É exatamente esta esdrúxula e condenável situação que clama pelo urgente resgate da própria dignidade da Magistratura e do necessário orgulho de ostentar a condição de magistrado.

Referências bibliográficas

BOLLMANN, Vilian [2014]. "A completa democratização do Judiciário". *Correio Braziliense*. Brasília, 26.3.2014. Disponível em *http://www.ajufe.org/imprensa/ajufe-na-imprensa/a-completa-democratizacao-do-judiciario* (acesso em 8.4.2014).

CARDOSO, Antônio Pessoa [2014]. *Quinto Constitucional*. Disponível em *http://www.profpito.com/QuintoconstitucionalCardoso.html* (acesso em 9.4.2014).

Chief Justice of India [2014]. Disponível em *http://en.wikipedia.org/wiki/Chief_Justice_of_India* (acesso em 8.4.2014).

CHILE [2011]. "Ruben Ballesteros y los derechos humanos". *Correo Semanal*. Santiago do Chile, 20.12.2011. Disponível em *http://correosemanal.blogspot.com.br/2011/12/chile-ruben-ballesteros-y-los-derechos.html* (acesso em 3.4.2014).

CODJERJ [2014]. Disponível em *http://www.tjrj.jus.br/documents/10136/18186/codjerj_novo.pdf* (acesso em 1.4.2014).

Composição da Mesa do Senado Federal [2014]. Disponível em *http://www.senado.gov.br/senadores/mesadiretora.asp* (acesso em 3.4.2014).

Cortes de Apelaciones de Chile [2014]. Disponível em *http://es.wikipedia.org/wiki/Cortes_de_Apelaciones_de_Chile* (acesso em 8.4.2014).

"Democratização do Judiciário" [2014]. *Consultor Jurídico* 17.3.2014. Disponível em *http://www.conjur.com.br/2014-mar-17/magistrados-farao-ato-dia-31-marco-pa*

dir-eleicoes-diretas-Tribunais (acesso em 31.3.2014).

DÍAZ, Felipe [2013]. *La Tercera*. Santiago do Chile, 15.12.2013. Disponível em *http://diario.latercera.com/2013/12/15/01/contenido/pais/31-153388-9-jueces-alistan-eleccion-de-sergio-munoz-como-nuevo-presidente-de-la-suprema.shtml* (acesso em 31.3.2014).

El Mundo [2010]. Madri, 28.1.2010. Disponível em *http://www.elmundo.es/elmundo/2010/01/28/espana/1264698515.html* (acesso em 31.3.2014).

Estado Novo (Brasil) [2014]. Disponível em *http://pt.wikipedia.org/wiki/Estado_Novo_(Brasil)* (acesso em 3.4.2014).

FREITAS, Vladimir Passos de [2011]. *As Novidades nas Eleições à Presidência dos Tribunais*. Disponível em *http://www.conjur.com.br/2011-dez-11/segunda-leitura-novidades-eleicoes-presidencia-Tribunais* (acesso em 31.3.2014).

História da Justiça Federal [2014]. Disponível em *http://www.jfpr.gov.br/institucional/jfpr/historia.php* (acesso em 9.4.2014).

HOUAISS, A. *Dicionário Eletrônico Houaiss da Língua Portuguesa*.

MANDEL, Gabriel [2013]. "CNJ bloqueia Sartori e afeta processo eleitoral em São Paulo". *Consultor Jurídico*. 12.11.2013. Disponível em *http://www.conjur.com.br/2013-nov-12/indefinicao-candidatura-ivan-sartori-mexe-eleicao-tj-sp* (acesso em 1.4.2014).

Presidente do STF defende fim da promoção por merecimento [2012]. *O Globo*. Rio de Janeiro, 20.12.2012. Disponível em *http://oglobo.globo.com/pais/presidente-do-stf-defende-fim-da-promocao-por-merecimento-7113007* (acesso em 9.4.2014).

Regimento Interno da Câmara dos Deputados [2014]. Disponível em *http://bd.camara.gov.br/bd/bitstream/handle/bdcamara/1926/regimento_interno_9ed.pdf?sequence=4* (acesso em 1.4.2014).

Regimento Interno do Tribunal Regional Federal da 2ª Região [2014]. Disponível em *http://professorjoselias.blogspot.com.br/2011/10/regimento-interno-trf-2-regiao-titulo-i.html* (acesso em 1.4.2014).

Sítio Eletrônico do Supremo Tribunal Federal [2014]. Disponível em *http://www.stf.jus.br/portal/cms/verNoticiaDetalhe.asp?idConteudo=124564* (acesso em 1.4.2014).

CONCURSO PÚBLICO FEDERAL – RECUSA À POSSE DE CANDIDATO CONVOCADO PELA FALTA DE HABILITAÇÃO ACADÊMICA – NULIDADE DE ATO ADMINISTRATIVO POR VÍCIO QUANTO AO MOTIVO – LIBERDADE DE TRABALHO – PRINCÍPIOS CONSTITUCIONAIS DA LEGALIDADE, RAZOABILIDADE E EFICIÊNCIA

VLADIMIR DA ROCHA FRANÇA

Mestre em Direito Público pela UFPE – Doutor em Direito Administrativo pela PUC/SP – Professor Adjunto IV do Departamento de Direito Público da UFRN – Advogado em Natal/RN

Consulta – Parecer: 1. O motivo do ato administrativo comunicado pelo Ofício 042/2010-DAP. 2. A nulidade do ato administrativo questionado por vício quanto ao motivo. 3. Resposta à consulta.

CONSULTA

O Sr. R. G. M. apresenta *consulta* a respeito da juridicidade da conduta da Universidade Federal do Rio Grande do Norte/UFRN em razão dos seguintes fatos.

O Consulente prestou concurso de provas para o preenchimento de nove cargos de *Programador Visual* no quadro de técnicos de nível superior da UFRN. De acordo com o item 2.4.21 do edital que o rege – o Edital 06/2009 –, o cargo em apreço exige o seguinte: "**Requisitos**: Graduação em Comunicação Visual ou Comunicação Social com habilitação em Publicidade ou Desenho Industrial com habilitação em Programação Visual ou Graduação em Áreas Correlatas".

Como atua na área desde 1998, sendo portador de diploma de Licenciatura e de Bacharelado em Ciências Sociais, o Consulente não viu maiores obstáculos ao seu ingresso na Administração Pública Federal por meio desse concurso público. Notadamente no que concerne às atividades do cargo de seu interesse, previstas no item 2.4.21 do edital citado: "**Descrição sumária de atividades**: Planejar serviços de pré-impressão gráfica; realizar programação visual gráfica e editorar textos e imagens; trabalhar seguindo normas de segurança, higiene, qualidade e preservação ambiental; assessorar atividades de ensino, pesquisa e extensão".

Como se tratava de concurso de provas, o Consulente não teve oportunidade de apresentar os seguintes títulos:

(i) Obteve o 1º lugar no concurso de *Design* Gráfico promovido pelo Diretório Central dos Estudantes/DCE da UFRN, que teve por objeto a elaboração de projeto gráfico para identidade estudantil de 2002, alusivo aos 80 anos da Semana de Arte Moderna.

(ii) Logrou 1º lugar no concurso de *Design* Gráfico promovido pelo Núcleo de Arte e Cultura/NAC da UFRN, que teve por objeto a elaboração de cartaz de divulgação da XIV CIENTEC – Feira de Ciência, Tecnologia e Cultura da UFRN, em outubro/2008, relacionado aos 50 anos de existência desta autarquia universitária.

(iii) Foi instrutor nos cursos de *Web Designer* e editor gráfico no Serviço Nacional do Comércio/SENAC em Natal/RN, nos anos de 2003, 2004 e 2009, ministrando disciplinas que totalizaram 474 horas/aula.

Após ter logrado aprovação em todas as fases do referido certame, obtendo o 5º lugar, o Consulente foi nomeado em 30.12.2009 pela UFRN para tomar posse em 26.1.2010.

Contudo, mediante o Ofício 042/2010-DAP, de 8.1.2010, do Departamento de Administração de Pessoal/DAP da Pró-Reitoria de Recursos Humanos/PRH da UFRN, o Consulente foi comunicado de que não poderia tomar posse no cargo para qual foi aprovado e nomeado, pelas razões que transcritas abaixo:

"Consoante o item 2.4.21 do referido edital, são requisitos indispensáveis para o cargo de Programador Visual a 'Graduação em Comunicação Visual ou Comunicação Social com habilitação em Publicidade ou Desenho Industrial com habilitação em Programação Visual ou Graduação em Áreas Correlatas'.

"No entanto, *a partir da documentação acostada ao seu processo de nomeação para cargo efetivo, constatou-se que V. Sa.* não preencheu tais requisitos, uma vez que não apresentou o certificado/diploma de graduação em quaisquer das áreas exigidas no edital. Sendo assim, ficamos impossibilitados de efetivar a sua posse no cargo efetivo em epígrafe" (grifos acrescidos).

O Consulente ficou surpreendido com essa decisão da UFRN, haja vista ter apresentado tempestivamente os diplomas de Licenciatura e Bacharelado em Ciências Sociais ao órgão competente da administração universitária. Ao procurar a Chefe do DAP/PRH/UFRN, ela se limitou a repetir para o mesmo os termos do texto constante do Ofício 042/2010-DAP.

Inconformado com a postura da UFRN no caso concreto, o Consulente apresenta a seguinte indagação: "É válido o ato administrativo da UFRN, exteriorizado pelo Ofício 042/2010-DAP, que impediu a sua posse no cargo de Programador Visual, nos termos do Edital 06/2009 da UFRN?".

PARECER

1. O motivo do ato administrativo comunicado pelo Ofício 042/2010-DAP

Para que o ato administrativo possa ser considerado válido, faz-se necessário que esse ato jurídico atenda a um conjunto de requisitos. Dentre esses requisitos, merece destaque, no caso concreto, o *motivo*. No direito administrativo o motivo compreende os *pressupostos de fato e de direito que autorizam ou exigem a expedição do ato administrativo.*[1]

1. Sobre a matéria, consultar: Celso Antônio Bandeira de Mello, *Curso de Direito Administrativo*, 32ª ed., São Paulo, Malheiros Editores, 2015, pp. 405-412; Maria Sylvia Zanella Di Pietro, *Direito Administrativo*, 17ª ed., São Paulo, Jurídico Atlas, 2004, pp. 203-204; e Vladimir

Dentre as nulidades que compõem o elenco do art. 2º da Lei federal 4.717, de 29.6.1965, há a *inexistência dos motivos*. Esse vício de validade "se verifica quando a matéria de fato ou de direito, em que se fundamenta o ato, é materialmente inexistente ou juridicamente inadequada ao resultado obtido".[2]

Na fundamentação do provimento administrativo em questão a administração universitária se limita a dizer que *o Consulente não teria apresentado um diploma que preenchesse os requisitos de ingresso no cargo de Programador Visual, constantes do item 2.4.21 do Edital 06/2009*, razão pela qual sua posse ficaria obstaculizada.

Eis o motivo do ato administrativo impugnado.

2. A nulidade do ato administrativo questionado por vício quanto ao motivo

A leitura do item 2.4.21 do Edital 06/2009 leva naturalmente à conclusão de que a área correlata, para fins do certame em análise, envolve pertinência ou compatibilidade com os seguintes campos do conhecimento: (i) Comunicação Visual; (ii) Comunicação Social voltada para a Publicidade; (iii) Desenho Industrial voltado para a Programação Visual.

A Constituição Federal assegura ao cidadão a liberdade de exercer trabalho, ofício ou profissão, atendidas as qualificações profissionais que a lei federal estabelecer.[3] *A Administração Pública deverá observá-las quando elas forem legalmente exigidas, bem como abster-se de cobrá-las quando não existirem*. Afinal, o princípio da legalidade é uma das pedras fundamentais do regime jurídico-administrativo.[4]

A profissão de Sociólogo está disciplinada na Lei federal 6.888, de 10.12.1980. No art. 2º desse diploma legal estão listadas as seguintes competências: "Art. 2º. É da competência do Sociólogo: I – *elaborar, supervisionar, orientar, coordenar, planejar, programar, implantar, controlar, dirigir, executar, analisar ou avaliar estudos, trabalhos, pesquisas, planos,*

da Rocha França, *Estrutura e Motivação do Ato Administrativo*, São Paulo, Malheiros Editores, 2007, pp. 78-80.

2. V. art. 2º, "d", e parágrafo único, "d", da Lei federal 4.717/1965.

3. V. art. 5º, XIII, e art. 22, IV, da CF.

Sobre a matéria, leciona Christian Edward Cyril Lynch: "O direito de livre escolha de profissão é exercido pela satisfação, quando necessário, das exigências concernentes à capacidade intelectual do postulante, por meio da permissão, título ou licença. Não por acaso, o art. 22, VI, da Constituição outorga à União competência privativa para legislar sobre as condições de exercício das profissões, o que se justifica pelos riscos do exercício indevido ou precário de certas profissões ao patrimônio, à vida, à segurança ou à saúde gerais. Assim, sempre que a profissão requeira habilitação para que o público seja bem servido, e o interesse coletivo, satisfeito, não constitui violação à legislação que estabeleça o mínimo de conhecimentos necessários, seja o posto público ou privado. No entanto, como sempre, o exercício do poder de polícia não pode chegar ao ponto de, na prática, inviabilizar o direito (...)" ("Art. 5º, inciso XIII", in Paulo Bonavides, Jorge Miranda e Walber de Moura Agra (coords.), *Comentários à Constituição Federal de 1988*, Rio de Janeiro, Forense, 2009, p. 119).

4. V. art. 5º, II, e art. 37, *caput*, da CF.

Como asseverava Hely Lopes Meirelles: "Na Administração Pública não há liberdade nem vontade pessoal. Enquanto na administração particular é lícito fazer tudo que a lei não proíbe, na Administração Pública só é permitido fazer o que a lei autoriza. A lei para o particular significa 'pode fazer assim'; para o administrador público significa 'deve fazer assim'" (*Direito Administrativo Brasileiro*, 41ª ed., atualizada por Délcio Balestero Aleixo e José Emmanuel Burle Filho, São Paulo, Malheiros Editores, 2015, p. 91).

programas e projetos atinentes à realidade social; II – ensinar Sociologia Geral ou Especial, nos estabelecimentos de ensino, desde que cumpridas as exigências legais; III – *assessorar e prestar consultoria a empresas, órgãos da Administração Pública direta ou indireta, entidades e associações, relativamente à realidade social*; IV – *participar da elaboração, supervisão, orientação, coordenação, planejamento, programação, implantação, direção, controle, execução, análise ou avaliação de qualquer estudo, trabalho, pesquisa, plano, programa ou projeto global, regional ou setorial, atinente à realidade sociar*" (*sic*) (grifos acrescidos).

Na Classificação Brasileira das Ocupações/CBO[5] a profissão de *Sociólogo* está codificada com o n. 2511-20, e se encontra sumariamente descrita deste modo: "*Realizam estudos e pesquisas sociais, econômicas e políticas*; participam da gestão territorial e socioambiental; estudam o patrimônio arqueológico; gerem patrimônio histórico e cultural. *Realizam pesquisa de mercado. Participam da elaboração, implementação e avaliação de políticas e programas públicos*; *organizam informações sociais, culturais e políticas*. Elaboram documentos técnico-científicos" (grifos acrescidos).

A profissão de *Programador Visual Gráfico*, por sua vez, *não possui lei que a discipline*. Ela se encontra codificada na CBO sob o n. 7661-55 e tem a seguinte descrição sumária: "*Planejam serviços de pré-impressão gráfica. Realizam programação visual gráfica* e editoram textos e imagens. Operam processos de tratamento de imagem, montam fotolitos e imposição eletrônica. Operam sistemas de prova e copiam chapas. Gravam matrizes para rotogravura, flexografia, calcografia e serigrafia. Trabalham seguindo normas de segurança, higiene, qualidade e preservação ambiental" (grifos acrescidos).

Disciplinada pela Lei federal 4.680, de 18.6.1965, a profissão de *Publicitário* envolve a propaganda, ou seja, qualquer forma remunerada de difusão de ideias, mercadorias ou serviços, por parte de um anunciante identificado.[6] Na CBO, sob o n. 2531, assim se encontram descritas as atividades desenvolvidas por *profissionais de relações públicas, publicidade, mercado e negócios*: "*Estruturam estratégias de projeto*; *pesquisam o quadro econômico, político, social e cultural*; *analisam mercado*; desenvolvem propaganda e promoções; implantam ações de relações públicas e assessoria de imprensa; vendem produtos, serviços e conceitos. *No desenvolvimento das atividades é mobilizado um conjunto de capacidades comunicativas*" (grifos acrescidos).

No que diz respeito à profissão de *Desenhista Industrial* também não há *disciplina legal específica*. Já, na CBO, sob o n. 2624-10, encontra-se descrita a profissão de *Desenhista Industrial Gráfico* (*Designer Gráfico*): "*Concebem e desenvolvem* obras de arte e *projetos de* ***design***, elaboram e executam projetos de restauração e conservação preventiva de bens culturais móveis e integrados. *Para tanto realizam pesquisas, elaboram propostas* e divulgam suas obras de arte, *produtos e serviços*" (grifos acrescidos).

A CBO não tem a finalidade de limitar o exercício das profissões, mas, sim, a de oferecer parâmetros para os órgãos e entidades da Administração Pública competentes na aplicação da legislação trabalhista e

5. V. Portaria 397, de 9.10.2002, do Ministério do Trabalho e Emprego. V. *http://www.mtecbo.gov.br/cbosite/pages/home.jsf.*

6. V. art. 5º da Lei federal 4.680/1965.

previdenciária. Entretanto, os enunciados transcritos desse catálogo governamental permitem uma compreensão mais precisa das relações entre a Sociologia e as áreas listadas no item 2.4.21 do Edital 06/2009.

Ao se sobrepor os enunciados citados da CBO entre si, fica inequívoca a correlação entre as habilidades e competências do sociólogo com aquelas esperadas das profissões expressamente indicadas no edital em apreço. Ademais, *convém lembrar que a Administração Federal emprega essas definições para assegurar o cumprimento das obrigações administrativas e tributárias em matéria de trabalho e previdência social.*[7]

É patente que "área correlata" consiste num *conceito jurídico fluido* no contexto do Edital 06/2009. Provavelmente, a UFRN aduzirá que se tratava de ato administrativo fundado em competência discricionária e avesso ao controle jurisdicional quanto à interpretação de área correlata feita pelo DAP/PRH/UFRN.

Todavia, não se deve olvidar que os setores da doutrina que reconhecem espaço de discricionariedade administrativa na aplicação de *conceitos jurídicos fluidos* admitem expressamente a possibilidade de apenas uma solução ser considerada compatível com o ordenamento jurídico vigente, com o esgotamento total de espaço para o emprego dos critérios de conveniência e oportunidade do gestor público.[8] *A interpretação e a aplicação desses conceitos pela administração universitária não poderiam afastar, dentre outros princípios, a razoabilidade.*[9]

O princípio da razoabilidade impõe à Administração o dever de levar em consideração as demandas sociais e as circunstâncias do caso concreto na aplicação da lei, abstendo-se de adotar interpretações avessas ao bom-senso e ao sentimento de justiça.[10]

O caso concreto nos revela uma lamentável curiosidade: *a UFRN recusa a posse a um candidato nomeado, aprovado em todas as fases do concurso público regido pelo Edital 06/2009, que logrou êxito anterior num concurso-licitação na mesma área do cargo objeto desse certame.*

Se o Consulente triunfou em todas as fases do processo concorrencial em análise, presume-se que o mesmo tenha todas as condições para exercer o cargo que disputou.

Além do mais, os diplomas listados expressamente no item 2.4.21 do Edital 06/2009 estão vinculadas a profissões desprovidas de uma disciplina legal que outorgue aos seus portadores o direito de exercer no mercado as atividades que se esperam dos programadores visuais da UFRN.

7. V. art. 2º da Portaria 397/2002 do Ministério do Trabalho e Emprego.

8. Nesse sentido, consultar: Celso Antônio Bandeira de Mello, *Discricionariedade e Controle Jurisdicional*, 2ª ed., 11ª tir., São Paulo, Malheiros Editores, 2012; e Maria Sylvia Zanella Di Pietro, *Discricionariedade Administrativa na Constituição de 1988*, São Paulo, Atlas, 1991, pp. 65-93.

Pela inadmissibilidade de discricionariedade administrativa na aplicação dos conceitos jurídicos fluidos, consultar: Eros Roberto Grau, *O Direito Posto e o Direito Pressuposto*, 9ª ed., São Paulo, Malheiros Editores, 2014, pp. 189-221.

9. V. art. 2º, *caput*, da Lei federal 9.784, de 29.1.1999.

10. Nesse sentido, consultar: Celso Antônio Bandeira de Mello, *Curso de Direito Administrativo*, cit., 32ª ed., pp. 111-113; Vladimir da Rocha França, *Invalidação Judicial da Discricionariedade Administrativa no Regime Jurídico-Administrativo Brasileiro*, Rio de Janeiro, Forense, 2000, pp. 66-67; e Carmen Lúcia Antunes Rocha, *Princípios Constitucionais da Administração Pública*, Belo Horizonte, Del Rey, 1994, pp. 112-115.

Convém anotar também que a conduta da UFRN ofende diretamente a *eficiência administrativa*, ao afastar a concretização material do interesse público na situação jurídica sob exame.[11] Afinal, a Administração deve interpretar a norma da forma que melhor garanta o interesse público a que ela se dirige.[12]

Por conseguinte, *o ato administrativo comunicado pelo Ofício 042/2010-DAP é portador de nulidade e deve ser invalidado, pela inexistência dos motivos que ensejaram sua expedição.*

Como se sabe, a UFRN tem o dever de restaurar a juridicidade violada com o ato administrativo em apreço, mediante sua invalidação, nos termos do art. 53 da Lei federal 9.784/1999.[13] Todavia, deve o Consulente exercer o seu direito de ação junto ao Poder Judiciário, e solicitar ao órgão jurisdicional competente a invalidação judicial desse provimento viciado de nulidade.[14]

3. Resposta à consulta

Diante de todo o exposto, responde-se do seguinte modo à questão formulada pelo Consulente:

"É válido o ato administrativo da UFRN, exteriorizado pelo Ofício 042/2010-DAP, que impediu a sua posse no cargo de programador visual, nos termos do Edital 06/2009 da UFRN?"

Não, haja vista o referido provimento administrativo encontrar-se eivado de nulidade, pela inexistência de motivos, nos termos do art. 2º, "d", e parágrafo único, "d", da Lei federal 4.717/1965. Nesse diapasão, é cabível sua invalidação pela própria UFRN – art. 53 da Lei federal 9.784/1997 – ou por intermédio do controle jurisdicional da Administração Pública – art. 5º, XXXV, da CF.

Bibliografia

AGRA, Walber de Moura, BONAVIDES, Paulo, e MIRANDA, Jorge (coords.). *Comentários à Constituição Federal de 1988*. Rio de Janeiro, Forense, 2009.

BANDEIRA DE MELLO, Celso Antônio. *Curso de Direito Administrativo*. 32ª ed. São Paulo, Malheiros Editores, 2015.

————. *Discricionariedade e Controle Jurisdicional*. 2ª ed., 11ª tir. São Paulo, Malheiros Editores, 2012.

BONAVIDES, Paulo, AGRA, Walber de Moura, e MIRANDA, Jorge (coords.). *Comentários à Constituição Federal de 1988*. Rio de Janeiro, Forense, 2009.

DI PIETRO, Maria Sylvia Zanella. *Direito Administrativo*. 17ª ed. São Paulo, Jurídico Atlas, 2004.

————. *Discricionariedade Administrativa na Constituição de 1988*. São Paulo, Atlas, 1991.

FRANÇA, Vladimir da Rocha. *Estrutura e Motivação do Ato Administrativo*. São Paulo, Malheiros Editores, 2007.

————. *Invalidação Judicial da Discricionariedade Administrativa no Regime Jurídico-Administrativo Brasileiro*. Rio de Janeiro, Forense, 2000.

GRAU, Eros Roberto. *O Direito Posto e o Direito Pressuposto*. 9ª ed. São Paulo, Malheiros Editores, 2014.

11. V. art. 37, *caput*, da CF. Sobre a matéria, consultar: Vladimir da Rocha França, *Invalidação Judicial da Discricionariedade Administrativa no Regime Jurídico-Administrativo Brasileiro*, cit., pp. 87-90.

12. V. art. 2º, parágrafo único, XIII, da Lei federal 9.784/1999.

13. Esse enunciado legal tem a seguinte redação: "Art. 53. A Administração deve anular seus próprios atos, quando eivados de vício de legalidade, e pode revogá-los por motivo de conveniência ou oportunidade, respeitados os direitos adquiridos".

14. V. o art. 5º, XXXV, da CF.

LYNCH, Christian Edward Cyril. "Art. 5º, inciso XIII". In: BONAVIDES, Paulo, AGRA, Walber de Moura, e MIRANDA, Jorge (coords.). *Comentários à Constituição Federal de 1988*. Rio de Janeiro, Forense, 2009.

MEIRELLES, Hely Lopes. *Direito Administrativo Brasileiro*. 41ª ed., atualizada por Délcio Balestero Aleixo e José Emmanuel Burle Filho. São Paulo, Malheiros Editores, 2015.

MIRANDA, Jorge, AGRA, Walber de Moura, e BONAVIDES, Paulo (coords.). *Comentários à Constituição Federal de 1988*. Rio de Janeiro, Forense, 2009.

ROCHA, Carmen Lúcia Antunes. *Princípios Constitucionais da Administração Pública*. Belo Horizonte, Del Rey, 1994.

LEI DE ACESSO ÀS INFORMAÇÕES PÚBLICAS E SIGILOS: BREVE COMPARAÇÃO ENTRE AS NORMAS BRASILEIRA E NORTE-AMERICANA

PATRÍCIA BUENO NETTO

Especialista em Direito Constitucional e em Direito Civil
e Mestranda em Direito Político e Econômico pelo Mackenzie

1. Introdução. 2. A Constituição de 1988 e a Lei de Acesso às Informações Públicas. 3. A lei norte-americana de liberdade de informação e seus sigilos: 3.1 Exceção 1: divulgação de informações classificadas pelo Executivo como de interesse de segurança nacional ou relativas à política externa – 3.2 Exceção 2: divulgação de informações relativas unicamente a práticas internas de agência ou instituição – 3.3 Exceção 3: relativa a atos discricionários ou a assuntos onde exista regra vedando o acesso – 3.4 Exceção 4: relativa a segredos comerciais ou informações obtidas por pessoa em caráter privilegiado ou confidencial – 3.5 Exceção 5: relativa aos memorandos interagências ou intra-agências ou documentos que não seriam disponíveis por lei a uma parte que não agência em litígio com outra – 3.6 Exceção 6: relativa a informações pessoais ou que versem sobre arquivos médicos ou similares e cuja divulgação possa enquadrar-se em clara invasão não desejada à privacidade – 3.7 Exceção 7: relativa às informações compiladas para propósitos legais – 3.8 Exceção 8: relativa a informações sobre exames, operações ou análises conjunturais realizadas por, para ou com o auxílio de agência responsável pela regulação ou supervisão de instituição financeira – 3.9 Exceção 9: relativa às informações geológicas e geofísicas sobre poços. 4. Conclusão.

1. Introdução

Informações públicas, até recentemente, eram apenas aquelas que os governantes desejavam disponibilizar. No Brasil, a história do acesso às informações públicas é composta por normativas tradutoras do poder discricionário dos governantes.

Durante o período imperial permitia-se aos particulares fazerem requerimentos à Administração,[1] mas regulamentando o acesso às certidões públicas promulgou-se o Aviso 83, que consignava: "Aviso ao Presidente da Provincia do Espírito Santo, declarando-lhe que deve mandar passar Certidões de tudo aquillo que não envolver matéria de segredo, ou comprommetimento alheio".[2]

Poderia ter sido norma tradutora de transparência, mas, como não consignava quais seriam as exceções, a disponibilização das informações restou vinculada à análise dos agentes estatais.

Antes da promulgação da Constituição de 1934 a todos eram negadas explicações sobre os assuntos públicos. Entendia-se, inclusive, que informações não deveriam ser sequer requeridas entre membros dos diferentes Poderes.[3]

Acaso a Carta de 1934[4] não houvesse sido prontamente substituída pela Constituição de uma "Democracia Autoritária",[5] poderia ter dado azo à publicidade sobre a atuação pública aos particulares.[6]

As Constituições que se seguiram, quer sob regimes democráticos, quer autoritários, mesmo quando possibilitavam aos cidadãos a expedição de certidões para esclarecimentos de "negócios administrativos", sujeitavam estas às restrições de sigilo, à prova do interesse do requerente[7] e à justificação de finalidade.[8]

O panorama só viria a ser alterado com a promulgação da atual Constituição

1. Art. 179, § 30, da Constituição de 1824.

2. Brasil, *Aviso n. 83*, s/d. Disponível em *http://www.books.google.com.br/s?id=sbRPAAAAMAAJ&pg=RA2PA20&lpg=RA2PA20&dq=aviso+83+1838&source=bl&ots=JmVuQ2a6t5&sig=0ydiFd6Ides89OP5gB0qNGsCHM&hl=ptBR&sa=X&ei=NqnnT635PKu86QHe9L3fDg&ved=0CE0Q6AEwAA#v=onepage&q=aviso%2083%201838&f=false* (acesso em 24.6.2012).

3. Nos debates ocorridos em 21.2.1934 entre Fernando Magalhães e o Min. Medeiros Neto na Assembleia Constituinte discutiu-se sobre a necessidade de os ministros de Estado prestarem, quando solicitados, informações à Câmara dos Deputados e às suas Comissões. Tal obrigação foi posteriormente instituída pela Constituição de 1934 (art. 37 e § 1º) (Fernando Augusto Ribeiro de Magalhães, *Na Constituinte de 34*, São Paulo, Ed. RT, 1934, pp. 70-71).

4. Art. 113, inciso 35: "A lei assegurará o rápido andamento dos processos nas repartições públicas, a comunicação aos interessados dos despachos proferidos, assim como das informações a que estes se refiram, e a expedição das certidões requeridas para a defesa de direitos individuais, ou para esclarecimento dos cidadãos acerca dos negócios públicos, ressalvados, quanto às últimas, os casos em que o interesse público imponha segredo, ou reserva".

5. Augusto E. Estellita Lins, *A Nova Constituição dos Estados Unidos do Brasil: Decretada em 10 de Novembro de 1937 pelo Presidente Getúlio Vargas: Sinopses, Anotações e Repertório*, Rio de Janeiro, José Konfino, 1938, p. 15.

6. Só os cidadãos brasileiros possuíam legitimidade para requerer certidões acerca dos negócios públicos (Raimundo de Araújo Castro, *A Nova Constituição Brasileira*, 2ª ed., Rio de Janeiro, Freitas Bastos, 1936, p. 378).

7. Francisco Cavalcanti Pontes de Miranda, *Comentários à Constituição de 1946*, 3ª ed., t. V, Rio de Janeiro, Borsói, 1960, pp. 386-391.

8. José Celso de Mello Filho, *Constituição Federal Anotada*, 2ª ed., São Paulo, Saraiva, 1986, p. 488.

e com a entrada em vigor da Lei 12.527, de 18.11.2011 – Lei de Acesso às Informações Públicas.

2. A Constituição de 1988 e a Lei de Acesso às Informações Públicas

A Carta de 1988 foi elaborada em um contexto de redemocratização do Brasil bem como de mutação do próprio papel do Estado, que se encontra em um momento de evolução como ente, onde deixa para trás suas concepções liberais e também aquelas vinculadas ao modelo de bem-estar social.

Na primeira modalidade de Estado havia um centralismo na defesa da garantia da igualdade formal de todos os cidadãos perante a lei, tanto no atinente ao exercício de seus direitos individuais como no cumprimento de suas obrigações; enquanto na segunda imperava a concepção do Estado prestador de serviços, onde este assumia para si a resolução dos problemas públicos e necessitava de muitos recursos.

Naquela acepção, governar, para muitos dos atores políticos, era sinônimo de gastar. Tal entendimento passou a entrar em cheque, não apenas pela inviabilidade econômica do modelo adotado, como pela atual conjuntura mundial, onde os Países necessitam competir em mercados internacionais, como também pelo mal-estar fiscal causado junto às classes médias.[9]

Existia, nos moldes originais, uma separação entre Estado e sociedade civil, com a presença de uma distinção nos espaços de atuações do público e do privado, do Estado e da sociedade.[10]

Mas a separação não mais subsiste, até porque o Estado é formado pela sociedade e deve perseguir os valores para os quais ela aponta[11] e a Administração Pública deve estar vinculada ao serviço do agrupamento social.[12]

Surge, então, como opção o Estado Relacional, cujos princípios informadores são o da eficiência e o da eficácia, onde há a corresponsabilidade entre Estado e sociedade civil e ao mesmo tempo em que o Estado, hoje, é o articulador das inter-relações sociais, passa a ver o cidadão como cliente.[13] E, como cliente, deve ser bem tratado, bem administrado. É sob este novo paradigma que a Carta dos Direitos Fundamentais da União Europeia elenca, em seu art. 41, o direito a uma boa administração.[14]

O cidadão deve não apenas ser informado a respeito das decisões provenientes da Administração, como também deve participar delas cooperativamente, para

9. Xavier Mendoza e Alfred Vernis, "El Estado relacional y la transformación de las Administraciones Públicas", in Francisco Longo e Tamyko Ysa (eds.), *Los Escenarios de la Gestión Pública del Siglo XXI*, Barcelona, Bellaterra, 2008, pp. 43-47.

10. Idem, p. 43.

11. Luís Roberto Barroso, *Curso de Direito Constitucional Contemporâneo*, São Paulo, Saraiva, 2009, p. 9.

12. Manuel Villoria Mendieta, *La Modernización de la Administración como Instrumento al Servicio de la Democracia*, Madri, Inap, 1996, p. 97.

13. O Estado Relacional é uma proposta para a explicação da modificação do papel do Estado (Xavier Mendoza e Alfred Vernis, "El Estado relacional y la transformación de las Administraciones Públicas", cit., in Francisco Londo e Tamyko Ysa (eds.), *Los Escenarios de la Gestión Pública del Siglo XXI*, pp. 52-55).

14. União Europeia, "Carta dos Direitos Fundamentais da União Europeia", *Jornal Oficial da União Europeia* (disponível em *http://www.europarl.europa.eu/charter/pdf/text_pt.pdf*, acesso em 10.8.2012).

que haja aprendizado e a construção de uma relação de credibilidade, uma melhoria dos serviços prestados.[15]

Dessa forma, é por meio da comunicação que a Administração pode resolver a fratura existente entre os anseios da sociedade e as decisões políticas, auxiliando na recriação dos laços coletivos[16] e, inclusive, configurando-se como interface entre o Estado e a sociedade.[17]

A atual Constituição viria a retomar os preceitos da Carta de 1934 autorizadores do requerimento, por parte de qualquer pessoa, de informações de seu interesse ou relativas aos negócios públicos; no entanto, sob outro modelo de Estado e prevendo maior comunicação entre a Administração e a sociedade.

A falha da Constituição-cidadã estava em necessitar de lei para a implantação da transparência. Tal lacuna foi definitivamente suprimida com a edição da Lei 12.527/2011, que estabelece os parâmetros para a plena utilização do inciso XXXIII do art. 5º,[18] do inciso II do § 3º do art. 37[19] e do § 2º do art. 216[20] da CF.

A Lei de Acesso às Informações auxilia na comunicação entre os agentes públicos e cidadãos, possibilitando a qualquer interessado solicitar e obter, quando não sigilosa, informação de "órgãos públicos integrantes da Administração direta dos Poderes Executivo, Legislativo, incluindo as Cortes de Contas, e Judiciário e do Ministério Público, das entidades controladas direta ou indiretamente pela União, Estados, Distrito Federal e Municípios" e também de "entidades privadas sem fins lucrativos que recebam, para realização de ações de interesse público, recursos públicos diretamente do orçamento ou mediante subvenções sociais, contrato de gestão, termo de parceria, convênios, acordo, ajustes ou outros instrumentos congêneres".[21]

O novo texto trouxe outras importantes inovações, como, por exemplo, a obrigação de disponibilização proativa dos dados de interesse geral, e possibilita a responsabilização do agente que não responder, no prazo legal, ao pedido efetuado.

15. Maria Teresa Salis Gomes, "Comunicação pública para uma democracia participada", in Maria Teresa Salis Gomes (coord.), *A Face Oculta da Governança: Cidadania, Administração Pública e Sociedade*, Coimbra, INA, 2003, pp. 191-193.

16. Idem, ibidem.

17. Gustavo Justino de Oliveira, "Administração Pública democrática e efetivação de direitos fundamentais", in Gustavo Justino de Oliveira, *Direito Administrativo Democrático*, Belo Horizonte, Fórum, 2010, p. 159.

18. CF, art. 5º, XXXIII: "todos têm direito a receber dos órgãos públicos informações de seu interesse particular, ou de interesse coletivo ou geral, que serão prestadas no prazo da lei, sob pena de responsabilidade, ressalvadas aquelas cujo sigilo seja imprescindível à segurança da sociedade e do Estado".

19. CF, art. 37, § 3º: "A lei disciplinará as formas de participação do usuário na Administração Pública direta e indireta, regulando especialmente: (...); II – o acesso dos usuários a registros administrativos e a informações sobre atos de governo, observado o disposto no art. 5º, X e XXXIII; (...)".

20. CF, art. 216: "Constituem patrimônio cultural brasileiro os bens de natureza material e imaterial, tomados individualmente ou em conjunto, portadores de referência à identidade, à ação, à memória dos diferentes grupos formadores da sociedade brasileira, nos quais se incluem: (...).

"(...).

"§ 2º. Cabem à Administração Pública, na forma da lei, a gestão da documentação governamental e as providências para franquear sua consulta a quantos dela necessitem."

21. Brasil, Lei n. 12.527. Disponível em *http://www.planalto.gov.br/ccivil_03/_ato2011-2014/2011/lei/l12527.htm* (acesso em 24.6.2012).

A norma também resguarda o direito ao acesso à informação, detalhando as hipóteses de sigilo, garantindo proteção aos casos de segredo de justiça ou industrial, bem como delimita o que se considera segredo imprescindível à segurança da sociedade ou do Estado.[22]

Antes mesmo da edição da Lei federal 12.527/2011 algumas informações públicas começaram a ser proativamente prestadas, mas foram imediatamente questionadas. O Município de São Paulo editou a norma 14.720/2008, determinadora da divulgação nominal da remuneração bruta mensal dos servidores paulistanos. A discussão a respeito da validade da norma, principalmente no que tange ao aparente conflito entre a intimidade e a vida privada dos servidores e a primeira parte do inciso XXXIII do art. 5º da CF, foi resolvida pelo STF, firmando importante precedente:

"3. A prevalência do princípio da publicidade administrativa outra coisa não é senão um dos mais altaneiros modos de concretizar a República enquanto forma de governo. Se, por um lado, há um necessário modo republicano de administrar o Estado Brasileiro, de outra parte é a cidadania mesma que tem o direito de ver o seu Estado republicanamente administrado. O 'como' se administra a coisa pública a preponderar sobre o 'quem' administra – falaria Norberto Bobbio –, e o fato é que esse modo público de gerir a máquina estatal é elemento conceitual da nossa República. O olho e a pálpebra da nossa fisionomia constitucional republicana.

"4. A negativa de prevalência do princípio da publicidade administrativa implicaria, no caso, inadmissível situação de grave lesão à ordem pública."[23]

No entanto, mesmo após a vigência da Lei de Acesso às Informações a discussão acerca da divulgação dos salários continua a ser trazida às Cortes. Também são encontrados exemplos de diversas situações onde entes do Poder Público: quando requeridos, afirmam que os dados solicitados seriam sigilosos. O Exército não divulgou informações sobre o Grupo Marupiara[24] (populações amazônicas treinadas para o combate contra inimigos estrangeiros ou nacionais), e o Ministério da Ciência e Tecnologia negou acesso àquelas relativas a palestras e cursos voltados à inclusão de pessoas com deficiência.[25]

Ao contrário da citada lei paulistana, que foi questionada por ser pró-transparência, muitas outras leis estabelecendo sigilos "necessários" elaboradas antes da vigência da atual Constituição ou mesmo algumas que o foram posteriormente não se ajustam aos novos parâmetros interpretativos, e possivelmente poderão suscitar discussões que desaguarão nos tribunais.

Se a Lei Nacional de Prestação de Informações é recente, e o arbítrio em não fornecê-las é recorrente, faz-se necessária uma comparação com as exceções de legislação similar de bases mais antigas.

22. Maria Sylvia Zanella Di Pietro, *Direito Administrativo*, 25ª ed., São Paulo, Atlas, 2012, pp. 72-74.

23. STF, SS/AgR 3.902-SP, rel. Min. Ayres Britto, j. 9.6.2011

24. R. Valente, "Militares rejeitam 6 pedidos da *Folha* para liberar documentos", *Folha de S. Paulo*, Brasília (disponível em *http://www1.folha.uol.com.br/fsp/poder/49661-militares-rejeitam-6-pedidos-da-folha-para-liberar-documentos.shtml*, acesso em 16.6.2012).

25. A. Rizzo, R. M. Moura e F. Fabrini, "Governo carimba documentos como 'secretos' para driblar Lei de Acesso", *O Estado de S. Paulo* 17.6.2012, São Paulo, p. A4.

A norma escolhida foi a norte-americana *Freedom of Information Act*, devido a seu mais de meio século de vigência e à consolidada jurisprudência acerca de suas exceções.

3. *A lei norte-americana de liberdade de informação e seus sigilos*

A lei norte-americana de acesso à informação foi implantada originariamente em 1966 e passou a vigorar no ano seguinte. Foi objeto de emendas e principalmente de definições pelos tribunais no que tange ao seu alcance e restrições. Assim como a correspondente nacional, tem por escopo a formação de uma cidadania informada, essencial para o funcionamento de uma sociedade democrática,[26] e tem como princípio interpretativo o prevalecimento da transparência quando houver dúvida acerca da restrição da divulgação de informação.

O *Freedom of Information Act* está intimamente relacionado à liberdade de imprensa, podendo até mesmo ser considerado um "direito constitucional emergente",[27] parte do direito protegido pela Primeira Emenda, uma vez que esta visa à proteção do discurso político para a "facilitação do autogoverno", e, para que os cidadãos possam fazer críticas, "devem saber o que o governo deles está fazendo".[28]

Apesar de toda a importância declarada do acesso às informações, algumas exceções se fazem necessárias, e são elas –nove no total – que passaremos a analisar em comparação com a lei brasileira.

3.1 Exceção 1: divulgação de informações classificadas pelo Executivo como de interesse de segurança nacional ou relativas à política externa[29]

Inserem-se na exceção 1 informações sobre: (a) governos estrangeiros ou obtidas junto a eles; (b) vulnerabilidades ou capacidades de sistemas, instalações, projetos ou planos relativos à segurança nacional; (c) atividades de inteligência, fontes ou métodos; (d) criptografia; (e) relações exteriores ou atividades estrangeiras, incluindo as fontes confidenciais; (f) planos, operações ou armas militares; (g) assuntos científicos, tecnológicos ou econômicos relativos à segurança nacional; (h) programas governamentais para a salvaguarda de materiais e instalações nucleares; (i) relativas às armas de destruição de massa; (j) defesa contra terrorismo transnacional;

26. Estados Unidos da América/Departamento de Justiça, *Freedom of Information Act* (disponível em *http://www.justice.gov/oip/foia_guide09/introduction.pdf*, acesso em 16.6.2012).

27. Thomas Emerson, "Legal foundations of the right to know", *Washington University Law Quarterly* 1976, 1, Washington (disponível em *http://digitalcommons.law.yale.edu/cgi/viewcon tent.cgi?article=3765&context=fss_papers& sei-redir=1&referer=http%3A%2F%2Fscho lar.google.com.br%2Fscholar%3Fstart%3D20% 26q%3D%2522freedom%2Bof%2Binformation%2Bact%2522%2Bamendment%2Bconstitution%26hl%3Dpt-BR%26as_sdt%3D0%2C5#search=%22freedom%20information%20act%20amendment%20consti tution%22*, acesso em 24.6.2012).

28. M. Dorf, "Does the First Amendment require the Freedom of Information Act?", *Dorf on Law*, Estados Unidos da América, 2.12.2009 (disponível em *http://www.dorfonlaw.org*, acesso em 24.6.2012).

29. Estados Unidos da América/Departamento de Justiça, *Freedom of Information Act*, disponível em *http://www.justice.gov/oip/foia_guide09/exemption1.pdf* (acesso em 16.6.2012).

(k) relativas à existência, ou não, de documentos classificados como sigilosos (l) documentos relativos a agências como o FBI que sejam concernentes a atividades de inteligência, contrainteligência ou versem sobre problemas de terrorismo.

Qualquer imposição de classificação de informação como restrita nos Estados Unidos da América depende de lei ou, mesmo, de uma simples classificação da agência governamental, que, no caso de envolver a segurança nacional, será normalmente aceita pelos tribunais, sem a exigência de muitas provas, devido ao reconhecimento de que somente as agências possuem a real dimensão dos efeitos que a resposta pode suscitar.

As agências podem ainda, após a solicitação de acesso às informações, reclassificá-las, desde que já não tenham sido disponibilizadas anteriormente, não sendo consideradas para esta finalidade aquelas publicadas pela imprensa.

Embora a primeira exceção ao fornecimento de informações contenha diversas limitações ao dever de transparência, também possui entraves à classificação das mesmas como sigilosas: (a) se forem relativas a violações da lei, ineficiência ou erros administrativos; (b) para prevenir constrangimento a uma pessoa, organização ou agência; (c) evitar competição; (d) prevenir ou retardar a abertura de informações que não sejam relativas à segurança nacional.

Os sigilos previstos na primeira exceção da lei americana, de modo geral, são aqueles existentes no rol do art. 23 da norma nacional,[30] apenas expostos de forma mais detalhada, como, por exemplo, a inclusão de criptografia e terrorismo.

A grande diferença reside no fato de que a norma americana desobriga a prestação da informação da existência de determinados documentos sigilosos, enquanto na nacional existe uma exigência de publicação anual na Internet, pela entidade classificadora, do rol dos documentos de acesso restrito.

A citada disparidade demonstra a difícil apropriação de conceitos e de aplicações de leis estrangeiras para contextos para os quais as normas não foram concebidas. No Brasil a publicação de uma lista contendo até mesmo referências a documentos ultrassecretos pode, em tese, ser justificada com a histórica luta por acesso aos documentos relativos ao período do último governo militar, e pelo não belicismo nacional.

30. Lei de Acesso às Informações, art. 23: "São consideradas imprescindíveis à segurança da sociedade ou do Estado e, portanto, passíveis de classificação as informações cuja divulgação ou acesso irrestrito possam: I – pôr em risco a defesa e a soberania nacionais ou a integridade do território nacional; II – prejudicar ou pôr em risco a condução de negociações ou as relações internacionais do País, ou as que tenham sido fornecidas em caráter sigiloso por outros Estados e organismos internacionais; III – pôr em risco a vida, a segurança ou a saúde da população; IV – oferecer elevado risco à estabilidade financeira, econômica ou monetária do País; V – prejudicar ou causar risco a planos ou operações estratégicos das Forças Armadas; VI – prejudicar ou causar risco a projetos de pesquisa e desenvolvimento científico ou tecnológico, assim como a sistemas, bens, instalações ou áreas de interesse estratégico nacional; VII – pôr em risco a segurança de instituições ou de altas autoridades nacionais ou estrangeiras e seus familiares; ou VIII – comprometer atividades de inteligência, bem como de investigação ou fiscalização em andamento, relacionadas com a prevenção ou repressão de infrações".

3.2 Exceção 2: divulgação de informações relativas unicamente a práticas internas de agência ou instituição[31]

A exceção 2 é a única que contempla a negativa de acesso a informações que não possuam nenhuma relação com a segurança. Protege as agências de disporem de dados essencialmente internos, triviais, irrelevantes ao interesse público, ou de assuntos mais substanciais acerca de seu funcionamento e que podem ocasionar violações legais; foi efetuada para que o excesso de prestação de informações, sem nenhum benefício público, prejudique as entidades.

Já foram, inclusive, considerados como informações internas irrelevantes ao interesse público pelas Cortes norte-americanas: (a) números de arquivos ou de rastreamento; (b) documentos de rotina; (c) números de ramais internos de *fax* e de telefone; (d) instruções de rotina; etc.

Há ainda outra abrangência desta exceção, relacionada às informações internas que, se disponibilizadas, feririam outros regramentos.

Sob o argumento de possibilidade de transgressões legais pelo oferecimento de dados inserem-se as escusas relativas a: (a) códigos que permitam o acesso a computadores; (b) informações que poderiam embaraçar o trabalho de informantes ou agentes; (c) códigos que identifiquem alvos da inteligência; (d) números de telefones e *fax*; (e) detalhes de testes laboratoriais; (f) diretrizes para a condução de investigações pós-litígios; (g) diretrizes para a identificação de pessoas que infringiram a lei; etc.

A norma nacional também veda em seu art. 22 a divulgação de informações consideradas sigilosas e não dispõe sobre a não obrigatoriedade no fornecimento de dados irrelevantes ao interesse público. Talvez com o desenvolvimento de sua aplicação seja necessária a imposição de um novo limite.

3.3 Exceção 3: relativa a atos discricionários ou a assuntos onde exista regra vedando o acesso[32]

Em algumas situações o legislador explicitamente impede o acesso a algumas informações ou deixa sob o crivo do órgão administrativo a sua divulgação. São efetuadas diferenciações entre regras elaboradas antes e depois de 2009, sendo que nas últimas faz-se obrigatória a inclusão explícita de que o sigilo se aplica à lei americana de acesso à informação para a extensão do sigilo e nas outras apenas verifica-se se ele deve ser mantido sob a legislação, não podendo ser apenas considerada a interpretação da agência elaboradora do regramento.

Esta, possivelmente, é a hipótese mais criticada, pois qualquer classificação de exceção feita por algum dos órgãos públicos pode ser enquadrada nesta hipótese, como, por exemplo, a não divulgação dos plantadores de melão vedada pelo Ministério[33] da Agricultura[34] ou os dados sobre aditivos contidos no tabaco.[35]

31. Estados Unidos da América/Departamento de Justiça, *Freedom of Information Act*, disponível em *http://www.justice.gov/oip/foia_guide09/exemption2.pdf* (acesso em 16.6.2012).

32. Estados Unidos da América/Departamento de Justiça, *Freedom of Information Act*, disponível em *http://www.justice.gov/oip/foia_guide09/exemption3.pdf* (acesso em 24.6.2012).

33. O termo em inglês é *Department*, e pode ter o significado de Ministério ou Secretaria.

34. J. Fleur, *FOIA Eyes Only: how Buried Statutes are Keeping Information Secret*, Estados

No Brasil os questionamentos acerca do confronto do acesso à informação com outras legislações começaram antes mesmo da promulgação da atual lei,[36] e certamente trarão novos questionamentos aos tribunais sobre esse confronto, como, por exemplo, o da necessidade de os políticos informarem durante a campanha eleitoral as doações recebidas, uma vez que tanto a Lei Eleitoral como a Resolução 23.376 do TSE estabelecem que estas devem ser fornecidas só após a eleição.[37]

Na medida cautelar questionadora da publicidade dos julgamentos contra juízes, e que foi apreciada antes da vigência da Lei 12.527/2011, o entendimento majoritário do STF foi pela prevalência da publicidade, e alguns ministros foram bastante enfáticos na defesa da transparência, firmando precedente pró-transparência.

Naquele julgamento destacaram-se alguns trechos dos votos dos Mins. Celso de Mello e Carlos Ayres Britto afirmadores de que "a ideia do sigilo foi banida do novo texto constitucional" e de que "a cultura do biombo, graças a Deus, foi substituída pela cultura da transparência. Nas coisas públicas, o melhor desinfetante é a luz do sol".[38]

Unidos da América, 14.3.2011, disponível em *http://www.propublica.org/article/foia-exemptions-sunshine-law* (acesso em 24.6.2012).

35. PRO PUBLICA, *FOIA b(3) Exemptions: Dept. of Health and Human Services FOIA Exemptions*, disponível em *http://projects.propublica.org/foia-exemptions/agencies/19* (acesso em 24.6.2012).

36. STF, ADI/MC/Ref 4.638, rel. Min. Marco Aurélio, j. 2.2.2012.

37. A. Rodrigues Jr., "Lei de Acesso e campanhas eleitorais", *Folha de S. Paulo* 26.6.2012, São Paulo, "Opinião", p. A3.

38. STF, ADI/MC/Ref 4.638, rel. Min. Marco Aurélio, j. 2.2.2012.

3.4 Exceção 4: relativa a segredos comerciais ou informações obtidas por pessoa em caráter privilegiado ou confidencial[39]

A quarta exceção abrange grande número de possibilidades para a não divulgação, tanto por causar danos à competitividade das empresas quanto por até mesmo impactar em pesquisas ou, mesmo, tratar de segredos profissionais.

Os segredos industriais relativos aos produtos manufaturados e de *design* não estão sob o crivo da negativa de informação quando forem referentes às características físicas ou de sua *performance*, assim como suas fórmulas desatualizadas. Também as informações comerciais ou financeiras só possuem proteção enquanto tiverem valor comercial e forem obtidas individualmente ou pelo próprio Governo.

Já, os dados entregues ao Governo por pessoas físicas ou jurídicas são protegidos desde que possuam interesse comercial ou financeiro capaz de prejudicar a posição competitiva da pessoa de quem foram obtidos ou forem capazes de diminuir a capacidade do Governo de conseguir informações futuras.

Para evitar prejuízos concorrenciais, a quarta exceção protege a divulgação de: (a) informações financeiras detalhadas; (b) custos da companhia, bem como seus lucros e margens; (c) dados referentes aos custos da força de trabalho; (d) preços de venda de mercadorias; (e) informações relativas ao transporte de produtos; (f) percentual de mercado e volume de vendas; (g) produtos futuros e pesquisas de desenvolvimento.

39. Estados Unidos da América/Departamento de Justiça, *Freedom of Information Act*, disponível em *http://www.justice.gov/oip/foia_guide09/exemption4.pdf* (acesso em 24.6.2012).

A legislação pátria veda o acesso a esses dados não apenas na Lei 12.527/2011, como também em outros diplomas, tais como a própria Constituição, que protege a intimidade.

3.5 Exceção 5: relativa aos memorandos interagências ou intra-agências ou documentos que não seriam disponíveis por lei a uma parte que não agência em litígio com outra[40]

A quinta exclusão refere-se aos dados relativos aos documentos transmitidos internamente em uma agência ou entre diferentes órgãos governamentais que podem ser utilizados em processos judiciais contra as agências, aos quais, normalmente, as partes adversas não teriam acesso pelas leis civis.

Outro aspecto de destaque desta exceção é a proteção dos dados acerca das deliberações realizadas durante a tomada de decisão das agências sob a bandeira de proteção à qualidade destas, inserindo-se neste contexto os argumentos: (a) de encorajamento dos amplos debates acerca das políticas entre superiores e subordinados; (b) de proteção da divulgação de propostas antes de sua implementação; e (c) da proteção do correto entendimento do público sobre a fundamentação dos reais motivos que levaram à promulgação de lei.

A quinta exceção resguarda do mesmo modo os privilégios da produção das peças realizadas por advogados que tenham trabalhado ou estejam laborando para o Governo em preparação para um litígio civil, criminal ou administrativo, mesmo que a contenda seja apenas provável e que a agência governamental queira participar como *amicus curiae*.

O obstáculo persiste mesmo se os documentos fizerem parte das razões finais para determinada tomada de decisão por parte do ente governamental, e também contempla em seu rol de sigilos as informações geradas pela comunicação normal entre cliente público e seus defensores legais, independentemente do contexto, exceção feita aos memorandos balizadores da interpretação de normas internas das agências.

No caso brasileiro há determinação expressa na Lei de Acesso à Informação para que os documentos não sigilosos dos setores públicos sejam divulgados e que as comunicações entre clientes e advogados são secretas, a não ser que o contratante decida torná-las livres, como nos Estados Unidos da América.

3.6 Exceção 6: relativa a informações pessoais ou que versem sobre arquivos médicos ou similares e cuja divulgação possa enquadrar-se em clara invasão não desejada à privacidade[41]

A sexta exceção trata da proteção à privacidade e de dados médicos ou similares em contraste com o interesse público. No caso de conflito entre o interesse público e particular, pondera-se entre ambos e pode até mesmo ser disponibilizada uma informação reduzida ou total.

São consideradas confidenciais as informações cuja publicidade contenha clara invasão de privacidade caso se tornem públicas, e englobam: (a) as datas de nascimento; (b) as sobre religião; (c) as relativas à cidadania; (d) as referentes à história genealógica e de pertencer a uma tribo nativa dos Estados Unidos; (e) os números de seguridade social; (f) o

40. Idem, ibidem.

41. Idem, ibidem.

histórico criminal; (g) o encarceramento de cidadãos americanos em outros Países; (h) a identidade de vítimas de crimes; e (i) informações financeiras.

Exemplos práticos da aplicação desta exceção são as proibições de divulgação da quantidade de sementes utilizadas por um fazendeiro, pois estes dados poderiam levar a inferências sobre a situação econômica deste, e sobre os familiares e presos de Guantánamo.

Aproxima-se o entendimento brasileiro com o da sexta exceção, excetuando a proteção das informações médicas relativas à pessoa física e/ou legalmente incapaz para uso exclusivo em matéria referente à necessidade de realização de conduta medicinal.

No caso de ser a exceção baseada no contexto de invasão de privacidade, aplicar-se-á o método da ponderação entre os interesses, do mesmo modo que designado pela próxima exceção e na lei nacional, com a diferença que no Brasil existe previsão na Lei 12.527/2011 da não aplicação do resguardo para cumprimento de ordem judicial, ou de matéria que possa auxiliar na defesa de direitos humanos e de interesse público geral e preponderante.

3.7 Exceção 7: relativa às informações compiladas para propósitos legais[42]

A sétima exceção faz referência aos dados pessoais compilados ou colhidos para propósitos legais, evitando que estes sejam indevidamente utilizados.

As informações podem ter sido produzidas para qualquer espécie de aplicação da lei, quer civil, quer criminal, quer administrativa, podendo abordar hipóteses de dados sobre a investigação de crimes ou, mesmo, de desvios funcionais.

Esta exceção é a que contempla o maior número de situações, pois exige que os dados compilados por interesse público, alternativa ou cumulativamente, possam: (a) razoavelmente interferir em procedimentos legais; (b) privar alguém de um julgamento justo ou imparcial; (c) razoavelmente ser considerados como invasões de privacidade; (d) previsivelmente identificar uma fonte confidencial de informação, incluindo qualquer dado que tenha sido fornecido sob caráter confidencial ou que tenha relação com uma investigação de autoridade de inteligência visando à segurança nacional; (e) divulgar técnicas, diretrizes e procedimentos de execução de investigação ou persecução da lei; (f) colocar em risco a vida de qualquer pessoa.

Dada a natureza das proteções outorgadas por esta exceção, o sigilo somente resta resguardado enquanto houver a necessidade de sua manutenção, como, por exemplo, quando o julgamento não houver sido concluído ou a ameaça à segurança persistir.

Apesar de suas hipóteses normalmente serem aplicadas por períodos determinados de tempo, este pode distender-se por décadas, pois o procedimento investigativo pode ainda não ter findado ou os dados podem interferir em outros casos pendentes.

Também para a preservação da intimidade não se aplica a temporalidade do sigilo, vez que o resguardo do público deve ser mantido para inclusive preservar testemunhas ou pessoas indiretamente envolvidas com investigações, tais como informantes, delatores de organizações criminosas etc.

42. Idem, ibidem.

3.8 Exceção 8: relativa a informações sobre exames, operações ou análises conjunturais realizadas por, para ou com o auxílio de agência responsável pela regulação ou supervisão de instituição financeira

Uma das mais inclusivas exceções visa a assegurar a segurança das instituições financeiras, que poderia ser abalada pela divulgação de avaliações negativas destas, e também a garantir um bom relacionamento entre os bancos e suas agências supervisoras.

A norma brasileira regulamentadora dos sigilos bancários, a Lei Complementar 105/2001, estabelece não apenas restrições quanto à divulgação de dados prestados entre as instituições financeiras e agentes, órgãos e instituições públicos, mas também aquelas que detenham relativas aos particulares.

Apenas para não deixar de mencionar, nos últimos anos ocorreram a falência do Banco Santos, a fraude no Banco Panamericano, que acabou sendo comprado, em parte, pelo Governo, e, recentemente, o ocaso do Banco Cruzeiro do Sul. Nos Estados Unidos houve a crise generalizada das instituições financeiras em 2008, tendo o Governo de disponibilizar 700 bilhões de Dólares para socorrer suas instituições.[43]

As instituições financeiras, tanto nos Estados Unidos como no Brasil, parecem gozar de múltiplas facilidades junto aos Poderes no que tange à desnecessidade de transparência, sendo, porém, verdadeiro que depois das últimas crises as instituições fiscalizadoras, únicas que podem ter acesso irrestrito aos documentos, têm agido com maior parcimônia, mas apenas quando o desastre já se encontra em fase final de execução.

Talvez, ao contrário do sacramentado, estejam os financistas necessitando de mais "luz solar" em seus negócios, pois eles individualizam os lucros e socializam os prejuízos, e as agências vêm demonstrando persistente ineficiência em apurar as operações.

3.9 Exceção 9: relativa às informações geológicas e geofísicas sobre poços[44]

Pouquíssimo utilizada na jurisprudência norte-americana, a exceção 9 existe para a proteção das informações técnicas sobre as reservas de águas, petróleo e gás, não albergando aquelas referentes aos dados gerais acerca da localização, profundidade e número dos poços de perfuração. O escopo de tal disposição é o de proteção da indústria contra a competição por aqueles que desejam apenas especular.

Não tem similar nacional, mas pode enquadrar-se na hipótese do art. 22 da Lei 12.527/2011, protetor dos segredos industriais.[45]

4. Conclusão

O Brasil apenas em 1988 adotou em sua Constituição a necessidade de trans-

43. Revista *Veja.com, Crise Financeira*, disponível em *http://veja.abril.com.br/idade/exclusivo/crise-financeira/guia1.html* (acesso em 24.6.2012).

44. Estados Unidos da América/Departamento de Justiça, *Freedom of Information Act*, disponível em *http://www.justice.gov/oip/foia_guide09/exemption9.pdf* (acesso em 24.6.2012).

45. A ANP possui algumas portarias regulando o acesso às informações, como, por exemplo, as de ns. 188/1998 e 144/2000, relativas, respectivamente, à prospecção de petróleo e às bacias sedimentares.

parência, e o fornecimento de informações públicas só foi tornado obrigatório neste ano. É caminho necessário para a inserção de um novo tipo de interação entre cidadão e Estado, onde o indivíduo seja visto como um cliente.

Neste novo paradigma de Estado – o Estado Relacional –, os dados relativos ao agir estatal passam a ser públicos, a fim de instrumentalizar o direito à boa administração, garantindo o escrutínio público e diminuindo a discricionariedade dos agentes.

No entanto, o fornecimento de informações públicas que possibilitam a realização da democracia, por ser recente, sofre ainda restrições para sua completa efetivação.

Comparando-se a Lei de Acesso às Informações do Brasil com a norma norte-americana verifica-se que as dúvidas acerca dos casos de prestação de informações persistem, mas tendem a ser solucionadas com uma tendência de privilegiar maior extensão do segredo nas interpretações atinentes aos casos onde esteja envolvida a segurança nacional ou que sejam concernentes à intimidade pessoal.

De todo modo, quando houver o confronto de normas e/ou direitos, será por meio da ponderação e pelo estabelecimento de novos precedentes que os limites do acesso à informação serão delineados.

Negativas abusivas, tais como as que versam sobre prestação de dados atinentes aos convênios públicos voltados aos deficientes e as relativas aos salários de servidores, não devem mais ser utilizadas com o tempo, pois a discricionariedade não pode privilegiar o agente, mas deve estar direcionada aos interesses dos administrados.

São necessários sigilos, mas apenas aqueles que não sejam arbitrários, que tendam à proteção do indivíduo e da sociedade, que sirvam para a construção de uma sociedade mais livre, justa e solidária.

Referências bibliográficas

BARROSO, Luís Roberto. *Curso de Direito Constitucional Contemporâneo*. São Paulo, Saraiva, 2009.

BRASIL. *Aviso n. 83*. s/d. Disponível em *http://books.google.com.br/books?id=sbRPAAAAMAAJ&pg=RA2-PA20&lpg=RA2-PA20&dq=aviso+83+1838&source=bl&ots=JmVuQ2a6t5&sig=0ydiFd6Ides89OP5gB0qNGsCHM&hl=pt-BR&sa=X&ei=NqnnT635PKu86QHe9L3fDg&ved=0CE0Q6AEwAA#v=onepage&q=aviso%2083%201838&f=false* (acesso em 24.6.2012).

————. *Lei n. 12.527*. Disponível em *http://www.planalto.gov.br/ccivil_03/_ato2011-2014/2011/lei/l12527.htm* (acesso em 24.6.2012).

CASTRO, Raimundo de Araújo. *A Nova Constituição Brasileira*. 2ª ed. Rio de Janeiro, Freitas Bastos, 1936.

DI PIETRO, Maria Sylvia Zanella. *Direito Administrativo*. 25ª ed. São Paulo, Atlas, 2012.

DORF, M. "Does the First Amendment require the Freedom of Information Act?". *Dorf on Law*. Estados Unidos da América, 2.12.2009. Disponível em *http://www.dorfonlaw.org* (acesso em 24.6.2012).

EMERSON, Thomas. "Legal foundations of the right to know". *Washington University Law Quarterly* 1976, 1. Washington. Disponível em *http://digitalcommons.law.yale.edu/cgi/viewcontent.cgi?article=3765&context=fss_papers&sei-redir=1&referer=http%3A%2F%2Fscholar.google.com.br%2Fscholar%3Fstart%3D20%26q%3D%2522freedom%2Bof%2Binformation%2Bact%2522%2Bamendment%2Bconstitution%26hl%3Dpt-BR%26as_sdt%3D0%2C5#search=%22freedom%20information%20act%20amendment%20constitution%22* (acesso em 24.6.2012).

ESTADOS UNIDOS DA AMÉRICA/DEPARTAMENTO DE JUSTIÇA. *Freedom of Information Act*. Disponível em *http://www.justice.gov/oip/foia_guide09.htm* (acesso em 16.6.2012).

FABRINI, F., MOURA, R. M., e RIZZO, A. "Governo carimba documentos como 'secretos' para driblar Lei de Acesso". *O Estado de S. Paulo* 17.6.2012. São Paulo (p. A4).

FLEUR, J. *FOIA Eyes Only: how Buried Statutes are Keeping Information Secret*. Estados Unidos da América, 14.3.2011. Disponível em *http://www.propublica.org/article/foia-exemptions-sunshine-law* (acesso em 24.6.2012).

GOMES, Maria Teresa Salis. "Comunicação pública para uma democracia participada". In: GOMES, Maria Teresa Salis (coord.). *A Face Oculta da Governança: Cidadania, Administração Pública e Sociedade*. Coimbra, INA, 2003.

LINS, Augusto E. Estellita. *A Nova Constituição dos Estados Unidos do Brasil: Decretada em 10 de Novembro de 1937 pelo Presidente Getúlio Vargas: Sinopses, Anotações e Repertório*. Rio de Janeiro, José Konfino, 1938.

LONGO, Francisco, e YSA, Tamyko (eds.). *Los Escenarios de la Gestión Pública del Siglo XXI*. Barcelona, Bellaterra, 2008.

MAGALHÃES, Fernando Augusto Ribeiro de. *Na Constituinte de 34*. São Paulo, Ed. RT, 1934.

MELLO FILHO, José Celso de. *Constituição Federal Anotada*. 2ª ed. São Paulo, Saraiva, 1986.

MENDOZA, Xavier, e VERNIS, Alfred. "El Estado relacional y la transformación de las Administraciones Públicas". In: LONGO, Francisco, e YSA, Tamyko (eds.). *Los Escenarios de la Gestión Pública del Siglo XXI*. Barcelona, Bellaterra, 2008.

MOURA, R. M., FABRINI, F., e RIZZO, A. "Governo carimba documentos como 'secretos' para driblar Lei de Acesso". *O Estado de S. Paulo* 17.6.2012. São Paulo (p. A4).

OLIVEIRA, Gustavo Justino de. "Administração Pública democrática e efetivação de direitos fundamentais". In: OLIVEIRA, Gustavo Justino de. *Direito Administrativo Democrático*. Belo Horizonte, Fórum, 2010.

PONTES DE MIRANDA, Francisco Cavalcanti. *Comentários à Constituição de 1946*. 3ª ed., t. V. Rio de Janeiro, Borsói, 1960.

PRO PUBLICA, *FOIA b(3) Exemptions: Dept. of Health and Human Services FOIA Exemptions*. Disponível em *http://projects.propublica.org/foia-exemptions/agencies/19* (acesso em 24.6.2012).

REVISTA VEJA.COM. *Crise Financeira*. Disponível em *http://veja.abril.com.br/idade/exclusivo/crise-financeira/guia1.html* (acesso em 24.6.2012).

RIZZO, A., FABRINI, F., e MOURA, R. M. "Governo carimba documentos como 'secretos' para driblar Lei de Acesso". *O Estado de S. Paulo* 17.6.2012. São Paulo (p. A4).

RODRIGUES JR., A. "Lei de Acesso e campanhas eleitorais". *Folha de S. Paulo* 26.6.2012. São Paulo, "Opinião" (p. A3).

UNIÃO EUROPEIA. "Carta dos Direitos Fundamentais da União Europeia". *Jornal Oficial da União Europeia*. Disponível em *http://www.europarl.europa.eu/charter/pdf/text_pt.pdf* (acesso em 10.8.2012).

VALENTE, R. "Militares rejeitam 6 pedidos da *Folha* para liberar documentos". *Folha de S. Paulo*. Brasília. Disponível em *http://www1.folha.uol.com.br/fsp/poder/49661-militares-rejeitam-6-pedidos-da-folha-para-liberar-documentos.shtml* (acesso em 16.6.2012).

VERNIS, Alfred, e MENDOZA, Xavier. "El Estado relacional y la transformación de las Administraciones Públicas". In: LONGO, Francisco, e YSA, Tamyko (eds.). *Los Escenarios de la Gestión Pública del Siglo XXI*. Barcelona, Bellaterra, 2008.

VILLORIA MENDIETA, Manuel. *La Modernización de la Administración como Instrumento al Servicio de la Democracia*. Madri, Inap, 1996.

YSA, Tamyko, e LONGO, Francisco (eds.). *Los Escenarios de la Gestión Pública del Siglo XXI*. Barcelona, Bellaterra, 2008.

SERVIÇO PÚBLICO E CONCORRÊNCIA[1]

Diogo Albaneze Gomes Ribeiro

Mestrando em Direito Administrativo na PUC/SP
– Sócio-fundador do *Brazil Infrastructure Institute*
– Membro do Instituto Brasileiro de Estudos no Direito da Energia
– Advogado

1. Introdução. 2. A prestação de serviço público em regime de competição: 2.1 Noção de serviço público – 2.2 A titularidade dos serviços públicos – 2.3 A questão da exclusividade do serviço público – 2.4 A delegação da prestação de serviços públicos a particulares: 2.4.1 Em regime de monopólio – 2.4.2 Em regime de competição – 2.5 Instrumentos que podem proporcionar maior competitividade na prestação de serviços públicos. 3. O CADE e a prestação de serviços públicos. 4. As principais funções atribuídas ao CADE. 5. Os atos de concentração analisados pelo CADE. 6. A prática de atos de concentração pelas prestadoras de serviço público. 7. A atuação do CADE nos atos de concentração envolvendo setores regulados.

1. Introdução

No Brasil, o fato de o serviço público ser de *competência* exclusiva do Estado não significa que deva ser *prestado* em caráter de exclusividade. Muito ao contrário: a própria Lei de Concessões (Lei 8.987/1995) é expressa ao afirmar que a regra será sempre a ausência de exclusividade na outorga da concessão ou permissão de serviço público.

Além da Lei 8.987/1995, algumas legislações e atos normativos – como aqueles pertinentes aos setores de transportes, telecomunicações e energia elétrica, por exemplo – também vieram no sentido de

1. O presente trabalho representa a ampliação e a junção de dois artigos já publicados pelo autor, intitulados "Prestação de serviço público em regime de competição" e "O CADE e as agências reguladoras independentes", constantes da bibliografia abaixo apresentada.

afastar a prestação de tais serviços pelo regime monopolístico.

Parece-nos que o objetivo dessas leis e atos normativos, na tentativa de afastar a incidência de monopólio (ou exclusividade) na prestação de serviço público, é justamente evitar que a falta de competição desestimule a eficiência na sua prestação. Esse modelo na prestação de serviços públicos (privilegiando a competição) ganhou mais relevância no Brasil, sobretudo, nas últimas décadas, em que houve maior abertura à iniciativa privada de diversos setores tradicionalmente organizados no regime de monopólios públicos.[2]

Justamente por isso, a prestação dos serviços públicos em regime de monopólio passou a ser vista como exceção, sendo aceita apenas quando a competição se mostrar inviável, técnica ou economicamente, tal como afirma o art. 16 da Lei 8.987/1995. Ou seja: a regra derivada da lei é a adoção do regime de competição entre prestadores privados de serviço público.[3]

2. Neste sentido, Alexandre Wagner Nester destaca que: "Nas últimas décadas, as economias ocidentais promoveram a abertura à iniciativa privada de diversos setores tradicionalmente organizados em torno de monopólios públicos. A forte intervenção estatal na economia, própria do Estado do Bem-Estar, foi substituída pelo regime concorrencial, em maior ou menor grau. A atividade de intervenção estatal em sentido estrito (de gestão) foi reduzida em contrapartida ao aumento da intervenção regulatória (ou normativa)" ("A inserção do regime concorrencial nos serviços públicos", in Alexandre Santos de Aragão e Floriano de Azevedo Marques Neto (coords.), *Direito Administrativo e seus Novos Paradigmas*, Belo Horizonte, Fórum, 2008, pp. 441-467 – p. 442).

3. Fernão Justen de Oliveira, *Serviços Públicos e Concorrência*, no prelo, p. 11.

2. A prestação de serviço público em regime de competição

2.1 Noção de serviço público

Muito embora não seja o intuito do presente artigo apresentar a evolução histórica da noção do serviço público, cabe destacar que a doutrina clássica a respeito do serviço público surgiu na França, tendo sido lentamente elaborada a partir da jurisprudência do Conselho de Estado francês.[4]

Apesar de não haver consenso na doutrina administrativista, costuma-se afirmar que a noção de serviço público teve como marco inicial o famoso caso "Blanco", julgado pelo Tribunal de Conflitos em 8.2.1873, na França. Isso porque foi a partir dele que a jurisprudência francesa do século XX (a respeito do serviço público) passou a se desenvolver.

No Brasil não há na Constituição Federal ou, mesmo, na lei um *conceito acabado de serviço público*,[5] o que nos obriga a recorrer à doutrina para trazer, ao menos, as diretrizes básicas que nos permita identificá-lo.

Contudo, e em razão da complexidade do tema, o conceito dado pela doutrina a respeito do serviço público varia de acordo com a premissa adotada. Nesse ponto, duas são as categorias costumeiramente apresentadas para conceituar os serviços públicos.

A primeira categoria traz a concepção de que os serviços públicos seriam aquelas atividades dirigidas a produzir utilidade

4. Dinorá Adelaide Musetti Grotti, *O Serviço Público e a Constituição Brasileira de 1988*, São Paulo, Malheiros Editores, 2003, p. 19.

5. Fernão Justen de Oliveira, *Serviços Públicos e Concorrência*, cit., p. 6.

genérica aos cidadãos, representando os serviços denominados *uti universi*. A segunda categoria caracteriza os serviços públicos como sendo aquelas atividades que têm por finalidade a satisfação direta e individual das necessidades dos cidadãos – denominados de *uti singuli*.

Adotando a categoria *uti singuli* do serviço público, o jurista italiano Renato Alessi parte da premissa de que os serviços públicos seriam aquelas atividades destinadas a fornecer uma utilidade *a cada indivíduo*. Isso porque somente nessa espécie seria possível se identificar uma relação jurídica direta entre a Administração prestadora do serviço e o administrado.[6]

Na mesma linha adotada por Renato Alessi, Celso Antônio Bandeira de Mello destaca que "*serviço público* é toda atividade de oferecimento de utilidade ou comodidade material destinada à satisfação da coletividade em geral, mas fruível singularmente pelos administrados", assumidos e prestados pelo Estado "ou por quem lhe faça as vezes, sob um regime de direito público".[7]

Com base no conceito restritivo de serviço público dado por Celso Antônio, apenas os serviços *uti singuli* poderiam ser chamados de serviços públicos.

Marçal Justen Filho, por sua vez, leciona que serviço público "é uma atividade pública administrativa de *satisfação concreta de necessidades individuais ou transindividuais*, materiais ou imateriais, vinculadas diretamente a um direito fundamental, insuscetíveis de satisfação adequada mediante os mecanismos da livre iniciativa privada, destinada a pessoas indeterminadas, qualificada legislativamente e executada sob regime de direito público".[8]

Com isso, Marçal afasta a concepção de que apenas existiriam serviços públicos quando fossem produzidas utilidades fruíveis *individualmente* pelo usuário. Nesse ponto, o referido autor afirma que há serviços públicos fruíveis individualmente e outros cuja fruição se dá de forma coletiva,[9] como, por exemplo, nos serviços de varrição de ruas.

Já, César A. Guimarães Pereira[10] identifica o serviço público como uma atividade de satisfação concreta de necessidades individuais ou transindividuais, como faz Marçal Justen Filho. Porém, ressalta que a caracterização de uma atividade como serviço público em sentido estrito exige que a utilidade prestada seja passível de fruição singular pelo usuário.

Com isso, coloca o usuário no centro da noção de serviço público, partindo da premissa de que o serviço público seria apenas o *uti singuli*. Isso porque no serviço *uti singuli* haveria uma relação jurídica concreta, que vincula o prestador ao usuário. Já, nos serviços *uti universi* não haveria usuários, mas beneficiários difusos. Nessa concepção, a instalação de iluminação em uma praça pública, por exemplo, não seria atividade distinta da

6. Renato Alessi, *Instituciones de Derecho Administrativo*, trad. da 3ª ed. italiana por Buenaventura Pellisé Prats, t. 2, Barcelona, Bosch, 1970, pp. 364-365.

7. Celso Antônio Bandeira de Mello, *Curso de Direito Administrativo*, 32ª ed., São Paulo, Malheiros Editores, 2015, p. 695.

8. Marçal Justen Filho, *Curso de Direito Administrativo*, 9ª ed., São Paulo, Ed. RT, 2013, p. 731.

9. Idem, p. 688.

10. César A. Guimarães Pereira, "A posição dos usuários e a estipulação da remuneração por serviços públicos", *Revista Brasileira de Direito Público/RBDP* 15/27-71, Belo Horizonte, 2006 (p 28).

própria construção da praça. Tratar-se-ia de atividade pura, cuja finalidade se exaure na própria atividade.

Independentemente do conceito de serviço público que se pretenda seguir, a doutrina parece caminhar no mesmo sentido, pelo menos no que tange a alguns aspectos formais da qualificação de uma atividade como sendo serviço público.

Na prática, só haverá serviço público se existir ato formal assim estabelecendo. Em outras palavras: a qualificação de uma atividade como sendo serviço público deve estar prevista em lei – impossibilitando, dessa forma, sua instituição por meio de ato administrativo. Portanto, as atividades que caracterizam serviços públicos refletem, em verdade, uma *decisão política.*

Corroborando essa posição, Dinorá Grotti bem esclarece que: "Cada povo diz o que é serviço público em seu sistema jurídico. A qualificação de uma dada atividade como serviço público remete ao plano da concepção do Estado sobre o seu papel. É o plano da escolha política, que pode estar fixada na Constituição do País, na lei, na jurisprudência e nos costumes vigentes em um dado tempo histórico"[11] (destaques nossos).

O fato de representar uma decisão política não significa, contudo, que o Estado goze de completa autonomia para qualificar como serviço público qualquer atividade. Para que um serviço seja caracterizado como público, a atividade, além de ser prestada em regime de direito público, deverá servir, como vem sendo defendido por parte da doutrina, para a satisfação dos direitos fundamentais.

Como ressalta Marçal Justen Filho, "o serviço público é o meio de assegurar a existência digna do ser humano. É o serviço de atendimento às necessidades fundamentais e essenciais para a sobrevivência material e psicológica dos indivíduos".[12]

Tal advertência é destacada pelo referido autor, pois poderão existir "atividades estatais que não se orientem a promover, de modo direto e imediato, os direitos fundamentais".

Nesses casos, e com base nessa concepção, não estaremos falando de serviços públicos, propriamente ditos.

Ademais, a noção de serviço público há de se compor, necessariamente, pelos aspectos orgânico, material e formal.

O aspecto orgânico ou subjetivo representa uma atuação desenvolvida pelo Estado ou por quem lhe faça as vezes.

O aspecto material consiste na prestação de certas atividades fruíveis diretamente pelos administrados (como água, luz, gás, telefonia, transporte coletivo etc.), assumidas pelo Estado por serem reputadas imprescindíveis e essenciais aos interesses individuais e transindividuais.

Salvo algumas exceções (como educação e saúde), estas atividades não estão submetidas ao princípio da livre iniciativa.

Já, o aspecto formal consiste na submissão da atividade a um regime de direito público, ou seja, pelos princípios de direito público – sempre em função dos valores especialmente qualificados no sistema normativo.[13]

11. Dinorá Adelaide Musetti Grotti, *O Serviço Público e a Constituição Brasileira de 1988*, cit., p. 87.

12. Marçal Justen Filho, *Curso de Direito Administrativo*, cit., 9ª ed., p. 733.

13. Celso Antônio Bandeira de Mello, *Curso de Direito Administrativo*, cit., 32ª ed., p. 698.

2.2 *A titularidade dos serviços públicos*

O serviço público, por ser prestado no regime de direito público e ter como finalidade oferecer aos usuários a possibilidade de usufruir (individualmente) utilidades ou comodidades materiais, busca primordialmente a promoção dos direitos fundamentais.[14] Justamente por isso, o serviço público acaba sendo de titularidade pública, e, por essa razão, será prestado de acordo com as condições estabelecidas pelo ente público titular do serviço.

Como bem destaca Fernão Justen de Oliveira: "O art. 175, *caput*, da Constituição define a prestação de serviço público pelo Poder Público como uma 'incumbência' – ou seja, como um dever. Trata-se de um dever positivo de conduta, do qual o Estado precisa se desincumbir por si ou por delegatário".[15]

Entretanto, o fato de o Estado ser o titular dos serviços públicos não significa que deva obrigatoriamente prestá-los por conta própria. Nesse ponto mostra-se imprescindível distinguirmos a *titularidade* do serviço da sua *prestação*, como faz Diogo de Figueiredo Moreira Neto: "Deve-se distinguir, ao tratar de execução de serviços públicos, a titularidade e a prestação. A titularidade é exclusiva do ente público ao qual a Constituição haja cometido, explícita ou implicitamente, a competência específica. Quanto à prestação, tanto poderá ela caber ao titular, dizendo-se direta, como pode ser ela delegada a terceiros, denominando-se indireta".[16]

Assim, os serviços públicos poderão ser prestados de forma direta pelo Estado ou por terceiros, mediante os institutos da concessão e permissão de serviços públicos (art. 175 da CF). Neste último caso (execução de serviços públicos por terceiros), o Estado poderá delegar "a particulares o desenvolvimento de atividades, seja em situação de monopólio ou em competição".[17]

2.3 *A questão da exclusividade do serviço público*

A exclusividade da prestação do serviço público representa a impossibilidade de particulares competirem com o Poder Público titular do serviço, ou mesmo com outros particulares que passaram a prestar o serviço por meio de concessão ou permissão.

Portanto, as atividades objeto da outorga pelo Estado a particulares não estão sujeitas aos princípios da livre iniciativa e da livre concorrência, de modo que os demais empresários estarão impossibilitados de prestar os mesmos serviços. Neste caso, os concessionários e permissionários serão beneficiados por uma espécie de privilégio na prestação do serviço público.[18]

Contudo, em decorrência do art. 16 da Lei 8.987/1995,[19] a *outorga* de conces-

14. A finalidade de promoção dos direito fundamentais do serviço público representa um posicionamento de Marçal Justen Filho, acolhido no presente trabalho.

15. Fernão Justen de Oliveira, *Serviços Públicos e Concorrência*, cit., p. 20.

16. Diogo de Figueiredo Moreira Neto, *Curso de Direito Administrativo*, 15ª ed., Rio de Janeiro, Forense, 2010, p. 479.

17. Marçal Justen Filho, *Teoria Geral das Concessões de Serviços Públicos*, São Paulo, Dialética, 2003, p. 39.

18. Idem, ibidem.

19. Lei 8.987/1995: "Art. 16. A outorga de concessão ou permissão não terá caráter de exclu-

são ou permissão de serviço público não terá, como regra, caráter de exclusividade.

2.4 *A delegação da prestação de serviços públicos a particulares*

2.4.1 *Em regime de monopólio*

Como acima destacado, a delegação a particulares da prestação de serviços públicos não será feita, via de regra, em caráter de exclusividade. Esse incentivo à competição, que decorre da própria Lei de Concessões (art. 16), nada mais é do que um meio de se buscar maior eficiência na prestação de tais serviços – eficiência, essa, que poderia ser deixada de lado caso imperasse a figura da exclusividade.

"Isso porque o monopólio, em verdade, é visto como uma disfunção econômica.

"Num cenário de economia de mercado, o valor primordial consiste na competição, por meio da qual se obtêm ganhos de eficiência – traduzindo-se em prestações de melhor qualidade, com preços mais reduzidos. Por isso, reputa-se que os monopólios são indesejáveis inclusive sob o prisma econômico – ressalvadas as hipóteses do chamado monopólio natural."[20]

Contudo, há situações em que, justamente para se buscar maior eficiência na prestação do serviço, impõe-se a necessidade de que certas atividades sejam prestadas em caráter de exclusividade. Essa exclusividade ocorrerá quando a competição se mostrar inviável, seja por motivos técnicos ou econômicos.

Os motivos técnicos ocorrem quando for materialmente inviável o desenvolvimento de uma mesma atividade por sujeitos distintos. Seria inviável, por exemplo, que uma mesma rodovia fosse mantida, conservada e explorada por mais de uma concessionária.

Já, os motivos econômicos que justificam o monopólio na prestação dos serviços públicos decorrem, em regra, da impossibilidade de obtenção de lucro com a atividade. Ou seja: ainda que possa existir viabilidade técnica para que mais de um sujeito preste determinado serviço público, não haveria resultado econômico suficiente para manter o desempenho da atividade. Nesse caso estaremos diante de nítido exemplo de monopólio natural, em que a forma de exploração mais eficiente será mediante a ausência de competição.[21]

Normalmente os monopólios naturais são aqueles serviços prestados em rede, como telefonia fixa, distribuição de água e coleta de esgoto, transmissão de energia etc. Nesses casos, a duplicação da infraestrutura conduziria a preços mais elevados do que se o serviço fosse prestado em regime de monopólio – o que poderia tornar impraticável a realização dos serviços e até mesmo de investimentos.

2.4.2 *Em regime de competição*

Quando se trata de prestação de serviço público, a própria Constituição Federal deixa clara a não incidência dos princípios da livre iniciativa e da livre concorrência

sividade, salvo no caso de inviabilidade técnica ou econômica justificada no ato a que se refere o art. 5º desta Lei".

20. Marçal Justen Filho, *Teoria Geral das Concessões de Serviços Públicos*, cit., p. 40.

21. Contudo, cabe destacar que mesmo nas atividades delegadas pelo Estado em regime de exclusividade poderemos vislumbrar uma competição prévia, mediante eficiente procedimento licitatório para a escolha da empresa que executará o serviço.

nos serviços de titularidade exclusiva do Estado. Para estes serviços, a regra, portanto, não é a liberdade de iniciativa empresarial,[22] tal como estabelece o texto constitucional:

"Art. 175. Incumbe ao Poder Público, na forma da lei, diretamente ou sob regime de concessão ou permissão, sempre através de licitação, a prestação de serviços públicos.

"Parágrafo único. A lei disporá sobre: I – o regime das empresas concessionárias e permissionárias de serviços públicos, o caráter especial de seu contrato e de sua prorrogação, bem como as condições de caducidade, fiscalização e rescisão da concessão ou permissão; II – os direitos dos usuários; III – política tarifária; IV – a obrigação de manter serviço adequado."

Como se pode constatar, o texto constitucional é claro ao autorizar que o Poder Público preste o serviço diretamente, ainda que em regime de exclusividade. Depois, ressalta que cabe ao Poder Público o controle das tarifas (inciso III) bem como da qualidade da prestação dos serviços (inciso IV). Por fim, a Constituição incumbe ao Poder Público o controle da entrada de terceiros nos mercados referentes aos serviços públicos – afirmando que a prestação de tais serviços por particulares *dependerá de prévia concessão ou permissão.*

A referida determinação constitucional, na linha do que já foi dito, apenas confirma que a prestação de serviço público não está sujeita aos princípios da livre iniciativa e da livre concorrência. Com isso, a Constituição conferiu ao Poder Público a "*decisão política* de submeter ou não a prestação dos serviços públicos à racionalidade concorrencial".[23]

Como bem esclarece Eduardo Ferreira Jordão, "a decisão de submeter ou não determinado serviço público ao modelo concorrencial – e mesmo a decisão correlata de estabelecer o grau de competitividade para cada um destes serviços – cabe ao ente público que detém a sua titularidade".[24]

No mesmo sentido, Marçal Justen Filho bem ressalta que "os princípios da livre iniciativa e livre concorrência aplicam-se às atividades econômicas em sentido restrito. No tocante aos serviços públicos, faz-se a sua atribuição ao Estado, com inevitável cunho de exclusividade. Daí decorre que o serviço público, por ser de titularidade pública, será prestado nas condições estabelecidas pelo ente público que for seu titular. A escolha poderá recair sobre a solução de desempenho direto, em regime de monopólio público. Mas também será cabível o Estado delegar a particulares o desenvolvimento de atividades, seja em situação de monopólio ou em competição. Mas não haverá impedimento a que o Estado prestasse os serviços diretamente e constituísse um ou mais concessionários para atuação simultânea".[25]

Portanto, existe apenas a *possibilidade* de o Poder Público permitir que determinado serviço seja prestado em regime de competição. Essa *decisão política* pela prestação de serviço público de maneira concorrencial pode ser constatada de forma mais clara em alguns setores regulados. A Lei 9.472/1997, que dispõe sobre a organização dos serviços de teleco-

22. Eduardo Ferreira Jordão, *Restrições Regulatórias à Concorrência*, Belo Horizonte, Fórum, 2009, p. 47.

23. Idem, p. 48.

24. Idem, p. 49.

25. Marçal Justen Filho, *Teoria Geral das Concessões de Serviços Públicos*, cit., p. 39.

municações, impôs como sendo dever do Poder Público, dentre outras providências, *adotar medidas que promovam a competição e a diversidade dos serviços* (art. 2º).

O art. 6º da Lei 9.472/1997 é ainda mais incisivo, afirmando que os serviços de telecomunicações serão organizados com base no princípio da livre, ampla e justa competição entre todas as prestadoras: "Art. 6º. Os serviços de telecomunicações serão organizados com base no princípio da livre, ampla e justa competição entre todas as prestadoras, devendo o Poder Público atuar para propiciá-la, bem como para corrigir os efeitos da competição imperfeita e reprimir as infrações da ordem econômica".

Carlos Ari Sundfeld, ao comentar a Lei Geral de Telecomunicações, afirma que "está evidente, aqui, a *opção legislativa* por um modelo concorrencial. Mas nada obrigava que assim fosse, sendo constitucionalmente legítima a manutenção do monopólio da antiga TELEBRÁS, o que só não ocorreu porque o legislador entendeu de determinar o contrário".[26]

Outra clara *decisão política* que tenciona ampliar a competição na prestação de serviços públicos pode ser constatada no setor ferroviário. O Decreto 8.129, de 23.10.2013, instituiu a política de livre acesso ao Subsistema Ferroviário Federal, *voltada para o desenvolvimento do setor ferroviário e para a* promoção de competição *entre os operadores* (art. 1º do Decreto 8.129/2013).

Para tanto, as concessões de infraestrutura ferroviária serão outorgadas observando, dentre outras diretrizes, a separação entre as outorgas para a exploração da infraestrutura ferroviária e para a prestação de serviços de transporte ferroviário (inciso I do art. 1º do Decreto 8.129/2013).

Parece inegável que essa opção legislativa de privilegiar a competição entre os prestadores de serviço público representa um meio bastante adequado de se buscar a promoção dos direitos fundamentais perseguidos pela prestação dos serviços públicos.

Também Alexandre Santos de Aragão, ao destacar o fortalecimento da caracterização do serviço público como uma espécie de atividade econômica, destaca que, "pelo menos em muitas atividades até então submetidas a este regime, a instalação da concorrência – prestação por mais de uma empresa, como maior liberdade de entrada no mercado – fosse não apenas possível, mas até mesmo aconselhável do ponto de vista dos direitos individuais e sociais a serem perseguidos".[27]

Isso porque somente um mercado em que predomine a concorrência possibilita a transmissão de informação e existência de efetiva liberdade de escolha, requisitos fundamentais para garantir a adoção das melhores opções existentes.[28]

Ou seja: a inserção da concorrência (quando viável) representa importante mecanismo para se obter maior eficiência nas prestações dos serviços imprescindíveis à sociedade, que deve ser buscada, sobretudo, mediante uma atuação regulatória também eficiente por parte do Estado.

26. Carlos Ari Sundfeld, "O CADE e a competição nos serviços públicos", *RTDP* 33/52-57, São Paulo, Malheiros Editores, 2001 (p. 53).

27. Alexandre Santos de Aragão, "Serviços públicos e concorrência", *Revista de Direito Público da Economia/RDPE* 2/59-123, Belo Horizonte, 2003 (p. 61).

28. Alexandre Wagner Nester, A inserção do regime concorrencial nos serviços públicos", cit., in Alexandre Santos de Aragão e Floriano de Azevedo Marques Neto (coords), *Direito Administrativo e seus Novos Paradigmas*, p. 451.

Isso porque a inserção da concorrência na prestação de serviços essenciais à população (sem uma atuação regulatória do Estado) poderá, em algumas situações, até mesmo anular os efeitos positivos trazidos pela competição.

Há diversos argumentos para justificar esta afirmação. Dentre eles, destacamos o fato de que os agentes, quando atuam em competição, tendem a agir mais sobre as parcelas mais lucrativas do mercado, beneficiando apenas os setores de maior poder aquisitivo da população. Além disso, a entrada de muitos competidores pode levar ao incremento de custos fixos e à diminuição do faturamento, ocasionando dificuldades financeiras no setor (falências etc.), fazendo com que algumas normas, principalmente de qualidade dos serviços, sejam deixadas de lado, para evitar prejuízos ou alcançar os lucros que eram esperados.[29]

Por essas razões, entendemos que a possibilidade efetiva de competição é um valor fundamental que deve ser perseguido sobretudo por uma regulação estatal eficiente.[30] Também Gaspar Ariño Ortiz destaca que: "No difícil equilíbrio entre mercado e regulação, a concorrência é o objetivo prioritário e *a regulação é o instrumento necessário para defender a concorrência* (para criá-la quando ela não exista) ou para substituí-la quando seja impossível sua criação diante da existência de elementos de monopólio natural".[31]

2.5 Instrumentos que podem proporcionar maior competitividade na prestação de serviços públicos

Um importante mecanismo que vem se tornando cada vez mais objeto de estudo por parte da doutrina econômica no intuito de se obter maior eficiência da prestação de determinados serviços públicos refere-se à chamada *fragmentação dos serviços públicos* ou *desintegração vertical* (*unbundling*). Essa fragmentação representa nada mais do que a distinção entre as atividades monopolizadas e concorrenciais de cada serviço.

Verificou-se a possibilidade de se diferenciar os serviços públicos nas várias etapas da sua prestação, tal como ocorre com os serviços de fornecimento de energia elétrica, por exemplo.

Nesse ponto, "seja por fatores de cunho tecnológico, seja pela sofisticação da atividade econômica, tornou-se possível (se não necessário) seccionar em vários núcleos autônomos a atuação orientada ao fornecimento de utilidades".[32]

Portanto, verificou-se que algumas etapas da prestação de determinados serviços públicos não precisariam continuar sendo prestados em regime monopolístico.

O exemplo mais utilizado pela doutrina refere-se aos serviços que envolvem o fornecimento de energia elétrica. Como se sabe, o fornecimento de energia elétrica envolve as atividades de geração, transmissão, distribuição e comercialização. Tais atividades, inicialmente, eram prestadas conjuntamente pelo mesmo concessionário.

29. Trata-se de alguns exemplos apresentados por Alexandre Santos de Aragão, *Direito dos Serviços Públicos*, 3ª ed., Rio de Janeiro, Forense, 2013, p. 400.

30. Calixto Salomão Filho, *Regulação da Atividade Econômica: Princípios e Fundamentos Jurídicos*, 2ª ed., São Paulo, Malheiros Editores, 2008, pp. 34-35.

31. Gaspar Ariño Ortiz, *Principios de Derecho Público Económico: Modelo de Estado, Gestión Pública, Regulación Económica*, 3ª ed., Granada, Editorial Comares, 2004, p. 606.

32. Marçal Justen Filho, *Teoria Geral das Concessões de Serviços Públicos*, cit., p. 41.

Posteriormente constatou-se que as características de monopólio natural existiriam apenas no caso da transmissão de energia. Ou seja: não haveria qualquer impedimento técnico ou econômico para que os serviços de *geração e comercialização* de energia fossem, por exemplo, prestados em regime concorrencial entre diversos operadores.

Assim, essa dissociação entre as atividades monopolizadas e concorrenciais mostrou-se importante mecanismo para se proporcionar uma competição na prestação de serviços que eram, inicialmente, prestados por uma única pessoa.

Contudo, cabe ressaltar que apenas a *dissociação entre as atividades monopolizadas e concorrenciais* não se mostra suficiente para garantir os efeitos positivos da competição. A doutrina ainda vem destacando a necessidade da *dissociação também da titularidade da exploração*, ou a *separação entre a gestão da infraestrutura e a exploração do serviço*. Afinal, de nada adianta que um mesmo sujeito domine todas as etapas da prestação de energia elétrica, por exemplo.

Em outras palavras: os efeitos positivos da competição na prestação de serviços de energia elétrica, por exemplo, seriam anulados se um mesmo sujeito fosse autorizado a atuar nas etapas de geração, transmissão, distribuição e comercialização. Isso porque o sujeito autorizado a atuar em todas as etapas poderia facilmente se utilizar do fenômeno econômico denominado *subsídio cruzado*, transferindo, assim, os custos da etapa competitiva para a etapa monopolizada.

Na prática, este sujeito poderia praticar preços irrisórios para competir na etapa de geração e compensar esta perda econômica na etapa de transmissão (em que não haveria concorrência). Com isso, todos os benefícios da competição seriam anulados.

Justamente por essa razão é que se mostra imprescindível que existam também "mecanismos orientados a impedir o exercício cumulativo por um mesmo e único sujeito de atividades de natureza distinta".[33]

Essa *separação entre a gestão da infraestrutura e a exploração do serviço* mostra-se clara no setor ferroviário. Nesse setor, o Decreto 8.129/2013 (acima mencionado) determinou que as concessões de infraestrutura ferroviária sejam outorgadas observando, dentre outras diretrizes, a "separação entre as outorgas para a *exploração da infraestrutura* ferroviária e para a *prestação de serviços* de transporte ferroviário" (inciso I do art. 1º do Decreto 8.129/2013).

Ou seja: as empresas responsáveis pela exploração da infraestrutura ferroviária não serão as mesmas que irão prestar os serviços de transporte ferroviário.

Outro mecanismo criado pelo estudo econômico para estimular a competição na prestação de serviço público refere-se ao *compartilhamento da infraestrutura*. Esse compartilhamento (que pode ser verificado em serviços em redes de cabos de telecomunicações ou de transmissão e distribuição de energia elétrica, dutos de água, gasodutos e oleodutos, por exemplo) processa-se com base na teoria da *essencial facility doctrine*.

A *essencial facility*, como bem destaca Alexandre Wagner Nester, "corresponde ao postulado jurídico pelo qual se reconhece a determinados agentes econômicos o direito de acesso às infraestruturas já acrescidas, reputadas indispensáveis para o desenvolvimento da sua atividade eco-

33. Idem, p. 42.

nômica em regime de concorrência com os operadores já existentes no mercado".[34]

Trata-se de teoria desenvolvida para as hipóteses identificadas como de monopólio natural, em que o acesso a determinado bem (geralmente uma rede) se mostra indispensável para o estabelecimento da concorrência no mercado.[35]

Um exemplo costumeiramente utilizado refere-se às ferrovias. Há casos em que é economicamente inviável duplicar a infraestrutura ferroviária para se viabilizar maior competição entre as operadoras. Em razão dessa inviabilidade econômica (ou até mesmo técnica – em algumas situações), verificou-se a possibilidade de existir um compartilhamento da infraestrutura já montada – impedindo, assim, uma espécie de reserva de utilização do bem.

Com isso, a proprietária da rede obteria benefícios econômicos em razão da sua utilização por terceiros. Dessa forma, essas empresas poderiam competir entre si para obter a preferência dos usuários.[36] O mesmo exemplo das ferrovias também poderia ser utilizado para diversos outros setores, como portos e aeroportos.

Há ainda outros aspectos identificados que, se não forem devidamente coibidos, acabam levando a um monopólio na prestação do serviço público, sobretudo relacionados a *padrões técnicos excludentes da competição*.

Para evitar esse possível afastamento da competição por questões técnicas, mostra-se necessário estabelecer aquilo que Marçal Justen Filho chama de "dever de interconexão e a atenuação do objeto da rede". Como exemplo, utiliza os serviços de telefonia, ressaltando que a competição no referido setor somente poderá ser instalada se todos os possíveis competidores tiverem acesso conjunto e integrado à rede de telefonia.

Em outras palavras: as operadoras de telefonia não podem impor determinados padrões técnicos que impossibilitem possíveis novas operadoras de entrarem no mercado para competirem em situações de igualdade.

Justamente para coibir a referida prática, "mostra-se imperioso, por isso, que os padrões técnicos assegurem a interconexão entre os diversos sistemas técnicos existentes. A admissão de soluções excludentes da interconexão apenas pode justificar-se em virtude de exigências técnicas ou em face de atividades de utilidade restrita a certo universo de usuários".[37]

Como se pode constatar, não há fundamentos para se afastar os efeitos positivos gerados pela competição também na prestação de serviços públicos.

Até mesmo na hipótese em que seria manifestamente impossível existir a competição é possível ao Poder Público desenvolver instrumentos que gerem efeitos equivalentes à concorrência. Trata-se daquilo que a doutrina chama de *yardstick regulation*, que representa um critério/padrão de regulação.[38]

34. Alexandre Wagner Nester, "A inserção do regime concorrencial nos serviços públicos", cit., in Alexandre Santos de Aragão e Floriano de Azevedo Marques Neto (coords), *Direito Administrativo e seus Novos Paradigmas*, p. 466.

35. Calixto Salomão Filho, *Regulação da Atividade Econômica: Princípios e Fundamentos Jurídicos*, cit., 2ª ed., p. 54.

36. Esse mecanismo econômico que viabiliza uma competição no setor ferroviário foi regulamentado no Brasil pelo Decreto 8.129, de 23.10.2013 (inciso I do art. 1º do Decreto 8.129/2013).

37. Marçal Justen Filho, *Teoria Geral das Concessões de Serviços Públicos*, cit., p. 43.

38. Idem, ibidem.

Nesses casos, verificou-se que seria possível eleger um prestador de serviço com o desempenho esperado pelo Poder Público, fazendo com que este prestador sirva de base para as demais prestadoras de serviço público. Assim, todas as demais operadoras ficariam, de certa forma, constrangidas a manter o mesmo padrão de qualidade daquele que o Poder Público elegeu como adequado.

Ou seja: não há propriamente uma competição entre prestadores de serviços públicos, mas, com base no padrão de comparação imposto, criaram-se os mesmos efeitos positivos da competição.

Portanto, há diversos mecanismos (sem prejuízo de outros não mencionados no presente trabalho) desenvolvidos pelo estudo econômico para garantir que os serviços públicos sejam prestados também em regime de competição, de modo a se atingir, de forma mais eficiente possível, os *direitos individuais e sociais a serem perseguidos* com a prestação dos serviços públicos.

3. O CADE e a prestação de serviços públicos

O desenvolvimento e a ampliação da concorrência entre as empresas prestadoras de serviços públicos trouxeram, como consequência, a necessidade de implantação de nova dinâmica empresarial, na busca de maior eficiência na prestação desses serviços. Diante desse novo *cenário concorrencial* na prestação dos serviços públicos, os acordos empresariais (incluindo os atos de concentração) passaram a ganhar cada vez mais destaque – o que vem exigindo do CADE (em conjunto com as agências reguladoras) uma atuação cada vez mais intensa, de modo a evitar desvirtuamentos que poderiam anular os efeitos positivos trazidos pela competição.

Muito se tem falado a respeito dos poderes instituídos ao CADE pela Lei 12.529/2011, que "estrutura o Sistema Brasileiro de Defesa da Concorrência – SBDC e dispõe sobre a prevenção e a repressão às infrações contra a ordem econômica, orientada pelos ditames constitucionais de liberdade de iniciativa, livre concorrência, função social da propriedade, defesa dos consumidores e repressão ao abuso do poder econômico" (art. 1º).

Criado pela Lei 4.137/1962, o CADE teve sua função bastante fortalecida em 1994, em razão de um ambiente governamental claramente pró-concorrência. Desde então, já analisou diversas questões regulatórias envolvendo setores de responsabilidade das agências reguladoras[39] (tais como portos, telecomunicações, energia, rodovias etc.).

Com o passar do tempo, e com o crescimento da sua atuação e do seu prestígio, verificou-se a necessidade de se conferir ao CADE uma independência ainda maior, com vistas a concretizar os objetivos de proteção à concorrência de mercado – o que se tornou possível mediante a edição da Lei 12.529/2011.

Essa intensificação de atuação do CADE em setores regulados ocorreu sobretudo em razão de maior integração entre concorrência e regulação – que representa uma consequência da adoção de novas estruturas de mercado, que busca introduzir a concorrência em setores da economia até então praticamente clausurados: os dos chamados serviços públicos.[40]

39. Carlos Ari Sundfeld, "Contratações públicas e o princípio da concorrência", in Carlos Ari Sundfeld (org.), *Contratações Públicas e seu Controle*, São Paulo, Malheiros Editores, 2013, p. 39.

40. Carlos Ari Sundfeld, "A Administração Pública na era do direito global", in Carlos Ari

Como consequência, vem-se exigindo cada vez mais uma cooperação técnica entre o CADE e as agências reguladoras, de modo a viabilizar um compartilhamento das tarefas e informações entre os órgãos públicos – sempre com o intuito de se obter maior eficiência e efetividade para as políticas públicas regulatórias e de defesa da concorrência.

4. As principais funções atribuídas ao CADE

O Conselho Administrativo de Defesa Econômica/CADE é uma "entidade judicante com jurisdição em todo o território nacional, que se constitui em autarquia federal, vinculada ao Ministério da Justiça, com sede e foro no Distrito Federal, e competências previstas nesta Lei" (art. 4º da Lei 12.529/2011).

O CADE possui como finalidade orientar, prevenir e apurar abusos de poder econômico, exercendo um papel de tutelar a prevenção e a repressão de tais abusos. Em síntese: o CADE tem como escopo principal a decisão final a respeito de questões concorrenciais.

Como destaca Marçal Justen Filho, o CADE "consiste num órgão estatal titular de competências regulatórias. Sua instituição precede às cogitações acerca da adoção do modelo regulatório de Estado ou a criação de agências independentes".[41]

Nos manuais de direito econômico costuma-se atribuir ao CADE três papéis básicos na defesa da concorrência, quais sejam: o preventivo, repressivo e o educativo.

O papel *preventivo* refere-se à análise dos atos de concentração (fusão, incorporação, cisão e associação) entre agentes econômicos. Por meio do papel preventivo busca-se impor obrigações de fazer, não fazer, determinar alienações e alteração nos contratos dos agentes.

Já, o papel *repressivo* do CADE refere-se à efetiva análise de condutas empresariais que possam ser caracterizadas como anticoncorrenciais. Para este fim, a Lei 12.529/2011 atribui ao CADE a competência de reprimir práticas que possam caracterizar infração à ordem econômica, tais como cartéis, vendas casadas, preços predatórios, acordos de exclusividade – dentre outras.

Por fim, o papel *educativo* do CADE relaciona-se ao aspecto pedagógico, como elaboração de palestras, cursos, seminários (sempre com o fim de difundir a cultura concorrencial e, consequentemente, orientar e prevenir abusos de poder econômico).

5. Os atos de concentração analisados pelo CADE

Nos termos do art. 90 da Lei 12.529/2011, os atos de concentração econômica analisados pelo CADE representam aqueles em que: "I – duas ou mais empresas anteriormente independentes se fundem; II – uma ou mais empresas adquirem, direta ou indiretamente, por compra ou permuta de ações, quotas, títulos ou valores mobiliários conversíveis em ações, ou ativos, tangíveis ou intangíveis, por via contratual ou por qualquer outro meio ou forma, o controle ou partes de uma ou outras empresas; III – uma ou mais empresas incorporam outra ou outras empresas; ou IV – duas ou mais empresas

Sundfeld e Oscar Vilhena Vieira (coords.), *Direito Global*, São Paulo, Max Limonad, 1999, pp. 161-162.

41. Marçal Justen Filho, *O Direito das Agências Reguladoras Independentes*, São Paulo, Dialética, 2002, p. 335.

celebram contrato associativo, consórcio ou *joint venture*".

No que tange ao inciso IV, acima mencionado, cabe destacar que as celebrações de contrato associativo, consórcio ou *joint venture* não serão consideradas atos de concentração quando destinadas às licitações promovidas pela Administração Pública direta e indireta e aos contratos delas decorrentes (parágrafo único do art. 90 da Lei 12.529/2011).

Tais atos de concentração serão submetidos ao CADE sempre que, *cumulativamente*, pelo menos um dos grupos envolvidos na operação tenha registrado, no último balanço, faturamento bruto anual ou volume de negócios total no País, no ano anterior à operação, equivalente ou superior a 400 milhões de Reais (inciso I do art. 88); *e* pelo menos um outro grupo envolvido na operação tenha registrado, no último balanço, faturamento bruto anual ou volume de negócios total no País, no ano anterior à operação, equivalente ou superior a 30 milhões de Reais (inciso II do art. 88). Tais valores, em casos específicos, ainda poderão ser adequados.

Nesse ponto, a jurisprudência do STJ ressalta que: "(...). Pouco importa se as empresas envolvidas têm filial no Brasil, ou se o contrato preliminar foi avençado em território brasileiro. Basta que, em tese, o concerto de concentração possa, sob qualquer perspectiva, impactar o mercado nacional. Frise-se: basta que, em tese, o ato de concentração ou o ato de cooperação possam causar prejuízos à higidez concorrencial. Na verdade, só o CADE pode dizer concretamente se o ato deve ou não ser submetido ao seu controle. Os interessados devem sempre observar os prazos pontuados na lei e nas resoluções respectivas, sem que eles próprios façam esse juízo de adequação entre a lei e os atos por ela ajustados, sob pena de incidir a multa do art. 54, § 5º, da Lei n. 8.884/1994. Com esses fundamentos, entre outros, a Turma, ao prosseguir o julgamento, deu provimento ao recurso para denegar a segurança".[42]

Como o controle dos atos de concentração será prévio, eles não poderão ser consumados antes de serem apreciados pelo CADE, sob pena de abertura de processo administrativo (art. 69 da Lei 12.529/2011) e aplicação de severas penalidades. Isso significa dizer que, até a decisão final do CADE sobre a operação, deverão ser preservadas as condições de concorrência entre as empresas envolvidas (§ 4º do art. 88).[43]

6. A prática de atos de concentração pelas prestadoras de serviço público

Após uma breve introdução a respeito das principais funções atribuídas ao CADE, cumpre ressaltar que a dinâmica empresarial admite que prestadoras de serviços públicos também pratiquem atos de concentração (fusão, incorporação, cisão e associação) no desenvolvimento de suas atividades.

Tais atos de concentração, por expressa determinação legal, e a depender do caso concreto, também podem ficar sujeitos à aprovação do CADE.

Além dos atos de concentração acima apontados, vem se tornando cada vez mais comum que concessionárias prestadoras

42. STJ, REsp 615.628-DF, rel. Min. Herman Benjamin, j. 8.6.2010.

43. Vale destacar que os referidos atos de concentração apenas poderão ser reprimidos pelo CADE quando implicarem a eliminação da concorrência em parte substancial de mercado relevante, criando ou reforçando uma posição dominante, ou, ainda, possam resultar na dominação de mercado relevante de bens ou serviços, ressalvado o disposto no § 6º do art. 88 da Lei 12.529/2011.

de serviços públicos, valendo-se da dinamização da economia, passem a alterar sua composição societária – o que poderá ocorrer mediante a abertura de capital, por exemplo. Trata-se, inclusive, de fato que propicia vantagens econômicas às concessionárias na obtenção de recursos financeiros com custos reduzidos – beneficiando, assim, não apenas os usuários, mas a própria Administração Pública.

Nesse ponto, Marçal Justen Filho desta que: "No desenvolvimento diuturno da vida econômica, há um processo permanente de aquisições, alienações, fusões, cisões etc. nas empresas, sempre buscando a maior eficiência e a ampliação da lucratividade. Assim se passa também no âmbito das concessões de serviços públicos, que incorporam características inerentes à atualização empresarial privada".[44]

Ainda no referente às operações econômicas e societárias suscetíveis de serem praticadas pelas concessionárias de serviços públicos, há também outras questões problemáticas (tais como as relacionadas à alteração do poder de controle das concessionárias) que, por não serem objeto do presente trabalho, não serão aprofundadas.

Os pontos acima mencionados têm apenas o condão de demonstrar que o aspecto subjetivo do particular contratado para a prestação de serviços públicos se mostra passível de alterações. Isso porque o Estado não se vincula às características subjetivas do licitante vencedor. O que importa é que o objeto contratual seja executado pela proposta mais vantajosa, a ser desenvolvida por um sujeito idôneo.[45]

A escolha do particular para executar determinado contrato não guarda relação com preferências subjetivas. Trata-se da escolha da proposta mais vantajosa, sendo que essa escolha deverá se basear em aspectos isonômicos – buscados, via de regra, por meio de uma licitação formal. Ou seja: a escolha de um licitante é baseada em aspectos objetivos, não possuindo característica personalíssima.

Com isso, comungamos do entendimento de que a existência de licitação prévia produz uma rigidez relativa ao conteúdo do contrato, não configurando uma absoluta necessidade de identidade entre o resultado da licitação e as regras contratuais.[46]

Assim, se a existência de uma licitação não impede modificações (desde que dentro dos limites legalmente estabelecidos) na prestação do contrato, não parece haver óbices para a alteração dos sujeitos responsáveis pela sua execução. Isso porque o sujeito, ao participar de uma licitação pública, é escolhido pelo simples fato de ter formulado a proposta mais vantajosa – que foi apreciada pela Administração Pública mediante aspectos objetivos.

Portanto, a aceitação ou a rejeição da alteração do aspecto subjetivo da relação contratual também se deverão dar mediante análise objetiva. Caberá à Administração (caso consinta com essa alteração, nos casos em que se fizerem necessários) exigir do sujeito a comprovação do preenchimento dos requisitos necessários à continuidade do contrato que pretende assumir.

Ainda nos valendo dos ensinamentos de Marçal Justen Filho, "a alteração subjetiva deve ser admitida quando não importar sacrifícios das condições originalmente pactuadas acerca da execução

44. Marçal Justen Filho, *Teoria Geral das Concessões de Serviços Públicos*, cit., p. 540.

45. Idem, p. 531.

46. Idem, p. 532.

do contrato. Se as condições objetivas da proposta forem mantidas, a alteração subjetiva não representará qualquer infringência ao postulado da prevalência do interesse público".[47]

Apenas cabe destacar que, assim como ocorreria no setor privado, as operações societárias que sejam caracterizadas como atos de concentração (envolvendo concessionárias de serviço público) não podem se dar por meio de decisão unilateral do concessionário. Tais operações, para que tenham validade e eficácia, demandam a concordância da outra parte – no caso, o Poder concedente.

Além disso, os atos de concentração praticados pelas concessionárias (caso preencham os requisitos estabelecidos no art. 88 da Lei 12.529/2011) também exigem prévia aprovação do CADE. Isso porque não se pode excluir a "competência do CADE no tocante a práticas concorrenciais verificadas no âmbito de atividades sujeitas à regulação de outras agências".[48]

A própria Lei 12.529/2011 é clara ao afirmar que as disposições nela contidas se aplicam "às pessoas físicas ou jurídicas de direito público ou privado, *bem como a quaisquer associações de entidades ou pessoas, constituídas de fato ou de direito, ainda que temporariamente, com ou sem personalidade jurídica, mesmo que exerçam atividade sob regime de monopólio legal*" (art. 31).

Esses fatores passaram a exigir a retomada de entendimentos entre o CADE e as diversas agências, tais como ANATEL, ANEEL, ANTT, ANAC, ANP, dentre outras, visando à execução de convênios de cooperação técnica.

47. Idem, p. 535.

48. Marçal Justen Filho, *O Direito das Agências Reguladoras Independentes*, cit., p. 336.

7. A atuação do CADE nos atos de concentração envolvendo setores regulados

Analisando o caso do setor de telecomunicações, a Lei 9.472/1997, ao optar pelo regime concorrencial, também previu a obrigatoriedade de submissão dos atos de concentração à prévia aprovação do CADE.

Nos termos do § 1º do art. 7º da Lei 9.472/1997: "Os atos envolvendo prestadora de serviço de telecomunicações, no regime público ou privado, que visem a qualquer forma de concentração econômica, inclusive mediante fusão ou incorporação de empresas, constituição de sociedade para exercer o controle de empresas ou qualquer forma de agrupamento societário, ficam submetidos aos controles, procedimentos e condicionamentos previstos nas normas gerais de proteção à ordem econômica".

Já, o § 2º do mesmo art. 7º esclarece que a submissão do ato de concentração ao CADE se dará por meio do próprio órgão regulador – no caso, a ANATEL.

Portanto, a própria Agência reconhece a competência e a necessidade de atuação do CADE nos atos que possam ocasionar concentração econômica.

O art. 97 da referida lei, por sua vez, determina que: "Dependerão de prévia aprovação da Agência a cisão, a fusão, a transformação, a incorporação, a redução do capital da empresa ou a transferência de seu controle societário".

Como isso, a Lei 9.472/1997 acabou prevendo uma competência concorrente entre a ANATEL e o CADE na análise dos atos de concentração.

Como a lei do CADE não excluiu a necessidade de as agências reguladoras darem avais aos atos de concentração, serão necessárias duas aprovações para um negócio ir adiante: uma do ente regulador e outra do CADE.

Portanto, no setor de telecomunicações (por exemplo), as empresas detentoras de outorga, para promover qualquer ato de concentração econômica, terão de submeter seus atos não apenas à ANATEL, mas também ao próprio CADE (a depender do caso).

Também no setor de energia elétrica podemos observar a competência da Agência na aprovação de atos de concentração.[49] Essa competência mostra-se clara no Decreto 2.335/1997:

"Art. 4º. À ANEEL compete: (...); XI – autorizar a transferência e alteração de controle acionário de concessionário, permissionário ou autorizado de serviços ou instalações de energia elétrica; XII – autorizar cisões, fusões e transferências de concessões; (...).

"(...).

"Art. 13. O exercício da livre competição deverá ser estimulado pelas ações da ANEEL, visando à proteção e defesa dos agentes do setor de energia elétrica e à repartição de forma justa dos benefícios auferidos, entre esses agentes e os consumidores.

"Parágrafo único. A ANEEL celebrará convênios de cooperação com a Secretaria de Direito Econômico do Ministério da Justiça e demais órgãos de proteção e defesa da ordem econômica, com o objetivo de harmonizar suas ações institucionais."

Para evitar que essa dupla instância de aprovação gere problemas, mostra-se imprescindível que o CADE efetue acordos com as agências reguladoras para troca de informações e acesso à base de dados dos setores regulados. Trata-se de conduta necessária para facilitar (e até mesmo viabilizar) os processos de julgamento e, com isso, evitar o constrangimento de decisões conflitantes.[50]

No setor de energia,[51] por exemplo, para garantir o cumprimento das leis que tratam da livre concorrência no País e combater a formação de monopólios, a ANEEL já possui acordo firmado com a Secretaria de Acompanhamento Econômico/SEAE, do Ministério da Fazenda, a Secretaria de Direito Econômico/SDE, do

49. Essa mesma competência pode ser observada em diversos outros setores regulados.

50. Nesse sentido, Alexandre Santos de Aragão, ao tratar das funções do CADE nos setores regulados, bem reconhece que: "Outro mecanismo encontradiço é a celebração de convênios entre diversos entes reguladores para tratar com harmonia os casos atinentes a mais de uma esfera regulatória. Neste escopo, a maior parte das agências reguladoras celebrou convênios com o Conselho Administrativo de Defesa da Economia/ CADE" (*Agências Reguladoras*, 2ª ed., Rio de Janeiro, Forense, 2009, p. 106).

51. "O acordo firmado entre a ANEEL, CADE, SDE e SEAE prevê que qualquer um dos parceiros pode encaminhar as denúncias sobre tentativas de manipular o mercado de energia elétrica. A apuração das infrações começa com uma investigação preliminar, instaurada na Secretaria de Direito Econômico (SDE).

"Quando as denúncias são procedentes, a SDE instaura processo administrativo e encaminha cópia à SEAE e, no caso de empresa do setor de energia elétrica, à ANEEL, para manifestação formal por meio de parecer técnico. Em seguida, o processo é julgado no Conselho Administrativo de Direito Econômico (CADE). A ANEEL assessora todas as fases de análise e julgamento com informações sobre o setor elétrico. Na ANEEL, a Superintendência de Estudos Econômicos do Mercado é responsável pela análise do caso e elaboração do parecer técnico que subsidia o processo instaurado pela SDE" (disponível em *http://www.aneel.gov.br/area.cfm?idArea=24*, acesso em 17.12.2013).

Ministério da Justiça, e o Conselho Administrativo de Defesa Econômica/CADE.

Também no âmbito do setor de transportes terrestres a Agência Nacional de Transportes Terrestres/ANTT possui acordo de cooperação técnica com o CADE, que tem por objetivo estabelecer troca de informações visando ao combate aos atos de concentração econômica nos contratos de concessão nos setores rodoviários e ferroviários.[52]

Outros setores regulados vêm seguindo o mesmo caminho.[53] Em março/2013 a ANVISA firmou acordo de cooperação técnica com CADE, que busca oficializar eventuais trocas de informações e documentos comuns aos dois órgãos. Isso porque a atuação da ANVISA, no campo da regulação de mercado, em muitos momentos dialoga com as competências do CADE, que tem por função analisar o negócio pelo ponto de vista concorrencial.[54]

Um ponto que pode gerar conflitos (em razão dessa necessidade de dupla aprovação dos atos de concentração) refere-se ao fato de que o CADE, atualmente, possui prazos estabelecidos para fazer seus julgamentos.[55] Já, as leis e os atos normativos setoriais ainda não estabelecem nenhum prazo para que as agências façam suas avaliações.

Esse é mais um dado que demonstra a importância de uma cooperação mútua entre o CADE e os demais órgãos reguladores. Nesses casos, as agências terão de ser bastante eficientes nas suas avaliações, que englobam a parte regulatória, ao verificarem se a empresa pode e tem as condições de prestar os serviços, bem como nas avaliações sobre competição no mercado.

Com relação às avaliações sobre a competição de mercado, talvez caiba às agências uma análise não tão aprofundada, que ficará a cargo do CADE – até mesmo em razão da sua *expertise* sobre a matéria.

Contudo, o maior potencial de dificuldade nessa tomada de decisão conjunta parece estar nos casos em que forem proferidas decisões de aprovação dos atos de concentração *com restrição*. Nesses casos, as agências e o CADE terão um desafio na elaboração de mecanismos para que as restrições sejam complementares, e não conflitantes.

Isso porque a visão técnica do CADE não é necessariamente a mesma das agências. O CADE dedica-se apenas às questões referentes a atos de concentração, ao

52. Disponível em *http://www.antt.gov.br/index.php/content/view/7751.html* (acesso em 17.12.2013).

53. A título de exemplo, em 3.4.2013 a Agência Nacional de Petróleo, Gás Natural e Biocombustíveis/ANP também firmou acordo de cooperação técnica com o CADE (n. 006/2013). Da mesma forma, a Agência Nacional de Aviação Civil/ANAC já possui um acordo de cooperação técnica com o CADE.

54. Disponível em *http://websphere.anvisa.gov.br/wps/content/anvisa+portal/anvisa/sala+de+imprensa/menu+-+noticias+anos/2013+noticias/anvisa+e+cade+firmam+acordo+de+cooperacao+tecnica* (acesso em 17.12.2013).

55. O § 2º do art. 88 da Lei 12.529/2011 estabelece que: "O controle dos atos de concentração de que trata o *caput* deste artigo será prévio e realizado em, no máximo, 240 (duzentos e quarenta) dias, a contar do protocolo de petição ou de sua emenda". O § 9º do mesmo dispositivo legal, por sua vez, autoriza que: "O prazo mencionado no § 2º deste artigo somente poderá ser dilatado: I – por até 60 (sessenta) dias, improrrogáveis, mediante requisição das partes envolvidas na operação; ou II – por até 90 (noventa) dias, mediante decisão fundamentada do Tribunal, em que sejam especificados as razões para a extensão, o prazo da prorrogação, que será não renovável, e as providências cuja realização seja necessária para o julgamento do processo".

passo que as agências observam também outros aspectos, tais como a capacidade de investimentos, atendimento adequado aos usuários etc.

Os questionamentos acima apresentados têm apenas o condão de demonstrar que a estrutura de mercado que vivenciamos atualmente (em conjunto com a opção regulatória adotada pelo Governo) passou a exigir intensa e eficiente cooperação técnica entre o CADE e as agências reguladoras.

Somente essa cooperação poderá viabilizar um compartilhamento das tarefas e informações entre os órgãos públicos, de modo a se obter maior eficiência e efetividade para as políticas públicas regulatórias e de defesa da concorrência.

Referências bibliográficas

ALESSI, Renato. *Instituciones de Derecho Administrativo*. Trad. da 3ª ed. italiana por Buenaventura Pellisé Prats, t. 2. Barcelona, Bosch, 1970.

ARAGÃO, Alexandre Santos de. *Agências Reguladoras*. 2ª ed. Rio de Janeiro, Forense, 2009.

————. *Direito dos Serviços Públicos*. 3ª ed. Rio de Janeiro, Forense, 2013.

————. "Serviços públicos e concorrência". *Revista de Direito Público da Economia/RDPE* 2/59-123. Belo Horizonte, 2003.

————, e MARQUES NETO, Floriano de Azevedo (coords). *Direito Administrativo e seus Novos Paradigmas*. Belo Horizonte, Fórum, 2008.

ARIÑO ORTIZ, Gaspar. *Principios de Derecho Público Económico: Modelo de Estado, Gestión Pública, Regulación Económica*. 3ª ed. Granada, Editorial Comares, 2004.

BANDEIRA DE MELLO, Celso Antônio. *Curso de Direito Administrativo*. 32ª ed. São Paulo, Malheiros Editores, 2015.

GOMES RIBEIRO, Diogo Albaneze. "O CADE e as agências reguladoras independentes". *Revista de Direito Administrativo Contemporâneo/ReDAC* 2/285-298. São Paulo, Ed. RT, 2013.

————. "Prestação de serviço público em regime de competição". *Revista de Direito Administrativo Contemporâneo/ReDAC* 1/125-137. São Paulo, Ed. RT, 2013.

GROTTI, Dinorá Adelaide Musetti. *O Serviço Público e a Constituição Brasileira de 1988*. São Paulo, Malheiros Editores, 2003.

JORDÃO, Eduardo Ferreira. *Restrições Regulatórias à Concorrência*. Belo Horizonte, Fórum, 2009.

JUSTEN FILHO, Marçal. *Curso de Direito Administrativo*. 9ª ed. São Paulo, Ed. RT, 2013.

————. *O Direito das Agências Reguladoras Independentes*. São Paulo, Dialética, 2002.

————. *Teoria Geral das Concessões de Serviços Públicos*. São Paulo, Dialética, 2003.

MARQUES NETO, Floriano de Azevedo, e ARAGÃO, Alexandre Santos de (coords). *Direito Administrativo e seus Novos Paradigmas*. Belo Horizonte, Fórum, 2008.

MOREIRA, Egon Bockmann. *Direito das Concessões de Serviço Público*. São Paulo, Malheiros Editores, 2010.

MOREIRA NETO, Diogo de Figueiredo. *Curso de Direito Administrativo*. 15ª ed. Rio de Janeiro, Forense, 2010.

NESTER, Alexandre Wagner. "A inserção do regime concorrencial nos serviços públicos". In: ARAGÃO, Alexandre Santos de, e MARQUES NETO, Floriano de Azevedo (coords). *Direito Administrativo e seus Novos Paradigmas*. Belo Horizonte, Fórum, 2008 (pp. 441-467).

OLIVEIRA, Fernão Justen de. *Serviços Públicos e Concorrência*. No prelo.

PEREIRA, César A. Guimarães. "A posição dos usuários e a estipulação da remuneração por serviços públicos". *Revista Brasileira de Direito Público/RBDP* 15/27-71. Belo Horizonte, 2006.

SALOMÃO FILHO, Calixto. *Regulação da Atividade Econômica: Princípios e Fundamentos Jurídicos*. 2ª ed. São Paulo, Malheiros Editores, 2008.

SCHIRATO, Vitor Rhein. *Livre Iniciativa nos Serviços Públicos*. Belo Horizonte, Fórum, 2012.

SUNDFELD, Carlos Ari. "A Administração Pública na era do direito global". In: SUNDFELD, Carlos Ari, e VIEIRA, Oscar Vilhena (coords.). *Direito Global*. São Paulo, Max Limonad, 1999.

——————. "Contratações públicas e o princípio da concorrência". In: SUNDFELD, Carlos Ari (org.). *Contratações Públicas e seu Controle*. São Paulo, Malheiros Editores, 2013.

——————. "O CADE e a competição nos serviços públicos". *RTDP* 33/52-57. São Paulo, Malheiros Editores, 2001.

—————— (org.). *Contratações Públicas e seu Controle*. São Paulo, Malheiros Editores, 2013.

——————, e VIEIRA, Oscar Vilhena (coords.). *Direito Global*. São Paulo, Max Limonad, 1999.

VIEIRA, Oscar Vilhena, e SUNDFELD, Carlos Ari (coords.). *Direito Global*. São Paulo, Max Limonad, 1999.

RESPONSABILIDADE DO PODER JUDICIÁRIO NA DILATAÇÃO E NA (IR)RETROATIVIDADE DA DESCONFIGURAÇÃO AUTOPOIÉTICA DO SISTEMA POLÍTICO BRASILEIRO

LUCIANO TERTULIANO DA SILVA

Pós-Graduação em Direito,
nível Mestrado pela Pontifícia Universidade Católica de São Paulo

1. O papel socialmente esperado do Poder Judiciário frente à inobservância dos limites estruturais do sistema político. 2. A separação de Poderes. 3. O disparate entre as funções manifestas do Poder Judiciário: o verdadeiro problema. 4. A decisão de conflitos e controle de constitucionalidade: 4.1 A judicialização da Política – 4.2 Direcionamento negativo das fontes jurídicas – 4.3 Dilapidação progressiva dos direitos e garantias do Poder Judiciário. 5. Do autogoverno. 6. A contribuição negativa do Poder Judiciário. O papel efetivamente desempenhado: dilatador da desconfiguração autopoiética do sistema político brasileiro: 6.1 A crise do STF – 6.2 Calibração entre a estrutura institucional do sistema jurídico e suas funções orgânicas (solução de conflitos, controle de constitucionalidade das leis e autogoverno) através da superação da opacidade de seu papel na sociedade democrática – 6.3 Participação ativa na exigência de racionalismo nos atos do Governo – 6.4 Cessação da omissão funcional na contenção da produção legislativa impulsionada unicamente pelo clientelismo político. 7. Ativismo judicial como instrumento do judicialismo constitucional.

1. O papel socialmente esperado do Poder Judiciário frente à inobservância dos limites estruturais do sistema político

A relevante convivência entre o Estado e o sistema político, de um lado, e o Direito e o sistema jurídico, de outro, implica irritações entre a Teoria do Poder e a Teoria do Direito, cuja análise não pode passar ao largo da interdependência existente entre os dois sistemas.

Essa relação e suas consequências graduam de importância com a desconfiguração autopoiética do sistema político brasileiro concretizada pelo absoluto abandono da soberania popular e do interesse público e social em preferência de interesses particulares, agindo como representante de pretensões corporativas e contraditórias veiculadas, em regra, corruptamente, rompendo com as expectativas normativas constitucionais norteadoras da atividade política.

A desconfiguração autopoiética do sistema político brasileiro dimana da sucumbência de seu caráter de generalização aos eventos individuais de corrupção, compra de votos, perpetuação no poder e impunidade – todos causadores da carência de intratexto nas normas jurídicas reguladoras do processo político; da predileção de expectativas incompatibilizadas aos limites estruturais que deveriam caracterizá-lo; e, principalmente, da incongruência revelada pela falta de segurança contra as desilusões ocorridas da positivação desenfreada impulsionada unicamente pelo clientelismo político (incongruência temporal) e, ainda, pela inexistência de racionalidade nos atos de governo, inflada pela frustração e pela deterioração dolosa da imagem do Judiciário (incongruência social).

Percebe-se, em demasia, a alteração da estrutura no enfrentamento das irritações, a descaracterização do elemento "programa" e a perda da autorreferência do sistema político brasileiro, situação hábil a impor ao referido sistema uma atuação descomprometida com seus limites estruturais, fazendo-o perder a capacidade de auto-observar-se e o controle sobre suas operações.

O sistema político há muito abandonou seu código próprio, e ruma numa desconfiguração autopoiética obstaculizadora da regra da maioria, das garantias aos direitos fundamentais, do direito de participação no Governo e na Oposição, da proteção das minorias e da possibilidade de alternância no poder, tudo fazendo com que perca sua autorreferência.

Nesse viés desconfigurador, o Poder Judiciário passa a ser percebido "como instância aparentemente habilitada a superar a paralisia, a ineficácia e a corrupção do sistema político".[1]

Para tal mister, no entanto, o Poder Judiciário deve apresentar-se divorciado da judicialização da Política, evitando o controle do sistema judiciário pelo político; daí a necessidade de sua atuação se dar nos limites do necessário para conferir eficácia aos direitos fundamentais e fiscalizar o respeito aos direitos sociais, impelindo o Estado a uma atuação compensatória e distributiva das escolhas públicas.

Tão relevante atribuição é direcionada ao Judiciário simplesmente em função da unidade do sistema jurídico propiciada pela proibição de denegação da justiça, conferindo fechamento operativo ao sistema, emprestando ao Direito a imprescindível função de instrumentalizar a Política; e isso deve ser operacionalizado respei-

1. Celso Fernandes Campilongo, *Política, Sistema Jurídico e Decisão Judicial*, 2ª ed., São Paulo, Saraiva, 2011, p. 59.

tando-se, principalmente, o mecanismo paralelo de acoplamento entre os dois referidos sistemas: a Constituição como norma fundamental. Cabem ao Judiciário a estabilização e reconstituição da ordem, além da afirmação da segurança jurídica.

Importante missão institucional requer a reanálise dimensional dos predicados do Poder Judiciário e, principalmente, da garantia e segurança deles quando do exercício de sua função de estabilizar as expectativas normativas.

Só assim será possível amparar-se numa visão mais progressista do Estado de Direito, para além da simples observância dos princípios da legalidade e da publicidade dos atos da Administração Pública, de modo a alcançar sua essência no controle jurisdicional da atuação do Legislativo e do Executivo e, dessa forma, legitimar-se como instância habilitada a superar a paralisia, a ineficácia e a corrupção do sistema político – quer a de seu código (Situação/Oposição, Governo/abuso, interesse público/interesse privado) ou de seus atributos morais.

A contenção da desconfiguração autopoiética do sistema político pelo sistema jurídico só será possível se, amparado no princípio constitucional da separação dos Poderes, o Judiciário estiver fortalecido no exercício de suas liberdades e garantias e mordaz na proteção delas, o que requer o equilíbrio entre suas funções orgânicas e institucionais. Do contrário, longe de contribuir para tal desiderato, irá dilatar sua extensão, passando de "habilitado" para "corresponsável" pela perda da autorreferência do sistema político.

2. *A separação de Poderes*

A divisão de Poderes é um dos conceitos mais complexos da teoria constitucional, variando seu conteúdo de acordo com as positivações constitucionais promovidas com o processo de transformação.

Como bem lembrado pelo professor André Ramos Tavares, "a separação tripartite dos Poderes se vinculou ao Constitucionalismo e encontrou sua formulação clássica na sempre relembrada Declaração Francesa dos Direitos do Homem, de 1789, cujo art. 16 dispõe: 'Art. 16. A sociedade em que não esteja assegurada a garantia dos direitos nem estabelecida a separação dos Poderes não tem Constituição'".[2]

Cumpre observar que a separação dos Poderes encontra firme amparo no Estado Democrático de Direito e tem por finalidade máxima "limitar o Poder pelo próprio Poder",[3] permitindo o controle recíproco e a autoinibição de cada Poder, sempre fitando a manutenção dos direitos fundamentais.

O grande dilema encartado ao sistema jurídico na atribuição de contribuir à retroação da desconfiguração autopoiética do sistema político não é apenas valer-se adequadamente da divisão de Poderes como instrumento efetivo sem causar indevida ingerência ou enfraquecimento nas funções estatais. Necessita, principalmente, reafirmar-se socialmente e não permitir seu enfraquecimento pela intromissão e desrespeito dos demais Poderes, sob pena de comprometer o controle recíproco e a manutenção de seu principal papel de fiador das garantias individuais e direitos fundamentais, ou seja, colocar "tanto a separação de Poderes como as garantias da Magistratura que lhe são inerentes a

2. André Ramos Tavares, *Manual do Poder Judiciário Brasileiro*, São Paulo, Saraiva, 2012, p. 133.

3. Idem, ibidem.

serviço imediato e último dos direitos humanos fundamentais, da sociedade".[4]

Este trabalho objetiva justamente demonstrar a capacidade e a importância de o sistema jurídico interligar-se positivamente com o sistema político, visando à minimização da desconfiguração autopoiética desse, recolocando-o nos trilhos com coerência e livre de ambiguidades, aparando as arestas absolutistas que insiste em demonstrar.

3. O disparate entre as funções manifestas do Poder Judiciário: o verdadeiro problema

Trilhando essa linha intelectiva, é indispensável a manutenção no foco realmente importante, pois "em quase todo o Continente destaca-se a necessidade de se reformarem as estruturas judiciárias, particularmente no que diz respeito à sua direção ou governo, à seleção de juízes e à sua distribuição orgânica. Inobstante, não subsiste clareza quanto ao sentido dessas reformas. Esta situação não é de surpreender, pois geralmente acode-se ao caminho mais simples para iludir o problema, como assinalar os defeitos pessoais dos juízes (sua personalidade, seu caráter, sua insegurança etc. ...), como se estes fossem pessoas distintas dos maquinistas, fabricantes ou professores, ou atribuir tudo a carências materiais e leis processuais obsoletas. Tudo isso não faz mais do que impedir o debate sério sobre a seleção de juízes e a direção e distribuição orgânica das funções do Poder Judiciário".[5]

Independentemente de o jurista argentino referido distanciar-se de seus próprios ensinamentos na Corte Suprema portenha, suas palavras calham à absoluta fiveleta à situação atual do Poder Judiciário brasileiro, cuja análise das fraquezas, vicissitudes e defeitos distancia-se do principal problema: a relação entre a estrutura institucional e as funções orgânicas.

Ao Poder Judiciário, como instituição, são conferidas funções orgânicas e estrutura institucional, as quais podem ser classificadas em manifestas (aquelas anunciadas no discurso oficial) e latentes (as que realmente são cumpridas na sociedade).

A relação entre a estrutura institucional e as funções (manifestas e latentes) é indissolúvel justamente porque a estrutura indicará sua capacidade de desempenho das funções manifestas, e, por via reflexa, o grau de incapacidade para o cumprimento de funções latentes alijadas daquelas. Daí por que se mostra extremamente necessário aproximar a estrutura da idoneidade para o cumprimento das funções manifestas, pois "a disparidade entre ambas é inevitável, mas quando a distância entre o que se 'diz' e o que se 'faz' chega a ser paradoxal, essa disparidade transforma-se em disparate, ou seja, dispara contra a própria instituição, desbaratando-a".[6]

A demonstração do referido acoplamento dos ensinamentos do Mestre argentino ao Judiciário nacional exige a análise das três funções caracterizadoras de um Poder Judiciário que, ressalte-se, "não legisla nem administra a coisa pública" e que "a engenharia institucional atribuiu claramente ao Estado, desde os primórdios do modelo liberal, a tarefa de resolução de conflitos (depois acrescida

4. Idem, p. 134.

5. Eugenio Raúl Zaffaroni, *Poder Judiciário. Crises, Acertos e Desacertos*, São Paulo, Ed. RT, 1995, p. 21.

6. Idem, p. 22.

das importantes missões de controle de constitucionalidade e autogoverno)".[7] Logo, as funções indispensáveis, na envergadura exigida, são: decisão de conflitos, controle de constitucionalidade e autogoverno.

4. A decisão de conflitos e controle de constitucionalidade

A função de decidir conflitos é a essencial ao Judiciário, está umbilicalmente ligada à sua independência, não ilidindo essa conclusão a realização dessa mesma função, em diferentes escalas, por outros organismos sem caráter judicial, porquanto apenas ao referido Poder compete emprestar à decisão de conflitos o caráter de definitividade e vinculação.

Esse importante mister apreciado experimentou evolução ímpar, passando de verdadeira essência do Poder Judiciário para instrumento de redução da legitimidade dele, e, mais uma vez, em virtude do acoplamento do sistema político com o jurídico, máxime porque esse, como sistema, opera em um ambiente onde mantém múltiplas relações com outros sistemas e subsistemas, refletindo diretamente em um a atuação descompensada de outro.

Decidir conflitos é, talvez, a função do Judiciário que maior evolução sofreu ao longo da História, consoante bem demonstram as lições do professor André Ramos Tavares:

"(...). Várias razões podem ser indicadas. Especialmente no Continente europeu, é significativo o registro histórico de que o Judiciário, no Absolutismo, atuava como braço do rei, como fizeram anotar expressamente tanto o grande comentador das leis inglesas, Blakstone [1979:23-4], no sentido de que as Cortes de Justiça 'derived from the Power of the Crown', quanto Berman [2001:488].

"Este último estudioso observa que na França do século XII eram os prebostes, o baile e o seneschal os funcionários responsáveis por aplicar a Justiça, e que aqueles (prebostes) administravam seu Distrito cumprindo as ordens reais e fazendo justiça em nome do rei, ao passo que os dois últimos eram recrutados dentre a baixa nobreza da Casa Real, sendo considerados servidores da Coroa. Assim subordinado, não haveria de se desenvolver adequadamente uma estrutura de 'Justiça'.

"Essa timidez do Judiciário pode, ainda, ser explicada pela circunstância de ser, ainda, um Poder reativo e não ativo. Seu atuar praticamente sempre esteve condicionado à provocação do cidadão ou do interessado. E, em uma conjuntura como a da pós-Revolução Francesa, na qual o Direito escrito era relativamente uma novidade (e ainda escasso), na qual não havia um costume arraigado na utilização de vias judiciais para resolver as eventuais controvérsias, o seu atuar e importância, comparados numa perspectiva diacrônica, só podiam ser diminutos.

"Ainda, dentre os fatores que possam justificar o acanhamento (inicial) do Poder Judiciário, encontra-se um elemento de natureza formal – que perdurou por muito tempo: a natureza individual das contendas. Isso porque os interesses em jogo eram, em sua maioria, particulares. A repercussão social das decisões, por esse motivo, acabava por ser desconhecida da maior parte da sociedade, só aproveitando aos implicados no processo e só sendo acessada por um pequeno grupo de pessoas, mais diretamente relacionado com os interessados.

7. Celso Fernandes Campilongo, *Política, Sistema Jurídico e Decisão Judicial*, cit., 2ª ed., p. 28.

"Esta situação, contudo, sofrerá uma drástica mudança com a consolidação do Estado de Direito do final do século XVIII e sua mais notável consequência, a saber, a encampação de quase todas as condutas humanas dentro do espectro do Direito positivado. Isto porque, para que fosse possível encerrar sobre a sombra da lei um sem-número de condutas, os textos legais passaram a se valer de uma peculiar técnica de redação: o uso de termos imprecisos e abstratos, os quais buscariam evitar um engessamento do alcance legal, sem perda da segurança jurídica almejada desde a Revolução. É a pretensão totalizante do Direito. Além disso, passou-se a impor a normatividade exclusivamente estatal (Direito = lei) e, assim, um certo 'império do direito positivo'.

"Mas, em contrapartida, a imprecisão dos termos legais dificultou o acesso, pelo indivíduo, ao real significado da lei, criando, ainda, contradições e lacunas; é dizer, o 'dever-ser' imposto pela norma legal tornou-se ininteligível ao cidadão comum: a chave do mundo jurídico quedou reservada aos juristas e a compreensão definitiva ao Judiciário. Este passa a exercer, então, a 'função de arbitragem de câmbio', o que acarretou uma posição de maior destaque no cenário social. Isso, como não poderia deixar de ser, carreou ao Judiciário uma sobrecarga de trabalho e, concomitantemente, um maior ativismo judicial se fez presente.

"Ademais, a suposta positividade do Direito, apregoada por muitos doutrinadores como o império da lei e a subordinação do juiz, acabou por encobrir a real força da decisão judicial e seu papel na construção do Direito, com o quê restou mascarada por essas teorias pretensamente subordinantes do Judiciário. A falsidade e, mais do que isso, a inconsistência dessas teorias explicativas do Direito passaram a ser realçadas, para resgatar a importância e a responsabilidade do Estado-juiz.

"Essa 'viagem institucional' (enlaçada à crise) foi acentuada pelo advento do Estado Social e do Estado Constitucional. No Estado Social, as liberdades públicas perdem sua força atrativa para os direitos sociais, pautados na igualdade de condições e oportunidades. O Estado, por sua vez, deixa de ser um ente omisso, tornando-se um ente ativo, intervencionista: se no Estado Liberal a regra era o não agir, no Estado Social a regra é exatamente oposta, é o agir, ou, melhor, o 'prover'. Com o Estado Social, o Estado-inimigo cedeu lugar ao Estado-amigo, o Estado-medo ao Estado-confiança, o Estado-hostilidade ao Estado-segurança [Bonavides, 2001:345]. E, quando o Estado (Legislativo ou Executivo) não age, cabe ao indivíduo incitá-lo, via Judiciário. O Estado-juiz passa a ocupar um espaço importante na realização da justiça social. Decorre, daí, o aumento da demanda judicial com um conflito entre os Poderes praticamente inafastável.

"Este conflito se acentua no Estado Constitucional, cuja pedra de toque será o controle de constitucionalidade. Mediante este controle, atos do Executivo e do Legislativo serão submetidos ao crivo da Constituição, personificada (em alguns sistemas, como o brasileiro) no Judiciário. Surge, assim, a Justiça Constitucional, a qual se apresenta como importante e legítima no desempenho de novas funções consentâneas com a nova estruturação dos sistemas jurídicos mais complexos, cuja tônica é (i) a superação do dogma do Parlamento absoluto e (ii) a intromissão nos outros 'Poderes', no que diga respeito a temas como governabilidade e políticas públicas, para atender a demandas sociais constitucionalizadas."[8]

8. André Ramos Tavares, *Manual do Poder Judiciário Brasileiro*, p. 23.

Fácil denotar que a forma de concretizar a função solucionadora de conflitos, através da jurisdição, sofreu drástica alteração ao passar de "mera repetição do direito positivo" para "garantia da democracia e fiador dos direitos fundamentais", passando o Poder Judiciário a efetivamente desempenhar o papel de protetor dos direitos imprescindíveis, conseguindo nível de legitimidade antes ignorado, deixando a posição secundária, submissa e quase clandestina de antes para verdadeiro mantenedor da ordem social.

O alcance de posição social de envergada relevância atingida pelo sistema jurídico implicou um aumento de sua importância social e, com isso, despertou, como não poderia deixar de ser, a atenção dos demais Poderes numa escala proporcionalmente paulatina na exata medida em que as decisões do Judiciário neles produziam consequências profundas, alterando os panoramas sociais e políticos, seguindo-se "preocupação intensa vertida, geralmente, em pretensões de fiscalização sobre o atuar do magistrado, o qual não poderia passar incólume neste amealhar de força e influência".[9]

É lógico que o controle recíproco é consequência natural da separação de Poderes, mas não pode essa regra fundamental travestir-se da pretensão de desacreditar o Poder Judiciário quando suas decisões causam insatisfação no espaço político-partidário, na mídia, no Governo, ou quando atingem diretamente órgãos ou pessoas detentoras de alto poder financeiro ou influência. É o que sói ocorrer.

Sem adentrar a crítica infundada atinente à aristocrática forma de escolha de magistrados, passou-se a intensificar tentativas de deslegitimação do Poder Judiciário e, consequentemente, de seu sistema – comportamentos, esses, em sua maioria, originados do próprio sistema político, quiçá por ser o mais atingido nessa galgada de importância social já mencionada.

Deu-se início, então, a um persistente processo depreciativo e fragilizador do sistema judiciário, atuante nas mais variadas vertentes, como judicialização da Política, direcionamento negativo das fontes estatais e dilapidação progressiva dos direitos e garantias dos juízes.

4.1 A judicialização da Política

Certo da inevitável possibilidade de conflituar o sistema judiciário com os demais ramos sociais, notadamente porque, "se a parcela da Magistratura que age pautada no 'Direito novo' agrada ao excluído, em contrapartida, causa rubor ao Estado-Legislativo e ao Estado-Executivo e àqueles que o controlam, de outro lado, se a parte que se mantém fiel ao formalismo agrada à 'classe dominante', desagrada ao povo, como resultado, o Judiciário, encarado que é, por todos, como um bloco monopolítico, alcança o inimaginável e indesejável: entra em conflito com todos os setores",[10] o sistema político passou a transferir ao Poder Judiciário responsabilidade que naturalmente lhe pertence.

"Não é difícil recordar posicionamentos do STF e do Judiciário em temas que haviam sido abandonados pelo Parlamento, como a fidelidade partidária, verticalização das eleições, definição da possibilidade de pesquisa com células-tronco embrionárias, definição do início da vida para fins de aborto, demarcação

9. Idem, p. 27.

10. André Ramos Tavares, *Manual do Poder Judiciário Brasileiro*, cit., p. 29.

de terras indígenas, e isso para não falar na determinação de que o Poder Público ofereça determinados e específicos serviços de saúde (como tratamento contra a obesidade mórbida, infertilidade feminina, e outros tantos assuntos relacionados à saúde, educação e até tutela do meio ambiente). Muitos desses temas foram, de certa maneira, indiretamente (e de forma questionável, em alguns casos, mas não em todos) 'delegados' pelo órgão legislativo ao Judiciário, pois, como conclui Alessandro Pizzorno, livram os representantes eleitos de decisões que poderiam gerar consequências negativas para esses mesmos representantes, inviabilizando-os nas urnas. Basta considerar que alguns desses temas e das decisões judiciais que os acompanharam apresentam grande dissenso moral na sociedade."[11]

Curioso notar, já aqui, um desvirtuamento retórico – que será mais bem aprofundado à diante – consubstanciado numa manobra do sistema político, pois se criou um ambiente em que aparentemente o Congresso Nacional estaria ampliando os poderes do STF (edição da Emenda Constitucional 3/1993, que trouxe à lume o efeito vinculante na ação declaratória de constitucionalidade; das Leis 9.868/1999 e 9.882/1999, que criaram o efeito vinculante para ações que não contavam com essa previsão expressa; da Emenda Constitucional 45/2004, que criou a súmula vinculante, e da Lei 11.417/2006, que regulamentou a súmula vinculante, concedendo poder de ofício ao STF), quando, na verdade, o objetivo era lapidar um contexto que propiciasse justamente essa "transferência de responsabilidade", uma vez que, "aumentado" o poder, a Suprema Corte poderia, como de fato sói ocorrer, enfrentar questões eminentemente políticas e divorciadas de um conflito concreto de interesses para, dessa forma, assumir a solução de questões cujas decisões poderiam trazer efeitos deletérios aos próprios políticos.

Repassando ao sistema judiciário a solução de questões de caráter eminentemente político, causas por si sós resolvíveis meramente através da função legiferante típica do Poder Legislativo, o sistema político provoca, voluntária e conscientemente, o deslocamento da solução de questões cuja análise e solução lhe cabiam e, sem cumprir esse mister, prefere transferir ao Judiciário a responsabilidade pela solução, ou seja, sem que nem mesmo haja um conflito de interesses propriamente dito e – pior – gerando na sociedade falsas expectativas de solução no âmbito do sistema judiciário.

Esse deslocamento inevitavelmente vem acompanhado da manipulação da opinião pública e institucional, pois, sob o pretexto de melhor preparo do sistema judicial, repassa ao Poder Judiciário as frustrações sociais decorrentes da decisão a ser proferida, ao passo em que faz os juízes se equivocarem, pela falsa sensação de projeção ao centro da atenção pública por estarem analisando graves conflitos sociais.

A extensão da frustração em comento é demasiado aumentada justamente porque não há um conflito de interesses concreto a ser resolvido; logo, os efeitos da decisão proferida na seara do sistema judiciário, longe de ficarem restritos às partes de um processo subjetivo, atingirão toda a sociedade, daí por que a frustração da parte social, ou do todo dela, recairá sobre as agências judiciárias.

"Mas o artificial deslocamento dos conflitos sem solução serve não apenas

11. André Ramos Tavares, *Paradigmas do Judicialismo Constitucional*, São Paulo, Saraiva, 2012, p. 24.

para ilidir a responsabilidade e para afastar princípios que jazem nas mais elementares garantias republicanas, como também termina destruindo a independência judiciária, porque, depois do descrédito, a intervenção dos poderes partidários no Judiciário provoca menor resistência pública e até é recebida com o beneplácito da opinião pública",[12] de modo a permitir ao sistema político colocar a sociedade em confronto direto com o Poder Judiciário para, assim, criar o pano de fundo, a situação motora, hábil a legitimar, com o apoio social, o sacrifício das garantias e dos direitos fundamentais do sistema judiciário, neutralizando seu efeito moderador, causando perigosa gravidade constitucional futura mediante mecânica ridicularmente simplista.

4.2 Direcionamento negativo das fontes jurídicas

Cooptando o apoio social contra o sistema judiciário pelo deslocamento artificial de questões não conflituadas, e também das frustrações consequentes da solução de tais questões, o sistema político obtém um contexto favorável a justificar indevida intervenção naquele, faltando apenas um modelo ideal a servir de parâmetro e aval da "legítima" atuação estatal, os gestores políticos passam a alterar a legislação de regência ao sabor de seu gosto, utilizando a lei, como instrumento de "vontade popular", para atingir e enfraquecer o Poder Judiciário.

Esse cenário de manipulação e direcionamento das fontes jurídicas negativamente ao sistema judiciário é bem delineado pelo professor André Ramos Tavares, sendo necessário mais uma vez recorrer aos seus ensinamentos:

"A cada nova Constituição o Poder Judiciário nacional tem experimentado mudanças estruturais, cujo sentido e alcance normalmente variam conforme o momento histórico vivenciado pelo País. Assim é que mesmo com a incipiente história constitucional-republicana pátria iniciada, surge já em 1926 emenda constitucional reformando o Judiciário (embora contendo modificações em menor escala do que aqueles que haviam sido cogitadas à época). Na Constituição polaca, de 1937, houve um retrocesso, com a hipertrofia das funções do chefe de Estado, enquanto que a Constituição de 1946 procurou restabelecer a posição e o vigor do Poder Judiciário, concedendo-lhe o 'impulso interior da independência'. Aquela variação pode ser facilmente constatada pela simples leitura dos respectivos artigos de cada Constituição que versam sobre os órgãos do Poder Judiciário.

"Na Emenda Constitucional 1/1969, o capítulo referente ao Poder Judiciário (art. 112) indicava que este Poder seria exercido por órgãos federais e estaduais, superando a esquizofrênica ideia, da Constituição Federal de 1967, de iniciar o respectivo capítulo arrolando os órgãos do 'Poder Judiciário da União' (art. 107, *caput*). Além disso, foram restauradas as garantias funcionais dos juízes, eliminadas que haviam sido pelo arbitrário e desmedido Ato Institucional 5 (art. 6º).

"A Emenda Constitucional 7/1977 (nova reforma do Judiciário), dentre as diversas mudanças que introduziu, ampliou (consolidando) a composição do TFR, criado com a Constituição de 1946 (art. 94, II), que passou a ser composto por 27 ministros (originalmente composto por 9 juízes – cf. art. 103, *caput*, da CF/1946). Vale lembrar, nessa linha de considera-

12. Eugenio Raúl Zaffaroni, *Poder Judiciário. Crises, Acertos e Desacertos*, cit., p. 33.

ções, que a Constituição de 1988 eliminou esse Tribunal, cujas competências, em parte, passaram para o STJ e, em parte, para os TRFs.

"Outra medida muito criticada, dessa última emenda, foi a de criar o Conselho Nacional da Magistratura, inserido como órgão integrante do Poder Judiciário (art. 112, II, da CB/1967), composto por sete ministros do STF, com a atribuição de conhecer de reclamações contra membros de tribunais, podendo, inclusive, avocar processos disciplinares contra juízes de primeira instância e, em qualquer caso, determinar a disponibilidade ou aposentadoria proporcional dos magistrados (art. 120 da CB/1967) (...).

"(...). No Brasil, assistiu-se, sob a égide da Constituição de 1988, a uma 'onda moralizadora' que pretendeu combater algumas situações inusitadas que permaneceram do regime pretérito, ou mesmo que se foram constituindo ao longo do tempo no vazio legislativo de novo texto constitucional.

"Paralelamente, ocorreu um certo 'desmantelamento' do Estado, cujas carreiras públicas, especialmente as carreiras jurídicas, passaram a oferecer atrativos simplórios e absolutamente secundários, com evidente prejuízo no recrutamento de pessoal capacitado. O Congresso Nacional, nesse sentido, especificamente quanto ao descaso remuneratório de agentes políticos e públicos, acabou por aprovar uma série de emendas constitucionais perniciosas (...).

"(...). Em um contexto mais abrangente, de contornos nacionais, a prática ora narrada é retratada, de maneira paradigmática e até mesmo simbólica, pela Proposta de Emenda Constitucional 89/2003, que objetiva flexibilizar, inconstitucionalmente, a garantia da vitaliciedade constitucional atribuída aos magistrados pelo art. 95 da CB."[13]

Dignas de destaque a agilidade com que o Congresso Nacional se mobiliza e a celeridade com a qual concretiza todas as alterações legislativas enfraquecedoras do Poder Judiciário; no entanto, não empreende a mesma dedicação nos processos legislativos veiculadores de interesses sociais mais relevantes, a exemplo da reforma tributária e de políticas públicas voltadas à educação, saúde e segurança, tão necessárias quanto almejadas socialmente, mas desprovidas de interesse político, porque elevariam a liberdade dos administrados, com enriquecimento cultural e funcional, deixando-os consideravelmente fortes para se voltar contra o sistema mediante realização de movimentos sociais.

Fácil verificar a habilidade do sistema político em desvirtuar a retórica para, mais uma vez, controlar as fontes jurídicas, fazendo com que as leis, "em geral, ontologicamente voltadas ao bem-estar da coletividade, passem a satisfazer os interesses de grupos específicos, que financiam os parlamentares justamente com esse objetivo (...). Situação igualmente lamentável reside não na obtenção de vantagens indevidas a partir da produção normativa, mas no delinear as leis punitivas de modo a inviabilizar a apuração e a punição dos atos de corrupção anteriormente praticados. Tais iniciativas, normalmente acobertadas com a retórica de que buscam aperfeiçoar a legislação de regência, bem demonstram os efeitos deletérios de um voto impensado, insensível ao passado do candidato e à sua degeneração moral".[14]

13. André Ramos Tavares, *Manual do Poder Judiciário Brasileiro*, cit., p. 34.

14. Emerson Garcia e Rogéria Pacheco Alves, *Improbidade Administrativa*, 6ª ed., Rio de Janeiro, Lumen Juris, 2011, p. 11.

Por trás da orientação da atividade legislativa está a transfiguração ou falsificação sofística que, como técnica de aparência, negligencia a verdade profunda das coisas para esconder a real intenção do direcionamento negativo das fontes jurídicas, aproveitando-se da função legiferante como instrumento fitado ao controle do Poder Judiciário, num comportamento emblematicamente ímprobo e merecedor de severas sanções.

Prova desse comportamento desvirtuado e voltado ao escape das consequências jurídicas de condutas ilícitas está na Proposta de Emenda Constitucional 33, que, editada logo após as condenações de políticos importantes na AP 470 pelo STF, visou a submeter as decisões desta Corte Suprema ao Congresso Nacional nos casos de controle de constitucionalidade, numa retaliação ágil e inospitamente demonstradora do quanto o sistema judiciário incomoda pela simples realização de sua principal função orgânica: solucionar conflitos e aplicar a lei contra tudo e contra todos.

4.3 Dilapidação progressiva dos direitos e garantias do Poder Judiciário

A relevância do papel social do Poder Judiciário e o exercício de sua principal missão funcional (garantir a concretização dos direitos fundamentais) fazem surgir "irritações" nos demais sistemas que com ele interagem, notadamente quando a realização dessa atividade funcional orgânica tolhe interesses divorciados da moral e de gênese eminentemente pessoal dos governantes e poderosos.

Ostentar condição de "superpoder" aos olhos dos incomodados totalmente descomprometidos com suas obrigações legais e com a submissão à lei coloca o sistema jurídico em vitrine, como o "Poder a ser limitado".

Se a inserção no sistema jurídico de questões inexistentes conflituosamente, a judicialização da Política e o direcionamento negativo das fontes jurídicas já não bastam a atingir o tão almejado enfraquecimento, o sistema político, justificado e amparado na sua desconfiguração autopoiética e na consequente perda da autorreferência, passa a apedrejar as garantias e prerrogativas da Magistratura.

Erigidas à condição de norma constitucional justamente para assegurar a independência do Poder Judiciário, propiciando-lhe não ser refém ou submisso ao Executivo e ao Legislativo, a vitaliciedade, a inamovibilidade e a irredutibilidade de vencimentos são garantias existentes em prol da própria sociedade, que, para ser efetivamente livre, justa e solidária, precisa de juízes imunes a quaisquer tipos de pressões, interferências, represálias ou clientelismo político, pois só assim é possível ao magistrado não se acovardar e, de forma livre, serena, ética e imparcial, decidir conflitos com um resultado justo, independentemente de quem estiver litigando.

Valendo-se do desvirtuamento da retórica como instrumento de controle das fontes estatais e de manipulação da opinião pública, o sistema político passa à sociedade a falsa percepção de que, "ao contrário do que ocorre com o Poder Executivo e o Legislativo, afeitos que se encontram à eleição, ao *impeachment* e à não renovação de mandatos, os membros do Judiciário encontram-se imunes a qualquer fiscalização. Este sentimento será compartilhado, também, pelos outros dois Poderes, os quais, além de se sujeitarem a uma fiscalização da sociedade (embora questionável em sua eficiência), enfrentarão, por muitas vezes, o crivo de um rígido Judiciário, não muito simpático, nem sujeito ao clientelismo político (...). A impressão que passa, enfim, é a de que os membros do Judiciário estão encastelados como senhores de todo o reino. Fala-se, no Brasil, na 'caixa-preta' do Judiciário. Perante o cidadão comum o conteúdo desta caixa-preta soa tão nefasto quanto os arquivos da Ditadura Militar. Tão perigosa quanto a caixa de Pandora, em cujo âmago se encontrariam todos os males do mundo, a serem, ainda, revelados".[15]

Alterados sofisticamente a natureza jurídica e o conteúdo das garantias constitucionais referidas, o sistema político – agora com o aval da sociedade, mais uma vez manipulada em sua opinião – vê-se "legitimado" a praticar condutas atrozes contra essas garantias.

Enquanto a inserção no sistema jurídico de questões inexistentes conflituosamente, a judicialização da política e o direcionamento negativo das fontes jurídicas atingem a Magistratura em suas funções orgânicas, o vilipêndio da vitaliciedade e da irredutibilidade de vencimentos atingem diretamente a pessoa do juiz.

"Em um contexto mais abrangente, de contornos nacionais, a prática ora narrada é retratada, de maneira paradigmática e até mesmo simbólica, pela Proposta de Emenda Constitucional 89/2003, que objetiva flexibilizar, inconstitucionalmente, a garantia da vitaliciedade constitucional atribuída aos magistrados pelo art. 95 da CB (...). Outro exemplo identificável, e igualmente de abrangência nacional, compreendendo tanto a Justiça Federal como a Estadual, encontra-se presente no processo legislativo levado a efeito para a aprovação da Lei federal 12.041/2009, que impõe reajuste nominal do subsídio de ministro do STF, e, por conseguinte, dos valores de remuneração de toda a Magistratura nacional. Durante o transcorrer do *iter* de aprovação da proposta legislativa apresentada pelo STF, o Parlamento desconsiderou, indevidamente, o percentual de reajuste de 4,60%, anteriormente previsto no esboço normativo original submetido ao Congresso Nacional pela egrégia Corte Suprema, de forma que, em termos finais, a variável de reajuste ficou aquém do IPCA referente aos anos de 2006, 2007 e 2009. Em outras palavras, o Poder Legislativo, intencionalmente, evitou que se promovesse a devida recomposição dos valores nominais relativos ao subsídio aplicável ao Poder Judiciário, o que certamente resulta em um Judiciário defasado, em termos remuneratórios e, principalmente, em perda da atratividade para que agentes qualificados nele ingressem, absorvidos que são por um mercado econômico competitivo."[16]

A dilapidação progressiva dos direitos e garantias da Magistratura, aliada à manipulação da opinião pública, constitui método demasiado exitoso na manutenção da desordem pública e dos excessos decorrentes da inobservância dos limites estruturais do sistema político.

O Judiciário, vilipendiado diuturnamente em suas garantais, não consegue conter os abusos oriundos do sistema político e, consequentemente, também não logra sagrar-se exitoso no seu papel de fiador da democracia e da concretização dos direitos fundamentais e valores constitucionalmente consagrados.

5. Do autogoverno

De todas as funções orgânicas do Poder Judiciário, o autogoverno é, sem

15. André Ramos Tavares, *Manual do Poder Judiciário Brasileiro*, cit., pp. 30-31.

16. Idem, p. 36.

dúvida, a mais importante, isso porque as demais (decisão de conflitos e controle de constitucionalidade) dependem sobremaneira dela, máxime porque a independência é sua chave.

É justamente por isso que o panorama acima delineado evidencia verdadeiro descaso, no qual os Poderes Legislativo e Executivo – integrantes maiores do sistema político – vão além do exercício de suas funções políticas, afetando diretamente a função orgânica do autogoverno, fragilizando o Poder Judiciário no exercício de suas funções.

Segundo Nicola Picardi, "a independência judicial pode ser distinguida em independência da Magistratura e independência do juiz. A primeira é condição da segunda e implica a autonomia de governo e o poder disciplinar. A independência do juiz, por sua vez, pode ser externa e interna. Quanto ao grau de independência, distingue entre independência forte e fraca".[17]

A independência do juiz é a própria garantia de insubmissão do magistrado às pressões, quer dos outros Poderes (independência externa) ou de próprio Judiciário (independência interna), ou seja: garantia de que não será concebido como um empregado do Executivo, do Legislativo e nem da Corte ou Tribunal.

O juiz não é mais um ramo da Administração, não sendo, por isso, aceitável a estrutura do sistema judiciário na forma hierarquizada, justificando-se estrutura hierárquica apenas de índole processual.

Por ocasião da formação da ideia da separação dos Poderes, a inserção do Judiciário o foi como um terceiro Poder, tanto que a cláusula referida tem índole constitucional de proteção pétrea (art. 60, § 4º, III, da CF). Assim, as vicissitudes de sua origem, colocando-o como autômato aplicar de lei, não o deslegitimam, porque alcançou papel de destaque no Estado Constitucional de Direito para limitar o Poder pelo próprio Poder e concretizar os direitos fundamentais, inclusive pelo controle recíproco.

Permitir que os Poderes do sistema político, mediante manipulação da opinião pública e desvirtuamento retórico como controle das fontes estatais, pratiquem atentados contras as garantias, liberdades de prerrogativas do Judiciário equivale a referendar a corrosão lenta de sua estrutura, assistindo à supressão de sua força e impedindo a manutenção da paridade de condições desse com o Executivo e o Legislativo.

Tanto "a separação de Poderes como as garantias da Magistratura que lhe são inerentes devem estar a serviço imediato e último dos direitos humanos fundamentais da sociedade. A propósito, e a título ilustrativo, cumpre demonstrar a forte ligação entre vitaliciedade (...) e a 'separação de Poderes', que vem de longa data assentada pelo Constitucionalismo. Em 1915, em sua obra clássica, Pedro Lessa fazia constar, a esse propósito, que: 'Tão essencial é a vitaliciedade ao Poder Judiciário, como ao Poder Legislativo a temporariedade. A vitaliciedade, condição necessária da independência dos juízes, é hoje um dogma do direito constitucional. Qualquer pretensão atentatória à legitimidade redunda em igual ofensa à 'separação de Poderes''".[18]

17. Nicola Picardi, "L'indipendenza del giudice", Sto. Domingo, 1989, in *Justicia y Desarrollo Democrático en Italia y América Latina*, Roma, UNICRI, Publ. 45, 1992, pp. 279 e ss.

18. André Ramos Tavares, *Manual do Poder Judiciário Brasileiro*, cit., p. 134.

A independência da Magistratura é autogoverno e não decorre da separação de Poderes, mas "surge como exigência mesma da essência da jurisdição".[19]

6. A contribuição negativa do Poder Judiciário. O papel efetivamente desempenhado: dilatador da desconfiguração autopoiética do sistema político brasileiro

Inegável que, atualmente, o sistema judiciário assume papel protagonista na desconfiguração autopoiética do sistema político brasileiro, em virtude da interdependência entre eles, cabendo-lhe o necessário acoplamento entre os dois através da Constituição Federal.

Como visto, o sistema político perdeu, em virtude da desconfiguração autopoiética, sua autorreferência e sua unidade, abandonando seus códigos próprios (Situação/Oposição; interesse público/interesse político) e desprovendo-se de racionalidade.

Dada a relação de íntima proximidade e interdependência entre ambos, a atual desconfiguração do sistema político acaba por refletir diretamente no sistema jurídico, que é cognitivamente aberto às questões políticas.

Esse reflexo gera verdadeira "crise", por influenciar negativamente o Poder Judiciário na estabilização das expectativas normativas e, com isso, fornecer respostas legais aos problemas da Política mediante a concretização de suas funções orgânicas.

Não conseguindo dar as respostas legais aos problemas de inobservância dos limites estruturais do sistema político, o sistema jurídico deixa-se influenciar em seus limites e estruturas sistêmicas, não conseguindo mais realizar a estabilidade, a reconstituição da ordem e a afirmação da segurança jurídica – valores imprescindíveis ao seu funcionamento; enfim, caminhando para o mesmo problema: desconfiguração pela perda da autorreferência.

Em resumo, vê-se uma verdadeira "crise sistêmica" na qual ou o sistema jurídico se imiscui necessariamente no sistema político, para conter ou calibrar a desconfiguração autopoiética desse, ou se verá desconfigurado.

A solução dessa crise não pode passar ao largo de quatro componentes elementares, cujo enfrentamento irradiará sistemicamente efeitos positivos: (a) superação da crise do STF através de verdadeira reformulação do seu método de composição; (b) calibração entre a estrutura institucional do sistema jurídico e suas funções orgânicas (solução de conflitos, controle de constitucionalidade das leis e autogoverno) através da superação da opacidade de seu papel na sociedade democrática; (c) participação ativa na exigência de racionalismo nos atos do Governo; e (d) cessação da omissão funcional na contenção da produção legislativa impulsionada unicamente pelo clientelismo político.

6.1 A crise do STF

Como representante maior do sistema judiciário, cabe ao órgão STF evitar a perseguição de fins eminentemente políticos com a utilização do Direito e da Economia sem que se reconheçam os limites da capacidade do sistema político, com consequências implacáveis à manutenção autopoiética do seu próprio sistema e, principalmente, do político.

19. Eugenio Raúl Zaffaroni, *Poder Judiciário. Crises, Acertos e Desacertos*, cit., p. 87.

Estando no ápice do sistema judiciário, do STF espera-se o exercício de comportamentos efetivamente voltados à garantia dos direitos da Magistratura, o envide de todos os esforços ao fortalecimento da instituição para, justamente, propiciar o desempenho de seu principal papel: afiançar e concretizar os direitos e liberdades fundamentais.

Ao invés disso, o STF assiste de camarote ao vilipêndio diuturno das garantias institucionais, à corrosão das estruturas do sistema judiciário, à manipulação da opinião pública contra esse próprio Poder e, principalmente, ao desvirtuamento político da retórica como controle das fontes estatais. E isso porque a Corte Suprema queda-se inerte frente às inúmeras ações judiciais com o fito de limitar essa constante e gradativa inobservância dos limites estruturais do sistema político.

Não bastasse a inércia no julgamento de demandas efetivamente veiculadoras – elas, sim – de conflitos de interesses hábeis a porem fim, ou ao menos calibrarem, a ingerência do sistema político no jurídico, a Suprema Corte não adota providências específicas para provocar os órgãos auxiliares no combate à inobservância dos limites estruturais do sistema político, fazendo com que as funções orgânicas estruturais do sistema judiciário restem prejudicadas, rendendo ensanchas a verdadeira crise judicial.

A título de exemplo, esclareça-se que o Presidente do STF deveria oficiar ao Procurador-Geral da República (dever exigido pelo art. 40 do CPP, por exemplo) cobrando a adoção das providências necessárias por eventual crime de responsabilidade praticado por detentores de cargos eletivos que, sob o pretexto de exercício do poder legiferante ou do poder governamental, iniciaram ou participaram da intromissão do Congresso Nacional na política remuneratória do Poder Judiciário, ou, ainda, que foram responsáveis ou instigaram a iniciativa de propostas de emendas constitucionais pretendentes de submissão do STF ao referido órgão político nos casos de controle de constitucionalidade, eis que tais comportamentos frontalmente atentam contra o princípio constitucional da separação dos Poderes.

O Poder Judiciário, representado pelo STF, é o garante da Constituição, e deve impor limites aos demais Poderes para conferir eficácia aos direitos individuais, fiscalizando o respeito aos direitos sociais, e impelir o Estado a uma atuação compensatória e distributiva, contribuindo à atuação das escolhas públicas. Mas como fazer isso? A primeira conduta é superar a crise que o assola.

Ainda sob a influência norte-americana retratada na Constituição republicana de 1891, o STF sofre com influência direta do chefe do Poder Executivo na indicação, por decisão unilateral, dos nomes para compô-lo. Essa indicação sofre, igualmente, ingerência imediata também do Poder Legislativo, a quem caberá a aprovação dos nomes indicados.

O método arcaico de escolha de seus dirigentes deixa a atividade jurisdicional fortemente influenciada pelo poder político, contribuindo sobremaneira para o desgaste da imagem do Poder Judiciário, na exata medida em que faculta ao sistema político, calcado exclusivamente no subjetivismo de seus integrantes, definir o que se entende por "notável saber jurídico" (critério técnico exigido constitucionalmente para candidatos à Corte), acabando por propiciar o preenchimento de cadeiras por pessoas despreparadas ou, pelo menos, não qualificadas à altura de seus pares, levando-se em consideração, muitas vezes, a proximidade partidária do candidato, com reflexo direto na atuação da Corte e na realização de suas atribuições fundamentais.

"É necessário repensar a forma de indicação e nomeação dos ministros do STF, pois o modelo centenário adotado não está isento de críticas consistentes e riscos inadmissíveis para o Direito, a Constituição e o País (...).

"(...). Um modelo alternativo precisa contemplar o fortalecimento da independência dos integrantes do STF, por meio da desvinculação unipessoal da indicação monocrática e o pluralismo cultural em sua composição subjetiva (...).

"(...). São condições constitucionais para indicação à vaga de ministros do STF: (i) ser brasileiro nato; (ii) ser cidadão, no pleno gozo de seus direitos políticos; (iii) contar com mais de 35 anos e menos de 65 anos de idade; (iv) ter reconhecido seu notável saber jurídico; e (v) apresentar reputação ilibada (...).

"(...). Não há, portanto, como em muitos Países, a exigência de que os membros da cúpula do Judiciário provenham (ao menos em parte) da Magistratura ordinária ou superior (...).

"(...). Ademais, o notável saber jurídico é condição extremamente subjetiva, que acaba por ficar definida pelo Senado Federal e pelo Presidente da República, Poderes para os quais não necessariamente se necessita de formação jurídica."[20]

A par disso, inolvidável que o STF enfrenta uma enxurrada de processos que não veiculam pretensões constitucionais concretas ou não visam à materialização de direitos e garantais fundamentais, pelo menos não na envergadura reservada à sua função de guardião da Constituição Federal.

É certo que medidas específicas e eficazes já foram adotadas, a exemplo da Emenda Constitucional 45/2004, estabelecendo a limitação de acesso à Corte, bem como repassando ao STJ algumas atribuições jurisdicionais que não guardam interesse constitucional imediato. Essas medidas, aliadas a outras tantas, surtirão efeito a médio ou longo prazo. Mas há outro fator contribuinte mais atual dessa crise: a incompatibilidade vertical de atos normativos da Suprema Corte com a Constituição Federal.

Com efeito, há um desvirtuamento do Regimento Interno do STF hábil a lhe conferir condição jurídica de verdadeira "lei processual", com recomendações que o desatualizam, porque divorciadas das leis processuais de regência e que em nada contribuem, exceto para aumentar inadvertidamente as opções recursais e, por consequência, ofender degenerativamente o princípio da duração razoável do processo.

Curioso notar que o próprio Supremo, na qualidade de guardião da Constituição Federal, poderia, nos julgamentos acompanhados atualmente pela sociedade, suscitar a declaração de inconstitucionalidade de tal ato normativo; porém, mais uma vez quedou-se inerte, preferindo aplicá-lo em sua integralidade.

6.2 Calibração entre a estrutura institucional do sistema jurídico e suas funções orgânicas (solução de conflitos, controle de constitucionalidade das leis e autogoverno) através da superação da opacidade de seu papel na sociedade democrática

Superada a crise do STF, o próximo passo é coincidir a relação entre a estrutura institucional do sistema jurídico e suas funções de solucionar conflitos, controlar a constitucionalidade das leis e preservar

20. André Ramos Tavares, *Manual do Poder Judiciário Brasileiro*, cit., p. 140.

o autogoverno, tanto manifesta quanto latentemente.

Já se viu que a disparidade entre as funções "manifestas" e "latentes" leva a um disparate entre o discurso jurídico anunciado oficialmente e o que realmente é concretizado na sociedade.

Importante que o Poder Judiciário deixe clara sua missão de concretizar os direitos e liberdades individuais como fiador da democracia e dos direitos fundamentais.

Essa atribuição não deve apresentar-se opaca ou dúbia, porquanto aceitar a opacidade dela implica permitir as consequências dessa inércia, como a crescente demanda de protagonismo dirigida ao Judiciário, a explosão legislativa impulsionada unicamente pelo clientelismo político e, principalmente, a inexigência de racionalidade nos atos de governo.

Certamente representa obstáculo intransponível à correção do disparate não delinear suficientemente os limites da sua própria atuação e da dos demais Poderes quando efetivamente provocado para tal fim, pois qualquer tentativa de resgatar a independência real do Poder Judiciário é desacreditada com a ingerência política desregrada.

Como fruto da opacidade de sua função de concretizar os direitos e garantias fundamentais, o sistema judiciário se vê às voltas com enfrentamentos reiterados das decisões do Poder Judiciário, os quais visam, sobretudo, a retirar sua legitimidade, conquistada ao longo de todas as evoluções estatais já mencionadas.

Tais enfrentamentos têm origem direta justamente no sistema político e especificamente quando decisões do Poder Judiciário, que desagradam a um grupo específico de agentes, causam "irritação" sistêmica, desencadeando afrontamentos diários veiculados através da mídia, contribuindo para que o aviltamento ganhe proporções inimagináveis.

Mais ácido, ainda, é o enfrentamento através do exercício da função legiferante, insistindo o sistema político em editar leis com conteúdo especificamente igual ao de outra de inconstitucionalidade já declarada pelo STF ou cuja constitucionalidade já fora reconhecida, a exemplo da Proposta de Emenda Constitucional 37, cuja finalidade era restringir o poder de investigação do Ministério Público – atividade, essa, sobre a qual a Corte Suprema, meses antes, já havia reconhecido sua compatibilidade vertical com a Carta Maior.

Ora, tendo o Poder Judiciário a função estabilizar as expectativas normativas, visando, sempre, a cumprir sua responsabilidade social, garantindo o consenso para fundamentar moralmente o ordenamento jurídico, imperioso, então, que se dê consistência às decisões judiciais em relação à generalização daquelas expectativas, especialmente quando se tem em mente a necessidade de conferir eficácia plena aos direitos emergentes da Constituição Federal e ao controle da moralidade na implementação das políticas públicas, além do combate judicial à corrupção política.

Num contexto social em que o Judiciário ganha função especial de guardião da legalidade e da moralidade, promovendo o acoplamento entre a Política e o Direito por intermédio da aplicação da Constituição, não se pode permitir o enfrentamento de uma decisão judicial, menos ainda por detentores de poder e/ou cargos eletivos que se valem da posição ocupada para dilatar a extensão dos efeitos do desrespeito ao comando judicial, sendo normal autoridades públicas altamente hierarquizadas prenunciarem, perante a mídia, a não submissão a determinada decisão judicial que as atingirá direta ou indiretamente.

A consequência desse comportamento desrespeitoso é ainda maior quando advém de tais agentes, porquanto ostentam a qualidade de formadores de opiniões, convencendo até mesmo os menos poderosos ou desprovidos de poder a se comportarem do mesmo modo, dando início a um ciclo vicioso no qual a única vítima é a legitimidade do Poder Judiciário.

Esse comportamento hostil contribui para o desequilíbrio entre a estrutura funcional do sistema jurídico e suas funções orgânicas, porque torna "latente" uma atribuição (solução de conflitos de interesses) que deveria ser "manifesta", repassando a falsa ideologia de que ordens judiciais podem ser descumpridas, contribuindo para a ineficácia jurídica e social do sistema.

A calibração das funções de solucionar conflitos de interesses e controlar a constitucionalidade de leis passa, necessariamente, por um controle fático das leis, quer na legitimidade de suas edições, quer faticamente, pela compatibilidade vertical delas com a Constituição Federal, sempre salientando que, quando a segunda é concretizada com alto nível técnico-jurídico, resolve-se qualitativamente a maior parte da primeira.

À relevância do controle de constitucionalidade na perfeita concretização da solução dos conflitos credita-se a necessidade de que a modulação temporal dos efeitos, na aferição da compatibilidade vertical de determinado ato normativo com a Carta Maior, não acabe por instigar comportamentos legiferantes incompatibilizados com as matrizes constitucionais.

O Estado invariavelmente ocupa algum dos polos na maciça maioria dos feitos em trâmite na Justiça Federal, não sendo diferente nos processos, subjetivos ou objetivos, implicadores do controle de constitucionalidade difuso ou concentrado.

Ao realizar o controle de constitucionalidade, o STF, como assim permite a legislação de regência, quando entende pela incompatibilização vertical da norma, em regra emprega efeitos prospectivos à sua decisão, sempre fitado por algum interesse político – apartidário, ressalte-se – cuja proteção entende necessária. Nada demais, ante a proximidade e a interligação dos sistemas jurídico e político.

Mas o óbice a possíveis efeitos retrospectivos, mormente em processos de índole tributária ou envolventes de cifras consideráveis, acaba por gerar no sistema político a sensação de estímulo à produção de normas inconstitucionais, sabedor que é da modulação referida, passando a valer-se de atos incompatíveis verticalmente com a Constituição Federal como instrumento legitimador para auferir vantagem indevida ou sujeitar administrados a situações ilegítimas – abusos, esses, que poderão ser compensados com a modulação temporal dos efeitos em caso de declaração de inconstitucionalidade.

É o controle de constitucionalidade referendando o abuso de autoridade, num círculo vicioso em que o principal responsável pela edição normativa irregular torna-se o único beneficiado pelo próprio ato.

A técnica processual, no controle de constitucionalidade, deve estar afinada com a realidade social e atenta a tais subterfúgios, sob pena de a função orgânica mencionada, ínsita ao sistema judiciário, acabar por gerar desilusões e descrenças, máxime porque o efeito vinculante das decisões do STF nesse jaez impede a parte prejudicada de novamente bater às portas do Judiciário visando ao ressarcimento retroativo – situação que, longe de solucionar o conflito, acaba dilatando o descrédito e a desilusão no Poder Judiciário.

Desse modo, a função jurisdicional de reafirmar a autoridade do Direito e pacificar a sociedade passa de "manifesta" para simplesmente "latente", situação que não pode ser chancelada por quem afiançou a democracia e o cumprimento dos direitos fundamentais.

6.3 Participação ativa na exigência de racionalismo nos atos do Governo

A função orgânica de controlar a constitucionalidade de leis também guarda lídima insuficiência na exigência de racionalidade nos atos do Governo.

Racionalidade induz à proporção mediante técnica de ponderação. Emblema a existência de justificativa plausível na eleição de um meio adotado à busca de um fim.

Inexiste racionalidade em atos governamentais pretendentes a proteger interesses de determinados grupos, como também inexiste naqueles veiculados mediante desvirtuamento retórico voltado a pardar a verdadeira intenção.

No cenário político brasileiro atual é possível aferir, com extrema facilidade, atos governamentais absolutamente desprovidos de qualquer racionalidade.

Sob o auspício de sediar evento futebolístico mundialmente relevante, desencadeou-se uma leva de construções e/ou reformas de estádios a qualquer custo, ou, melhor, a altíssimo custo, quer em razão de superfaturamento ou da morosidade na concretização dessas obras, fazendo com que elas ficassem premidas pelo prazo e, então, qualquer aditivo passasse a ser justificado, até mesmo mediante dispensa de licitações pautadas justamente em "emergências" criadas pelos próprios governantes.

Situações absolutamente paradoxais foram constatadas pelo simples contraste entre a pujança e magnitude de tais obras e a escassez de recursos, miséria de estrutura e lástima estudantil das escolas públicas sediadas no mesmo ente político em que localizadas tais construções.

A escassez, miséria e lástima referidas não cingem seus efeitos somente aos assuntos escolares, porque a saúde pública brasileira há muito caminha para o mesmo destino, havendo lugares desprovidos de estrutura mínima para o atendimento médico, por mais simples que seja.

Como a prática de um ato irracional não embargado estimula outros tantos, lançam-se programas públicos de importação de médicos – com capacidade comunicacional e funcional altamente duvidosas – sem preocupação alguma em propiciar a tais profissionais, tal como aos brasileiros aqui radicados e atuantes, condições seguras e estrutura adequada ao cumprimento de tão relevante mister.

Instados os governantes a justificarem o porquê da situação estrutural pífia, em regra a inexistência de recursos, veiculada através da "reserva do possível", é o principal argumento apresentado, a despeito de o Brasil ser o País com uma das maiores cargas tributárias do mundo.

Curiosamente, porém, deparamo-nos com transferência de recursos públicos nacionais a "Países mais pobres", como se o Brasil, altamente ineficiente nas políticas públicas educacionais e de saúde, alegadamente sem recursos para tanto, pudesse julgar-se rico o suficiente para doar parte dos valores arrecadados mediante pesada tributação sem antes resolver sérios problemas sociais internos.

A famigerada inexistência de recursos, no entanto, não obsta à adoção de novas políticas governamentais voltadas a beneficiar com renda mensal pessoas em tese integrantes de grupo familiar pobre na acepção social do termo, desde que tais beneficiados não trabalhem, pois a existência de fonte de renda oriunda do trabalho o retira da condição de pobre e, consequentemente, o exclui do programa, num verdadeiro estímulo ao ócio e ao desemprego voluntário.

Se tais atos governamentais irracionais são levados a cabo mesmo contra a vontade social, até porque não amparados em soluções satisfatórias, mas sim em medidas ainda mais desencadeadoras de disparidades, difícil divorciá-los do interesse eleitoreiro, numa verdadeira compra de votos financiada com o dinheiro público, tudo voltado à perpetuação no poder.

Impossível existir racionalidade em comportamentos governamentais que levam ao sucateamento de valores sociais tão relevantes.

A despeito disso, os órgãos legitimados ao controle de constitucionalidade de tais práticas não cumprem suas funções institucionais, acabando por estimulá-las ainda mais, quando deveriam combatê-las.

Na maciça minoria que consegue ser levada ao STF ainda não se viu da Corte Suprema qualquer declaração de inconstitucionalidade hábil a frear o analisado comportamento legiferante desviado da finalidade pública.

6.4 Cessação da omissão funcional na contenção da produção legislativa impulsionada unicamente pelo clientelismo político

A ausência de controle jurídico nas atrocidades normativas de um sistema político desinteressado em observar seus limites estruturais dá azo à continuidade de tais comportamentos, e cada vez com elevação na carga de intensidade.

Prova disso é a produção legislativa impulsionada unicamente pelo clientelismo político, ou seja, a preferência nos processos legislativos é dada aos projetos veiculadores de interesses alijados do público e do social.

O ordenamento jurídico vai sendo substituído pela produção legislativa desenfreada porque "o legislador atual, premido pela complexidade de matérias objeto de regulação e pela velocidade das demandas, é menos o porta-voz dos 'interesses gerais' e mais um representantes de interesses corporativos e contraditórios".[21]

O Estado de Direito também significa o controle jurisdicional da atuação do Legislativo e do Executivo, onde, aliás, reside o caráter eventualmente político da decisão. Mas, na prática, atua num contexto de deliberada ignorância/inércia erigida a condição necessária ao funcionamento das Administrações Públicas e privadas e, pior, da própria atividade jurisdicional.

Quando o sistema judiciário afasta os olhos desse processo legislativo desvirtuado, assume, inegavelmente, a condição de partícipe dele, dilatando sobremaneira a desconfiguração autopoiética que o corrói.

Mais uma vez deve ser trazido à tona o controle de constitucionalidade dessa enxurrada legislativa, exigindo-se, para além da mera compatibilidade formal e material com a Constituição Federal, a investigação da verdadeira legitimidade do ato do legislador na edição de cada um dos projetos, impondo-lhe demonstrar efetivamente o interesse social no exercício da função legiferante.

Imprescindível, pois, que o integrante do Poder Judiciário adote o caráter substantivo também no controle material da constitucionalidade das leis claramente desapegadas do interesse e da finalidade

21. Celso Fernandes Campilongo, *Política, Sistema Jurídico e Decisão Judicial*, cit., 2ª ed., p. 39.

públicos, exigindo-se do legislador a expressa demonstração do interesse social a amparar sua legitimidade legislativa.

É premente a cessação funcional do sistema judiciário na contenção da produção legislativa desenfreada e norteada unicamente por interesses particulares.

7. Ativismo judicial como instrumento do judicialismo constitucional

Lamentável concluir que, além do enfraquecimento da função orgânica do autogoverno, permitindo o sistema jurídico o tolhimento diário de sua independência e de seus limites estruturais pelo político, também as funções de solucionar conflitos e controlar a constitucionalidade das leis se apresentam insuficientes e distanciadoras da efetiva concretização dos direitos fundamentais e da pacificação social.

Esse contexto de definhamento orgânico do sistema político, com consequências idênticas ao sistema jurídico, requer solução urgente, mediante atuação própria e bem identificada voltada à proposição de uma supremacia constitucional eficaz e efetiva: o judicialismo constitucional.

O judicialismo constitucional "oferece parâmetros válidos de atuação, de modelos que oferecem limites e possibilidades a serem seguidos pelo juiz constitucional, não apenas pautando sua atividade, mas também impondo determinadas preocupações e realizações (como a concretização constitucional). Esses paradigmas também atrelam o Legislativo (e o Executivo), limitando sua atuação válida. (...). Nesse sentido, não apenas as condicionantes reais de realizabilidade constitucional importam, o que exige um posicionamento que evite a derrocada da própria Constituição, mas, também, algumas situações culturais aparecem como de grande impacto na postura judicial".[22]

Esse movimento busca a concretização e o respeito máximo à Constituição Federal, enfrentando a realidade política, ideológica e cultural brasileiras e, acima de tudo, exigindo do juiz uma postura efetivamente constitucional ativa, porquanto "a própria ideia de 'defensor' da Constituição é insuficiente para tratar da atuação do juiz constitucional, que, para além de uma postura passiva, de operatividade apenas pós-violação constitucional, incute a ideia de uma atuação ativa (e ativista), na plena realização constitucional, especialmente na concretização dos direitos fundamentais e na leitura constitucional conforme das demais regras jurídicas válidas e vigentes".[23]

Imperiosa, portanto, a promoção de uma alteração radical no enfrentamento dos problemas culminadores no enfraquecimento do sistema judiciário, certo de que tal objetivo não será obtido sem repulsa de parte da doutrina e da própria Magistratura, porquanto necessário demonstrar a essas vertentes a mudança paradigmática exigida à concretização do judicialismo constitucional.

A responsabilidade social do juiz constitucional e do seu método de trabalho coloca a Magistratura na linha de frente dessa alteração ideológica e paradigmática, exigindo-se dos juízes o desapego ao originalismo e mininalismo jurídicos em predileção ao ativismo judicial como medida indispensável à concretização da implementação substancial da Constituição.

O originalismo e o minimalismo jurídico, diferente do judicialismo cons-

22. André Ramos Tavares, *Paradigmas do Judicialismo Constitucional*, cit., p. 14.

23. Idem, p. 15.

titucional, que encontra sua base no Pós-Positivismo, pregam a autocontenção do sistema judiciário, o que só contribui para dilatar ainda mais sua deslegitimação e para dar continuidade à inércia possibilitadora de todas as atrocidades legislativas já mencionadas – ou seja: apenas contribui para o aumento da desconfiguração autopoiética do sistema político.

Não se está, aqui, a falar da forma pejorativa de ativismo judicial criada justamente por aqueles a quem desinteressa a atuação constitucional mais efetiva, mas, sim, em instrumento calcado na legitimidade democrática e na relação com os direitos fundamentais, sobretudo pela vinculação do Legislativo e do Executivo aos direitos fundamentalmente consagrados.

"Opções políticas de não implementação ou da (tradicional) situação de violação são ilegítimas do ponto de vista da Constituição e devem sofrer a 'intervenção' do juiz constitucional",[24] sendo o ativismo judicial o mecanismo necessário a evitar.

O judicialismo constitucional não significa a autonomia absoluta do Poder Judiciário, mas a recuperação de seu papel social na fixação de paradigmas constitucionais atreladores do Legislativo e do Executivo, e isso mediante a constitucionalização das medidas públicas como instrumento à efetiva implementação dos direitos e garantias fundamentais. Representa, em verdade, verdadeira lapidação sistêmica de suas atribuições, contendo os excessos praticados pelo sistema político.

É certa a intensa dedicação do sistema judiciário na concretização do judicialismo constitucional, notadamente porque questões culturais surgirão como difíceis obstáculos para esta postura judicial. Contudo, inolvidável que o Brasil integra uma comunidade de Países cuja realização dos projetos sociais não ultrapassa, há muito, a barreira da retórica desvirtuada.

Para se ter uma ideia, desde os idos da Coroa o sistema político se vale do desvirtuamento da retórica como principal mecanismo para cometer excessos estruturais. É a má vertente da retórica utilizada para a desconfiguração autopoiética.

É que a política brasileira é notoriamente conhecida pelo uso de técnicas lapidares negativas, aparentando ao ouvinte transmissão de segurança no que afirmado pelos detentores de cargos eletivos com convicção, certeza, evidência e pseudo-correção absoluta, sempre despreocupados com a verdade do conteúdo porque fitando – quase que exclusivamente – a corrupção e o controle das fontes estatais.

Acionam-se mecanismos de conhecimento do público para se aumentarem as chances de convencimento, transformando defeitos em virtudes mediante a exploração da ignorância da maciça maioria, numa verdadeira retórica negativa amparada na eloquência como arte demagógica, hipócrita, irresponsável e enganadora, numa verdadeira patologia social.

Inegável que esses resultados não teriam sido obtidos, pelo menos não nesse nível sociopatológico, apenas pela oratória, eis que a retórica vai além da forma falada, perfazendo-se atualmente pelos diversos meios de comunicação, inflados, salvo raras exceções, pelo poder econômico e político dos governantes, sempre na tentativa de provocar a mudança de atitude conforme os interesses e as vontades do orador, invariavelmente alguém detentor de cargo público eletivo.

Os meios de comunicação, aliados à velocidade propiciada pela tecnologia, constituem-se em poderosos instrumentos de veiculação das demais formas de retóri-

24. Idem, p. 70.

ca, a exemplo da utilização de fatos como forma de ilustração ou exemplificação, notadamente "fatos estatísticos", lugares do preferível que permite justificar as escolhas recorrendo a valores abstratos.

O poderio financeiro – quer de causa particular ou originado pelo cargo público ocupado – também se apresenta como mecanismo tão útil como demasiado eficaz na má utilização da retórica, tendo o efeito de controlar informações e situações sociais, concretizando atitudes "políticas" e interpretações deslegitimadoras e despistadoras do conteúdo que sustenta o domínio normativo dos textos constitucionais.

Valendo-se do poder financeiro como um dos mecanismos da retórica axiologicamente vazia e desapegada da verdade, não são raros os casos de desvios comportamentais dos gestores do patrimônio público, mormente daqueles que ascenderam ao poder pela via do mandato eletivo, como meros desdobramentos de alianças que precederam a sua própria investidura no cargo público.

Diante da persistência da pobreza e de necessidades essenciais não satisfeitas, fomes coletivas e crônicas muito disseminadas, violação de liberdades políticas elementares e de liberdades formais básicas – todas frutos da desconfiguração autopoiética na qual se colocou o sistema político –, o judicialismo constitucional surge como forma ideal a obter a aproximação entre a Constituição formal e a Constituição real, promovendo, através da contenção dos excessos do sistema político, a materialização dos valores constitucionalmente consagrados, adequando e harmonizando o ordenamento jurídico, numa verdadeira calibração do sistema, eliminando ou afastando os elementos indesejáveis, as práticas e omissões inconciliáveis com os comandos constitucionais.

O judicialismo constitucional significa, portanto, a reaquisição, pelo Poder Judiciário, da independência e do respeito mediante o norteamento de suas atividades pela máxima materialização dos valores constitucionalmente fundantes, recolocando-as no ápice de todo e qualquer comportamento público, seja normativo ou institucional, emprestando-lhes imunidade aos excessos cometidos pelos integrantes do sistema político – Legislativo e Executivo –, numa verdadeira função purificadora do sistema jurídico.

Essa mudança ideológica e paradigmática recuperará a capacidade transformadora mínima do Direito, controlando a tradicional violação dos direitos fundamentais pelo Estado; calibrará as funções orgânicas manifestas do sistema judiciário (solução de conflitos de interesses, controle de constitucionalidade e autogoverno), fazendo cessar a judicialização da Política; e, ainda, evitará, através da constitucionalização máxima, o direcionamento negativo das fontes jurídicas e o controle desvirtuado das fontes estatais, contribuindo para revigorar o respeito e a credibilidade dos direitos e garantias da Magistratura, pondo fim à manipulação da opinião pública contra os pilares de sustentação do sistema judiciário. Tudo isso, absolutamente tudo, vocacionado unicamente à concretização dos direitos fundamentais.

Postura diferente implicará o continuísmo da situação ora encontrada, o que só contribuirá ainda mais para a inflação da desconfiguração autopoiética do sistema político.

Ao Judiciário cabe realizar o papel de controlador dos excessos do sistema político, purificando sistemicamente a convivência mútua, ou, ao contrário, assumir a corresponsabilidade pela dilatação e/ou irretroatividade da referida desconfiguração, com consequente aumento dos excessos e inobservância dos limites morais e estruturais da Política. O caminho será escolhido de acordo com a postura a ser adotada.

Bibliografia

ALVES, Rogéria Pacheco, e GARCIA, Emerson. *Improbidade Administrativa*. 6ª ed. Rio de Janeiro, Lumen Juris, 2011.

CAMPILONGO, Celso Fernandes. *Política, Sistema Jurídico e Decisão Judicial*. 2ª ed. São Paulo, Saraiva, 2011.

GARCIA, Emerson, e ALVES, Rogéria Pacheco. *Improbidade Administrativa*. 6ª ed. Rio de Janeiro, Lumen Juris, 2011.

PICARDI, Nicola. "L'indipendenza del giudice". Sto. Domingo, 1989. In: *Justicia y Desarrollo Democrático en Italia y América Latina*. Roma, UNICRI, Publ. 45, 1992.

TAVARES, André Ramos. *Manual do Poder Judiciário Brasileiro*. São Paulo, Saraiva, 2012.

——————. *Paradigmas do Judicialismo Constitucional*. São Paulo, Saraiva, 2012.

ZAFFARONI, Eugenio Raúl. *Poder Judiciário. Crise, Acertos e Desacertos*. São Paulo, Ed. RT, 1995.

O INSTRUMENTO DE LICITAÇÃO PÚBLICA NO ORDENAMENTO JURÍDICO BRASILEIRO

LAÍS SALES DO PRADO E SILVA

Pós-Graduanda em Direito Eleitoral e Processual Eleitoral pela Escola Judiciária Eleitoral Paulista/EJEP
– Mestranda como Aluna Especial
da Faculdade de Direito do Largo de S. Francisco/USP, São Paulo/Brasil
– Advogada (*e-mail*: *dra_laispradoesilva@aasp.org.br*)

1. Introdução. 2. Princípios elencados na Lei 8.666/1993: 2.1 Princípio da legalidade – 2.2 Princípio da impessoalidade – 2.3 Princípio da moralidade administrativa – 2.4 Princípio da igualdade entre os licitantes – 2.5 Princípio da publicidade – 2.6 Princípio da probidade administrativa – 2.7 Princípio da vinculação ao instrumento convocatório – 2.8 Princípio do julgamento objetivo – 2.9 Princípio da adjudicação compulsória ao licitante vencedor – 2.10 Princípio do procedimento formal – 2.11 Princípio do sigilo das propostas. 3. Da licitação: 3.1 Noções iniciais e conceitos. 4. O certame licitatório. 5. Legislação: 5.1 Competência para legislar – 5.2 O fundamento constitucional do dever de legislar – 5.3 Legislações esparsas. 6. Finalidades da licitação: 6.1 Princípio da isonomia – 6.2 Seleção da proposta mais vantajosa para a Administração – 6.3 Promoção do desenvolvimento nacional sustentável: 6.3.1 Processo Produtivo Básico/PPB. 7. Considerações finais.

THE INSTRUMENT OF COMPETITIVE BIDDING BRAZILIAN LAW

Abstract: This paper seeks to provide an overview of the institute of public bidding under the legal regime of administrative law in the Brazilian Law. For both walks methodology to identify the bidding process, and its guiding principles as well as establishing positions consolidated by doctrine and jurisprudence, and clarify the purposes of the institute, in accordance with current legislation. Finally, left demonstrated in this study, the importance of the instrument of public bidding in the current Brazilian Law.

Keywords: Bid, Principles, Modalities, Phases, Purposes, Federal Constitution

1. Introdução

A escolha pelo estudo do instrumento da licitação pública justifica-se pela suma importância em nosso ordenamento jurídico, principalmente após recente alteração legislativa que acrescentou a finalidade licitatória de promoção do desenvolvimento nacional sustentável, junto ao princípio da isonomia e ao da seleção da proposta mais vantajosa para a Administração.

Por sua vez, a realização deste estudo será baseada em conceitos doutrinários e posições dos Tribunais Superiores. Deve-se registrar o posicionamento pacífico da doutrina quanto ao conceito de licitação, com a devida compreensão e atenção a suas peculiaridades.

Ademais, delimitaremos de maneira precisa as modalidades licitatórias compreendidas em nosso ordenamento jurídico brasileiro, bem como a legislação pertinente, sob a ótica da Constituição Federal e o exame da legislação infraconstitucional, conferindo-se especial atenção à competência e ao fundamento constitucional do dever de licitar, destacando os principais decretos em vigor.

Por fim, com finca nesses elementos, serão apontadas as finalidades licitatórias, destacando-se a alteração dada pela Lei 12.349/2010, com a inclusão da promoção do desenvolvimento nacional sustentável, e a importância do Processo Produtivo Básico/PPB.

Oportuno assinalar a pretensão de aclarar posicionamento sobre o tema da licitação pública, demonstrando-se entendimentos consolidados pela doutrina e proferidos pelos Tribunais Superiores, bem como seu escopo no atual cenário do País.

2. Princípios elencados na Lei 8.666/1993

O dispositivo do art. 3º da Lei 8.666/1993 estabeleceu os princípios do certame licitatório, em que todas as regras estabelecidas na lei deverão ser interpretadas à luz dos princípios.

Afirma o professor Celso Antônio Bandeira de Mello[1] que violar um princípio é mais grave que transgredir uma norma. Isto porque, conforme a lição de Marçal Justen Filho,[2] a relevância do princípio não reside na sua natureza estrutural, mas nas suas aptidões funcionais.

Portanto, princípios são normas jurídicas dotadas de alto grau de abstração e generalidade, que irradiam efeitos sobre todo o sistema jurídico.

2.1 Princípio da legalidade

Trata-se de um dos princípios basilares do direito administrativo, em que a Administração está submetida ao Estado de Direito, limitando-se ao que a lei determinar ou permitir; surge em decorrência da indisponibilidade, pela Administração, dos interesses públicos.

Seabra Fagundes sintetiza: "Administrar é aplicar a lei, de ofício".[3] Significa dizer que para a Administração a ausência de lei nada mais é do que uma proibição.

1. Celso Antônio Bandeira de Mello, *Curso de Direito Administrativo*, 32ª ed., São Paulo, Malheiros Editores, 2015, p. 987.

2. Marçal Justen Filho, *Comentários à Lei de Licitações e Contratos Administrativos*, 13ª ed., São Paulo, Dialética, 2009, p. 59.

3. Miguel Seabra Fagundes, *O Controle dos Atos Administrativos pelo Poder Judiciário*, 4ª ed., Rio de Janeiro, Forense, 1978, pp. 4-5.

Felipe Faiwichow Estefam[4] alude a que a maneira como o princípio da legalidade é encarado influi sobre a discricionariedade.

Além disso, é possível concluir que a atividade administrativa não pode inovar na ordem jurídica – atividade, esta, típica do Poder Legislativo. A Administração tem a função de expedir comandos complementares à lei.

Na visão de Hely Lopes Meirelles, este princípio "impõe ao administrador público que só pratique o ato para o seu *fim legal*".[5]

Assim, o administrador público deve praticar o ato com a finalidade a que se destina, a fim de atender ao interesse público, sob pena de desvio de poder.

2.2 Princípio da impessoalidade

O instituto licitatório é previsto constitucionalmente, em que se aplica diretamente o princípio da impessoalidade. Preconiza o mestre Celso Antônio Bandeira de Mello que a impessoalidade é corolário da isonomia e igualdade, assim: "Nele se traduz a ideia de que a Administração tem que tratar a todos os administrados sem discriminações, benéficas ou detrimentosas. Nem favoritismo nem perseguições são toleráveis. Simpatias ou animosidades pessoais, políticas ou ideológicas não podem interferir na atuação administrativa e muito menos interesses sectários, de facções ou grupos de qualquer espécie. (...)".[6]

A regra da impessoalidade na Administração Pública significa o veto à perseguição ou ao favoritismo, isto é, a neutralidade, no sentido de não afastar o interesse público.

Interesse público, este, denominado primário, uma vez regido pelas normas jurídicas de direito administrativo, visando a satisfazer o interesse da coletividade, além da supremacia perante o particular.

Conforme ensinamentos do professor Celso Antônio Bandeira de Mello, o interesse primário "é o pertinente à sociedade como um todo, e só ele pode ser validamente objetivado, pois este é o interesse que a *lei* consagra e entrega à compita do Estado como um representando do corpo social. (...)".[7]

No tocante ao interesse secundário, assinala que "é aquele que atina tão só ao aparelho estatal enquanto entidade personalizada, e que por isso mesmo pode lhe ser referido e nele encarnar-se pelo simples fato de ser pessoa, mas que só pode ser validamente perseguido pelo Estado quando coincidente com o interesse primário".[8]

Adilson Abreu Dallari salienta que "o Poder Público somente cuida daquilo que é essencial e fundamental para a coletividade, e que, portanto, deve ser bom, produtivo, eficaz, eficiente".[9]

4. Felipe Faiwichow Estefam, "A discricionariedade administrativa à luz de reconfiguração do princípio da legalidade", *Interesse Público/IP* 79, Ano 15, Belo Horizonte, maio-junho/2013 (disponível em *http://www.bidoforum.com.br/bid/PDI0006.aspx?pdiCntd=96035*, acesso em abril/2014).

5. Hely Lopes Meirelles, *Direito Administrativo Brasileiro*, 41ª ed., São Paulo, Malheiros Editores, 2015, p. 95.

6. Celso Antônio Bandeira de Mello, *Curso de Direito Administrativo*, cit., 32ª ed., p. 117.

7. Idem, p. 102.

8. Idem, ibidem.

9. Adilson Abreu Dallari, "Administração Pública no Estado de Direito", *RTDP* 5/39, São Paulo, Malheiros Editores, 1994.

Em síntese, os integrantes da Administração Pública devem buscar o atendimento do interesse da coletividade.

2.3 Princípio da moralidade administrativa

Atinge a Administração Pública e os licitantes, sendo vedada qualquer forma de acordo quanto ao conteúdo das propostas feitas pelos licitantes.

Qualquer forma de acordo implicaria afrontamento ao princípio da boa-fé e, sobretudo ao princípio corolário do instrumento licitatório, que é a competitividade.

A moralidade compreende o lícito, impondo à Administração Pública o dever de agir conforme a honestidade, a seriedade, a boa-fé, os bons costumes, com os licitantes.

Encontra proteção constitucional, por força do art. 5º, LXXIII, que prevê o cabimento da ação popular para a anulação de "ato lesivo ao patrimônio público ou de entidade de que o Estado participe, à moralidade administrativa, ao meio ambiente (...)".

Há duas correntes quanto ao princípio da moralidade. O professor Márcio Cammarosano sustenta a ideia da moralidade atrelada à legalidade. Cumpre destacar: "O princípio da moralidade está referido, isto, sim, ao próprio Direito, remetendo-nos a valores que informam normas jurídicas. Estas, com seu 'inevitável conteúdo axiológico', selecionam valores que recolhem de outras ordens normativas do comportamento humano, como a lealdade, boa-fé, veracidade, honestidade. Valores como esses, e juridicizados, devem ser prestigiados pelo administrador público. Este, ao interpretar as normas nas quais se refletem, visando à sua aplicação, e ao avaliar situações de fato para detectar sua incidência, não pode ignorar os sentidos que os conceitos que expressam valores têm no anseio da coletividade de que promanam, e em dado momento histórico, mas sempre atento ao enfoque contextual do sistema normativo".[10]

Em linhas gerais, o professor Márcio Cammarosano entende que a moral que efetivamente importa ao Direito é aquela albergada como norma no ordenamento jurídico. E, assim, dentro dessa concepção o direito subjetivo só poderá ser invocado perante o Poder Judiciário quando tais valores estiverem juridicizados.

Por outro lado, na lição do professor Celso Antônio Bandeira de Mello, "não é qualquer ofensa à moral social que se considerará idônea para dizer-se ofensiva ao princípio jurídico da moralidade administrativa, entendemos que este será havido como transgredido quando houver violação a uma norma de moral social que traga consigo menosprezo a um bem juridicamente valorado. (...)".[11]

Em síntese, ambos os autores sugerem aproximação ao princípio da moralidade administrativa atrelada ao Direito.

2.4 Princípio da igualdade entre os licitantes

Visa a impedir discriminação entre os licitantes; por isto, as exigências de qualificação técnica e econômica devem se restringir ao estritamente dispensável para garantia do cumprimento das obrigações.[12]

10. Márcio Cammarosano, *O Princípio Constitucional da Moralidade e o Exercício* da *Função Administrativa*, Belo Horizonte, Fórum, 2006, p. 85.

11. Celso Antônio Bandeira de Mello, *Curso de Direito Administrativo*, cit., 32ª ed., p. 124.

12. CF brasileira, art. 37, XXI.

O legislador optou por ressaltar na Constituição Federal referido princípio, quando determina no certame licitatório a igualdade de condições a todos os concorrentes, com cláusulas estabelecendo as obrigações de pagamento, mantidas as condições efetivas da proposta.

2.5 Princípio da publicidade

O Poder Público deverá agir com a maior transparência possível, seus atos devem ser publicados fora dos órgãos da Administração. É o caso do jornal oficial, ou instrumento convocatório afixado em lugar público, a fim de dar início à produção de seus efeitos e permitir o amplo acesso aos interessados.

O professor José Afonso da Silva lembra que "a *publicação* oficial é exigência da executoriedade do ato que tenha que produzir efeitos externos",[13] ressalvado o sigilo na apresentação das propostas.

Sobre a matéria ensina o professor Marçal Justen Filho: "A ausência de publicidade somente é admitida quando colocar em risco a satisfação de outros interesses atribuídos ao Estado. Existem contratações que envolvem questões sigilosas".[14]

Destarte, o sigilo sempre deverá ser justificado, e o julgamento das propostas deverá ser realizado sem a presença dos interessados. Posteriormente, com a divulgação do resultado do julgamento, é cabível aos interessados ingressar nas vias judiciais ou administrativas.

Afinal, os recursos administrativos são os instrumentos instauradores do processo de reexame interno de ato, decisão ou comportamento da entidade licitante, e estão estabelecidos no art. 109[15] e os prazos no art. 110[16] da Lei 8.666/1993.

13. José Afonso da Silva, *Comentário Contextual à Constituição*, 9ª ed., São Paulo, Malheiros Editores, 2014, p. 341.

14. Marçal Justen Filho, *Curso de Direito Administrativo*, Belo Horizonte, Fórum, 2010, p. 452.

15. Lei 8.666/1993:

"Art. 109. Dos atos da Administração decorrentes da aplicação desta Lei cabem: I – recurso, no prazo de 5 (cinco) dias úteis a contar da intimação do ato ou da lavratura da ata, nos casos de: a) habilitação ou inabilitação do licitante; b) julgamento das propostas; c) anulação ou revogação da licitação; d) indeferimento do pedido de inscrição em registro cadastral, sua alteração ou cancelamento; e) rescisão do contrato, a que se refere o inciso I do art. 79 desta Lei; f) aplicação das penas de advertência, suspensão temporária ou de multa; II – representação, no prazo de 5 (cinco) dias úteis da intimação da decisão relacionada com o objeto da licitação ou do contrato, de que não caiba recurso hierárquico; III – pedido de reconsideração, de decisão de Ministro de Estado, ou Secretário Estadual ou Municipal, conforme o caso, na hipótese do § 4º do art. 87 desta Lei, no prazo de 10 (dez) dias úteis da intimação do ato.

"§ 1º. A intimação dos atos referidos no inciso I, alíneas 'a', 'b', 'c' e 'e', deste artigo, excluídos os relativos a advertência e multa de mora, e no inciso III será feita mediante publicação na Imprensa Oficial, salvo para os casos previstos nas alíneas 'a' e 'b', se presentes os prepostos dos licitantes no ato em que foi adotada a decisão, quando poderá ser feita por comunicação direta aos interessados e lavrada em ata.

"§ 2º. O recurso previsto nas alíneas 'a' e 'b' do inciso I deste artigo terá efeito suspensivo, podendo a autoridade competente, motivadamente e presentes razões de interesse público, atribuir ao recurso interposto eficácia suspensiva aos demais recursos.

"§ 3º. Interposto, o recurso será comunicado aos demais licitantes, que poderão impugná-lo no prazo de 5 (cinco) dias úteis.

"§ 4º. O recurso será dirigido à autoridade superior, por intermédio da que praticou o ato recorrido, a qual poderá reconsiderar sua decisão, no prazo de 5 (cinco) dias úteis, ou,

2.6 Princípio da probidade administrativa

Definida pelo professor José Afonso da Silva[17] como uma forma de moralidade administrativa e destacada pela Carta Magna ao punir o ímprobo com a suspensão de direitos políticos (art. 37, § 4º). Consiste no dever do funcionário de "servir a Administração com honestidade, procedendo, no exercício das suas funções, sem aproveitar os poderes ou facilidades delas decorrentes em proveito pessoal ou de outrem a quem queira favorecer".[18]

Marçal Justen Filho[19] resume a improbidade administrativa como ação ou omissão intencionalmente violadora do dever constitucional de moralidade no exercício da função pública, tal como definido por lei.

Julgados do STJ[20] consagram que o elemento subjetivo é essencial à caracterização da improbidade administrativa. Diante disso, são requisitos para que se configure a improbidade: o enriquecimento ilícito, o prejuízo ao Erário bem como afronta aos princípios basilares da Administração Pública expressos na Constituição Federal, tais como legalidade, impessoalidade, moralidade, publicidade e eficiência.

O princípio da probidade administrativa é dever do administrador público, cuja desobediência implica os crimes previstos na Lei 8.429/1992.

2.7 Princípio da vinculação ao instrumento convocatório

O instrumento convocatório poderá ser o edital ou a carta- convite, dependendo da modalidade licitatória. Objetiva delimitar as condições norteadoras dos atos do certame licitatório, definindo seu objeto de forma precisa bem como determinando os deveres e as garantias das partes interessadas.

Na lição de Hely Lopes Meirelles, o instrumento convocatório é "*a lei interna da licitação*",[21] devendo ser observada pelos licitantes e pela Administração.

Com efeito, o edital, enquanto instrumento convocatório, faz lei entre as

nesse mesmo prazo, fazê-lo subir, devidamente informado, devendo, neste caso, a decisão ser proferida dentro do prazo de 5 (cinco) dias úteis, contado do recebimento do recurso, sob pena de responsabilidade.

"§ 5º. Nenhum prazo de recurso, representação ou pedido de reconsideração se inicia ou corre sem que os autos do processo estejam com vista franqueada ao interessado.

"§ 6º. Em se tratando de licitações efetuadas na modalidade de 'carta-convite' os prazos estabelecidos nos incisos I e II e no § 3º deste artigo serão de 2 (dois) dias úteis."

16. Lei 8.666/1993:

"Art. 110. Na contagem dos prazos estabelecidos nesta Lei, excluir-se-á o dia do início e incluir-se-á o do vencimento, e considerar-se-ão os dias consecutivos, exceto quando for explicitamente disposto em contrário.

"Parágrafo único. Só se iniciam e vencem os prazos refe

17. José Afonso da Silva, *Curso de Direito Constitucional Positivo*, 38ª ed., São Paulo, Malheiros Editores, 2015, p. 680.

18 Idem ibidem.

19. Marçal Justen Filho, *Curso de Direito Administrativo*, cit., p. 828.

20. Precedentes do STJ: Brasil/Superior Tribunal de Justiça: REsp 909.446-RN, Acórdão 958.336, sessão de 6.4.2010, *DJU*, Brasília/DF, 22.4.2010; REsp 878.506-SP, Acórdão 903.527, sessão de 18.8.2009, *DJU*, Brasília/DF, 14.9.2009.

21. Hely Lopes Meirelles, *Direito Administrativo Brasileiro*, cit., 41ª ed., p. 312.

partes,[22] além de tornar pública a pretensão de contratar com a Administração Pública.

No mais, é de se assentar que a jurisprudência do STJ[23] firmou-se no sentido de que a competência do Poder Judiciário, quando da interpretação das condições editalícias do certame, limita-se a afastar possível ilegalidade do edital.

Qualquer descumprimento de cláusula prevista no instrumento convocatório poderá resultar na inabilitação ou desclassificação da proposta. Por fim, de qualquer modificação no edital feita pela Administração Pública resultará obrigatoriedade de reabertura do prazo para apresentação de propostas, exceto quando, inquestionavelmente, a alteração não afetar a formulação das propostas.

2.8 Princípio do julgamento objetivo

Baseia-se no edital e nas propostas apresentadas. É pacificado na doutrina que apenas o critério "menor preço" permite o real julgamento objetivo, uma vez que os demais implicam certo subjetivismo na escolha do vencedor, minimizado, em grande parte, pelos critérios especificados no edital.

O instrumento convocatório deverá ser claro ao determinar as regras, fixando critérios objetivos, embora a doutrina atualmente entenda que a objetividade não é absoluta, tendo em vista que a qualificação técnica emite juízo de valores.

2.9 Princípio da adjudicação compulsória ao licitante vencedor

Veda a abertura de nova licitação enquanto a adjudicação anterior for válida, bem como a possibilidade de a Administração atribuir o objeto da licitação a quem não seja o vencedor, salvo justo motivo.

Interessante destacar que ao vencedor se atribui tão somente a vitória na licitação, sendo o contrato mera expectativa de direito, conforme posição jurisprudencial.[24]

Logo, é importante esclarecer que o vencedor do certame licitatório não tem garantia do contrato, porém, conforme previsão legal, poderá exigir, caso a Administração contrate, que seja com ele.

Interessante destacar o Sistema de Registro de Preços, elencado no art. 15 da Lei 8.666/1993. Ensina o professor

22. Brasil/Superior Tribunal de Justiça, REsp 354.977-SC, Acórdão 442.705, rel. Min. Humberto Gomes de Barros, sessão de 18.11.2003, *DJU*, Brasília/DF, 19.12.2003.

23. Brasil/Superior Tribunal de Justiça, REsp 796.388-SP, Acórdão 710.763, rel. Min. João Otávio de Noronha, sessão de 14.8.2007, *DJU*, Brasília/DF, 5.9.2007.

24. "Administrativo – Licitação – Vencedor – Contratação – Mera expectativa de direito – Precedentes do STJ – Anulação da tomada de preços – Legalidade do ato – Pedido de indenização por perdas e danos – Desacolhimento. I – Pretende a apelante a condenação do INPI ao pagamento de indenização por perdas e danos, em valor correspondente ao lucro que teria obtido caso a licitação não tivesse sido anulada. II – A pretensão não merece acolhida pela simples razão de que nem mesmo o vencedor da licitação tem direito adquirido à contratação, mas apenas expectativa de direito. Nesse sentido, dentre outros, MS n. 4513-DF (STJ, Corte Especial, rel. Min. Vicente Leal, *DJU* 4.9.2000, p. 114) e RMS n. 1.717-PR. III – Ainda que assim não fosse, a pretensão da apelante não poderia ser acolhida, pois os elementos dos autos evidenciam, inclusive, que a licitação foi anulada de forma justificada, com amparo no edital e na lei" (Brasil/Tribunal Regional Federal-2ª Região, ACi 089.02.00633-6, rel. Des. Federal Sérgio Schwaitzer, sessão de julgamento de 30.3.2005, Rio de Janeiro/RJ, *DJU* 20.4.2005).

Celso Antônio Bandeira de Mello: "O 'registro de preços' é um procedimento que a Administração pode adotar perante compras rotineiras de bens padronizados ou mesmo na obtenção de serviços. Neste caso, como presume que irá adquirir os bens ou recorrer a estes serviços não uma, mas múltiplas vezes, abre um certame licitatório em que o vencedor, isto é, o que ofereceu a cotação mais baixa, terá seus preços 'registrados'. Quando a promotora do certame necessitar destes bens ou serviços irá obtê-los, sucessivas vezes se for o caso, pelo preço cotado e registrado".[25]

Dito isto, o Sistema de Registros de Preços visa a contratações futuras e é procedido nas modalidades concorrência ou pregão. A Ata de Registro de Preços não é mero contrato, isto porque a contratação somente ocorre se houver necessidade. Também não obriga a aquisição ou o serviço pela Administração, mas esta, se desejar adquirir o bem ou o serviço durante a vigência da Ata, cujos preços se mostrarem vantajosos, estará obrigada a contratar com a empresa constante da referida Ata.

Por fim, os órgãos e entidades da Administração Estadual poderão utilizar-se de Atas de Registros de Preços realizadas pela União, Distrito Federal, outros Estados e Municípios, uma vez demonstrada a vantagem econômica em tal adesão comparativamente aos preços registrados no Sistema Integrado de Informações Físico-Financeiras/SIAFISICO ou aos praticados no mercado. Trata-se, portanto, de preços unificados que permitem maior eficiência da máquina estatal.

25. Celso Antônio Bandeira de Mello, *Curso de Direito Administrativo*, cit., 32ª ed., p. 587.

2.10 Princípio do procedimento formal

Trata-se de princípio defendido pelo professor Hely Lopes Meireles, que averbou: "O princípio do *procedimento formal*, todavia, não significa que a Administração deva ser 'formalista' a ponto de fazer exigências inúteis ou desnecessárias à licitação, como também não quer dizer que se deva anular o procedimento ou o julgamento, ou inabilitar licitantes, ou desclassificar propostas, diante de simples omissões ou irregularidades na documentação ou na proposta, desde que tais omissões ou irregularidades sejam irrelevantes e não causem prejuízos à Administração ou aos concorrentes. A regra é a dominante nos processos judiciais: não se declara nulidade onde não houver dano para qualquer das partes – *pas de nullité sans grief*, no dizer dos franceses".[26]

A própria lei caracterizou tal procedimento como ato administrativo formal, seja ele praticado em qualquer esfera da Administração Pública. Nesse sentido o entendimento do STJ no MS 5.606-DF.[27]

Desse modo, não se confunde com o mero formalismo, caracterizado pelo defensor desse princípio como "exigências inúteis e desnecessárias".

Sob esse prisma, atualmente o formalismo é mitigado, em razão de necessário prejuízo à Administração ou aos licitantes,

26. Hely Lopes Meirelles, *Licitação e Contrato Administrativo*, 15ª ed., São Paulo, Malheiros Editores, 2010, p. 36.

27. "As regras do procedimento licitatório devem ser interpretadas de modo que, sem causar prejuízo à Administração e aos interessados no certame, possibilitem a participação do maior número possível de concorrentes, a fim de que seja possibilitado se encontrar, entre várias propostas, a mais vantajosa."

não se desclassificando as propostas eivadas de meras omissões, defeitos irrelevantes, irregularidades.

2.11 Princípio do sigilo das propostas

Visa a estimular a competitividade leal entre os licitantes, de forma a preservar o princípio isonômico; logo, o conteúdo das propostas até a respectiva abertura será sigiloso, sob pena de constituir ilícito penal e ensejar a anulação do procedimento, nos termos da lei.

3. Da licitação

3.1 Noções iniciais e conceitos

A origem da palavra "licitação" provém do Latim *licitor*, significando "oferecer maior lance", "licitar", "combater".

Trata-se de instituto de direito administrativo, e, portanto dotado pelo regime jurídico-administrativo. Isto é, nas palavras do professor Celso Antônio Bandeira de Melo, o conjunto de princípios peculiares ao direito administrativo, os quais guardam entre si uma relação lógica de coerência e unidade.[28]

Pois bem, o regime jurídico-administrativo está atrelado à consagração dos princípios da supremacia do interesse público sobre o privado, bem como da indisponibilidade, pela Administração, dos interesses públicos.

Quanto ao instrumento de licitação, ensina Celso Antônio Bandeira de Mello, "é o procedimento administrativo pelo qual uma pessoa governamental, pretendendo alienar, adquirir ou locar bens, realizar obras ou serviços, outorgar concessões, permissões de obra, serviço ou de uso exclusivo de bem público, segundo condições por ela estipuladas previamente, convoca interessados na apresentação de propostas, a fim de selecionar a que se revele mais conveniente em função de parâmetros antecipadamente estabelecidos e divulgados".[29]

O mesmo posicionamento tem o professor Marçal Justen Filho: "é um procedimento administrativo disciplinado por lei e por um ato administrativo prévio, que determina critérios objetivos de seleção da proposta de contratação mais vantajosa, com observância do princípio da isonomia, conduzido por um órgão dotado de competência específica".[30]

Entretanto, Adilson Dallari definiu *licitação* como "procedimento administrativo unilateral, discricionário, destinado à seleção de um contratante com a Administração Pública para a aquisição ou alienação de bens, a prestação de serviços e a execução de obras".[31]

Não compartilha desse entendimento a professora Lúcia Valle Figueiredo, que diverge quanto à classificação do procedimento em discricionário, e preconiza: "(...) as etapas do procedimento ou, por outra, a sequência dos atos que o compõem é totalmente vinculada; os diversos atos, entretanto, terão conteúdo ora vinculado, ora com maior grau de discricionariedade. Discricionário também é o momento de instauração do procedimento".[32]

28. Celso Antônio Bandeira de Mello, *Curso de Direito Administrativo*, cit., 32ª ed., p. 53.

29. Idem, p. 538.

30. Marçal Justen Filho, *Curso de Direito Administrativo*, cit., p. 309.

31. Adilson Abreu Dallari, *Aspectos Jurídicos da Licitação*, 4ª ed., São Paulo, Saraiva, 1997.

32. Lúcia Valle Figueiredo, *Curso de Direito Administrativo*, 9ª ed., São Paulo, Malheiros Editores, 2008, p. 473.

Com isto se esclarece que a licitação é procedimento administrativo, isto é, "uma sucessão itinerária e encadeada de atos sucessivos que, embora tenha cada um finalidade específica, tendem todos a um resultado final e conclusivo, em função do qual se entrosam e harmonizam", conforme preconiza o professor Celso Antônio Bandeira de Mello.[33]

Acresce que esse procedimento administrativo é regido pela Administração Pública com o interesse de contratar com o particular sujeito às condições fixadas no instrumento convocatório, a fim de estabelecer uma competição para avençar o fornecimento de bens ou serviços, selecionando a melhor proposta, bem como a promoção do desenvolvimento nacional sustentável.

Portanto, em síntese, as finalidades da licitação são: o respeito ao princípio isonômico, a seleção da proposta mais vantajosa para a Administração Pública – não necessariamente será a de menor preço –, bem como a promoção do desenvolvimento nacional sustentável.

A Lei 8.666/1993 previu as seguintes modalidades licitatórias: a concorrência, a tomada de preços, o convite, o concurso e o leilão. Atualmente temos uma sexta modalidade, que é o pregão, acrescentada pela Medida Provisória 2.026, de 4.5.2000, que foi reeditada até ser convertida na Lei federal 10.520, de 17.7.2002.

4. O certame licitatório

É cediço que o certame licitatório é um procedimento administrativo e depende da ocorrência de três pressupostos. O mestre Celso Antônio Bandeira de Mello preconiza: "(...). À falta deles, o certame licitatório seria um autêntico sem-sentido ou simplesmente não atenderia às finalidades em vista das quais foi concebido. (...)".[34]

Com efeito, podemos destacar o pressuposto lógico, o pressuposto jurídico e o pressuposto fático.

O primeiro refere-se à necessidade de uma pluralidade de ofertantes e objetos, salvo casos previstos em lei.

No tocante ao pressuposto jurídico, destacamos os ensinamentos do professor Celso Antônio: "(...), a licitação não é um fim em si mesmo, é um *meio* para chegar utilmente a um dado resultado: o travamento de uma certa relação jurídica. (...)".[35] Logo, é forçoso reconhecer a função do certame licitatório, que nada mais é do que atingir o interesse público.

Por sua vez, o pressuposto fático refere-se a existência de interessados em disputar o certame licitatório.

As fases da licitação dividem-se em interna e externa. A fase interna corresponde à fase anterior à publicação do edital, isto é, composta por procedimentos formais, como a elaboração do edital, definição do tipo e da modalidade do certame licitatório, de acordo com o valor do objeto. Por sua vez, a fase externa exterioriza-se com a divulgação ao público do instrumento convocatório, sucedida pelas subfases denominadas habilitação, apresentação das propostas e documentos, classificação e julgamento.

O recurso cabível da decisão que inabilita participante terá efeito suspensivo, no prazo de cinco duas úteis contados da

33. Celso Antônio Bandeira de Mello, *Curso de Direito Administrativo*, cit., 32ª ed., p. 626.

34. Idem, p. 556.

35. Idem, ibidem.

intimação na sessão ou da publicação da decisão no *Diário Oficial*.

Uma vez rejeitado o recurso, é possível impetrar o remédio constitucional denominado mandando de segurança. Na lição do professor José Afonso da Silva: "O *mandado de segurança* é, assim, um remédio constitucional, com *natureza de ação civil*, posto à disposição de titulares de direito líquido e certo lesado ou ameaçado de lesão por ato ou omissão de autoridade pública ou agente de pessoa jurídica no exercício de atribuições do Poder Público".[36]

Por outras palavras: o mandado de segurança protege uma garantia individual. No caso de nenhum licitante ser habilitado, a Administração determinará o prazo de oito dias para a complementação dos documentos cabíveis.

A Lei 8.666/1993 discriminou quatro institutos de contratação direta: dispensa, inexigibilidade, vedação e licitação dispensada; e estão elencadas, respectivamente, nos arts. 24 (rol taxativo), 25 (rol exemplificativo) e 24, IX.[37]

A Carta Magna estabeleceu, no seu art. 37, XXI, que a Administração Pública direta – isto é, a União Federal, os Estados, os Municípios e o Distrito Federal – bem como a Administração Pública indireta – composta por autarquias, empresas públicas, sociedades de economia mista e fundações governamentais – são obrigadas a realizar o certame licitatório.

Prevê o art. 119 desse diploma que as sociedades de economia mista, empresas e fundações públicas e demais entidades controladas direta ou indiretamente pela União, bem como pelas entidades referidas no artigo anterior, editarão regulamentos próprios devidamente publicados. Seu parágrafo único contempla que esses regulamentos no âmbito da Administração Pública, após aprovados pela autoridade de nível superior a que estiverem vinculados os respectivos órgãos, sociedades e entidades, deverão ser publicados na Imprensa Oficial.

Entretanto, não podemos esquecer a alteração constitucional trazida pela Emenda 19, de 4.6.1998, no art. 22, XXVII.[38]

A questão é que as sociedades de economia mista e as empresas públicas ex-

36. José Afonso da Silva, *Comentário Contextual à Constituição*, cit., 9ª ed., p. 166.

37. Lei 8.666/1993, art. 24, IX: "IX – quando houver possibilidade de comprometimento da segurança nacional, nos casos estabelecidos em decreto do Presidente da República, ouvido o Conselho de Defesa Nacional; (...)". Todavia, por ser decorrente de situações excepcionais, proíbe a promoção do instituto licitatório, em razão da proteção ao interesse público primário, e por isso trata-se de decisão vinculada da Administração Pública. Outro exemplo dado pela doutrina é o da compra de vacinas durante epidemia. Na visão do mestre Celso Antônio Bandeira de Mello: "(...). A sistematização legal deixou de referir a licitação proibida simplesmente porque é imperfeita e não apenas sob este aspecto" (*Curso de Direito Administrativo*, cit., 32ª ed., p. 571).

38. CF, art. 22, XXVII: "Art. 22. Compete privativamente à União legislar sobre: (...); XXVII – normas gerais de licitação e contratação, em todas as modalidades, para as Administrações Públicas diretas, autárquicas e fundacionais da União, Estados, Distrito Federal e Municípios, obedecido o disposto no art. 37, XXI, e para as empresas públicas e sociedades de economia mista, nos termos do art. 173, § 1º, III; (...)" (art. 173, § 1º: "§ 1º. A lei estabelecerá o estatuto jurídico da empresa pública, da sociedade de economia mista e de suas subsidiárias que explorem atividade econômica de produção ou comercialização de bens ou de prestação de serviços, dispondo sobre: ...; III – licitação e contratação de obras, serviços, compras e alienações, observados os princípios da Administração Pública; ...").

ploradoras de atividade econômica serão regidas futuramente pela lei mencionada nesse dispositivo constitucional, a ser editada de acordo com o art. 173, § 1º, III.

O professor Celso Antônio Bandeira de Mello posiciona-se no sentido de que as sociedades de economia mista e empresas públicas exploradoras de atividade econômicas estão sujeitas ao dever de licitar.[39] Isto porque a Carta Maior, em seu art. 37, XXI, não discriminou se tais entidades são, ou não, exploradoras de atividade econômica – o que nos permite concluir que são também abrangidas.

5. *Legislação*

5.1 Competência para legislar

O art. 22, XXVII, da Carta Maior prescreveu que cabe à União Federal editar "normas gerais" sobre licitação e contratação.

A doutrina adota o posicionamento de que todas as entidades legislativas federativas legislam sobre licitação; logo, se trata de competência concorrente, sugerindo, então, que referido inciso deveria estar alocado no rol do art. 24 da Carta Maior.

5.2 O fundamento constitucional do dever de legislar

O fundamento constitucional do dever de licitar encontra-se no imperativo do art. 37, XXI.[40] Assim, o texto constitucional determinou expressamente a obrigatoriedade do dever de licitar, sendo a contratação direta mera faculdade da Administração, ressalvadas as hipóteses legais.

5.3 Legislações esparsas

A Lei federal 8.666/1993, conhecida como Lei Geral de Licitações, atualmente disciplina as normas gerais sobre licitações e contratos administrativos pertinentes a obras, serviços, inclusive de publicidade, compras, alienações e locações no âmbito dos Poderes da União, dos Estados, do Distrito Federal e dos Municípios.

De suma importância a Lei 10.520/2002, que introduziu a nova modalidade licitatória denominada pregão, embora já fosse previsto na Lei 9.472/1997 (que criou a ANATEL); com seu advento a matéria se tornou definitivamente consolidada e disciplinada.

Destacam-se normas regulamentadoras como o Decreto 3.555/2000, que regulamentou o procedimento do pregão para a aquisição de bens e serviços comuns no âmbito federal; bem como o Decreto 5.450/2005, que definiu o procedimento a ser adotado no pregão eletrônico, como modalidade de licitação do tipo menor preço, e se destina à aquisição de bens e serviços comuns, no âmbito da União.

Vale mencionar o Decreto 7.851/2011, que regulamenta o Regime Diferenciado de Contratações Públicas/RDC, disposto na Lei 12.462/2011, aplicando-se exclusivamente às licitações e contratos neces-

39. Celso Antônio Bandeira de Mello, *Curso de Direito Administrativo*, cit., 32ª ed., pp. 555-556.

40. CF, art. 37, XXI: "XXI – ressalvados os casos especificados na legislação, as obras, serviços, compras e alienações serão contratados mediante processo de licitação pública que assegure igualdade de condições a todos os concorrentes, com cláusulas que estabeleçam obrigações de pagamento, mantidas as condições efetivas da proposta, nos termos da lei, o qual somente permitirá as exigências de qualificação técnica e econômica indispensáveis à garantia do cumprimento das obrigações; (...)".

sários à realização dos Jogos Olímpicos e Paraolímpicos de 2016; da Copa das Confederações da *Fedération Internacionale de Football Association*/FIFA 2013 e da Copa do Mundo FIFA 2014; bem como de obras de infraestrutura e à contratação de serviços para os aeroportos das Capitais dos Estados distantes até 350km das cidades-sedes das competições dos eventos supracitados. Igualmente, na seara de ações integrantes do Programa de Aceleração do Crescimento/PAC e obras e serviços de engenharia no âmbito do Sistema Único de Saúde/SUS.

A Lei 12.440/2011 inova na criação de exigência no tocante à habilitação no certame licitatório; e a Lei 12.715/2012 cria nova hipótese de dispensa de licitação, no inciso XXXII do art. 24 da Lei 8.666/1993, na contratação em que houver transferência de energia de produtos estratégicos para o Sistema Único de Saúde/SUS, conforme elencados em ato da Direção Nacional do SUS, inclusive por ocasião da aquisição destes produtos durante as etapas de absorção tecnológica.

Enquanto o Decreto 7.816/2012 estabeleceu a aplicação de margem de preferência em licitações realizadas no âmbito da Administração Pública Federal para aquisição de caminhões, furgões e implementos rodoviários, para fins do disposto no art. 3º da Lei de Licitações.

A Medida Provisória 619/2013, convertida na Lei 12.873/2013, e regulamentada pelo Decreto 8.038/2013, que trata do Programa Nacional de Apoio à Captação de Água de Chuva e Outras Tecnologias Sociais de Acesso à Água/Programas Cisternas, determina, em seu art. 9º (art. 13 da Lei), as contratações decorrentes do art. 24, *caput*, XXXIII, da Lei de Licitações.

A mudança legislativa da Lei 12.873/2013 altera o inciso XXXIII do art. 24 da Lei de Licitações no tocante à dispensa de contratação de entidades privadas sem fins lucrativos para a implementação de cisternas ou outras tecnologias sociais de acesso à água para consumo humano e produção de alimentos, para beneficiar as famílias rurais de baixa renda atingidas pela seca ou falta regular de água.

No tocante ao Sistema de Registro de Preços, em 23.1.2013 foi publicado o Decreto federal 7.892, regulamentando o Sistema de Registro de Preços.

Inicialmente é forçoso ressaltar que o Sistema de Registro de Preços não é uma modalidade de licitação, e somente com o referido decreto foi disciplinado seu procedimento.

De efeito, as hipóteses estão elencadas no art. 3º do decreto: (i) quando a Administração Pública tiver a necessidade de contratações frequentes; (ii) quando conveniente a aquisição de bens e serviços com previsão de entregas parceladas ou contratação de serviços remunerados por unidade de medida ou em regime de tarefas; (iii) quando conveniente a aquisição de bens ou a contratação de atendimento a mais de um órgão ou entidade, ou a programa de governo; (iv) quando, pela natureza do objeto, não for possível definir previamente o quantitativo a ser demandado pela Administração.

Com fulcro nas lições de Marçal Justen Filho, o Sistema de Registro de Preços é um contrato normativo, expressão que indica uma relação jurídica de cunho preliminar e abrangente, que estabelece negócio jurídico disciplinando o modo de aperfeiçoamento de futuras contratações entre as partes.[41]

41. Marçal Justen Filho, *Comentários à lei de Licitações e Contratos Administrativos*, 11ª ed., São Paulo, Dialética, 2005, p. 144.

Com efeito, cabe ressaltar que, ao realizar o Sistema de Registro de Preços, a Administração Pública não está obrigada a contratar, haja vista que contrata conforme suas necessidades.

A principal vantagem é a invocação dos princípios da economicidade, eficiência e publicidade, uma vez que diversos órgãos detêm a faculdade de participar da Ata de Registro de Preço, adquirindo em conjunto produtos ou serviços para o prazo de até 12 meses, bem como a possibilidade do controle de qualquer cidadão, mediante publicação dos preços registrados trimestralmente na Imprensa Oficial, conforme estabelece o § 2º do art. 15 da Lei de Licitações.

6. Finalidades da licitação

O instituto da licitação é procedimento que visa à satisfação do interesse público, pautando-se sobretudo no princípio da isonomia.

As finalidades do instituto licitatório encontram-se dispostas no art. 3º da Lei 8.666/1993,[42] e possui triplo objetivo, a saber: proporcionar à Administração Pública a possibilidade de realizar o negócio mais vantajoso, bem como assegurar aos administrados a oportunidade de concorrerem, em igualdade de condições, à contratação pretendida pela Administração, e por fim, a promoção de desenvolvimento nacional sustentável.

Além disso, o certame licitatório tem como pressuposto a competição. Isto é: quando o universo dos possíveis licitantes não estiver previamente circunscrito, de sorte que dele não se exclua algum ou alguns licitantes potenciais.

Por outro lado, a competição-disputa assegura a todos a oportunidade de concorrerem à contratação pretendida; os licitantes devem apresentar as propostas, e a partir dos critérios e objetivos estabelecidos a Administração escolherá o negócio mais vantajoso a ser contratado.

Em suma: o art. 3º da Lei 8.666/1993 enumera alguns dos fins buscados pela licitação, além de destacar a quais princípios a licitação se subordina.

6.1 Princípio da isonomia

O princípio da isonomia consubstancia um princípio geral de todo o ordenamento jurídico. Trata-se de umas das consequências da instituição da República. Do Latim *respublica*, com o significado de *res* sinônimo de "coisa" e *publicus*, "coisa comum" – ou seja: a coisa pública é do povo.[43]

Para Geraldo Ataliba[44] o princípio da isonomia é uma decorrência imediata do princípio republicano, e não há ato ou forma de expressão estatal que possa escapar ou subtrair-se às exigências da igualdade.

Na Lei Maior, em seu art. 1º, parágrafo único, o legislador dispôs que "todo o

42. Lei 8.666/1993: "Art. 3º. A licitação destina-se a garantir a observância do princípio constitucional da isonomia, a seleção da proposta mais vantajosa para a Administração e a promoção do desenvolvimento nacional sustentável e será processada e julgada em estrita conformidade com os princípios básicos da legalidade, da impessoalidade, da moralidade, da igualdade, da publicidade, da probidade administrativa, da vinculação ao instrumento convocatório, do julgamento objetivo e dos que lhes são correlatos".

43. Marco Túlio Cícero, *Da República*, 5ª ed., Rio de Janeiro, Ediouro, p. 93.

44. Geraldo Ataliba, *República e Constituição*, 3ª ed., atualizada por Rosolea Miranda Folgosi, São Paulo, Malheiros Editores, 2011, p. 157.

poder emana do povo", consagrando como princípio fundamental a forma República e o Estado Democrático.

O princípio isonômico está previsto desde o "Preâmbulo" da Constituição Federal, o que nos permite concluir sua vital importância da perspectiva jurídica e ideológica.

Ensina Paulo Bonavides[45] que o "Preâmbulo" é o local no qual se reúne a ideologia constitucional. Entretanto, conforme entendimento do STF na ADI 2.076,[46] o "Preâmbulo" situa-se fora do Direito, refletindo posição ideológico-política do constituinte.

O princípio da igualdade consiste em dar tratamento igual aos iguais e desigual aos desiguais. Ensina-nos o professor Celso Antônio Bandeira de Mello que o princípio da igualdade consiste em assegurar regramento "*uniforme às pessoas que não sejam entre si diferenciáveis por razões lógicas e substancialmente (isto é, à face da Constituição) afinadas com eventual disparidade de tratamento*".[47]

Também leciona o duplo objetivo desse princípio: "(...) de um lado propiciar garantia individual (não é sem razão que se acha insculpido em artigo subordinado à rubrica constitucional 'Dos Direitos e Garantias Fundamentais') contra perseguições e, de outro, tolher favoritismos".[48]

Por isso, destaca o fato de o discrímen não guardar "relação de pertinência lógica com a disparidade de regimes outorgados".[49] Dessa forma, a aplicação da lei deve se compatibilizar com o princípio isonômico.

Assim, no certame licitatório a ideia central é o oferecimento de igualdade de condições a todos que tenham intenção de contratar com a Administração, desde que preenchidas as condições discriminadas no instrumento convocatório.

Ante o exposto, a jurisprudência prestigia o princípio da isonomia no certame licitatório, e o STF já firmou orientação no sentido de que a participação de um único licitante no procedimento licitatório configura falta de competitividade.[50]

Isto porque o fim a ser buscado é o interesse público. Nesse sentido, os

45. Paulo Bonavides, *Curso de Direito Constitucional*, 30ª ed., São Paulo, Malheiros Editores, 2015, p. 230.

46. "*Ementa:* Constitucional – Constituição – 'Preâmbulo' – Normas centrais – Constituição do Acre. I – Normas centrais da Constituição Federal: essas normas são de reprodução obrigatória na Constituição do Estado-membro, mesmo porque, reproduzidas ou não, incidirão sobre a ordem local – Reclamações ns. 370-MT e 383-SP (*SJT* 147/404). II – 'Preâmbulo' da Constituição não constitui norma central – Invocação da proteção de Deus: não se trata de norma de reprodução obrigatória na Constituição Estadual, não tendo força normativa. III – Ação direta de inconstitucionalidade julgada improcedente" (Brasil/Supremo Tribunal Federal, ADI 2.076, rel. Min. Carlos Velloso, sessão de julgamento de 15.8.2002, *DJU*, Brasília/DF, 8.8.2003, p. 86).

47. Celso Antônio Bandeira de Mello, "Princípio da isonomia: desequiparações proibidas e desequiparações permitidas", *RTDP* 1/83, São Paulo, Malheiros Editores, 1993.

48. Celso Antônio Bandeira de Mello, *O Conteúdo Jurídico do Princípio da Igualdade*, 3ª ed., 23ª tir., São Paulo, Malheiros Editores, 2014, p. 23.

49. Idem, p. 47.

50. Conforme a jurisprudência: "Administrativo – Licitação – Apenas um candidato em condições de participar – Revogação pela Administração – Possibilidade, pois o interesse público recomenda que mais de um candidato participe efetivamente da licitação – Recurso não conhecido" (Brasil/Superior Tribunal de Justiça, REsp 46.179-MG, 2ª Turma, rel. Min. Adhemar Maciel, sessão de julgamento de 1.12.1997, *DJU*, Brasília/DF, 11.5.1998).

ensinamentos de Hely Lopes Meirelles consagram:

"A *igualdade entre os licitantes* é o princípio primordial da licitação – previsto na própria Constituição da República (art. 37, XXI) –, pois não pode haver procedimento seletivo com discriminação entre os participantes, (...).

"(...).

"O que o *princípio da igualdade entre os licitantes* veda é a cláusula discriminatória ou o julgamento faccioso que *desiguala os iguais* (...)"[51] (grifos nossos).

Leciona o mestre Celso Antônio Bandeira de Mello: "(...) a licitação é uma aplicação concreta do princípio da igualdade, o qual, na Constituição, está encartado como um dos direitos e garantias fundamentais. Assim, não há duvidar que, por força disto, os cidadãos têm o direito de participar de uma licitação segundo regras estabelecidas por *lei – que direitos se regulam por lei, e não por atos de órgãos da Administração* (...)".[52]

Interessante destacar a doutrina de Marçal Justen Filho,[53] uma vez que rejeita a tese tradicional da "supremacia" do interesse público. Ele sustenta que o único valor supremo é a dignidade da pessoa humana. Afirma também que a expressão "interesse público" não apresenta conteúdo próprio, específico e determinado.

Entretanto, não concordamos com o posicionamento do autor mencionado. Entendemos que não é possível hierarquizar os princípios. Isto porque a dignidade da pessoa humana encontra-se no imperativo do art. 1º, III, da CF,[54] e, para o professor José Afonso da Silva, "daí sua natureza de valor supremo, porque está na base de toda a vida nacional".[55] E isso não quer dizer que seja o único valor supremo, tendo em vista outros fundamentos consagrados constitucionalmente, além de o interesse público ser de vital importância, garantindo a todos uma ordem social estável.

Destarte, cumpre assinalar a situação de microempresas e empresas de pequeno porte no procedimento licitatório, regulada pela Lei Complementar 123, de 16.12.2006, cujas características estão dispostas no art. 3º, I e II.[56]

Isto é: as microempresas e as empresas de pequeno porte detêm tratamento

51. Hely Lopes Meirelles, *Licitação e Contrato Administrativo*, cit., 15ª ed., pp. 41-42.

52. Celso Antônio Bandeira de Mello, *Curso de Direito Administrativo*, cit., 32ª ed., p. 541.

53. Marçal Justen Filho, *Comentários à Lei de Licitações e Contratos Administrativos*, cit., 13ª ed., p. 60.

54. CF, art. 1º, III: "Art. 1º. A República Federativa do Brasil, formada pela união indissolúvel dos Estados e Municípios e do Distrito Federal, constitui-se em Estado Democrático de Direito e tem como fundamentos: (...); III – a dignidade da pessoa humana; (...)".

55. José Afonso da Silva, *Comentário Contextual à Constituição*, cit., 9ª ed., p. 40.

56. Lei Complementar 123/2006: "Art. 3º. Para os efeitos desta Lei Complementar, consideram-se microempresas ou empresas de pequeno porte a sociedade empresária, a sociedade simples e o empresário a que se refere o art. 966 da Lei n. 10.406, de 10 de janeiro de 2002, devidamente registrados no Registro de Empresas Mercantis ou no Registro Civil de Pessoas Jurídicas, conforme o caso, desde que: I – no caso das microempresas, o empresário, a pessoa jurídica, ou a ela equiparada, aufira, em cada ano-calendário, receita bruta igual ou inferior a R$ 240.000,00 (duzentos e quarenta mil Reais); II – no caso das empresas de pequeno porte, o empresário, a pessoa jurídica, ou a ela equiparada, aufira, em cada ano-calendário, receita bruta superior a R$ 240.000,00 (duzentos e quarenta mil Reais) e igual ou inferior a R$ 2.400.000,00 (dois milhões e quatrocentos mil Reais)".

favorecido e desigual, em função de comando constitucional federal.[57]

O critério de desempate será favorável para as microempresas e empresas de pequeno porte. Ocorrerá empate nas situações em que a oferta de empresa devidamente qualificada for igual ou até 10% nas modalidades e 5% para pregão superior à proposta mais bem classificada. Será permitida, então, a redução do preço abaixo do que havia sido proposto pelo melhor ofertante. Se o fizer, será a adjudicatária do objeto; caso contrário, serão convocadas as remanescentes enquadradas no referido intervalo, e serão convocadas conforme a ordem classificatória, para o exercício do mesmo procedimento.

No caso de mais de uma microempresa ou empresa de pequeno porte haver feito proposta do mesmo valor, será realizado sorteio entre elas, para que se identifique aquela que primeiro poderá apresentar melhor oferta. Entretanto, não será o caso se o melhor preço original houver sido ofertado por micro ou pequena empresa, conforme discriminados nos arts. 44 e 45 da Lei Complementar 123/2006.

Acentua-se também o teor dos arts. 47 a 49[58] desse diploma: desde que previsto e regulamentado na respectiva legislação, as microempresas e empresas de pequeno porte terão tratamento diferenciado e simplificado.

Em linhas gerais, a doutrina de Celso Antônio Bandeira de Mello sintetiza: "(...) o princípio da igualdade consiste em as-

57. CF: "Art. 170. A ordem econômica, fundada na valorização do trabalho humano e na livre iniciativa, tem por fim assegurar a todos existência digna, conforme os ditames da justiça social, observados os seguintes princípios: (...) IX – tratamento favorecido para as empresas de pequeno porte constituídas sob as leis brasileiras e que tenham sua sede e administração no País". Além da Lei Complementar 123, de 14.12.2006, nos termos do art. 1º, III: "Art. 1º. Esta Lei Complementar estabelece normas gerais relativas ao tratamento diferenciado e favorecido a ser dispensado às microempresas e empresas de pequeno porte no âmbito dos Poderes da União, dos Estados, do Distrito Federal e dos Municípios, especialmente no que se refere: (...) III – ao acesso a crédito e ao mercado, inclusive quanto à preferência nas aquisições de bens e serviços pelos Poderes Públicos, à tecnologia, ao associativismo e às regras de inclusão; (...)".

58. Lei Complementar 123/2006:

"Art. 47. Nas contratações públicas da União, dos Estados e dos Municípios poderá ser concedido tratamento diferenciado e simplificado para as microempresas e empresas de pequeno porte objetivando a promoção do desenvolvimento econômico e social no âmbito municipal e regional, a ampliação da eficiência das políticas públicas e o incentivo à inovação tecnológica, desde que previsto e regulamentado na legislação do respectivo ente.

"Art. 48. Para o cumprimento do disposto no art. 47 desta Lei Complementar, a Administração Pública poderá realizar processo licitatório: I – destinado exclusivamente à participação de microempresas e empresas de pequeno porte nas contratações cujo valor seja de até R$ 80.000,00 (oitenta mil Reais); II – em que seja exigida dos licitantes a subcontratação de microempresa ou de empresa de pequeno porte, desde que o percentual máximo do objeto a ser subcontratado não exceda a 30% (trinta por cento) do total licitado; III – em que se estabeleça cota de até 25% (vinte e cinco por cento) do objeto para a contratação de microempresas e empresas de pequeno porte, em certames para a aquisição de bens e serviços de natureza divisível.

"§ 1º. O valor licitado por meio do disposto neste artigo não poderá exceder a 25% (vinte e cinco por cento) do total licitado em cada ano civil.

"§ 2º. Na hipótese do inciso II do *caput* deste artigo, os empenhos e pagamentos do órgão ou entidade da Administração Pública poderão ser destinados diretamente às microempresas e empresas de pequeno porte subcontratadas.

segurar regramento uniforme às pessoas que não sejam entre si diferenciáveis por razões lógicas e substancialmente (isto é, em face da Constituição) afinadas com eventual disparidade de tratamento".[59]

Constatados esses fatos, é possível concluir que o princípio da isonomia configura-se no livre acesso de todo e qualquer interessado à disputa em avençar com a Administração, e principalmente refletindo na proteção dos interesses coletivos.

A Carta Maior reservou tratamento diferenciado para as microempresas e empresas de pequeno porte, consagrando o princípio isonômico em outros dispositivos, além de preceito fundamental do ordenamento jurídico.

6.2 Seleção da proposta mais vantajosa para a Administração

Para o professor Marçal Justen Filho a seleção da proposta mais vantajosa para a Administração Pública configura uma manifestação direta do princípio da República, e sintetiza: "(...) a licitação busca selecionar o contratante e a proposta que apresentem as melhores condições para atender a reclamos do interesse coletivo, tendo em vista todas as circunstâncias previsíveis (preço, capacitação técnica, qualidade etc.)".[60]

Por outro lado, na lição de Antônio Carlos Cintra do Amaral,[61] a licitação tem por finalidade a adequada execução de um contrato vantajoso. Por isso, não basta selecionar uma proposta, pois o fundamental é avençar o contrato. Isto porque a licitação não visa a obter vantagem maior para a Administração do que aquela que possa ser assegurada ao licitante vencedor.

A propósito, cabe recordar que com o advento da Lei 12.349/2010, resultado da conversão da Medida Provisória 495/2010, a introdução do desenvolvimento nacional sustentável não interfere na prevalência do menor preço, afinal a *ratio legis*[62] é a

"Art. 49. Não se aplica o disposto nos arts. 47 e 48 desta Lei Complementar quando: I – os critérios de tratamento diferenciado e simplificado para as microempresas e empresas de pequeno porte não forem expressamente previstos no instrumento convocatório; II – não houver um mínimo de 3 (três) fornecedores competitivos enquadrados como microempresas ou empresas de pequeno porte sediados local ou regionalmente e capazes de cumprir as exigências estabelecidas no instrumento convocatório; III – o tratamento diferenciado e simplificado para as microempresas e empresas de pequeno porte não for vantajoso para a Administração Pública ou representar prejuízo ao conjunto ou complexo do objeto a ser contratado; IV – a licitação for dispensável ou inexigível, nos termos dos arts. 24 e 25 da Lei n. 8.666, de 21 de junho de 1993."

59. Celso Antônio Bandeira de Mello, "Princípio da isonomia: desequiparações proibidas e desequiparações permitidas", cit., *RTDP* 1/83.

60. Marçal Justen filho, *Comentários à Lei de Licitações e Contratos Administrativos*, cit., 13ª ed., p. 63.

61. Antônio Carlos Cintra do Amaral, "Dispensa da licitação por emergência", *RTDP* 1/186, São Paulo, Malheiros Editores, janeiro-abril/1993.

62. "As normas devem ser aplicadas atendendo, fundamentalmente, ao seu espírito e à sua finalidade. Chama-se teleológico o método interpretativo que procura revelar o fim da norma, o valor ou bem jurídico visado pelo ordenamento com a edição de dado preceito (...). Daí a necessidade de se trabalhar um outro conceito – de *ratio legis* –, que constitui o fundamento racional da norma e redefine ao longo do tempo a finalidade nela contida. A *ratio legis* é uma 'força vivente móvel' que anima a disposição e a acompanha em toda a sua vida e desenvolvimento. A finalidade de uma norma, portanto, não é perene, e pode evoluir sem modificação de seu texto" (Luís Roberto Barroso, *Interpretação e Aplicação da Constituição*, 6ª ed., São Paulo, Saraiva, 2004, pp. 138-140).

de que as compras governamentais sejam conjugadas a propósitos socioambientais.

A jurisprudência é vasta no sentido de que nem sempre o menor preço é a proposta mais vantajosa para a Administração.[63]

A jurisprudência do STJ preconiza sobre a necessidade de se temperar o rigorismo formal de algumas exigências do edital licitatório a fim de manter o caráter competitivo do certame, selecionando-se a proposta mais vantajosa à Administração Pública, caso não se verifique a violação substancial.[64]

Contudo, a vantajosidade da proposta relaciona-se à questão econômica, bem como à qualidade técnica adequada. Conforme o rol *numerus clausus* do art. 45 da Lei 8.666/1993,[65] mesmo as licitações do tipo menor preço envolvem requisitos mínimos de qualidade.

A vantajosidade está intrinsecamente relacionada à ideia de economicidade, que nada mais é do que a manifestação do dever de eficiência da Administração Pública. Isto é: a Administração deverá adotar a

63. "*Ementa:* Procedimento licitatório – Concorrência pública de hotel municipal. *A proposta mais vantajosa é a da melhor oferta financeira, considerados o preço, o prazo e a forma de pagamento.* Nestes termos, para equalizá-la é necessário fazer todas as ofertas a um valor presente com base em índices reais e atuais extraídos do mercado financeiro. Descumpre-se, assim, a carta editalícia ao tomar por base apenas o valor nominal das propostas, como fez a comissão de licitação, ou aplicar índices divorciados da realidade financeira, como decidiu a autoridade judicial de primeiro grau – Recurso provido" (Brasil/Tribunal de Justiça de São Paulo, ACi 994.09.232524-9, rel. Des. Guerrieri Rezende, sessão de 9.8.2010, *DJE*, São Paulo/SP, 18.8.2010).

64. Brasil/Superior Tribunal de Justiça, REsp 997.2590-RS, Acórdão 973.191, rel. Min. Castro Meira, sessão de 17.8.2010, *DJe*, Brasília/DF, 25.10.2010; e REsp 796.388-SP, Acórdão 710.763, rel. Min. João Otávio de Noronha, sessão de 14.8.2007, *DJU*, Brasília/DF, 5.9.2007.

65. Lei 8.666/1993:

"Art. 45. O julgamento das propostas será objetivo, devendo a comissão de licitação ou o responsável pelo convite realizá-lo em conformidade com os tipos de licitação, os critérios previamente estabelecidos no ato convocatório e de acordo com os fatores exclusivamente nele referidos, de maneira a possibilitar sua aferição pelos licitantes e pelos órgãos de controle.

"§ 1º. Para os efeitos deste artigo, constituem tipos de licitação, exceto na modalidade concurso: I – a de menor preço – quando o critério de seleção da proposta mais vantajosa para a Administração determinar que será vencedor o licitante que apresentar a proposta de acordo com as especificações do edital ou convite e ofertar o menor preço; II – a de melhor técnica; III – a de técnica e preço; IV – a de maior lance ou oferta – nos casos de alienação de bens ou concessão de direito real de uso.

"§ 2º. No caso de empate entre duas ou mais propostas, e após obedecido o disposto no § 2º do art. 3º desta Lei, a classificação se fará, obrigatoriamente, por sorteio, em ato público, para o qual todos os licitantes serão convocados, vedado qualquer outro processo.

"§ 3º. No caso da licitação do tipo 'menor preço', entre os licitantes considerados qualificados a classificação se dará pela ordem crescente dos preços propostos, prevalecendo, no caso de empate, exclusivamente o critério previsto no parágrafo anterior.

"§ 4º. Para contratação de bens e serviços de Informática, a Administração observará o disposto no art. 3º da Lei n. 8.248, de 23 de outubro de 1991, levando em conta os fatores especificados em seu § 2º e adotando obrigatoriamente o tipo de licitação 'técnica e preço', permitido o emprego de outro tipo de licitação nos casos indicados em decreto do Poder Executivo.

"§ 5º. É vedada a utilização de outros tipos de licitação não previstos neste artigo.

"§ 6º. Na hipótese prevista no art. 23, § 7º, serão selecionadas tantas propostas quantas necessárias até que se atinja a quantidade demandada na licitação."

solução mais conveniente e eficiente a fim de atender ao interesse coletivo.

Ademais, cumpre assinalar que a seleção da proposta mais vantajosa não necessariamente será a do tipo menor preço. A Administração deverá pesar cada caso concreto, buscando a melhor qualidade da prestação e o maior benefício econômico, a fim de atingir o interesse público.

6.3 Promoção do desenvolvimento nacional sustentável

Conforme já mencionado, o princípio do desenvolvimento sustentável apareceu pela primeira vez através do Protocolo "Nosso Futuro Comum", conhecido como "Relatório Brundtland",[66] em 1987.

A CF de 1988 dispôs, em seu art. 3º, II, como um dos objetivos fundamentais da República Federativa do Brasil a garantia do desenvolvimento nacional.

A doutrina destaca a mudança de paradigma do desenvolvimento nacional. Na lição do professor José Afonso da Silva,[67] na Constituição Federal de 1967 constatava-se como um dos princípios da ordem econômica que tinham por fim realizar a ordem social (art. 157). Por sua vez, ressalta-se que na Constituição de 1969 aparecera como um fim a ser realizado pela ordem econômica juntamente com a justiça social.

Entretanto, a nossa Carta Maior atual reservou a garantia do desenvolvimento nacional como um dos objetivos fundamentais da República Federativa do Brasil,[68] sob os aspectos econômicos[69] e financeiros.[70]

O direito ao desenvolvimento pode ser extraído do § 2º do art. 5º da Carta Maior, o qual expressamente prevê que "os direitos e garantias expressos na Constituição não excluem outros decorrentes do regime e dos princípios por ela adotados, ou dos tratados internacionais em que a República Federativa do Brasil seja parte".

Importante destacar que o STF já determinou, na ADI/MC 3.540-1-DF, o princípio do desenvolvimento sustentável como constitucional, conforme trecho da ementa, a saber: "O princípio do desenvolvimento sustentável, além de impregnado de caráter eminentemente constitucional, encontra suporte legitimador em compromissos internacionais assumidos pelo Estado Brasileiro e representa fator de obtenção do justo equilíbrio entre as exigências da Economia e as da Ecologia, subordinada, no entanto, a invocação desse postulado, quando ocorrente situação de conflito entre valores constitucionais relevantes, a uma condição inafastável, cuja observância não comprometa nem

66. Disponível em *http://pt.scribd.com/doc/12906958/Relatorio-Brundtland-Nosso-Futuro-Comum-Em-Portugues*, acesso em abril/2014.

67. José Afonso da Silva, *Comentário Contextual à Constituição*, cit., 9ª ed., p. 48.

68. A CF consagra no dispositivo: "Art. 3º. Constituem objetivos fundamentais da República Federativa do Brasil: I – garantir o desenvolvimento nacional; (...)".

69. CF, art. 174: "Como agente normativo e regulador da atividade econômica, o Estado exercerá, na forma da lei, as funções de fiscalização, incentivo e planejamento, sendo este determinante para o setor público e indicativo para o setor privado".

70. Conforme o art. 192 da CF: "O Sistema Financeiro Nacional, estruturado de forma a promover o desenvolvimento equilibrado do País e a servir aos interesses da coletividade, em todas as partes que o compõem, abrangendo as cooperativas de crédito, será regulado por leis complementares que disporão, inclusive, sobre a participação do capital estrangeiro nas instituições que o integram".

esvazie o conteúdo essencial de um dos mais significativos direitos fundamentais: o direito à preservação do meio ambiente, que traduz bem de uso comum da generalidade das pessoas, a ser resguardado em favor das presentes e futuras gerações".[71]

A nossa Carta Magna já consagrou o referido princípio implicitamente, nos termos do art. 225, *caput*, conforme já mencionado.

Em síntese: o desenvolvimento nacional sustentável tem natureza constitucional, e oportuno mencionar o vínculo do termo "sustentabilidade" com as questões ambientais, conforme já consagrado entendimento do STF.[72] Sobre o tema, Francisco Carrera[73] registra:

"Desenvolvimento sustentável consiste em utilizar os bens ambientais, de maneira que se possa conservar a fonte de origem, garantindo os recursos para as gerações presentes e futuras, sem colocar em risco os sistemas naturais. É a perfeita harmonia entre o crescimento de nossa capacidade tecnológica e a utilização sustentável dos recursos ambientais... este modelo de desenvolvimento ainda não foi efetivamente implementado".

Importante destacar a Conferência das Nações Unidas sobre Meio Ambiente e Desenvolvimento/CNUMAD, também conhecida como "Cúpula da Terra", "ECO-92" ou "Rio-92", realizada de 3 a 14.6.1992 no Rio de Janeiro.

Trata-se de um marco na história do direito ambiental, uma vez que a intenção era introduzir a ideia do desenvolvimento nacional sustentável, um modelo de crescimento econômico menos consumível e mais adequado ao equilíbrio ecológico.[74]

A Declaração do Rio é o documento simbólico da Rio-92, contendo 27 princípios. E, nas palavras do professor Édis Milaré, "buscou-se estabelecer uma nova e equitativa parceria mundial através da criação de novos níveis de cooperação entre os Estados, os setores-chave das sociedades e os indivíduos, trabalhando com vistas à conclusão de acordos internacionais que respeitem os interesses de todos e protejam a integridade do sistema global de meio ambiente e desenvolvimento".[75]

Interessante destacar o Princípio 8 na Declaração do Rio, que dispõe: "Para atingir o desenvolvimento sustentável e mais alta qualidade de vida para todos, os Estados devem reduzir e eliminar padrões insustentáveis de produção e consumo e promover políticas demográficas adequadas".

Assim, na Rio-92 se oficializou a expressão "desenvolvimento sustentável", e contou com a presença de 172 Países, representados por aproximadamente 10.000 participantes, incluindo 116 chefes de Estado e de governo.[76]

A Constituição Federal, ao tratar de meio ambiente, previu, dentre as incumbências do Poder Público, "controlar a produção, a comercialização e o emprego de técnicas, métodos e substâncias que

71. Brasil/Supremo Tribunal Federal, ADI/MC 3.540-1-DF, rel. Min. Celso de Mello, sessão de 1.9.2005, *DJU*, Brasília/DF, 3.2.2006.

72. V. nota de rodapé anterior.

73. Francisco Carrera, *Cidade Sustentável. Utopia ou Realidade?*, Rio de Janeiro, Lumen Juris, 2005, p. 6.

74. Disponível em *http://www.estadao.com.br/especiais/entenda-o-que-foi-a-rio-92,3827.htm*, acesso em 20.7.2011.

75. Édis Milaré, *Direto do Ambiente – A Gestão Ambiental em Foco: Doutrina, Jurisprudência, Glossário*, 6ª ed., São Paulo, Ed. RT, 2009, p. 1.339.

76. Idem, p. 1.210.

comportem risco para a vida, a qualidade de vida e o meio ambiente".[77]

Entretanto, é a Lei 7.347/1985 que trata das ações de responsabilidade por danos morais e patrimoniais (ação civil pública) causados ao meio ambiente (art. 1º, I).

No tocante ao termo "sustentabilidade", Édis Milaré ensina: "É a qualidade, característica ou requisito do que é sustentável. Num processo ou num sistema, a sustentabilidade pressupõe o equilíbrio entre 'entradas' e 'saídas', de modo que uma dada realidade possa manter-se continuadamente com suas características essenciais".[78]

Assim, as licitações sustentáveis visam à maximização do valor adicionado (utilidade, prazer, satisfação do usuário, satisfação das necessidades, contribuição para operações eficientes) e, ao mesmo tempo, a minimização dos impactos ambientais e sociais adversos.[79]

Podemos destacar os papéis recicláveis, a compra de alimentos orgânicos para a merenda escolar, aquisição de bens constituídos por material reciclado, produtos de higiene e limpeza e material de escritório, considerando aspectos ambientais, de acordo com o manual de contratos públicos ecológicos.[80]

Destarte, nas palavras de Bernardo Brasil Campinho,[81] o direito ao desenvolvimento sustentável encontra-se na terceira geração de direitos humanos, isto é, juntamente com outros direitos como a paz, a comunicação, o meio ambiente, o direito à propriedade sobre o patrimônio comum a Humanidade.

6.3.1 *Processo Produtivo Básico/PPB*

O Processo Produtivo Básico/PPB é o conjunto mínimo de operações, no estabelecimento fabril, que caracteriza a efetiva industrialização de determinado produto, conforme discrimina a alínea "b" do § 8º do art. 7º do Decreto-lei 288, de 28.2.1967, com a redação dada pela Lei 8.387, de 30.12.1991.

A verificação do PPB refere-se ao produto a ser fornecido nas hipóteses de aplicação da regra de preferência, conforme ditame legal.

Sua finalidade é a concessão de incentivos fiscais promovidos pela legislação da Zona Franca de Manaus e pela legislação de incentivo à indústria de bens de Informática, Telecomunicações e Automação (Lei de Informática).

São estabelecidos por meio de portarias interministeriais, assinadas pelos Ministros do Desenvolvimento, Indústria e Comércio Exterior/MDIC e da Ciência e Tecnologia/MCT.[82]

A Lei de Informática (Lei 8.248/1991), regulamentada por meio do Decreto 792/1993, incluiu a obrigatoriedade de aplicação de 5% do faturamento bruto

77. CF, art. 225, § 1º, V.

78. Édis Milaré, *Direto do Ambiente – A Gestão Ambiental em Foco: Doutrina, Jurisprudência, Glossário*, cit., 6ª ed., p. 1.339.

79. Disponível em *http://www.ambiente.sp.gov.br/adminisLicitacoes.php*, acesso em 8.4.2011.

80. Disponível em *http//www.cqgp.sp.gov.br/grupos_tecnicos/gt_licitacoes/publicacoes/handbook_pt.pdf*, acesso 8.4.2011.

81. Bernardo Brasil Campinho, "O direito ao desenvolvimento como afirmação dos direitos humanos – Delimitação, sindicabilidade e possibilidades emancipatórias", in Flávia Piovesan e Inês Virgínia Prado Soares (coords.), *Direito ao Desenvolvimento*, Belo Horizonte, Fórum, 2010.

82. *Site*: *http://www.mdic.gov.br/sitio/interna/interna.php?area=2&menu=1103*, acessado em maio/2011.

obtido da venda dos bens incentivados, após dedução de impostos, em atividades de Pesquisa e Desenvolvimento/P&D. Além disso, cabe mencionar a Lei 10.176, de 11.1.2001, quando o PPB e a aplicação de recursos financeiros em P&D passaram a ser estabelecidos como contrapartidas aos benefícios fiscais da Lei 8.248/1991.

Com efeito, o imperativo do § 3º do art. 3º da Lei 8.248/1991, na redação dada pelas Leis 10.176/2001 e 11.077/2004, permite inferir que os bens e serviços comuns de Informática e Automação que não atendam ao PPB não poderão ser adquiridos por intermédio da modalidade licitatória pregão.[83]

Todavia, destaca-se a jurisprudência do Tribunal de Contas da União/TCU, conforme os dizeres do Relator, Raimundo Carreiro: "Contrariamente aos primados da Hermenêutica, segundo os quais a busca do conteúdo e do sentido da norma deve ter em vista a finalidade da lei e a ordem social que a preside (art. 5º do Decreto-lei n. 4.657/1942), *essa interpretação restrita conduz à esdrúxula situação em que a Administração Pública não poderá valer-se do pregão para aquisição de bens e serviços comuns de Informática e Automação que não cumpram o Processo Produtivo Básico, o que poderá acarretar graves riscos de prejuízo aos cofres públicos*. Sucede que grande parte dos produtos da espécie ainda não dispõe de fabricação interna, embora essa produção nacional seja desejável do ponto de vista de desenvolvimento estratégico brasileiro, *que será realizado paulatinamente por intermédio de políticas públicas de incentivo ao progresso tecnológico brasileiro*. Enquanto não implementado integralmente um parque nacional produtivo de bens comuns de Informática e Automação, seria contrassenso impor à Administração Pública procedimento mais gravoso para aquisição de produtos não fabricados no Brasil, *sob pena de ofensa aos princípios da eficiência e da economicidade*. Essa possibilidade *atenta contra o indeclinável interesse público, pois a utilização dessa modalidade licitatória tem-se revelado econômica e eficiente na seleção de propostas mais vantajosas*"[84] (grifos nossos).

Em face do exposto, devemos considerar a escassez dos recursos públicos bem como a ausências de políticas públicas. Assim, diante de uma interpretação sistemática – isto é, aquela em consonância a regras, princípios e normas diante de um ordenamento – bem como da interpretação

83. Lei 8.248/1991:

"Art. 3º. Os órgãos e entidades da Administração Pública Federal, direta ou indireta, as fundações instituídas e mantidas pelo Poder Público e as demais organizações sob o controle direto ou indireto da União darão preferência, nas aquisições de bens e serviços de Informática e Automação, observada a seguinte ordem, a: I – bens e serviços com tecnologia desenvolvida no País; II – bens e serviços produzidos de acordo com processo produtivo básico, na forma a ser definida pelo Poder Executivo.

"§ 1º. *[Revogado]*.

"§ 2º. Para o exercício desta preferência, levar-se-ão em conta condições equivalentes de prazo de entrega, suporte de serviços, qualidade, padronização, compatibilidade e especificação de desempenho e preço.

"§ 3º. A aquisição de bens e serviços de Informática e Automação, considerados como bens e serviços comuns nos termos do parágrafo único do art. 1º da Lei n. 10.520, de 17 de julho de 2002, poderá ser realizada na modalidade pregão, restrita às empresas que cumpram o Processo Produtivo Básico nos termos desta Lei e da Lei n. 8.387, de 30 de dezembro de 1991."

84. Brasil/Tribunal de Contas da União, 2ª Câmara, Acórdão 1.464/2009, Ata 09/2009, rel. Cons. José Jorge, sessão de 31.3.2009, *DOU*, Brasília/DF, 6.4.2009.

teleológica – ou seja, consiste em adaptar o sentido ou finalidade da norma às novas exigências sociais –, o dispositivo do § 3º do comando legal já mencionado vincula-se tão somente ao *caput* do art. 3º da Lei 8.248/1991.

Deve-se atentar ao PPB, pois trata-se de mecanismo de intervenção do Estado no domínio econômico, e, portanto, sujeito a ampla regulamentação das atividades a serem desenvolvidas.

É cediço que a região da Zona Franca de Manaus detém tratamento comercial diferenciado, uma vez que goza de uma série de benefícios visando a estimular o desenvolvimento econômico naquela região.

Nesse sentido, podemos mencionar a lição dos mestres José Eduardo Martins Cardoso, João Eduardo Lopes Queiroz e Márcia Walquíria Batista dos Santos: "A intervenção do Estado no processo de produção pode estar relacionada a fatores pessoais ou a fatores materiais. As questões de ordem pessoal incluem normas trabalhistas, às quais os trabalhadores e empregados devem se sujeitar. Trata-se de uma intervenção normativa com repercussões específicas, como se pode perceber. Os fatores materiais abarcam temas como preços de matérias-primas (no caso de terem as mesmas preços administrativos que influenciam no preço do produto final – como, por exemplo, o preço da energia elétrica) e controle de qualidade (controles de higiene e segurança)".[85]

Isto posto, torna-se evidente que o princípio da livre iniciativa deve estar em constante harmonia com os demais imperativos constitucionais. E, por isso, o fato de o PPB estimular o desenvolvimento de determinada região exterioriza a ideia de justiça social, um dos princípios basilares consagrados pela nossa Carta Maior.

7. Considerações finais

Do estudo em questão conclui-se que o instituto de licitação pública possui respaldo constitucional e segue o regime jurídico de direito administrativo atrelado à consagração dos princípios da supremacia do interesse público sobre o privado e da indisponibilidade, pela Administração, dos interesses públicos.

São modalidades de licitação instituídas pela Lei 8.666/1993 a concorrência, a tomada de preços, o convite, o concurso e o leilão. Todavia, a sexta modalidade, denominada pregão, foi acrescentada pela Lei federal 10.520/2002.

Conforme disposto na Carta Maior, a regra é licitar, embora o legislador discrimine exceções legais, tais como a licitação dispensável e a inexigibilidade da licitação, ressalvada a licitação proibida.

São obrigadas a realizar o certame obrigatório a Administração Pública direta, isto é, a União Federal, os Estados, os Municípios e o Distrito Federal, bem como a Administração Pública indireta, composta por autarquias, empresas públicas, sociedades de economia mista e fundações governamentais.

Com o advento da Lei 12.349, de 15.12.2010 (conversão da Medida Provisória 495/2010), que modificou o art. 1º da Lei 8.666, de 21.6.1993, acrescentou-se uma nova finalidade da licitação, denominada "promoção do desenvolvimento nacional sustentável".

Em síntese: as finalidades da licitação são: o respeito ao princípio isonômico, a seleção da proposta mais vantajosa para a

85. José Eduardo Martins Cardozo, João Eduardo Lopes Queiroz e Márcia Walquíria Batista dos Santos (orgs.), *Curso de Direito Administrativo Econômico*, vol. II, São Paulo, Malheiros Editores, 2006, p. 199.

Administração Pública – não necessariamente será a de menor preço – bem como a promoção do desenvolvimento nacional sustentável.

Referências bibliográficas

AMARAL, Antônio Carlos Cintra do. "Dispensa da licitação por emergência". *RTDP* 1/186-191. São Paulo, Malheiros Editores, janeiro-abril/1993.

ATALIBA, Geraldo. *República e Constituição*. 3ª ed., atualizada por Rosolea Miranda Folgosi. São Paulo, Malheiros Editores, 2011.

BANDEIRA DE MELLO, Celso Antônio. *Curso de Direito Administrativo*. 32ª ed. São Paulo, Malheiros Editores, 2015.

————. *O Conteúdo Jurídico do Princípio da Igualdade*. 3ª ed., 23ª tir. São Paulo, Malheiros Editores, 2014.

————. "Princípio da isonomia: desequiparações proibidas e desequiparações permitidas". *RTDP* 1/79-83. São Paulo, Malheiros Editores, 1993.

BARBIERI. José Carlos. *Desenvolvimento e Meio Ambiente: as Estratégias de Mudança da Agenda 21*. 3ª ed. Petrópolis, Vozes, 2000.

BARROSO, Luís Roberto. *Interpretação e Aplicação da Constituição*. 6ª ed. São Paulo, Saraiva, 2004.

BONAVIDES, Paulo. *Curso de Direito Constitucional*. 30ª ed. São Paulo, Malheiros Editores, 2015.

CAMMAROSANO. Márcio. *O Principio Constitucional da Moralidade e o Exercício da Função Administrativa*. Belo Horizonte, Fórum, 2006.

CAMPINHO. Bernardo Brasil. "O direito ao desenvolvimento como afirmação dos direitos humanos – Delimitação, sindicabilidade e possibilidades emancipatórias". In: PIOVESAN, Flávia, e SOARES, Inês Virgínia Prado (coords.). *Direito ao Desenvolvimento*. Belo Horizonte, Fórum, 2010.

CARDOZO, José Eduardo Martins, QUEIROZ, João Eduardo Lopes, e SANTOS, Márcia Walquíria Batista dos (orgs.). *Curso de Direito Administrativo Econômico*. vol. II. São Paulo, Malheiros Editores, 2006.

CARRERA, Francisco. *Cidade Sustentável. Utopia ou Realidade?*. Rio de Janeiro, Lumen Juris, 2005.

CÍCERO, Marco Túlio. *Da República*. 5ª ed. Rio de Janeiro, Ediouro.

DALLARI, Adilson Abreu. "Administração Pública no Estado de Direito". *RTDP* 5/33-41. São Paulo, Malheiros Editores, 1994.

————. *Aspectos Jurídicos da Licitação*. 4ª ed. São Paulo, Saraiva, 1997.

DI PIETRO, Maria Sylvia Zanella. *Direito Administrativo*. 21ª ed. São Paulo, Atlas, 2008.

ESTEFAM, Felipe Faiwichow. "A discricionariedade administrativa à luz de reconfiguração do princípio da legalidade". *Interesse Público/IP* 79. Ano 15. Belo Horizonte, maio-junho/2013 (disponível em *http://www.bidoforum.com.br/bid/PDI0006.aspx?pdiCntd=96035*, acesso em abril/2014).

FIGUEIREDO, Lúcia Valle. *Curso de Direito Administrativo*. 9ª ed. São Paulo, Malheiros Editores, 2008.

JUSTEN FILHO, Marçal. *Comentários à Lei de Licitações e Contratos Administrativos*. 11ª ed. São Paulo, Dialética, 2005; 13ª ed. São Paulo, Dialética, 2009.

————. *Curso de Direito Administrativo*. Belo Horizonte, Fórum, 2010.

MEIRELLES, Hely Lopes. *Direito Administrativo Brasileiro*. 41ª ed. São Paulo, Malheiros Editores, 2015.

————. *Licitação e Contrato Administrativo*. 15ª ed. São Paulo, Malheiros Editores, 2010.

MILARÉ, Édis. *Direto do Ambiente – A Gestão Ambiental em Foco: Doutrina, Jurisprudência, Glossário*. 6ª ed. São Paulo, Ed. RT, 2009.

PIOVESAN, Flávia, e SOARES, Inês Virgínia Prado (coords.). *Direito ao Desenvolvimento*. Belo Horizonte, Fórum, 2010.

QUEIROZ, João Eduardo Lopes, CARDOZO, José Eduardo Martins, e SANTOS, Márcia

Walquíria Batista dos (orgs.). *Curso de Direito Administrativo Econômico*. vol. II. São Paulo, Malheiros Editores, 2006.

SANTOS, Márcia Walquíria Batista dos, CARDOZO, José Eduardo Martins, e QUEIROZ, João Eduardo Lopes (orgs.). *Curso de Direito Administrativo Econômico*. vol. II. São Paulo, Malheiros Editores, 2006.

SEABRA FAGUNDES, Miguel. O Controle dos Atos Administrativos pelo Poder Judiciário. 4ª ed. Rio de Janeiro, Forense, 1978.

SILVA, José Afonso da. *Comentário Contextual à Constituição*. 9ª ed. São Paulo, Malheiros Editores, 2014.

——————. *Curso de Direito Constitucional Positivo*. 38ª ed. São Paulo, Malheiros Editores, 2015.

SOARES, Inês Virgínia Prado, e PIOVESAN, Flávia (coords.). *Direito ao Desenvolvimento*. Belo Horizonte, Fórum, 2010.

JUÍZO LIMINAR PODER-DEVER DE EXERCÍCIO DO PODER CAUTELAR NESSA MATÉRIA[1]

Celso Antônio Bandeira de Mello

Prof. Geraldo Ataliba – Sob a Presidência do Juiz Américo Lacombe, Vice-Presidente do Tribunal Regional Federal, temos o prazer de dar prosseguimento aos nossos trabalhos de hoje. Vamos ouvir agora a aula do Prof. Celso Antônio Bandeira de Mello sobre "Juízo liminar – Poder-dever de exercício do poder cautelar nessa matéria".

Tem a palavra o Professor.

Dever de concessão de liminar

Prof. Celso Antônio Bandeira de Mello – Excelentíssimo Sr. Prof. Geraldo Ataliba, Exmo. Sr. Vice-Presidente do Tribunal Regional da 3ª Região Prof. Américo Lacombe, Exmo. Sr. Ministro Eduardo Ribeiro, Exma. Juíza Profa. Anna Maria Pimentel, meus colegas. O tema que vou abordar, que é o tema da liminar, está enfocado com um específico aspecto: na verdade vou propor uma questão a ser posta em debate sobre o caráter da liminar.

Trata-se, em rigor, de saber se a outorga da liminar é um ato discricionário, se é uma decisão que pode em algum sentido ser considerada de foro íntimo do juiz, ou se pelo contrário corresponde a um provimento jurisdicional tal como qualquer outro, em que o juiz pura e simplesmente diz, sem margem de discrição alguma, qual é o direito aplicável ao caso, ainda que provisoriamente.

Subjetivismo e liminar

Muitas vezes se ouve a assertiva de que na concessão de liminar há um sub-

1. Publicado originalmente na *RTDP* 3/106.

jetivismo, um inevitável subjetivismo do juiz para deferir ou indeferir uma liminar. Compara-se mesmo este subjetivismo que se afirma existente na outorga de uma liminar ou na delegação dela, compara-se mesmo à discrição do administrador.

É só por essa razão que estou aqui falando perante os colegas. Jamais me atreveria a interferir em matéria processual posto que estou longe de ser e nem tenho veleidade de ser um conhecedor do processo. Entretanto, o tema a meu ver se encarta realmente na Teoria Geral do Direito, não é sequer em matéria constitucional ou em matéria processual.

Mas de qualquer modo, na medida que se procede a uma assimilação entre o comportamento do magistrado diante de pedidos de liminar ao do administrador, tem-se a enfrentar o problema com a ótica que se aplica ao exame da discricionariedade administrativa, a qual muito compreensivelmente costuma ser tratada exatamente pelos administrativistas.

Por envolver um tema habitualmente colocado nas mãos dos administrativistas, é que tive a ousadia de aceder a este honroso convite para falar sobre o assunto da liminar, enfocando precisamente ao lume dessa perspectiva. Será a liminar um ato deferível pelo juiz de acordo com o seu foro íntimo, de acordo com as suas convicções subjetivas? Será um ato discricionário? Ou, pelo contrário, o comportamento do juiz ao examinar um pedido de liminar lhe impõe a única solução de direito?

Discricionariedade

Vamos admitir como hipótese de trabalho, como mera hipótese de trabalho, que realmente o exame de uma liminar comporte por parte do juiz aquilo que habitualmente se designa como discricionariedade, e, portanto, como algo cotejável com a discricionariedade administrativa. E vamos examinar quais as consequências de direito, se a apreciação que o juiz faz das circunstâncias que lhe são propostas inicialmente, quais as consequências se esse seu juízo for um juízo discricionário. Em seguida examinaremos a outra hipótese, a de que realmente inexista qualquer espécie de discricionariedade. Antes, entretanto, para implantar a questão no terreno que me parece próprio, comecemos por lembrar que o juiz exerce função (não se põe em dúvida que o juiz exerce função, a função jurisdicional), tal como o administrador exerce também função, funções de índole certamente distintas, funções qualificáveis por caracteres jurídicos; eu diria mesmo íntimas, intrínsecas, visceralmente distintos.

Por certo há entre a função jurisdicional e a função administrativa um ponto em comum que já foi muito acentuado e há muito tempo: ambos são cumprimento de lei. Diferentemente da função legislativa, em que o Estado, através dela, instaura a lei, tanto na função administrativa quanto na função jurisdicional o Estado cumpre leis. Este é o ponto que possuem em comum, e não desprezível.

"Função" em direito

Mas, de toda a sorte, apresentam características jurídicas fundamentais que as diferenciam profundamente. E não é apenas o tema da definitividade da decisão jurisdicional o que faz com que se distinga a função administrativa da função jurisdicional

Ambos exercem função. Quando se tem função em Direito? Tem-se função em Direito quando alguém se encontra pela ordem jurídica preposto ao dever de atender obrigatoriamente a uma finalidade no interesse de outrem, de tal sorte que os poderes que maneja lhe são deferidos unicamente como meio, um instrumento para atender a finalidade à qual está obrigado. Esta é a compostura da ideia de função. Tem-se função em Direito quando alguém está numa situação que os italianos caracterizam como *doverosità*, está perante o dever de atender a uma certa finalidade instituída em proveito alheio, de tal sorte que para cumprir este dever jurídico não tem alternativa senão manejar poderes, os quais têm natureza meramente instrumental. Quaisquer poderes manejáveis por alguém que se encontre em situação de função, são poderes que a ordem jurídica lhe defere exclusivamente como recursos indispensáveis para que possa atender ao dever de cumprir uma finalidade no interesse alheio. É nesse "no interesse alheio" que se propõe uma diferença fundamental entre situações meramente de poder, porque não se realiza como direito de proveito próprio, mas no interesse alheio. Isto é função.

A função no direito privado nós a reconhecemos com facilidade, embora ela seja excepcional. No direito público ela é a regra absoluta, é uma regra incontrastável, mas nós temos dificuldade de reconhecê-la exatamente no direito comum. O mundo do direito público é o mundo da função; o mundo do direito privado é o mundo da antinomia à função, que é a autonomia da vontade.

No direito privado alguém elege os fins que deseja perseguir. Persegue-os se o desejar, e o faz pelos meios que livremente elege como atos para alcançar aquele fim. A restrição que advém da autonomia da vontade é unicamente a que proceda da lei: não pode ser eleitor, fim proibido. Bom, se é livre de buscá-lo e se é livre de escolher os meios, contanto que não sejam proibidos. Por isto se diz que no direito privado vigora o princípio da autonomia da vontade.

Sem embargo há no direito privado situações de função, e quando existem tais situações nós as reconhecemos com inteira facilidade e sabemos sacar as correspondentes consequências. Vejamos: a função na tutela, a função na curatela, a função no pátrio poder.

Deveres-poderes

Na tutela a ordem jurídica pretende estabelecer a defesa, o cumprimento de certos interesses. Alguém se encontra na condição jurídica de assujeitado a atender à finalidade em vista da qual foi estabelecida a tutela. Os poderes que maneja são estritamente instrumentais à satisfação do interesse que está a seu cargo prover, mas que não são interesses seus; são interesses do curatelado. A situação de dever é nítida. O mesmo se pode dizer da curatela, da tutela e do pátrio poder.

A ninguém acudiria, interpretando um problema jurídico concernente a quaisquer desses institutos, privilegiar no processo interpretativo os poderes de tutor, nem os de curador, nem os do pai. A todos pareceria lógico, induvidoso, claro, que o que se trata é de interpretar uma dada situação em função da finalidade da tutela, da curatela e do pátrio poder. Ia reconhecer, nos casos em que se ponham dúvidas, os poderes concernentes ao tutor, ao curador e ao pai, porque é esse que a ordem jurídica coloca em patamar sobranceiro e que serve de guia para a intelecção dos poderes instrumentais então definidos ao tutor, ao curador, ao pai.

Quando se está, entretanto, na esfera do direito público, que é o reino da função, que é o reino antitético ao da autonomia da vontade, inúmeras vezes processa-se a interpretação privilegiando não a situação de dever em face da finalidade, mas colocando sob realce, enfatizando o ângulo do poder.

Veja-se que perante a função administrativa ou perante a função jurisdicional, e se formos aplicar ao caso as liminares, seria possível um enfoque que tomasse como ponto de partida o dever de atender uma dada finalidade, dever este assujeitador de quem tem o poder cautelar. E seria possível, embora manifestamente de modo equivocado, privilegiar o ângulo, a perspectiva daquele que está, pela ordem jurídica, colocado apenas na condição de instrumento de satisfação de um dado interesse, do qual ele é serviente. Seria possível dizer-se: não, é algo de foro íntimo.

Cautelares

Na verdade a ordem jurídica não prevê a existência de medidas cautelares, a lei não prevê, como não prevê a concessão de liminares em homenagem a quem possa concedê-las. O juiz quando defere ou indefere uma liminar não está a praticar nenhum ato de munificência; ele está simplesmente a exercitar uma função, a cumprir um dado e específico dever que é o de acautelar uma situação jurídica que corre o risco de perecimento e que se apresenta com vezos de interesse protegido pela ordem jurídica. É simplesmente isto.

Dir-se-á, de toda a sorte, as considerações feitas não implicam em elidir a existência de discrição administrativa, pois que o administrador público assujeitado a esse mesmo dever de buscar o atendimento de uma finalidade legal e sendo, pois, meramente um instrumento de satisfação de um bem jurídico de terceiros da coletividade, encontra, inobstante, diante de inúmeras hipóteses que são comuníssimas, todos nós sabemos na vida administrativa, encontra-se em posição de emitir um juízo discricionário.

Aplicadores da lei

Pode, pois, dar-se que o juiz se encontre em situação análoga ou equivalente. Seria uma hipótese. Partamos dessa hipótese, ainda que não me pareça correta: por supor-se, por imaginar-se que ao ser apreciada uma liminar o juiz dispõe de poder discricionário, embasado nesta tese pode-se pretender dizer: a decisão do juiz é irrevisível, porque se alguém deveria tomar uma decisão segundo um juízo subjetivo próprio seu e se estava titulado pela ordem jurídica para proceder a tal juízo, não pode ser revista essa decisão, pois a lei teria conferido a alguém a qualidade de apreciador único sobre qual seria o interesse público no caso concreto, e portanto não seria revisível jurisdicionalmente, mas apenas revisível segundo um juízo de conveniência e oportunidade, que é por excelência o juízo da discussão. Logo, um juízo só apreciável de uma perspectiva administrativa, não de uma perspectiva portanto de mérito, e não de mérito no sentido comumente usado no direito administrativo e não no sentido de um juízo de legalidade. Poder-se-ia ter essa impressão, que é a mais equivocada de quantas se possa formular a respeito de discricionariedade.

Quando a lei confere a um agente o chamado poder discricionário – e eu digo *poder* com esta inflexão deliberadamente produzida porque em rigor não existe poder discricionário, é algo que a ordem jurídica não conhece, existe o dever discricionário. Já de algum tempo, por influência dos estudos de Direito Romano, passou-se a falar em poder-dever para referir-se à discricionariedade. Ainda não é a dicção correta, ou pelo menos ainda não é a dicção ideal, porque quando a lei comporta, quando a lei prevê a possibilidade de mais de uma solução para um dado caso, isto significa pura e simplesmente que ela considera que alguém está em condições ideais, superiores às do legislador, para verificar qual é o interesse público no caso concreto. Isto significa no fundo que a autoridade que disponha do chamado poder discricionário está posta pela ordem jurídica do dever de encontrar a solução que atenda com precisão absoluta qual é a finalidade da lei perante aquela situação. Não é difícil demonstrar.

Vejam os colegas: a lei pode regular de duas maneiras um dado comportamento ou ela pode estabelecer com antecipação todas as condições de fato em vista das quais deve ser emitido um juízo e preestabelece qual é o único comportamento, qual é a conduta única perante aquelas situações de fato que ela descreveu em termos de objetividade absoluta. Nesse caso ela não confere margem alguma de liberdade, tem que ser chamada vinculação, e a lei pode, pelo contrário, descrever a situação de fato através de conceitos vagos, fluidos e imprecisos, como urgência, como interesse público relevante, para que o agente estatal perante uma dada circunstância reconheça se existe ou não aquela situação, de tal sorte a permitir-lhe optar entre pelo menos dois comportamentos.

Finalidade: interesse público

Só se tem discricionariedade quando a ordem jurídica comporta a possibilidade de duas condutas diferentes perante uma dada situação.

Bem, se em rigor de verdade a lei – e isto temos que assumi-lo como um axioma – só deseja a realização exata e precisa do interesse público em todos os casos, por que razão em alguns ela predefine de maneira absolutamente objetiva qual é a situação do interesse público c cm outros ela não predefine um meio de satisfazer o interesse público? Por quê? Só pode ser por uma razão: porque ela só quer sempre, em todo e qualquer caso, a perfeita satisfação do interesse público. Se ela admitisse soluções ora ótimas, ora boas, ora aceitáveis, ela disciplinaria uma situação vinculadamente porque daria uma solução que seria prestante e se encaixaria como uma luva para 70% dos casos, para 60%, para 80% dos casos, e não se encaixaria bem nos outros 20 ou 30% restantes.

Mas exatamente porque a lei não se satisfaz com uma solução mais ou menos, com uma solução apenas aceitável é que a lei é redigida, é proposta em termos que comportam discrição, para que em todo e qualquer caso só seja adotada a solução ótima, a solução perfeita; em outras palavras, a solução que se ajusta com precisão capilar à sua finalidade, e que vai realizá-la no caso concreto.

Logo, ao definir discrição em geral o que a lei está fazendo é colocar o titular do exercício daquela discrição perante o dever jurídico de buscar encontrar única e exclusivamente a solução que atenda com perfeição absoluta, capilar, a finalidade da lei.

Nos casos de vinculação, tanto ou quanto nos casos de discrição, o agente titular de alguma discrição está sempre obrigatoriamente perante sobretudo o dever jurídico de adotar a solução ótima. O poder que ele tem é um poder de eleição, mas esse poder de eleição só lhe é conferido como requisito insuprimível para que ele atenda ao dever de encontrar a solução ótima.

Se encararmos o exercício da discrição nesses termos, nós teremos na verdade uma profunda revolução no sentido mais corrente de discrição administrativa que advém do nosso país, onde os estudos jurídicos ainda têm um desenvolvimento bastante modesto comparativamente com os centros mais avançados.

O fato é que firmado este ponto – que é aquele que de momento pretendo estabelecer – de que a discrição administrativa não é senão a outorga a alguém, a irrogação a alguém do dever de encontrar a solução que atenda magnificamente, perfeitamente o interesse estabelecido na norma, ter-se-á que toda vez que seja possível demonstrar que um dado comportamento não é aquele que no caso concreto atende com perfeição à finalidade da lei, esse alguém simplesmente não tendo atendido a finalidade da lei não atendeu o direito, violou o direito, e quando um ato é violador da lei ele é ilegítimo, e quando ele é ilegítimo deve ser impugnado.

Finalidade legal

Inúmeros são os casos no universo jurídico de discussão. Inúmeros. E a discussão com grande frequência resulta do fato da regra do direito valer-se de expressões vagas ou imprecisas, dos chamados conceitos indeterminados. Não só, mas frequentemente resulta disso. Em rigor a discrição pode advir, segundo o meu ponto de vista, ou da existência de conceitos indeterminados – um notável saber jurídico, da reputação ilibada, estado de perigo, risco – ou deriva de que no próprio comando da regra de direito ao invés de dizer "deve" diz "pode".

São duas as possibilidades de existência da discrição. Ela advém do uso de conceitos vagos, fluidos ou imprecisos, dos quais os homens não podem se socorrer. A maior parte da nossa comunicação é feita através de conceitos vagos, fluidos ou imprecisos. Ou advém disto, ou advém da circunstância de que o comando da norma ao invés de dizer "deve", diz "pode", invés de dizer "o ato A", diz "o ato A ou o ato B", há pelo menos as seguintes alternativas. Daí advém a discrição.

Liminar

Tornemos agora à liminar. Costuma-se imaginar que se o juiz posto em discrição vai ter que sopesar circunstâncias, vai ter que avaliar, inclusive fatos, para extrair ilação de que há ou não há um perigo iminente, há ou não há o *periculum in mora*, sem contar com a análise que deverá também fazer, se existe ou não plausibilidade da existência de um direito.

Claro que numa liminar o juiz não se pronuncia sobre a existência ou a inexistência do direito; numa liminar ele se pronuncia sobre a plausibilidade daquele direito alegado, e se pronuncia sobre a existência ou a inexistência de um perigo de que a decisão, se afinal for favorável ao requerente, ficará prejudicada pela ausência de uma tempestiva garantia deste direito. É sobre isso que o juiz se pronuncia.

Dir-se-á: neste exame, nesta apreciação, nesta análise o juiz está atuando, com certa margem onde ingressa algum subjetivismo. Enquanto ele exercitar esse subjetivismo, se a ordem jurídica lhe cometeu exercitar, o seu juízo é indevassável e por tal razão não caberia, por exemplo, mandado de segurança contra a denegação de liminar.

Controle das liminares

Há um equívoco nisto. Mesmo que tratemos a matéria tal como tratamos a discricionariedade administrativa, a decisão teria que ser revisível. E teria que ser revisível por uma razão também ela muito simples, também ela quase que intuitiva: se o juiz estiver perante uma situação qualificável mediante conceitos vagos, fluidos ou imprecisos, tais conceitos a serem manejados pelo juiz, a serem considerados pelo juiz, por mais vagos, fluidos ou imprecisos que sejam têm limites; se não tivessem limites eles não seriam conceitos.

Um conceito é um recorte no universo das possibilidades lógicas. Todo e qualquer conceito que formularmos, mesmo o mais vago ou o mais impreciso dos conceitos, ele pretende isolar no universo do pensável um dado objeto. E ele consegue proceder a esse isolamento porque se a ele não procedesse as palavras que recobrem tais conceitos sequer seriam palavras, seriam ruídos porque eles careceriam de qualquer significação, seriam nada.

Logo, é indispensável concluir que por mais fluidos ou vagos que sejam os conceitos a serem manejados tanto pelo administrador quanto pelo juiz, eles têm um campo significativo indisputável, porque se não tivessem eles não seriam conceitos, eles não seriam nada. Seriam ruído, um barulho impenetrável, ininteligível, incompreensível.

Se assim é, temos que admitir que em todos os conceitos usados pelas palavras da lei existe aquilo que os filósofos e particularmente os interessados no tema de direito e linguagem, chamam de "zona de certeza". Em relação a quaisquer situações, noções, conceitos, existe uma zona de certeza positiva, em que ninguém duvida da aplicabilidade do conceito. E existe uma zona de certeza negativa em que ninguém duvida da não-aplicabilidade do conceito. Se não existisse isso simplesmente não haveria conceito e aquilo que estaríamos chamando de palavra não seria palavra, seria um ruído impenetrável.

Juízo discricionário

Como é assim e não pode deixar de ser assim, aquele que exercita um juízo discricionário só está atuando discricionariamente e não arbitrariamente enquanto ao considerar uma situação avalia dentro do campo significativo possível do conceito e não dentro de um campo significativo seguramente não comportado por ele, e não na zona de certeza negativa, digamos assim.

Tomemos um exemplo para tornar um pouco mais palpável essas ideias que quem sabe possam estar parecendo excessivamente abstratas. Ninguém duvidará, em dado tempo e lugar, que certo comportamento é imoral, e ninguém duvidará, em certo tempo e lugar, que certo comportamento não é imoral. Haverá inúmeros comportamentos a respeito dos quais as opiniões vão se dividir – e poderiam até se dividir – meio a meio. Isto é imoral, isto não é imoral, metade aqui e metade ali. Poderia até ocorrer isto. Mas sempre tem que existir um campo significativo em que considerada uma situação concreta haveria uma concordância geral das pessoas normais na sociedade dizendo "isto não é imoral". Ninguém diria, por exemplo, que nós estamos neste momento praticando aqui um ato imoral. E pelo contrário, haveria situações em que todos diriam "mas isto é claramente imoral, isto é imoral".

Portanto, em toda e qualquer situação proposta a um juízo jurídico existirá um campo significativo de verdade, indisputável, sobre a aplicação do conceito ou sobre a não-aplicação do conceito. Se admitirmos que o juízo jurídico é discricionário no caso da liminar e admitirmos, portanto, que ele tem uma esfera para decidir-se, nós estamos de toda maneira nos utilizando desta ou de outra palavra equivalente, ele tem uma esfera de liberdade. Portanto, existe algo que superará aquela esfera de liberdade. E como existe algo que superará a esfera de liberdade, se ele porventura hipoteticamente superar essa esfera de liberdade ele terá praticado um ato ilícito e será corrigível na instância superior. Portanto, haja discricionariedade ou não haja discricionariedade no ato de concessão de liminar, contra ele em tese cabe impetração de segurança.

Se alguém considerar que o juiz ao negar ou ao deferir uma liminar apreciou aquela situação ultrapassando o campo significativo possível daquela liberdade, obviamente alguém estará afirmando que ele praticou um ato pura e simplesmente ilegítimo, e ele poderá estar praticando ato ilegítimo, ele poderá ter ultrapassado este campo onde as dúvidas se podem razoavelmente instalar. E a instância superior então poderá apreciar se ao agir de tal modo, concedendo ou denegando, o juiz se manteve dentro daquele campo possível onde mais de uma opinião seria razoavelmente comportável.

Haja ou não discricionariedade do ato jurisdicional de conceder ou denegar liminar, contra ele certamente caberá recurso.

Portanto, começo por afirmar ou pretendo estar firmando que é revisível o ato de concessão ou denegação de liminar e que ao se rever o ato de concessão ou denegação de liminar, o Tribunal estaria, o órgão de alçada estaria sempre dentro de um juízo de legitimidade, porque jamais seria legítimo tomar as palavras da lei apenas como pretexto.

Eficácia do Direito

Isto se redemonstra por um outro modo, a saber: se não fosse possível esta revisão, a competência deferida a alguém que tivesse o chamado poder discricionário seria delimitada, não pela lei, mas pelo próprio titular da competência. Quando alguém delimita a sua própria competência significa simplesmente que ele não está apoiado pelo Direito. Ninguém concede o exercício de alguma função sem uma delimitação jurídica. Se for o próprio titular da discrição quem diz até onde vai a sua discrição, então ele não está limitado, então não existe regra jurídica.

Todo direito é uma limitação. O direito em si mesmo é uma limitação. Não existe regra jurídica que não seja para limitar. Mesmo a regra que investe alguém em um poder ou que investe alguém em uma faculdade, ou que investe alguém em um direito; dir-se-á: "Mas ela não me limita, ela me amplia!" Não, o que essa regra está fazendo é limitar o comportamento de todos os demais, proibindo-os, que impeçam o exercício daquele poder, daquela faculdade, daquele direito. Todo direito é uma limitação, o que está é limitando a conduta de terceiros.

Ininvocabilidade do foro íntimo

Se o direito é uma limitação e se alguém pudesse, ao apreciar uma liminar, dizer "esta decisão minha é de foro íntimo e portanto é só minha", este alguém estaria ilimitadamente definindo a sua competência para apreciar aquela matéria, porque daria às palavras a significação que bem quisesse.

É algo semelhante a isso que acontece quando se vê manifestações do Poder Judiciário dizendo que não pode apreciar interesse público relevante ou urgente, digamos, numa medida provisória ou num decreto-lei. Está dizendo na verdade que as palavras interesse público relevante ou urgência não existem, está dizendo que é como se as tirassem do texto constitucional; no caso, não existem essas palavras. O presidente da República poderá emitir medidas provisórias quando lhe pareça conveniente e oportuna, quando deseje, enfim. Portanto, estaria conferindo o oposto do direito, estaria na verdade fazendo retornar ao tempo do "*quod princips placuit legem habent vigorem*", porque se o Judiciário não puder verificar se é de interesse público relevante ou urgência, se alguém extrapolou ou não, dentro do campo significativo possível, essas palavras, se ele não puder, duas conclusões se impõem: uma, as palavras da lei que provocaram isso não existem, interpretar é dar um sentido às palavras da lei, não é retirá-las do texto. Isto equivaleria a retirá-las, então já haveria uma primeira falha. E haveria uma segunda, imperdoável: a de considerar que aquela competência é ilimitada, que ela não está freada nem por finalidade e nem por pressupostos; e competência ilimitada não é competência, porque a competência é uma delimitação de poder.

Inexistência de discricionariedade

Por idêntica razão, pelas mesmíssimas razões, se porventura o ato de indeferir ou de deferir uma liminar fosse discricionário, teria que ser revisível, de todo modo, pelo Tribunal Superior, para que verificasse se se manteve dentro do limite possível, que não desbordasse aquele campo de liberdade.

Já bastaria a própria noção de discricionariedade para rejeitar a concepção de que a decisão de liminar positiva ou negativa é uma questão de foro íntimo. Não é uma questão de foro íntimo, é uma questão de coincidência ou não-coincidência com a finalidade da lei diante dos pressupostos, isto é, diante da situação concreta.

Mas na verdade não há discricionariedade alguma para o juiz na concessão de liminar; o fenômeno que se passa no exercício deste – chamemos – poder cautelar nada tem a ver com o fenômeno da discricionariedade. Não existe discricionariedade em decisão jurisdicional. E por que não existe discricionariedade?

Para tornar explícito o que quero transmitir temos que fazer necessariamente uma separação de dois planos: o plano que vou chamar de substancial, que seria um plano – admitamos abstratamente – de uma verdade abstrata de uma verdade absoluta. E um plano jurídico, a verdade jurídica, que são dois planos literalmente distintos.

Paralelo entre despacho e sentença

Um juiz profere uma sentença e o Tribunal a reforma. Eventualmente há uma ação rescisória e aquela decisão é modificada. O Tribunal decide num dado sentido; amanhã o Tribunal muda de orientação e decide em sentido diferente. Qual das decisões alcançou a verdade? Nunca se poderá realmente saber. Essa verdade absoluta é inalcançável. Uma decisão reformada pelo Tribunal poderia ser aquela, abstratamente falando, a correta perante o sistema normativo. Poderá. No entanto, qual é a verdade jurídica? É aquela que é decidida em última instância. Esta é a verdade jurídica.

O Direito é algo eminentemente pragmático. Do ponto de vista do Direito pretende-se alcançar uma verdade absoluta, a coincidência entre a proposta normativa e a realização concreta através da decisão judicial em face de pretensões conflitantes. Pretende-se isso, mas define-se que para fins de direito a verdade jurídica é a verdade pronunciada em última instância pelo Poder Judiciário. São dois planos diferentes. Inútil tentar resolver um problema jurídico com soluções extrajurídicas; um problema jurídico só se resolve com soluções jurídicas, isto é, aquelas que derivam do que é extraído do próprio sistema normativo. Separado desses dois planos tem-se que a qualidade intrínseca, aquilo que faz com que a decisão jurisdicional seja o que é, é o atributo que a ordem jurídica lhe confere de dizer o direito no caso concreto. O juiz não se pronuncia dizendo: o título jurídico de pronúncia do juiz não é o título jurídico de pronúncia do administrador, quando tem discrição. O administrador diz: é assim, poderia ser assim; são duas soluções possíveis comportadas pelo sistema normativo; estamos perante um indiferente jurídico, eu opto por esta no exercício da minha discrição. O juiz não diz que perante um caso concreto duas soluções são igualmente admissíveis, a solução "a" e a solução "b", mormente quando são duas soluções antagônicas e conflitantes entre si: "a" pleiteia um direito, "b" nega a existência do direito contra ele pleiteado. E o juiz diria, admitamos, vejamos o ilogismo dessa solução: "tanto pode ter direito quanto pode não ter, mas eu decido que tem, porque é mais conveniente". A alguém acudiria supor que é esta a função jurisdicional, a ninguém acudiria imaginar que o juiz entre duas alternativas e antagônicas entre si, contrapostas, ele diz que adota uma como poderia adotar a outra, mas que ele tem o poder de adotar uma delas.

Submissão à lei

O juiz é o oráculo do direito no caso concreto. É esta a função do juiz. Quando o juiz decide num sentido, aquela decisão que ele toma é para aquele instante, a verdade legal, e é produzida a título de dizer: a verdade legal, a única que existe porque duas não podem existir conflitantes numa mesma situação. Logo, toda e qualquer pronúncia jurisdicional, no momento em que ela é proferida, o título jurídico dela não é de fazer uma opção entre diferentes jurídicos, entre duas soluções possíveis, mas é o de dar a única solução que o direito comporta. Esta é a codificação do juiz, o juiz não tem outra, e é este título que o Poder Judiciário se pronuncia. Logo, aí não há discrição, porque a discrição supõe alternativas igualmente confortadas pelo sistema.

A pronúncia judicial significa a manifestação da única, que no caso concreto realiza o que as normas determinam. Não pode haver discrição na atividade jurisdicional. Não pode haver discrição no pronunciamento do juiz perante uma liminar, de que ele opta por esta mas pode ter outra. Quando ele se pronunciar ele terá que dizer: "Esta é a solução, cabe liminar, e se cabe liminar eu sou obrigado a concedê-la, porque eu sou o oráculo da lei. Se não cabe liminar eu sou obrigado a indeferi-la."

Obrigatoriedade a liminar

Aliás, o art. 7º da lei do mandado de segurança* não diz que o juiz *poderá conceder* liminar; ele diz que o juiz *concederá* a liminar, estando presentes os pressupostos estabelecidos nesse mesmo artigo, ou seja, a existência de perigo iminente e fumo de direito. Até costuma-se falar "e lesão irreparável". Não é isto que o texto diz, o texto não fala em lesão irreparável. O texto diz: quando a decisão afinal se for concessiva resultar ineficaz. É isso que o texto diz.

Mas vejam, não há a menor diferença quanto ao juízo lógico proferido pelo juiz em uma liminar e em uma decisão terminativa afinal. Nenhuma diferença. O juiz para dar uma sentença terminativa de mérito seria obrigado a sopesar fatos, sopesar circunstâncias, avaliar a situação, verificar se se encaixam na norma legal, se são aquelas supostas na regra da lei; e é obrigado, se houver dúvidas quanto a aplicabilidade da regra "a" ou da regra "b", a estimar qual a regra que no sistema normativo tem aplicação por decisão do sistema normativo àquele caso concreto. Em que isto é diferente da apreciação de uma liminar?

"Periculum" e "fumus"

O objeto sobre o qual incide um juízo do juiz numa liminar é diferente do objeto do juízo do juiz quando decide o mérito.

* Nota da redação: Lei 1.533/1951.

Realmente são diferentes. Mas o procedimento mental é o mesmo. Por que são diferentes os objetos? Porque num o juiz está cifrado única e exclusivamente a verificar se existe o *periculum in mora* e a verificar se existe *fumus* do bom direito. Só.

A pronúncia do juiz não é absolutamente a de que a parte tem direito. A pronúncia do juiz é de que é plausível, que há verossimilhança de que exista direito – é diferente da pronúncia sobre se existe o direito – e se há um *periculum in mora*. É esta a pronúncia dele. Portanto, os objetos não são os mesmos, mas o processo, o juízo que ele tem de emitir é da mesma natureza, seja numa sentença, seja numa liminar, ele tem que verificar única e exclusivamente sopesando as circunstâncias, tomando em conta os fatos, a sua coloração própria, discutindo interiormente se a regra de direito cabível aplicado na hipótese como sobre ela também se contenda "é a regra 'a' ou a regra 'b'", ele está emitindo juízo da mesma natureza da liminar. Se o juízo da liminar for discricionário, são discricionárias as sentenças. E se as sentenças são discricionárias, o Tribunal, ao reformar uma sentença, que título jurídico estaria exercitando? Quando o Tribunal reforma uma sentença o que ele está dizendo? Que essa sentença disse sim àquilo que o Direito estabeleceu, mas que o Direito poderia ser dito de outro modo. Em suma: que "a" poderia ter razão e "b" poderia ter razão também, e que ele prefere a razão de "b". É isso que o Tribunal fará?

Recorribilidade

Quando o Tribunal revê uma sentença tanto quanto quando revê uma liminar, o que o Tribunal faz é dizer que o direito aplicável à espécie não o foi corretamente. Em outras palavras, está errada a face do direito naquela primeira decisão. Terá o Tribunal acertado ou quem acertou foi o Juiz de Primeira?

Do ponto de vista da verdade absoluta jamais se terá essa resposta. Do ponto de vista do Direito a solução está dada pelo Direito Positivo, é a decisão ulterior, aquela que transita em julgado, é a que do ponto de vista do Direito é a verdade legal.

Juízo de legalidade

Vejam, meus colegas, eu não lhes queria dizer mais do que isto. É logicamente impossível considerar que existe discrição na concessão de uma liminar, porque se se considerar que existe discrição na concessão de uma liminar ter-se-á de considerar que todas as vezes que um tribunal reforma uma decisão jurisdicional ou uma sentença terminativa de mérito, ele está emitindo um juízo de conveniência e oportunidade, ele está admitindo que duas soluções igualmente seriam possíveis perante o Direito: que tanto "a" tinha direito quanto "b" tinha direito, e que ele opta por "b", ao contrário do juiz que decidiu por "a", ou que pelo contrário ele concorda com o juiz ao decidir por "a", mas que poderia ser considerado que o direito era de "b". Não é isso que um tribunal faz.

Se fosse isso que um tribunal faz, a função administrativa e a função jurisdicional seriam idênticas, apenas uma com força de coisa julgada e outra sem força de coisa julgada. E realmente não é, porque a função atribuída ao administrador é uma e a função atribuída ao juiz é outra. A função atribuída ao juiz, a chamada função jurisdicional é a função oracular do Direito no caso concreto, é a verdade legal no caso concreto, restrita ao caso concreto; mas é naquele caso a única que o Direito comportava no instante em que foi proferido.

Muito obrigado. (PALMAS)

CONTROLE DA ADMINISTRAÇÃO PÚBLICA NA CONSTITUIÇÃO DE 1988[1]

SÉRGIO FERRAZ

Ex-Presidente do Instituto dos Advogados Brasileiros
– Ex-Professor Titular de Direito Administrativo da Universidade Católica do Rio de Janeiro

1. Introdução

A vastidão do tema do controle da atividade administrativa torna imperioso seu prévio confinamento, pena de se ter não uma palestra, mas um ensaio de consideráveis proporções. Doutra parte, as tecnicalidades de alguns dos tópicos do tema em questão envolvem o risco de resvalar o expositor para searas de aridez indiscutível, provocando desnecessário cansaço aos seus indulgentes e eventuais ouvintes. Disso tudo decorreu nossa eleição apriorística, por circunscrever a exposição aos aspectos de controle contidos na Constituição de 1988, com o quê, inclusive, estamos guardando fidelidade ao propósito maior deste Congresso, proclamado em todo o pertinente e respectivo material promocional: a definição dos "Novos rumos do Direito Administrativo" brasileiro.

2. Função administrativa

Impõe-se, num primeiro momento, estabelecer o patamar conceitual do nosso trabalho.

Ao falarmos em controle da atividade administrativa, teremos em vista, de início, o desempenho, pelo Poder Público, da chamada *função administrativa*. Não desconhecemos quão tormentosa é a tarefa de definir tal função, sendo múltiplos os critérios e as escolas que a ela se dedicam, com resultados consideravelmente diversificados. Sem fazermos, aqui e agora, uma opção por qualquer delas, proclamaremos, todavia, nossa adesão, para os estritos propósitos desta exposição, ao chamado *critério residualista*. Com essa expressão estamos a designar uma corrente de pen-

1. Transcrição da conferência proferida no VII Congresso Brasileiro de Direito Administrativo (Blumenau, abril de 1992). Publicada originalmente na *RTDP* 4/239.

samento (que é, p. ex., a de A. Gordillo), segundo a qual diz-se *administrativa* toda função estatal que não se identifica com a jurisdicional e a legislativa. O critério residualista, conquanto possa merecer críticas sob a perspectiva da rarefação de suas fronteiras conceituais, revela-se, contudo, útil quando o objeto do estudo não é o próprio exame e classificação das diferentes funções estatais. Assim, se o que se tem em vista – tal como ocorre com o propósito desta exposição – é uma *atividade* (*in casu*, o controle), que incide sobre uma das *funções* estatais (no caso, a administrativa), não há prejuízo científico na aceitação da conceituação residual, até porque jurisdição (aplicação, ao caso concreto, de uma norma genérica e apriorística de composição de condutas conflitantes ou reciprocamente resistentes) e legislação (produção e edição da antes referida norma) constituem conceitos com alto teor de univocidade de sentido.

Em resumo, por toda a nossa palestra, ao nos referirmos a função administrativa, estaremos contemplando as atividades estatais que não podem ser subsumidas aos escaninhos da legislação e da jurisdição.

2.1 Agentes administrativos

Doutra parte, uma ponderação desde já se impõe, e ela se faz até mesmo pela estreita vinculação do plano da exposição à Constituição de 1988: na forma do que se decanta do art. 37, *caput*, da Lei Maior, a função administrativa pode até ser prioritariamente desempenhada pelo Poder Executivo, mas dele não é apanágio: desempenham-na, também, o Legislativo e o Judiciário, a Administração direta e a indireta (bem assim a fundacional), a União, os Estados, o Distrito Federal e os Municípios. Mas não só.

2.2 Ampliação do elenco: as autorizações e as permissões, as privatizações

Fenômenos marcantes estão a sublinhar, em nossos dias, a diversificação da execução das atividades em benefício dos administrados.

De um lado, ganham relevo cada dia maior as delegações administrativas, nas formas tripartidas, constitucionalmente assentadas (arts. 21, XII, e 175): autorização, permissão, concessão. Consequência expressiva dessa flexibilização se reflete na adoção das figuras da autorização e sobretudo da permissão, para atuações que nada têm de precárias e que, pelo contrário, demandam do particular ingentes investimentos, a requererem (até mesmo em razão do equilíbrio das contraprestações, constitucionalmente assegurado no art. 175) um mínimo de estabilidade, no tempo, da existência da relação entre Poder Público e executor particular da função. Foi certamente em razão de correto – mas audacioso, sobretudo na perspectiva doutrinária – entendimento dessas novas dimensões que o constituinte de 1988 não teve receio em referir-se a *contrato de permissão* (com todas as garantias daí decorrentes), outorgando, destarte, a essa figura um grau de consistência mais avançado do que aquele já alcançado com a ideia, antes difundida, das *permissões condicionadas*.

A par das figurações, acima relembradas, é indiscutível que, doutro lado, adquire dia a dia mais presença e expressão a transferência da própria função (e não apenas de sua execução) para a empresa privada – é o fenômeno da *privatização*, que surge como verdadeira pedra de toque, na tentativa de modernização do Estado, para além dos figurinos das Administrações indiretas e descentralizadas, que, de modo geral, se vêm revelando desgastadas e ineficazes, nas últimas décadas.

2.3 A relação de administração pública

A breve incursão, que se fez no item precedente, aos novos canais de satisfação das necessidades e anseios da coletividade, teve apenas por fito trazer luz para o sugestivo dinamismo que a flexibilização da atividade estatal vem conhecendo, tal como analisado na Constituição de 1988. Qualquer que seja, entretanto, o molde adotado, inclusive o das privatizações mais extremadas, uma realidade permanecerá intangível: a satisfação precípua da necessidade e do interesse públicos constitui o cerne eidético da função administrativa. Ao concretizá-la, o Estado – ou o particular que em seu nome, por qualquer figura de direito, atue – não está praticando atos de dono, que, como tal, gozaria do atributo da *disponibilidade*, em razão do qual poderia, inclusive, despir-se da função. Na clássica e feliz imagem de Cirne Lima, ao *realizar* efetivamente tais deveres, por si ou por terceiros, está o Estado empenhado numa *relação de administração*. E, como tal, sujeito – bem como assim também sujeitos os particulares que façam suas vezes – a todo um plexo de mecanismos de controle, como é curial que ocorra com todos os que não estão a braços com mera relação de propriedade.

Daí a última estaca no patamar conceitual até aqui elaborado: mesmo quando a execução da função administrativa se aparta, intensamente, quanto à identidade do executor, da figura do Estado, ainda assim o tema do controle incide massivamente, como consectário inafastável da constatação de que, na base de todas essas atuações, existe o estatuto típico da relação de administração.

3. Política e ética da administração

Para que o exercício da função administrativa possa mais aptamente atingir os fins a que proposta, impende a observância de dois parâmetros: a) o de que se encarte numa *política* de administração, com o quê, de regra, se viabiliza e se otimiza sua eficácia. Limitamo-nos à enunciação da questão, eis que a política da administração pública é tema alheio a nossa exposição; b) o de que observe uma *ética* administrativa, com o quê se assegura (ao menos esse o propósito) a higidez axiológica das atuações estatais, dado essencial na configuração da validade de qualquer ação nas relações de administração.

3.1 Os princípios da administração pública

A Constituição de 1988 oferece linhas seguras de amarração da ética administrativa. Consubstanciam-se elas nos chamados princípios da administração pública. Não se afeiçoaria ao tempo que nos foi reservado mergulhar a fundo no tema. Limitamo-nos a referi-lo, eis que falar de controle de administração pública, sem mencioná-lo, seria esdruxularia incomensurável. O que pretendemos deixar nitidamente assentado é que, ao controlar o acompanhamento ou a execução da função administrativa, o órgão ou agente controlador deverá ter em conta se:

a) na origem e no resultado, foram respeitados os princípios da legalidade, da impessoalidade, da moralidade e da razoabilidade, da proporcionalidade, da publicidade (CF, art. 37, *caput*);

b) houve, ou não, causação de dano a terceiros; em caso positivo, impor-se-á o dever da reparação, num regime de *responsabilidade objetiva, independentemente da natureza jurídica do agente direto* (CF, art. 37, § 6º);

c) correta e efetivamente motivada a atuação. O dever de motivação, insculpido no art. 93, X, da Constituição, dirige-se não apenas à *função administrativa* desempenhada pelo Judiciário, mas sim a que qualquer agente estatal (ou que atue em nome do Estado, por *delegação* ou *atribuição* estatal) assuma, o que é decorrência inevitável do caput do art. 37. Acresce que, num sistema jurídico em que não se discute a possibilidade da sindicabilidade judicial do desvio e do abuso do poder, automaticamente se exige a motivação do ato administrativo, por isso que só do exame de sua existência, autenticidade e propriedade se pode chegar à constatação das aludidas patologias.

4. Os tipos de controle da administração pública: introdução

Cabe agora examinar os diferentes tipos de controle da administração pública, inseridos na Constituição de 1988. Por evidente, em razão do confinamento a que vestibularmente nos vinculamos, só iremos discorrer efetivamente sobre as inovações aqui operadas pela Carta de 1988.

Conforme iremos verificar, se a administração pública bem não anda, isso não se deve à ausência de mecanismos de controle. Bem antes, eles existem, em excesso até, talvez. O que falta é, provavelmente, uma *cultura de controle*, que, introjetando em administradores e administrados, com todas as suas consequências, a ideia de relação de administração pública, tornasse operante toda a farta coleção de remédios constitucionalmente consagrados. Provavelmente, com o tempo iremos conhecer, também entre nós, o efetivo primado da lisura administrativa.

4.1 O controle interno

A taxinomia consigna, em primeiro lugar, o *controle interno*, ou autocontrole. Sob essa denominação enquadram-se os mecanismos de controle existentes dentro da própria estrutura administrativa a ser controlada. Tais mecanismos atuam mediante a operacionalização dinâmica do conceito de *hierarquia*.

Em verdade, no que diz respeito ao controle interno, a Constituição de 1988 não trouxe novidades conceituais. Assim é que continua ela a traduzir-se em atos de invalidação, revogação, aprovação e homologação. Provavelmente, a única inovação aqui defluente da nova ordem constitucional esteja concretizada num *enriquecimento conteudístico*, de *qualidade*, do autocontrole, eis que está ele agora textualmente balizado por diretrizes *éticas*, consubstanciadas nos princípios da atuação administrativa, antecedentemente referidos.

4.1.1 Peculiaridades nas fundações e nas empresas estatais

Como subtipo de controle interno cabe referir a incidência, nas empresas estatais e nas fundações, dos equipamentos de controle próprios dessas entidades (o Ministério Público e os diversos conselhos, previstos nas leis atinentes a tais pessoas), cuja existência não se afasta nem se adultera pelo só fato de eventualmente integrarem elas a Administração Pública.

4.2 O controle externo

Em contraste com o que registrado relativamente ao controle interno, o *controle externo* se revela muito ampliado na Constituição de 1988. Entende-se por controle externo aquele que é exercido pelo Legislativo, particularmente mediante a atuação do Tribunal de Contas.

Anote-se, em primeiro lugar, que o âmbito da atuação do Legislativo e das

Cortes de Contas é, hoje, imenso, por isso que não mais restrito à legalidade, abrangendo também a *legitimidade* e a *economicidade* da atuação administrativa (CF, art. 70, *caput*).

Da mesma sorte, vitalizou-se, de muito, o papel dos Tribunais de Contas. Dificilmente pode-se dizer serem eles, hoje, apenas um *auxiliar* (CF, art. 71, *caput*) do Legislativo, no exercício do controle externo. Basta, para chegar-se a tal conclusão, meditar na conjugação de alguns comandos constitucionais. Verifique-se, p. ex., que, a teor do inc. X do art. 71, pode o Tribunal *sustar* a execução do ato que impugnar, se não corrigidas as ilegalidades que nele aponta; a sustação é, *in casu*, uma providência mandatória e de plano eficaz, sendo objeto de mera *comunicação* ao Legislativo, salvo quando se trata de contrato, hipótese em que o ato de sustação será adotado diretamente pelo Legislativo, *ex vi* do § 1º do art. 71. Mas, *mesmo no caso de contrato*, se o Legislativo ou o Executivo não sustarem sua execução, no prazo de 90 dias da data em que apontada pelo Tribunal a ilegalidade, à Corte é integralmente atribuída a competência para agir, podendo decidir como considerar necessário, assumindo, inclusive, a prática do ato de sustação, diretamente (CF, art. 71, § 2º). Nesse contexto e ampliação de competências assume ainda ênfase a natureza executória direta de que agora revestidas as decisões do Tribunal de Contas de que resulte imputação de débito ou multa: têm elas, *ex vi* do art. 71, § 3º, eficácia de título executivo.

4.2.1 A sustação, pelo Legislativo, dos atos normativos do Executivo

Categórica inovação, no campo do controle externo, se encontra insculpida no art. 49, V, da Lei Maior: a competência do Congresso Nacional para "sustar os atos normativos do Poder Executivo que exorbitem do poder regulamentar ou dos limites da delegação legislativa". Deixando-se de lado o sabor parlamentarista de tal competência, a verdade é que está posta em texto constitucional, sendo, pois, só por isso, dotada de indiscutível eficácia. Além disso, é preciso proclamar que o constituinte, aqui, "disse menos do que queria" ou do que devia: sendo o preceptivo indiscutivelmente um meio de resguardo do princípio da separação de Poderes, tem-se, por consequência, que, além dos atos normativos do Executivo, também os atos administrativos, nos normativos eventualmente exorbitantes respaldados, se submetem à regra da sustação, do art. 49, V. Estamos, pois, em face de fortíssimo procedimento de controle administrativo.

4.3 O controle da cidadania

As alterações mais profundas no sistema constitucional de controle da função administrativa expressam-se nos meios para tanto postos à disposição da cidadania. Além de fazer-se ela atuante presença com a intermediação do Judiciário, revela-se ela também eficaz mediante ações diretas. Imprescindível, por tudo isso, certa detença neste segmento do nosso tema.

4.3.1 Seus alicerces

Na cerimônia de promulgação da Constituição, o Presidente da Assembleia Nacional Constituinte, Deputado Ulisses Guimarães, a batizou: Constituição-Cidadã, Constituição da Cidadania. A fórmula tinha finalidade clara: indicar não só que essa era uma Lei Magna nascida dos anseios manifestados, direta e indiretamente, pela cidadania; mas também, e acima disso, uma Constituição que assegura ao cidadão – e o conclama a isso! – a fiscalização (*pari passu*) e a correção da atividade administrativa. A proclamação da Constituição-Cidadã, para não se revestir das feições da simples dicção retórica, se fez juridicamente instrumentalizada, com o levantamento de três pilares técnico-jurídicos fundamentais: a consagração e difusão da ideia de interesses e direitos difusos e coletivos; a criação de remédios processuais de tutela a tais interesses difusos e coletivos; a adoção e expansão da técnica das legitimações extraordinárias (processuais e políticas), coletivas e difusas. O levantamento desse tripé enseja a realização efetiva da regra do parágrafo único do art. 1º da Lei Maior, segundo o qual o poder, que emana todo do povo, por ele é exercido, não só por meio de seus representantes, mas também diretamente.

4.3.2 Seu exercício por meio do Judiciário

Como decorrência de todos os vetores acima enunciados, de muito se ampliaram as atuações de controle do Judiciário, bem como as pertinentes vias de acesso. Assim, e como simples exemplos:

a) O Judiciário aprecia não mais apenas a lesão, mas também qualquer *ameaça* a direito (com o quê, *v.g.*, se dá berço constitucional ao mandado de segurança preventivo e às ações cautelares em geral) – CF, art. 5º, XXXV.

b) As entidades associativas podem representar seus filiados (judicial e extrajudicialmente) – CF, art. 5º, XXI.

c) Sem prejuízo da letra "b" supra, a ela aditando reforço, tem-se o fenômeno da legitimação coletiva (direta ou substitutiva, conforme o caso), não só no caso do mandado de segurança (CF, art. 5º, LXX), mas também nos pleitos em defesa de direitos e interesses coletivos ou individuais das categorias profissionais (CF, art. 8º, III).

d) O vetor axiológico da moralidade, no exercício da atividade administrativa, teve o controle de sua observância depositado nas mãos do cidadão, que conta, para tanto, com o eficaz instrumento da ação popular, ampliada em seu escopo na nova Lei Maior (CF, art. 5º, LXXIII).

Coexistindo com todas essas conquistas, permanecem íntegros, como meios de controle, o *habeas corpus* e o *mandado de segurança.*

4.3.3 Seu exercício direto, perante a Administração Pública; o direito à informação e à privacidade; o direito de petição; o processo administrativo; a garantia do devido processo legal

A par da intermediação do Judiciário, tem o cidadão outros meios de controle na Lei Maior, no particular intensamente aprofundada e ampliada.

Em primeiro tomo, assinale-se que, conquanto a Constituição assegure o direito à privacidade (art. 5º, particularmente nos incs. X, XI e XII), garante, em contrapartida, um *direito à informação* (art. 5º, XIV), tutelado, inclusive, por um novo remédio processual constitucional específico – o *habeas data* (art. 5º, LXXII). Aliás, no que particularmente diz respeito ao *habeas data*, ressalte-se que, na forma da consagração constitucional, serve ele não só para realizar concretamente o direito à informação, senão também para compelir a Administração à retificação de dados equívocos ou adulterados, guardados em seus registros. Trata-se, pois, de um excelso instrumento de controle, posto à disposição do cidadão.

Em segundo tomo, merece referência a circunstância de ter sido o clássico direito de petição (art. 5º, XXXIV, "a"), valioso meio de contraste da atuação administrativa, adequadamente regulado e aparelhado. Isso porque, exercitando-se ele por meio de um processo administrativo, irá *diretamente* beneficiar-se da extensão, a este conferida, das clássicas e fundamentais garantias do processo judicial: publicidade, contraditório, ampla defesa (CF, art. 5º, LV). Caberia, a propósito, sublinhar que, ao ter sido assim conotado, o processo administrativo, *com esse perfil*, é o único que preenche a previsão do *devido processo legal*, este por seu turno agora alçado à condição de garantia constitucional expressa (CF, art. 5º, LIV). O resultado desse conjunto pode ter sabor verdadeiramente revolucionário, capaz de reformular toda a *praxis* do nosso Direito Administrativo, classicamente vincado a uma visão autoritária: tal sabor concentracionário do poder não mais estará apto a prevalecer a partir do simples momento em que o processo administrativo deixa de ser *propriedade* da Administração ou de seus agentes. Lançado ele à luz, à transparência das garantias judiciais, tornará evidente a motivação dos atos administrativos, inviabilizará as decisões ou os pareceres reservados, concretizará a ideia de igualdade. Em suma, com essas tônicas, o processo administrativo passa a ser, só por si, um extraordinário instrumento de controle da atividade administrativa.

4.3.4 Seu exercício pelos meios políticos; a atuação direta do cidadão, perante as Cortes de Contas

Ademais de tudo até aqui enunciado, goza também o cidadão, na nova ordem constitucional, de valiosos meios de ação política para o controle da atividade administrativa.

Parece-nos claro que, como tal, funcionam, com formidável alcance, o plebiscito, o referendo e a iniciativa legislativa popular (provisão genérica no art. 14). Mas, para além dessas notáveis conquistas, importa destacar duas inovações controladoras, de ousadíssima amplitude: a) o direito do contribuinte de questionar a *legitimidade* das contas municipais (CF, art. 31, § 3º); b) o direito do cidadão, ou de suas entidades representativas, de denunciar irregularidades ou ilegalidades perante as Cortes de Contas da União, Estados, Distrito Federal e Municípios (CF, art. 74, § 2º).

4.3.5 A plena eficácia dos direitos e garantias fundamentais

Aduza-se, por ser de imperativo relevo, que a Constituição de 1988 repele qualquer interpretação tendente a transformar todas as conquistas, até aqui examinadas, em simples proclamações programáticas ou retóricas. Nessa perspectiva é que cumpre estudar – o que não é propósito desta exposição – o mandado de injunção (art. 5º, LXXI), a arguição de descumprimento de preceito fundamental (art. 102, parágrafo único) e a inconstitucionalidade por omissão (art. 103, § 2º) sempre à luz do § 1º do art. 5º, pelo qual "as normas definidoras dos direitos e garantias fundamentais têm aplicação imediata".

4.4 O controle institucional: introdução

Não bastassem todos esses variadíssimos meios de controle da atividade administrativa, a Constituição de 1988 ainda fundou um outro tipo de controle, que denominaremos *institucional*, por isso que confiado a duas instituições de inserção constitucional.

4.4.1 O Ministério Público

Muito já se escreveu sobre as novas dimensões e o merecido enobrecimento do Ministério Público no seio da nova Constituição.

Para os propósitos específicos de nossa exposição, conviria, agora, destacar o art. 129, com foco: no inc. III, em razão do qual se confia ao Ministério Público (particularmente por meio da ação civil pública, mas também com o inquérito civil) a "proteção do patrimônio público e social, do meio ambiente e de outros interesses difusos e coletivos" (mesmo quando a agressão ou ameaça parta da Administração Pública); no inc. IV, que manteve a legitimação ativa da Instituição para a ação direta de inconstitucionalidade e, particularmente, a representação interventiva (quase sempre calcada em atos da função administrativa infringentes aos chamados princípios sensíveis da Constituição); no inc. VII, que põe nas mãos do *Parquet* o controle externo da atividade policial.

4.4.2 A Advocacia e a Ordem dos Advogados do Brasil

A Constituição de 1988 alçou a seu patamar a Advocacia e sua instituição aglutinadora, a Ordem dos Advogados do Brasil. Tendo em vista que o Estatuto básico da profissão e de sua instituição, a Lei 4.215/1963,* comanda à entidade (art. 18, I) e ao advogado individualmente considerado (art. 87, I e X) o dever de lutar pela ordem jurídica, pela Constituição, pela boa aplicação das leis e pelo aperfeiçoamento das instituições (competindo-lhes representar contra autoridades e funcionários, pela falta de exação ou pelo abuso no desempenho de suas atribuições), conclui-se que à Advocacia e à OAB cabe agora, igualmente, um excelso papel no conjunto das atividades de controle administrativo. Tal conclusão ganha particular ênfase quando se traz a lume o art. 129 da mesma Lei 4.215, segundo o qual os Presidentes do Conselho Federal, das Seções e Subseções "têm qualidade para agir, mesmo criminalmente, contra qualquer pessoa que infringir as disposições desta lei...". Todo esse arcabouço adquire expressivas tintas definitivas ao se verificar, no art. 103, VII, da Constituição Federal, que também à OAB foi conferida legitimação ativa para a ação direta de inconstitucionalidade.

Assim aparelhados, deverão os advogados, mais que nunca, adotar como norma de agir, em suas vidas, as célebres palavras de Poincaré, ao discursar por ocasião do Centenário da restauração da Ordem dos Advogados na França: "Porque constrói, por seu trabalho, uma situação normal, o Advogado não depende mais do que de si mesmo. É o homem livre em toda a extensão da palavra. Sobre ele pesam tão-somente servidões voluntárias. Autoridade alguma exterior detém sua atividade individual. A ninguém dá conta de suas opiniões, de suas palavras, de seus atos. Sobre sua cabeça não pende outra autoridade que a da Lei".

* Nota da redação: revogada pela Lei 8.906/1994.

PERECIMENTO DO ESTADO[1]

Ataliba Nogueira

Catedrático de Teoria Geral do Estado na Faculdade de Direito da Universidade de São Paulo (1940-1971)

Tem-se a impressão hoje de que o Estado é robusto, em plena vitalidade, talvez até eterno.

Nunca como nos nossos dias reuniu em sua inteireza os caracteres que o distinguem de qualquer outra sociedade política do passado ou do presente. Preenche satisfatoriamente a definição: *sociedade soberana surgida com a ordenação jurídica cuja finalidade é regular globalmente a vida social de determinado povo, fixo em dado território e sob um poder.*

Já na época que se dizia liberal, o grande Spencer clamava contra a ingerência excessiva do Estado na vida individual e dos grupos.[2] É que não atinou que isto mesmo constitui a tarefa do Estado.

Que diria hoje!

Por definição, o Estado é totalitário, absorvente das atividades sociais que entende passar para a sua direção, assenhoreando-se do que deseja, sejam bens ou pessoas. Não admite concorrência alguma. É soberano na extensão da palavra e regula esta ou aquela ou aqueloutra relação social ou deixa de regulá-las ao seu talante.

Se várias vezes em sua história pareceu não despótico, deve-se a circunstâncias fortuitas, como o estarem exercendo o poder pessoas tolerantes, de índole bondosa, de formação verdadeiramente cristã. Na constância da sua história, não lhe valeram para amainar o totalitarismo nem o cristianismo nem a fórmula tão maneirosa da Igreja unida ao Estado.

1. Lição no encerramento solene dos cursos jurídicos de 1970, no salão nobre da Faculdade de Direito, a 9.11.1970. A republicação póstuma desta "aula magna" é homenagem da *RTDP* ao fundador da *RDP*. Seu conteúdo – mais atual hoje, do que quando proferida, às vésperas da aposentadoria compulsória do autor – revela a argúcia do teórico do Estado e o sentido de antevisão científica que sua observação e meditação permitiram. Publicada originalmente na *RTDP* 4/5.

2. Herbert Spencer, *The Man "versus" the State*, Londres, 1884, p. 105; do mesmo autor, *Principes de Sociologie*, t. II/223, Paris, 1876.

Quantas lágrimas ela acarretou à Igreja e quanto falseamento da religião!

Pois bem, não obstante o que acabamos de salientar, há prenúncios de que o Estado tende a desaparecer.

São fatos que verificamos no Ocidente e no Oriente, na vida interna dos Estados e na internacional.

Nem são poucos nem pouco perceptíveis, pelo contrário se foram acumulando nos últimos anos e tornando-se nitidamente instituições de luta contra o Estado.

A fórmula do totalitarismo era: *Entre l'individu et l'État pas d'intermédiaire*. Não se admite intermediário entre o indivíduo e o Estado.[3]

Tropeça hoje o Estado com numerosos grupos surgidos no seu seio. Sendo obrigado a tolerá-los, buscou fórmulas de contemporização e recorreu ao subterfúgio de reconhecê-los oficialmente – como se fora favor seu – e de regular-lhes o funcionamento. Mesmo assim, nem sempre logrou êxito e a luta com certos grupos tem sido permanente.

Analisemos alguns deles. Primeiramente os partidos políticos.

Formam-se os partidos políticos para atingir o poder e subjugar o Estado aos seus interesses, quanta vez egoísticos. No poder ou fora dele são forças atuantes. O ativismo é o seu característico. Outrora jamais o Estado tolerou tal concorrência, o que se deu apenas há pouco mais de um século. Mesmo assim, é patente a luta entre ele e os partidos políticos, pois o Estado arranja meios e modos de reobter o seu contato direto com os indivíduos.

Todas as funções sociais, busca unificá-las em suas mãos.

Os sindicatos surgiram no seio do Estado para unificar os trabalhadores. Se tomarmos o exemplo da França, vemos que o Código Penal napoleônico, sob penas graves, proibia a coligação dos trabalhadores e a legislação civil era orientada pelo axioma *pas d'intérêt pas d'action*, pelo que os sindicatos não podiam comparecer em juízo para defesa de interesses de classe. Só cada trabalhador individualmente. Neste século, em 1913, é que os tribunais admitiram em juízo os sindicatos, mas a lei só em 1920 acolheu o que já havia firmado a jurisprudência sete anos antes.[4]

E tudo isto foi obtido mediante violência, em face da violência do Estado.

Tal força cobrou hoje o sindicato que é preciso a mais forte repressão para que ele se não contraponha ao Estado, que não quer nem pode abdicar da sua nota característica de regular globalmente as relações sociais.[5]

A CGT e outras sociedades análogas são as unificadoras de numeroso grupo de sindicatos dentro no território do Estado, o qual se arroga, todavia, ser o unificador

3. Ganshof van der Meersch, *Pouvoir de Fait et Règle de Droit dans le Fonctionnement des Institutions Politiques*, Bruxelas, Ed. Librairie Encyclopedique, 1957, pp. 37 e 59.

4. Paul Cuche, "La législation du travail et les transformations du Droit", in *La Cité Moderne et les Transformations du Droit*, Paris, Bloud & Gay, 1925, pp. 169, 177, 186, 187 e 190.

5. Ganshof van der Meersch, ob. cit., pp. 70 e ss., 81 e ss., 114 e 140. Refiro-me de preferência a este Professor de Bruxelas porque, protestando não ser totalitário, lamenta, entretanto, que o Estado esteja submergindo sob a ação desenvolta dos vários grupos sociais. Interessante aludir a um "governo invisível", p. 142, como certo professor de Harward, que se refere a "forças ocultas atuantes" (Raymond Vernon, "A empresa multinacional", in *Diálogo*, Revista publicada pela Embaixada Americana no Rio de Janeiro, 111/29, n. 1).

único de toda autoridade e função. E, como tal, o único a editar o Direito e o único garantidor da liberdade e da justiça, ao seu modo, é bem de ver!

De outro lado, as federações da indústria e do comércio constituíram-se igualmente forças dentro do Estado e muitas vezes contra o Estado.

A universidade esforça-se pela sua autonomia e a sua linha de coerência leva-a a se opor ao Estado e o Estado lhe tem feito concessões, na esperança de subjugá-la de novo. É sabido que tendo sido supressa pela revolução francesa, como toda as corporações, Napoleão se recusou a restaurar a verdadeira universidade. Fundou, antes, faculdades profissionais, entre as quais as de Direito para o ensino apenas da legislação do Estado.

Voltando-nos para as associações culturais, literárias, artísticas, científicas, vemos que se insurgem contra a ingerência nelas dos Poderes Públicos, pois deles esperam o dinheiro e nada mais.

A Igreja Católica manteve ou procurou manter a sua independência em face do poder temporal, mas, desde que surgiu o Estado, a sua atitude foi de luta aberta ou de submissão à nova forma política de absolutismo. Agora, porém, parece recobrar a sua liberdade, não admitindo a ingerência do Estado nas relações sociais que são da sua competência. E o Direito Canônico, como o de várias outras sociedades, timbra em não ser Direito do Estado.[6]

A Federação, que existe desde o nascimento dos Estados Unidos da América do Norte, é forma de Estado que reduziu a soberania do Estado. Pois tanto o Estado federal quanto os Estados federados são soberanos nas matérias da sua competência, o que significa que nenhum deles é soberano no sentido do antigo instituto jurídico característico do Estado. É, pois, mais um fato que prenuncia o perecimento do Estado. Daí a crescente ação do Estado contra a Federação.[7]

Finalmente, a nossa análise dos fatos atuais na vida do Estado encontra estupefata a realidade de que "o Estado cessou de ser o ponto máximo de referência e de unidade entre os homens e a instituição" que até há pouco lhes merecia lealdade. Na última grande guerra – recorda Balladore Pallieri – os cidadãos combateram, de uma e outra parte dos Estados beligerantes, de acordo com as suas convicções políticas e independente da posição oficial do Estado.[8] E mereceram elogios também os *maquis* e os *partigiani.*

Na Constituinte de 1946, no plenário, indagaram em aparte do discurso que proferia o Senador Luiz Carlos Prestes: se houver guerra entre o Brasil e a Rússia, de que lado ficaria? Pois não vacilou um instante em responder: jamais do lado de um Estado capitalista.

Nos derradeiros meses de governo do Presidente João Goulart, em 1964, certo jornal de São Paulo afirmou em editorial

6. No Brasil, ao tempo do Império, o Estado somente admitia o Direito Canônico quando não contrariasse o seu próprio Direito. Mera tolerância. Assim, dentre muitos outros episódios, na célebre questão religiosa, que levou dois bispos a serem condenados a dois anos de prisão com trabalhos forçados, as sentenças deixam bem claro que o único Direito é o do Estado. Revista *O Direito*, ano II, vol. III/445, n. 2, Rio de Janeiro, 1874.

7. O fenômeno não é apenas brasileiro ou dos Estados Unidos da América do Norte. É universal. Chegaram a afirmar, por isso, que a Federação é mera transição para o Estado unitário, sem perceberem que, nos últimos tempos, o Estado (que é o mesmo que Estado totalitário) não tolera concorrentes.

8. G. Balladore Pallieri, *Dottrina dello Stato*, Pádua, CEDAM, 1958, p. XI.

que, se o Presidente da República lançasse o Brasil em guerra contra os Estados Unidos, nós deveríamos estar com os Estados Unidos. É que, "postos diante da própria responsabilidade, escolheriam não por pertencerem ao Estado, mas de acordo com as suas convicções de outro gênero".[9]

Esboroa-se o Estado "sob os nossos olhos".

O princípio, tão tenazmente perseguido pela ordenação jurídica do Estado, de unificar nas suas mãos todas as funções sociais é solapado em sua base e no seu próprio conceito inspirador.

As ideologias são mais potentes que os Estados. Não conhecem as fronteiras que os separam. Informam as inteligências e movem as vontades para a atividade política, sem se impressionarem com a ideologia oficial do Estado. É isto que leva à guerrilha, cujo objetivo se não circunscreve ao território do Estado, pois não se contém nas suas lindes.

Estamos compendiando fatos que anunciam o perecimento do Estado. Apresentamos vários deles no mundo ocidental. No mundo não-capitalista, das simples perspectivas do futuro e consequentes promessas, também já se vai passando para os fatos.

Na Rússia soviética, a longa experiência política em que vive equacionou o problema de se entregarem algumas das funções que hoje cabem aos organismos do Estado à competência de organizações sociais. Caminha-se, pois, para a extinção gradual do Estado.

Enveredaram primeiramente para a transferência de algumas funções ligadas às atividades culturais do povo a organizações sociais. Assim, a "União das Sociedades Esportivas" substituiu a comissão do Estado encarregada da educação física e dos esportes.[10]

Como dizem os documentos soviéticos, em medida crescente as organizações sociais ir-se-ão encarregando das questões relacionadas com a sanidade, a ordem pública e a observância das regras de convivência socialista.[11]

O futuro governo há de buscar novas formas de participação do povo na direção do Estado. Estão na senda da futura "incorporação dos trabalhadores ao trabalho cotidiano de direção do Estado".

O desenvolvimento sucessivo do espírito de iniciativa e da atividade política do povo conduzirá, na Rússia, as organizações sociais a assumirem algumas das funções executadas hoje pelos órgãos do Estado.

Tal processo de ampliação do papel e das funções das organizações sociais já está operando em nossos dias. Prepara-se por este modo a criação de condições propiciadoras da futura extinção do Estado. A finalidade é um regime social em que a sociedade possa dirigir-se sem o aparelhamento político do Estado.

Afirmam que o Estado propriamente não será *abolido*; ir-se-á extinguindo paulatinamente, até que o poder político deixe de ser necessário.

Os organismos locais e as próprias empresas vão logrando, cada vez mais, autonomia em face do Estado. Passam para organizações sociais certos aspectos

9. Idem, ibidem.

10. *La URSS de Hoy y de Mañana*, Moscou, Ediciones en lenguas extranjeras, 1960, pp. 46 e 47.

11. P. Romashkin, *Fundamentos del Derecho Soviético*, sob a responsabilidade do *Instituto do Estado e do Direito*, da Academia de Ciências da URSS, Moscou, Ediciones en lenguas extranjeras, 1962, pp. 16-18.

da educação, saúde, esportes. É método mais eficaz, pois despertam o interesse pessoal de cada cidadão e os das próprias localidades.[12]

Aquelas funções perdem o seu caráter político e transformam-se em funções de órgãos do autogoverno social.

As primeiras medidas a respeito destas reformas foram anunciadas por Kruschev, no 22º congresso do partido comunista, na sessão de 18.10.1961.[13]

Externamente: na ordem internacional, como vimos até agora na ordem interna de cada Estado, não é ele mais a sociedade dotada do poder incontrastável de querer coercitivamente e de fixar as competências.[14]

Tomemos como exemplo os dois maiores Estados do mundo. As duas maiores potências mundiais, nem elas, podem subsistir mais sozinhas. Não são autossuficientes.

O Presidente Roosevelt afirmou que as fronteiras dos Estados Unidos da América do Norte estão em Dakar e, por isto, necessitavam àquele tempo de bases militares no Brasil e nos Açores.

A Rússia soviética arrosta com o maior desprestígio internacional ao manter os seus satélites pela força DO seu Exército.

Cada Estado está bem distante de se bastar; necessita DE OUTROS. Ora, é isto a negação viva da velha asserção jurídica de que "o Estado é sociedade perfeita".

Até alguns decênios atrás o soberano não podia admitir agrupamentos superiores, "com interesses próprios, exigências próprias e diante dos quais deva ceder". Não obstante a resistência baseada nos velhos princípios, o Estado vai perdendo a pouco e pouco a soberania, perdendo o seu primeiro caráter histórico e jurídico e as suas demais características; vai deixando de ser Estado.

As Nações Unidas surgem em detrimento do Estado, esta é que é a verdade, pois a ordenação jurídica internacional se afastou da sua forma típica tradicional. Contam ainda com defeitos em sua estrutura, mas as linhas mestras são lançadas.

Salientando Balladore Pallieri, em seu *Diritto Internazionale Pubblico*, que, até há poucos decênios, nos casos em que os Estados "agiam no sentido de tutelar interesses gerais ou em nome de princípios mais gerais, sempre o fizeram com as mesmas formas e os mesmos limites e os mesmos meios empregados para os seus interesses privados".[15] Era o regime dos simples tratados.

A partir das Nações Unidas, porém, os Estados, com o próprio sacrifício, enveredaram para a "*organização* internacional", para uma associação que não visa a cuidar dos seus interesses particulares, nem dos interesses comuns de apenas um ou mais Estados. Visam as Nações Unidas aos interesses da comunidade maior de Estados, interesses da *organização*, desvinculados dos interesses dos Estados.

12. *Revista de Estudios Políticos*, janeiro-fevereiro/62, Madri, Instituto de Estudios Políticos, p. 72.

13. "Documentos del XXII Congreso del partido comunista de la Unión Soviética", 17-31.10.1961, in *El Camino del Comunismo*, Moscou, Ediciones en lenguas extranjeras, 1961. Contém as primeiras medidas para a passagem do socialismo ao comunismo, cf. especialmente pp. 599 e 600.

14. Herculano de Freitas, *Direito Constitucional*, Curso dado na Faculdade de Direito de São Paulo, Edição do centenário do nascimento do autor, São Paulo, 1965, p. 28.

15. Balladore Pallieri, *Diritto Internazionale*, 8ª ed., Milão, Giuffrè, 1962, p. 505.

A ordenação jurídica internacional tem em vista a formação de vontade unitária. "Tal vontade não apresenta mais qualquer laço, nem ao menos indireto e de fato, com a vontade dos Estados componentes. Pelo contrário, em muitas hipóteses, têm até *o dever de prescindir* da vontade dos Estados."[16]

Analisemos as *Nações Unidas*. Já esta organização foi objeto de estudo, nesta Faculdade, pelo Prof. Marotta Rangel, Catedrático de Direito Internacional Público, em tese de concurso para livre-docência.[17]

Façamos hoje considerações de outra ordem, buscando mostrar como as Nações Unidas e outras organizações internacionais, delas oriundas, concorrem para o futuro desaparecimento do Estado.

A atividade de tais organizações separa-as dos Estados componentes, não tem em vista os interesses particulares de um ou de outro Estado, são-lhe atribuídas tarefas e, para a sua realização, poderes que Estado algum estaria disposto a reconhecer em outro Estado.[18]

Nenhum Estado acataria de outro prescrições referentes à sua política como as faz o Conselho de Segurança quando intervém em questão perigosa para a paz. A simples recomendação das Nações Unidas a um Estado é interferência nos seus negócios internos. E os inquéritos? E o envio de comissões?

Há novidade na organização e nas suas funções, sem precedente nas praxes internacionais. E novas obrigações para os Estados: fornecimento de informações, de meios financeiros, de pessoas e até de contingentes militares; obrigação de submeter-se a inquéritos e suas interferências; reconhecer valerem em seu território certos atos; de executar ordens.[19]

Em outras organizações, como a *Comunidade Europeia do Carvão e do Aço*, a *Comunidade Econômica Europeia* e a *Comunidade Europeia de Energia Atômica* acentuam-se ainda mais as limitações à competência dos Estados que as criaram e patenteiam os sintomas do futuro desaparecimento do Estado, pois já funcionam em tempo suficiente para provar que substituem com vantagem aquelas pessoas de Direito Internacional, caducas para aqueles assuntos vitais.

Os seus órgãos dirigem-se diretamente aos cidadãos dos Estados-membros, às empresas, aos indivíduos que se encontrem em seu território, dando-lhes ordens, impondo-lhes tributos, sobre eles exercendo fiscalização, o que acarreta também interferência direta na sua legislação.[20]

Na hipótese de contestação sobre se tal ou qual ato é válido, o Estado não lhe pode, por sua única autoridade, recusar aplicação. Importa suscitar a questão na ordem internacional e aguardar a decisão.

É irreconhecível o antigo Direito Internacional, tais as profundas modificações nele introduzidas com a criação destas organizações.

Nos tratados do tipo antigo, os Estados, depois de discutirem todas as

16. Idem, ibidem, p. 514.

17. Vicente Marotta Rangel, *Do Conflito entre a Carta das Nações Unidas e os demais Acordos Internacionais*, São Paulo, Saraiva, 1954.

18. G. Balladore Pallieri, *Diritto Internazionale Pubblico*, 8ª ed., Milão, Giuffrè, 1968, p. 531; Claude-Albert Colliard, *Institutions Internationales*, 5ª ed., Paris, Dalloz, 1970, p. 338.

19. G. Balladore Pallieri, ob. cit., p. 532; Claude-Albert Colliard, ob. cit., p. 338.

20. G. Balladore Pallieri, ob. cit., pp. 540 e 541.

cláusulas do texto, as suas fórmulas, os vocábulos, as vírgulas, sabem exatamente em que posição se encontram, quais os compromissos subscritos ou recusados, o que devem e o que não devem fazer e quais as liberdades que conservam.[21]

Hoje, entretanto, uma vez assinado o tratado dessas organizações, os Estados *não sabem mais quais as consequências que dele se derivam* para cada qual dos Estados que o subscreveram.

Os compromissos são assumidos de tal modo que não são eles que vão dar ordens, mas uma vontade diferente, uma autoridade com competência para lhes dar ordens.[22] Reza o art. 9º da *Comunidade Europeia a Carvão e do Aço*: "No cumprimento de seus deveres, os membros da Alta Autoridade...[23] não solicitam nem aceitam instruções de nenhum governo nem de nenhum organismo... Cada Estado-membro compromete-se a respeitar este caráter supranacional e a não procurar influir nos membros da Alta Autoridade na execução de sua obrigação".

Portanto, os Estados são submetidos à autoridade pessoal de um órgão, que se apresenta separado completamente deles, portador de interesse distinto do interesse dos Estados e que, na defesa de tais interesses, pode dar ordens aos Estados e cujo conteúdo lhes é imprevisível.

Avalie-se a grande novidade. Até há pouco, o Direito Internacional estava na fase rudimentar, pois elaborava instituições de Direito Privado, instituições que diziam respeito a cada qual deles. Passou a buscar, agora, o interesse geral, para o quê recorre decididamente a fórmulas de Direito Público. Não se lhe aplicam conceitos privatistas de delegação de poderes ou outros análogos. Os seus poderes são públicos e a sua função é de natureza pública em relação aos Estados.[24]

Por exemplo, a inovação carreou para o Direito Internacional o *desvio de poder*, instituto do Direito Administrativo (art. 33) tão bem estudado pelo Prof. Cretella Júnior, em sua tese de livre-docência.[25]

Vão caindo muitas das concepções tradicionalmente aceitas.

Assim, as novas organizações internas que nos referíamos, sem serem Estados nem por analogia, possuem os três chamados Poderes: Legislativo, Executivo e Judiciário. Mais uma vez verificamos o golpe profundo sofrido pelo Estado, que se mostrara incapaz de por sua ordenação jurídica reger aqueles assuntos ora confiados às organizações internacionais.

Diante de tudo quanto observamos até aqui, revelando que o Estado vai perdendo as notas que o caracterizam[26] e, pois, vai desaparecendo a pouco e pouco, enxergamos dois aspectos das novas questões que se apresentam. Primeiramente, não estamos diante de crise do Estado, somente verdadeira se os fenômenos fos-

21. G. Balladore Pallieri, *Problèmes Juridiques de la CECA*, Milão, Giuffrè, 1957, p. 6.

22. Idem, ibidem, p. 7.

23. Hoje, em lugar de "Alta Autoridade" diz-se: "a Comissão".

24. G. Balladore Pallieri, *Problèmes Juridiques*, cit., pp. 8 e 9. Balladore Pallieri analisa a nova construção jurídica com aguda penetração. Não está sozinho, mas a maioria dos internacionalistas, erroneamente, ou recorre à impossível analogia com o Direito Privado ou à também impossível analogia com certos institutos de Direito Público interno, como faz C. A. Colliard, *Institutions Intenationales*, cit., p. 343. Assimila as organizações internacionais à Federação!

25. J. Cretella Júnior, *Desvio de Poder*, Ed. RT, 1964.

26. Ataliba Nogueira, *Lições de Teoria Geral do Estado*, São Paulo, Empresa Gráfica da Revista dos Tribunais, 1969, pp. 46-67.

sem temporários, mas nos defrontamos com a morte do Estado; em segundo lugar, não divisamos o superestado a substituir a sociedade que sucumbe. O superestado seria nova edição de instituições já ultrapassadas com o Estado.[27]

Segue-se indagação ingênua: caminhamos para a anarquia, como parecem indicar os movimentos subversivos em toda parte do mundo, a generalizada insegurança dos direitos, a perversão das instituições políticas, econômicas e sociais?

Não é exato.

A tudo que apontamos acrescente-se o anacronismo do Estado onisciente, do Estado enciclopédico, na época do tecnicismo e da especialização, como ensina o douto Balladore Pallieri.[28] Sob o peso de competência que abrange tudo, sucumbe o Estado pela sua incapacidade de a tudo prover. Cumpre mal a sua tarefa, quando cumpre.

Nada de anarquia. O homem não prescinde da sociedade, a sociedade exige o Direito, o Direito exige a autoridade. Eis a *sociedade política*. Ela, sim, tem que existir sempre: a sociedade política. A forma de organizá-la, porém, varia de época para época e de lugar para lugar.[29]

27. A primeira vez que me feriram a atenção alguns dos fatos que patenteiam a impossibilidade do Estado de cumprir a sua missão e que demonstram perder até notas que o caracterizam, entendi que se caminhava para o *superestado* (*Lectio de Sapientia*, na Universidade Católica de Campinas, 8.3.1943; "O pan-americanismo e o superestado americano", *Revista do Instituto Histórico e Geográfico Brasileiro* 195/35-41, Rio de Janeiro, 1949). Entendi que se dirigia para o governo mundial.

Posteriormente, verifiquei que jamais poderia existir o superestado, que não passaria, aliás, de Estado em grande tomo, se acaso pudesse surgir. Nem, consequentemente, governo mundial.

Assim, até 1961, o meu programa de ensino, no Curso de Bacharelado da Faculdade de Direito da Universidade de São Paulo, manteve um dos pontos derradeiros *O Estado e o superestado*. A partir do ano seguinte, quando refundi o programa, na terceira e última parte, rejeitei o superestado e passei a cogitar de *A superação do Estado* (1962, pontos 29, 30 e 31). Já em 1963, coloquei como terceira parte o *Perecimento do Estado* (pontos 41, 42 e 43).

Todos os programas foram impressos no início do ano respectivo.

28. G. Balladore Pallieri, *Problèmes Juridiques de la CECA* cit., p. 15.

29. Com a devida vênia dos mestres cuja opinião é contrária, não é possível confundir *sociedade e Estado*, como, aliás, eu próprio confundi nos primeiros anos de ensino (cf. o meu trabalho *O Estado é Meio e Não Fim*, 3ª ed., São Paulo, Saraiva, 1955, *passim*).

Entre as numerosas formas de sociedade estão as *sociedades políticas*. Estas, por sua vez, também assumem *formas as mais diversas*. A sociedade política é que não pode deixar de existir. Uma das suas formas é o Estado. Surgiu no Renascimento e não antes. Poderá desaparecer para dar lugar a outras formas de sociedade política.

É anacronismo denominar *Estado* às formas de sociedade política do mundo antigo. Daí a dificuldade e a divergência dos que se propõem traduzir, p. ex., o vocábulo *polis*. Para alguns é o *Estado*, para outros a *cidade*. Fustel de Coulanges, o insigne historiador, assim denominou a sua conhecida obra: *La Cité Antique*, Paris, 1864. Historiadores e juristas modernos, afeitos ao novo vocabulário do Direito Público, verificam que *polis* não é nem cidade, nem Estado, nem *Estado-cidade*, nem *cidade-Estado*.

O que se conclui do conhecimento daquela sociedade política de determinada época da Grécia antiga é que o vocábulo é intraduzível. Desde que não existe mais o que os gregos denominavam *polis*, também não temos palavra que lhe corresponda. O principal, porém, é que os característicos da *polis* não são os mesmos do *Estado*, como se verifica do cotejo das aludidas instituições políticas. Não sendo possível traduzir a palavra, havemos de empregar sempre *polis*.

Diga-se outro tanto do *tiranado*: *Reino*, *império*, *principado* etc. são formas de *governo*,

Nem sempre existiu o Estado. É ele criação do Renascimento. É por isto que o desconheceram o mundo antigo e o medieval. Ainda nos últimos tempos da Idade Média quem poderia prever que, ao desaparecerem as formas políticas então existentes, havia de surgir em seu lugar o Estado?

Também não existe o Estado nos dias de hoje por toda parte. Há várias formas de sociedade política nesta nossa época: para nos referirmos somente às mais conhecidas – emirados, sultanados e tribos. Existem tribos nas cinco partes do mundo. Europa, ao norte da Suécia, Noruega e Rússia, aliás tribos nômades. Ora, ninguém dirá que são Estados. Mas são sociedades políticas.

Podemos ponderar também que se espalham por toda parte e cada vez mais as *empresas multinacionais*. É sobejamente comprovado que tais empresas entram em conflito com a soberania do Estado.

Vários dos seus aspectos foram estudados recentemente por Raymond Vernon, Professor em Harvard.[30] Considera os investidores estrangeiros nos Estados em desenvolvimento e nas superpotências econômicas. O curioso é referir-se, em seu estudo, a "forças ocultas atuantes".

não são formas de *Estado*, vocábulos que nada têm de unívocos.

Também em Roma a forma política nas várias épocas não se assimila ao Estado. Foi o Império ou, melhor, o imperialismo da cidade de Roma sobre boa parte do mundo então conhecido.

Poder-se-ia referir a palavra *status*, que se encontra no início do *Digesto*.

Mas, convém atentar bem no texto do Direito Romano (D, I, 1,2): "publicum ius est quod ad statum rei romanae spectat" (*Corpus iuris civilis. Digesto*, ed. Theodor Mommsen, Berolini, *apud* Weidmannos, 1905). Traduzo por esta forma: Público é o Direito que diz respeito ao *interesse* da República.

O referido texto de Ulpiano é assim traduzido por Reynaldo Porchat: "Direito Público é aquele que se refere ao Estado dos negócios romanos, isto é, do governo da República" (*Curso Elementar de Direito Romano*, vol. I/208, São Paulo, Duprat, 1907).

Bento de Faria, ao traduzir a obra de Mackeldey, assim põe em linguagem: "Público é o que diz respeito ao Estado da coisa romana (República)". F. Mackeldey, *Elementos de Direito Romano*, trad. de A. Bento de Faria, Rio de Janeiro, Jacintho Ribeiro dos Santos, 1907, Parte Geral, n. 24.

A palavra *Estado*, portanto, no Direito Romano, não se traduz por "sociedade política" e nada tem de comum com o vocábulo de hoje. Este, "quase" bem empregado por Maquiavel, somente se apresenta com todas as suas notas características nos tratados de Westfália (1648).

Assim mesmo, a generalização do uso rigoroso do conceito não foi rápida, sendo empregada a palavra, durante longo tempo, em sentido bem *diferente do que hoje significa*. No Direito português, p. ex., encontramos *Estado* da Índia, *Estado* de Goa, *Estado* do Brasil, *Estado* do Maranhão etc. Em outros Direitos Públicos da época: *Estados Gerais* dos Baixos.

A pulverização da sociedade política da Idade Média criou numerosas formas, nenhuma das quais apresenta notas características do Estado.

Não enveredaremos, repito, para as formas de governo: reino, império, principado etc. Não são formas de Estado. O vocabulário jurídico atual não tolera mais tais confusões. Ou então nunca construiremos a Ciência do Direito Público. Somente agora é que buscamos concertar o vocabulário, não por acordo dos especialistas, o que não ofereceria rigor, mas apenas comodidade; é por exigência da *definição* de cada instituto e o emprego rigoroso de cada vocábulo.

Já não é possível continuar-se também com a confusão entre Estado e Nação: Nação, povo, população; Estado e País; Federação e descentralização; cidadania e nacionalidade etc.

Cf. as minhas *Teoria Geral do Estado*, São Paulo, Empresa Gráfica da Revista dos Tribunais, 1969. Às pp. 41 e ss., exponho a origem do Estado.

30. Raymond Vernon, "A empresa multinacional", in *Diálogo*, Revista da Embaixada Americana do Rio de Janeiro, III/29-37, n. I.

Vamos ater-nos às conclusões a que chega. Filia-se ao grupo dos que preconizam "uma entidade empresarial de âmbito mundial, que seria orientada e fiscalizada por algum órgão supra-estadual". E acrescenta: "As empresas de âmbito mundial realmente parece merecerem um regime em que se sujeitam a autoridades de âmbito tão amplo quanto o seu".[31]

Outro fato que chama a atenção para a tese que sustentamos é o referente aos direitos fundamentais da pessoa humana.

É domínio hoje defeso ao Estado, ainda que ele teime em pretender impor-se como definidor e garantidor único de tais direitos.

A verdadeira vida do homem, a sua vida moral e a sua liberdade são direitos seus, unicamente porque nasceu homem. Desenvolvem-se fora de todo coletivismo e fora de toda ordenação jurídica do Estado. A circunstância de não serem sancionadas pelas normas do Estado significa que não acompanham a sorte e a mutabilidade com que se apresentam as normas estaduais.

É por isto que hoje se regressa ao compêndio de tais direitos à parte da enumeração acolhida pelas Constituições políticas. São declarações e não leis do Estado, princípios e não normas do Estado. Diante deles o Estado tem que estacar.[32]

O certo é que se caminha, neste assunto como em outros, para o âmbito internacional. Os direitos do homem já saem da esfera dos Estados.

A mais notável de todas é a *Declaração Universal dos Direitos do Homem*, adotada e promulgada pelas Nações Unidas, ainda em Paris, em 1948.[33]

No tocante aos Estados componentes daquela organização, comprometeram-se todos a assegurar em cooperação com ela o respeito universal e efetivo daqueles direitos e liberdades fundamentais.

Por último, resta-nos indagar se a nossa tese é marxista. Vamos analisá-la sob este prisma, ainda que toda a nossa demonstração só se baseasse na *história do Estado* e não na *história das ideias políticas*, pejada, como tenho dito sempre, de aberrações da inteligência humana. É de pouca serventia a *história das doutrinas políticas*.

Na verdade, Carlos Marx, ao fundamentar o materialismo histórico na realidade econômica como realidade fundamental, associa ao perecimento da sociedade capitalista a extinção do Estado.

Mas o faz em caráter hipotético. Sem dúvida, a hipótese é admitida nos métodos científicos. Importa, porém, verificar em que se baseia o cientista.

Afirma que tudo depende da realidade econômica. O mais são realidades derivadas, o Estado, o Direito, a Religião, a Arte, a Filosofia etc. Assim, ao término da sociedade capitalista, tais concepções se desenvolverão ou não, adequando-se à nova estrutura econômica. As que se não adequarem desaparecem. Entre elas menciona o Estado.[34]

31. Raymond Vernon, ob. cit., p. 37.

32. G. Balladore Pallieri, *Dottrina dello Stato*, 2ª ed., Pádua, CEDAM, p. 235.

33. Cf. a minha tradução da "Declaração Universal dos Direitos do Homem", in *Lições de Teoria Geral do Estado*, São Paulo, Empresa Gráfica da Revista dos Tribunais, pp. 136 e ss. Algumas traduções em linguagem são claudicantes, p. ex., quando confundem "ordem" e "ordenação jurídica". Ora, a *ordenação jurídica* tem por objetivo a ordem. Não é possível confundi-las. E, como esta, outras imperfeições.

34. Cf. exposição sucinta nas minhas *Lições de Teoria Geral do Estado* cit., pp. 218 e ss.

Não aceitamos tal hipótese porque, bem ao contrário, a realidade fundamental é a realidade espiritual; porque, ainda, é falso que a realidade social caminha fatalmente para o comunismo,[35] porque, a final, o perecimento do Estado, que também entrevemos, é devido à sua natureza contingente, não necessária, e à sua origem empírica, histórica, não lógica. Surgiu o Estado com certa ordenação jurídica; ora, o Direito Positivo nem é imutável nem eterno.

Asseveramos que o Estado vai perecer porque os fatos da vida política interna no Oriente e no Ocidente e também da vida internacional nos mostram os sintomas do seu trespasse, e não porque tal ou qual doutrina o preconize.

Para onde caminhamos? Qual será a futura forma da sociedade política?

Como já dissemos, igual previsão não foi possível no final da Idade Média e a nova forma surgiu no Renascimento. Só se previa a extinção do regime político feudal. O mais era imprevisível.

Assim também hoje. A mudança das estruturas há de ser profunda. As fronteiras dos Estados já não são mais adequadas para conter as instituições que regulem globalmente a vida social. E tais instituições hão de ser múltiplas, ao contrário do Estado, que pretende monopolizá-las.

A Religião, a Educação, a Ciência, a Economia, o trabalho, a agricultura, a indústria e o comércio, a higiene e saúde, os transportes, a segurança pública, a defesa militar, principalmente a bomba atômica e os mísseis, tudo parece que há de ser regido por setores diferentes e autônomos entre si.

Longinquamente as Nações Unidas, a Unesco, a OIT, o GATT, a CECA, o Mercado Comum, a Euraton, o Comecon dão ideia de algo do que talvez venha a ser a ordenação jurídica da sociedade política do futuro.

Aos políticos, aos estadistas, aos juristas e a outros técnicos incumbe a tarefa de inventar formas e institutos jurídicos para regerem os interesses diversos e superiores aos dos Estados.

Sejam convictos de que a tendência é para a organização pública internacional.[36-37]

35. Idem, ibidem, pp. 221 e 222.

36. G. Balladore Pallieri, "Verso l'organizzazione pública internazionale", conferência na Universidade de Nápoles, in *Jus* (publicata a cura dell'Università Cattolica del Sacro Cuore), Milão, Vita e Pensiero, 1961 (giugno), ano XII, fasc. II, pp. 165 e ss.; Wolfang Friedmann, *De l'Efficacité des Institutions Internationales*, Paris, Armand Colin, 1970.

37. Não se trata de sutilezas, mas de fenômeno jurídico fundamental: a época das obrigações convencionais entre os Estados vai sendo superada pela quadra da criação de instituições públicas, muito embora também estas hajam surgido de obrigações convencionais.

O PASSADO (RE 572.762-SC) E O FUTURO (RE 705.423-SE) DOS "IMPOSTOS COMPARTILHADOS" NA JURISPRUDÊNCIA DO STF: O PROBLEMA DOS INCENTIVOS FISCAIS ATUANTES ANTES DA ARRECADAÇÃO ("GENÉRICOS")

LEONARDO E SILVA DE ALMENDRA FREITAS

Pós-Graduado em Direito Tributário pelo Centro de Ensino Unificado de Teresina/CEUT – Pós-Graduado em Direito Processual Civil pela Universidade do Sul de Santa Catarina/UNISUL – Membro da Comissão Especial de Direito Tributário do Conselho Federal da OAB – Advogado

1. Objeto. 2. Detalhamento e evolução do tema: a tensão entre o que "foi" e o que "deveria ter sido" decidida no RE 572.762-SC. 3. Desconstruindo a tentativa de isolamento do RE 572.762-SC: colocando à prova as premissas e as consequências da postura "defensiva" em relação ao precedente: 3.1 Os falsos problemas da singularidade do PRODEC/SC e da falta de rigorosa identidade entre ele e os incentivos fiscais "genéricos" – 3.2 Existência no RE 572.762-SC de holding *independente, não influenciada pelas peculiaridades do PRODEC/SC: desqualificação no próprio julgamento dos contra-argumentos que embasam o (*restrictive*)* distinguishing *(ou* transformation*) – 3.3 A institucionalização da* fraus legis *("fraude à Constituição") com a prevalência do "critério temporal" proposto para interpretar o princípio do RE 572.762-SC. 4. Hipóteses particulares que ficariam a salvo de um eventual "retrocesso" no tocante à (segunda)* holding *do RE 572.762-SC: 4.1 Categorias específicas de incentivos relacionados ao imposto de renda (FINOR, FINAM, FUNRES e PIN/PROTERRA) – 4.2 Incentivos irregulares, especialmente aqueles a título de ICMS não autorizados pelo CONFAZ/MF. 5. Conclusão.*

Resumo: O objetivo do artigo é analisar as duas linhas interpretativas que se formaram sobre precedente da Suprema Corte a respeito dos reflexos para o ente menor dos incentivos fiscais a título de imposto compartilhado concedidos pelo titular da respectiva competência tributária.

Palavras-chave: Tributos compartilhados, Incentivos fiscais

Abstract: This paper's purpose is to analyze the two existing interpretative lines about Supreme Court's precedent in respect of the consequences for the Municipalities (or States) of the tax incentives provided by the entity that collects shared taxes (State or Union).

Keywords: Shared tax, Tax incentives

18.6.2008 Tribunal Pleno

Recurso Extraordinário n. 572.762-9-SC

Relator: Min. Ricardo Lewandowski

Recorrente: Estado de Santa Catarina

Recorrido: Município de Timbó

Ementa: Constitucional – ICMS – Repartição de rendas tributárias – PRODEC – Programa de incentivo fiscal de Santa Catarina – Retenção, pelo Estado, de parte da parcela pertencente aos Municípios – Inconstitucionalidade – Recurso extraordinário desprovido.

I – A parcela do imposto estadual sobre operações relativas à circulação de mercadorias e sobre prestações de serviços de transporte interestadual e intermunicipal e de comunicação, a que se refere o art. 158, IV, da Carta Magna, pertence de pleno direito aos Municípios.

II – O repasse da quota constitucionalmente devida aos Municípios não pode sujeitar-se à condição prevista em programa de benefício fiscal de âmbito estadual.

III – Limitação que configura indevida interferência do Estado no sistema constitucional de repartição de receitas tributárias.

IV – Recurso extraordinário desprovido.

RELATÓRIO

O Sr. Min. Ricardo Lewandowski: Trata-se de recurso extraordinário interposto pelo Estado de Santa Catarina contra acórdão do Tribunal de Justiça local que deu provimento à apelação do Município de Timbó ao fundamento de que viola a Constituição Federal a retenção de parcela do ICMS pertencente àquele ente federado em razão da concessão de incentivos fiscais.

O acórdão ora recorrido encontra-se assim ementado:

"ICMS – Programa de Desenvolvimento da Empresa Catarinense (PRODEC) – Retenção da parcela destinada aos Municípios – Violação aos arts. 158, V, e 160 da Constituição Federal.

"A concessão de incentivos fiscais pelo Estado não pode diminuir o repasse do ICMS constitucionalmente assegurado aos Municípios" (fls. 70).

No recurso extraordinário, interposto com base no art. 102, III, "a", da Constituição Federal, o Estado alega, em suma, violação dos arts. 158, V, e 160 da mesma Carta.

Em prol de sua tese sustenta o recorrente, em apertada síntese, que o Programa de Desenvolvimento da Empresa Catarinense – PRODEC é um mecanismo de desenvolvimento socioeconômico do Estado, o qual permite que empresas instaladas em Santa Catarina beneficiem-se de uma das seguintes formas de incentivo: (i) o financiamento por meio de instituição financeira oficial; ou (ii) a postergação do recolhimento de ICMS.

Esclarece que a discussão travada nestes autos diz respeito a essa última forma de incentivo, cuja concessão leva ao adiamento do repasse, aos Municípios, da parcela deste imposto que lhes pertence.

Alega, em suma, que, como o momento do recolhimento do imposto é diferido, não é possível falar-se em arrecadação do tributo, e muito menos em direito dos Municípios à repartição da receita dele decorrente.

Afirma, mais, que "(...) o fato de os Municípios terem direito a parcela da arrecadação de determinado tributo não lhes confere qualquer competência sobre este, o que somente ocorrerá quando deixar de existir como tributo e passar a existir como receita pública, ou seja, quando for arrecadado" (fls. 134).

Não foram oferecidas contrarrazões (fls. 143).

Em 29.2.2007 submeti à Corte manifestação no sentido da existência de repercussão geral do tema constitucional ventilado, a qual foi por ela acolhida.

Deixei de remeter o processo ao Procurador-Geral da República em razão já tê-lo feito em outros casos absolutamente idênticos, nos quais o parecer da Procuradoria foi pelo desprovimento dos recursos (RE 482.067-SC e RE 485.541-SC, ambos de minha relatoria).

É o relatório.

VOTO

O Sr. Ministro Ricardo Lewandowski (relator): A questão debatida neste recurso extraordinário consiste em saber se é lícito ao Estado postergar o repasse de parcela do ICMS devida aos Municípios, nos termos do art. 158, IV, da Carta Magna, a pretexto de que o seu recolhimento foi adiado em virtude da concessão de incentivos fiscais a particulares.

Destaco, para melhor elucidar a situação sob exame, o seguinte trecho do parecer da Subprocuradora-Geral da República, Cláudia Marques Sampaio:

"(...) o Estado de Santa Catarina vem utilizando a cota relativa ao repasse da arrecadação do ICMS pertencente ao Município, com o intuito de financiar empreendimentos comerciais e industriais. As empresas recebem financiamento na ordem de 75% de incremento do referido imposto por elas gerado, sendo esse montante devolvido aos cofres públicos em um prazo de 48 ou 60 meses. Escritura-se como receita tributária apenas 25% do imposto devido pelo contribuinte, e os Municípios, que têm assegurada constitucionalmente a participação em 25% do total da apuração do ICMS arrecadado, recebem apenas 6,25% do produto da arrecadação, perdendo cerca de 3/4 do que lhes é devido".[1]

Bem examinada a questão, e não obstante os argumentos expendidos pelo recorrente, entendo que a pretensão recursal não merece acolhida, ainda que tenha, provisoriamente, prolatado decisão em sentido diverso, na Ação Cautelar n. 1.660-SC, de minha relatoria.

De fato, a Constituição de 1988, como é sabido, estendeu, em muito, a autonomia dos entes federados, quando comparada com o texto constitucional anterior, particularmente no plano fiscal, ampliando a competência arrecadatória dos Estados, do Distrito Federal e dos Municípios, além de assegurar-lhes o repasse de recursos compartilhados com os entes maiores.

É que, como assinalei alhures, a nova Carta Magna adotou o denominado "federalismo cooperativo", em que "se registra um entrelaçamento de competências e atribuições dos diferentes níveis governamentais (...) caracterizado por uma repartição vertical e horizontal de competências, aliado à partilha dos recursos financeiros".[2]

Assentei, ainda, a propósito do tema, o seguinte:

"Provavelmente, a característica mais relevante do Estado Federal – pelo menos a que apresenta maiores consequências de ordem prática –, ao lado da questão da distribuição de competências, seja a atribuição de rendas próprias às unidades federadas. Com efeito, é indispensável que o partícipe da Federação, que exerce a sua autonomia dentro de uma esfera de competências própria, seja contemplado com a necessária contrapartida financeira para fazer face às obrigações decorrentes do exercício pleno de suas atribuições".[3]

E, recorrendo ao magistério de Dalmo de Abreu Dallari, continuei: "(...) quem confere competências, na verdade, está transferindo encargos, sendo imprescindível atribuir-se ao ente político as rendas adequadas para que possa desempenhá-las satisfatoriamente", aduzindo que, "sem autonomia financeira, a autonomia política de que, por definição, é dotado o membro de Federação será apenas nominal,

1. Parecer juntado ao RE n. 485.541-SC, de minha relatoria.

2. Enrique Ricardo Lewandowski, *Pressupostos Materiais e Formais da Intervenção Federal no Brasil*, São Paulo, Revista dos Tribunais, 1994, pp. 20-21.

3. Idem, p. 18.

porquanto não pode agir com independência aquele que não possui recursos próprios".[4]

Por oportuno, convém trazer, nesse passo, a pertinente observação de Rogério Leite Lobo, para quem,

"(...) em dinâmica diametralmente oposta às políticas que vêm sendo adotadas nos outros Estados Federais para sanar a crise centrípeta que terá acometido as bases do federalismo fiscal desses Países (nos Estados Unidos da América e na Alemanha, ao menos) (...), tem-se procurado estimular a arrecadação de tributos próprios dos entes locais, com a diminuição dos repasses verticais, *grants-inaid*, subsídios etc.), o Brasil vem apostando no incremento das transferências intergovernamentais (...)".[5]

Que, na sequência, conclui: "se é assim, tanto mais exsurge inaceitável que a incolumidade de tais rendas esteja comprometida".[6]

Destarte, para que a autonomia política concedida pelo constituinte aos entes federados seja real, efetiva, e não apenas virtual, cumpre que se preserve com rigor a sua autonomia financeira, não se permitindo, no tocante à repartição de receitas tributárias, qualquer condicionamento arbitrário por parte do ente responsável pelos repasses a que eles fazem jus.

Quanto à questão da titularidade dos impostos compartilhados, trago à baila a oportuna lição de Kiyoshi Harada:

"No imposto de receita partilhada há, necessariamente, mais de um titular, pelo quê cabe à entidade contemplada com o poder impositivo restituir e não repassar a parcela pertencente à outra entidade política. *O imposto já nasce, por expressa determinação do Texto Magno, com dois titulares no que tange ao produto de sua arrecadação.*

O fato de o Estado-membro deter a competência tributária em relação ao ICMS não lhe confere superioridade hierárquica em relação ao Município no que tange à participação de cada entidade no produto de arrecadação desse imposto. A Carta Política já partilhou o produto de arrecadação desse imposto na proporção de 75% para o Estado-membro, titular da competência impositiva, e 25% para os Municípios, prescrevendo no parágrafo único do art. 158 os critérios para creditar as parcelas cabentes às comunas (...)"[7] (grifos nossos).

Ricardo Lobo Torres, por sua vez, no mesmo diapasão, lembra que a repartição constitucional de receitas tributárias configura "instrumento financeiro, e não tributário, que cria para os entes políticos menores o direito a uma parcela da arrecadação do ente maior".[8]

Impressionam, ademais, os fundamentos em que se apoiou o acórdão recorrido, segundo os quais (fls. 76): (i) "o benefício fiscal previsto na lei refere-se exclusivamente à parte da arrecadação do ICMS que cabe ao Poder Executivo"; e (ii) "procede o argumento (...) de que não há postergação do pagamento do ICMS, mas sim repasse do produto da arrecadação aos agentes financeiros do FADESC (...)". Essa última sigla, esclareço, corresponde ao Fundo de Apoio ao Desenvolvimento da Empresa Catarinense, criado pela Lei estadual n. 11.345/2000.

Percebe-se, pois, da conclusão do Tribunal *a quo*, que o tributo em tela já havia sido efetivamente arrecadado, sendo forçoso reconhecer que o Estado, ao reter a parcela pertencente aos Municípios, interferiu indevidamente no sistema constitucional de repartição de rendas.

Cumpre lembrar que esta Corte já se defrontou com questão semelhante, na ADI/MC n. 2.405-RS, rel. Min. Carlos Ayres Britto, oportunidade em que se suspendeu cautelarmente a eficácia de dispositivo legal (§ 3º do art. 114, introduzido na Lei estadual n. 6.537/1973 pela Lei n. 11.475/2000), que autorizava o repasse, a

4. Idem, loc. cit.

5. Rogério Leite Lobo, *Federalismo Fiscal Brasileiro: Discriminação das Rendas Tributárias e Centralidade Normativa*, Rio de Janeiro, Lumen Juris, 2006, p. 162.

6. Idem, loc. cit.

7. Kiyoshi Harada, "Vinculação, pelo Município, das cotas do ICMS para garantia de operações de crédito: efeitos", in *Repertório IOB Jurisprudência* n. 3, fevereiro/1999, p. 97.

8. Ricardo Lobo Torres, *Curso de Direito Financeiro e Tributário*, 13ª ed., Rio de Janeiro, Renovar, 2006, p. 366.

menor, de parcela do imposto sobre propriedade de veículos automotores – IPVA devida aos Municípios gaúchos.

Reconheceu-se, na ocasião, que as comunas têm o direito subjetivo de exigir a parte que lhes cabe na arrecadação daquele tributo, devendo tal raciocínio estender-se, pelas mesmas razões jurídicas, à parcela do ICMS a que têm direito, por força de expressa disposição constitucional.

Não merece acolhida, *data venia*, a alegação de que o direito do Município estaria condicionado ao efetivo ingresso do tributo no Erário Estadual, porque apenas nesse momento é que passaria a existir como receita pública.

Ora, mesmo que se transite ao largo da assertiva estampada no acórdão recorrido segundo a qual "não há postergação do pagamento do ICMS, mas sim repasse do produto da arrecadação aos agentes financeiros do FADESC" (fls. 76), ainda assim não assistiria razão ao recorrente.

É que, segundo a clássica lição de Aliomar Baleeiro, receita pública

"é a entrada que, integrando-se no patrimônio público sem quaisquer reservas, condições ou correspondência no passivo, vem acrescer o seu vulto, como elemento novo e positivo".[9]

Isso é exatamente o que se ocorre com a parcela do imposto a que se refere o art. 158, inciso IV, da Lei Maior, a qual não constitui receita do Estado, mas, sim, dos Municípios, ao quais pertence de pleno direito.

O citado Mestre, em passagem de outra obra, melhor esclarece essa afirmação aparentemente paradoxal, visto tratar-se de imposto estadual, ao assentar que

"(...) no federalismo cooperativo, entes estatais podem ser beneficiários de rendas relativas a tributos de alheia competência. Pode haver mesmo hipótese de à pessoa competente não pertencer o produto da arrecadação de tributo próprio."[10]

É o caso da parcela do ICMS mencionada no art. 158, IV, da Carta Magna, que, embora arrecadada pelo Estado, integra *de jure* o patrimônio do Município, não podendo o ente maior dela dispor a seu talante, sob pena de grave ofensa ao pacto federativo, de resto, sanável, mediante o emprego da *ultima ratio* do sistema, qual seja, o instituto da intervenção federal, prevista, para tais hipóteses, no art. 34, V, "b", da Carta Magna.

Mas, há mais.

Embora não tenha o argumento integrado as razões do acórdão recorrido, entendo que a lei catarinense colide também com outro preceito constitucional. Explico: na medida em que o PRODEC se qualifica como programa de incentivo fiscal estadual, instituído por lei ordinária local, ele viola o disposto no art. 155, § 2º, "g", da Constituição, de acordo com o qual cabe à lei complementar "regular a forma como, mediante deliberação dos Estados e do Distrito Federal, isenções, incentivos e benefícios fiscais serão concedidos e revogados".

A jurisprudência desta Corte, ademais, é pacífica no sentido de que benefícios tributários concedidos unilateralmente pelos Estados-membros afrontam o princípio federativo, por incentivarem a deletéria "guerra fiscal" (cf., por exemplo, a ADI n. 1.179-SP, rel. Min. Carlos Velloso, ADI/MC n. 2.376-RJ, rel. Min. Maurício Corrêa, ADI/MC n. 2.377-MG, rel. Min. Sepúlveda Pertence).

Em face de todo o exposto, conheço do recurso extraordinário, negando-lhe provimento.

Comentários

1. Objeto

O presente artigo aborda (1) as interpretações feitas do julgamento do RE 572.762-SC, *leading case* a respeito da

9. Aliomar Baleeiro, *Uma Introdução à Ciência das Finanças*, 15ª ed., Rio de Janeiro, Forense, 1998, p. 126.

10. Aliomar Baleeiro, *Direito Tributário Brasileiro*, 11ª ed., revista e completada, à luz da Constituição de 1988 até a Emenda Constitucional n. 10/1996 por DERZI, Misabel Abreu Machado, Rio de Janeiro, Forense, 2006, pp. 586-588.

indisponibilidade, pela pessoa jurídica titular da competência tributária (Estado ou União), da parcela do "imposto compartilhado" pertencente a outro ente (Município e/ou Estado), que, com a mesma frequência que tem tido sua *holding* estendida para casos análogos, tem sido alvo de insistente tentativa de reduzir ao mínimo possível seu alcance, e (2) a expectativa em relação ao RE 705.423-SE, recentemente selecionado pela Suprema Corte para definir, de uma vez por todas, qual é a correta leitura daquele precedente pioneiro – ou, se for o caso, até onde sua tese merece ser revista.

Especificamente, analisa-se a compatibilidade com a *ratio decidendi* daquele precedente de "critério temporal" que tem se popularizado como "filtro" para sua interpretação, notadamente para afastar sua aplicação quando em causa incentivos fiscais de perfil "genérico", atuantes antes da realização da receita tributária (por exemplo, isenção total ou parcial, créditos presumidos etc.).[11]

2. Detalhamento e evolução do tema: a tensão entre o que "foi" e o que "deveria ter sido" decidida no RE 572.762-SC

Por uma questão de justiça histórica, cumpre registrar que 13 anos antes do RE 572.762-SC o Min. Celso de Mello, com o aval da unanimidade de seus pares, já havia sinalizado que "o Estado-membro sofreria (...) expressiva *limitação em sua competência exonerativa*, no que concerne ao ICMS, em face da vinculação constitucional que afeta, em favor dos Municípios, 25% do produto da arrecadação dessa espécie tributária", uma vez que, "ao instituir a imunidade, o Estado estaria *reduzindo as receitas municipais*".[12]

Isso, no entanto, não diminui os méritos daquele *leading case,* que, concentrando-se sobre uma modalidade específica de incentivo a título de ICMS concedida pelo Estado de Santa Catarina (PRODEC/SC), representou um passo inédito para que a autonomia municipal deixe de ser uma eterna promessa constitucional.

Mas, como não é incomum àquilo que, a depender do referencial, significa uma "ruptura" do *status quo* vigente, este julgamento despertou reações opostas, notadamente dentro da própria Suprema Corte.

De um lado, não demorou muito para que sua solução fosse estendida quase que mecanicamente a disputas relativas a incentivos fiscais de outros Estados, que, naturalmente, não apresentavam o perfil *sui generis* do benefício catarinense, como, por exemplo, Pernambuco,[13] Goiás,[14] Sergipe[15] e Paraíba.[16] Admitindo-se que os problemas em causa não eram exatamente iguais, seria como se o Tribunal tivesse se valido do método conhecido como *ampliative distinguishing*, que permite "à

11. Tecnicamente, este critério evoca, em certa medida, a distinção entre os incentivos fiscais propriamente ditos e os chamados incentivos financeiros, os primeiros atuantes antes da formação da receita pública, os últimos somente depois deste marco, sendo, por isso, geralmente afetos aos quadrantes da despesa pública.

12. Tribunal Pleno, ADI/MC 1.247-PA, rel. Min. Celso de Mello, j. 17.8.1995, *DJU* 8.9.1995.

13. Tribunal Pleno, STA/AgR 451-PE, rel. Min. Cézar Peluso, j. 18.5.2011, *DJe* 1.6.2011.

14. 1ª Turma, ARE/AgR 664.844-GO, rela. Min. Carmen Lúcia, j. 14.2.2012, *DJe* 5.3.2012.

15. 1ª Turma, RE/AgR 677.230-SE, rela. Min. Carmen Lúcia, j. 22.5.2012, *DJe* 13.6.2012.

16. 2ª Turma, ARE/AgR 705.754-PB, rela. Min. Carmen Lúcia, j. 30.10.2012, *DJe* 20.11.2012.

Corte estender um princípio mais além dos limites de um caso antecedente, se entender que assim estará promovendo a justiça".[17]

Paralelamente, quando se cogitou de aplicar tal tese a discussões análogas envolvendo os reflexos dos incentivos relacionados a IPI e IR sobre o Fundo de Participação dos Municípios (ou dos Estados), a postura foi diametralmente oposta, tendo a proposta encontrado forte e autorizada resistência, capitaneada pelo Min. Gilmar Mendes, que, na STA 350-AL, tratou de restringir o alcance do *leading case*, ensaiando um "critério temporal" para interpretá-lo, o qual, *grosso modo*, acabaria por limitar a validade da tese daquele precedente às específicas – e raras – modalidades de favores fiscais atuantes *após* a realização da receita tributária:

"Assim, *ficou esclarecido que a questão era específica*, dado que '*o tributo em tela já havia sido efetivamente arrecadado*, sendo forçoso reconhecer que o Estado, ao reter a parcela pertencente aos Municípios, interferiu indevidamente no sistema constitucional de repartição de rendas'.

"No presente pedido de suspensão, entretanto, *discute-se questão distinta* relacionada ao Imposto de Renda e ao Imposto sobre Produtos Industrializados e não se demonstra, de plano, a concessão de benefícios, de incentivos ou de deduções que impliquem arrecadação postergada de tributo. Assim, *o entendimento firmado no RE n. 572.762*, em princípio, *não coincide* em termos fáticos e jurídicos *com o presente caso*."

Embora o próprio STF tenha dado eloquentes indícios de que esta "desconfiança" frente ao RE 572.762-SC estaria superada, ao aplicar sistematicamente sua tese a inúmeros casos também relativos a Fundo de Participação dos Municípios/FPM,[18] foi a "senha" para que os Tribunais Regionais Federais/TRFs se considerassem autorizados a não seguir aquele precedente – posição, hoje, sem divergência no âmbito da Justiça Federal de segundo grau,[19] submetendo-o a verdadeiro "*déficit* de autoridade". Mas, justiça seja feita: a restrição do raio de aplicação também seduziu os Mins. Ayres Britto[20] e Joaquim Barbosa,[21] que adotaram raciocínio semelhante em impugnações manejadas pelo Estado da Paraíba contra decisões que lhe impuseram a reparação das perdas

17. José Rogério Cruz e Tucci, "Parâmetros de eficácia e critérios de interpretação do precedente judicial", in Teresa Arruda Alvim Wambier (coord.), *Direito Jurisprudencial*, 2ª tir., São Paulo, Ed. RT, 2012, p. 126.

18. *Inter plures*: 1ª Turma, RE/AgR 607.100-DF, rel. Min. Luiz Fux, j. 18.9.2012, *DJe* 1.10.2012; e 2ª Turma, RE/AgR 695.421-AL, rela. Min. Carmen Lúcia, j. 24.4.2013, *DJe* 14.5.2013.

19. Por todos: "(...) – Interposição de recurso extraordinário – Repercussão geral – (...) – *Fundo de Participação dos Municípios* – Repartição de receitas – (...) – *Acórdão-paradigma não aplicável – Devolução dos autos à Vice-Presidência sem juízo de retratação* – (...). 4. Deixa-se de exercer o juízo de retratação sugerido pelo Vice-Presidente desta Corte, por se entender que o acórdão invocado como paradigma (RE n. 572.762-SC) retrata questão distinta da versada nos presentes autos. 5. *Não é aplicável ao caso a decisão do STF proferida do RE n. 572.762-SC, tendo em conta que o próprio STF, em decisão proferida pelo Min. Gilmar Mendes, no pedido de Suspensão de Tutela Antecipada n. STA-350/AL, (...) reconheceu que a situação posta a julgamento*, similar à discutida nos presentes autos, *era distinta da decidida no RE n. 572.762-SC*" (2ª Turma, TRF-5ª Região, AC 2009.80.00.003098-0, rel. Des. Federal Francisco Barros Dias, j. 25.9.2012, *DJU* 4.10.2012).

20. STA 658-PB, rel. Ministro-Presidente, j. 20.8.2012, *DJe* 22.8.2012.

21. STA 681-PB, rel. Ministro-Presidente, j. 30.11.2012, *DJe* 4.12.2012.

sofridas por seus Municípios em razão de renúncias de receita a título de ICMS.

Mas, por mais contraditório que possa parecer, temos que as duas linhas antagônicas que se formaram parecem ter um grande traço comum: ambas, cada uma à sua maneira, *simplificaram* um pouco demais a questão, com o máximo e merecido respeito, tratando como um truísmo a (des)aplicação da tese do RE 572.762-SC – o que, na nossa modesta opinião, não é um problema tão singelo assim, tanto num caso quanto no outro.

Com efeito, enquanto a extensão do *leading case* feita pela primeira foi quase "automática", a segunda, ao menor sinal de diferença entre os casos comparados, foi logo tratando de afastá-lo. Mas, via de regra, não houve maior aprofundamento acerca da *ratio decidendi* do precedente em questão, especialmente por parte daqueles que se apressaram em logo negar prontamente a validade da sua tese para os incentivos "genéricos", preferindo aparentemente trabalhar com aquilo que "deveria ter sido" decidido em tal assentada, ao invés do que "foi" realmente decidido – perspectiva, a nosso ver, determinante para o afastamento da sua aplicação nas lides relativas ao FPM.

Por isso, é mais do que bem-vinda a iniciativa do Min. Ricardo Lewandowski, coincidentemente o Relator daquele *leading case*, de selecionar, para os fins dos arts. 543-A e 543-B do CPC, o RE 705.423-SE, no qual também estão em pauta as reduções das quotas-partes de FPM causadas por incentivos fiscais federais "genéricos", para estabelecer a interpretação definitiva da *holding* daquele precedente e, assim, elevá-lo de vez à condição de autêntico "divisor de águas" no tema ou reduzi-lo a um simples "ponto fora da curva" – sendo o presente para justificar por que nossa expectativa é a de que a Suprema Corte reafirme o que de fato *foi* decidido naquela assentada.

3. Desconstruindo a tentativa de isolamento do RE 572.762-SC: colocando à prova as premissas e as consequências da postura "defensiva" em relação ao precedente

3.1 Os falsos problemas da singularidade do PRODEC/SC e da falta de rigorosa identidade entre ele e os incentivos fiscais "genéricos"

Como visto, a tentativa de transformar o RE 572.762-SC em um "ponto fora da curva" passa pela valorização do caráter *sui generis* da específica modalidade de incentivo lá sindicada (PRODEC/SC), fazendo-se uma espécie de *restrictive distinguishing*, que se configura quando o tribunal estreita ou restringe o princípio de um precedente, "caso a *[sua]* aplicação (...) possa produzir um *resultado indesejável*"[22] – o que pareceu ser o caso quando se cogitou da sua extensão às discussões relativas ao FPM, conforme pintado com cores fortes pelo Min. Gilmar Mendes na STA 350-AL.[23]

Mas, sem colocar à prova, por ora, a (in)consistência da distinção, temos

22. José Rogério Cruz e Tucci, "Parâmetros de eficácia e critérios de interpretação do precedente judicial", cit., in Teresa Arruda Alvim Wambier (coord.), *Direito Jurisprudencial*, 2ª tir., p. 126.

23. "Somando-se os valores das renúncias de IR e IPI, chegamos à cifra de R$ 56.003.501.193,00 (...). Levando em conta o total de benefícios fiscais apontados, teríamos o incremento, só no ano de 2009, caso se multiplicassem decisões similares à ora atacada, de *despesas orçamentárias no valor de R$ 17.362.279.689,12* (...), relativos ao IR a ser repassado nos termos do art. 159, I, da CF (48%)."

que ela parece se ressentir de um ligeiro desvio de perspectiva: aparentemente, seu foco parece ter sido muito mais o *relatório* daquele precedente do que, propriamente, sua *fundamentação*, haja vista que, ao invés de se fazer um esforço hermenêutico no sentido do isolamento da sua real *holding*, tentou-se a todo custo isolar o caso concreto então *sub judice*. Realmente, causa espécie o silêncio quase absoluto das decisões que se afastam do RE 572.762-SC a respeito dos variados enfoques do respectivo voto-condutor e dos fecundos debates que se lhe seguiram, referindo-se quando muito *en passant* a algumas passagens do primeiro.

Não se nega, obviamente, a singularidade do PRODEC/SC; o que se questiona é se ela foi, realmente, decisiva para a formação de *todo* o precedente e, portanto, se sua presença/ausência seria, mesmo, determinante para aplicá-lo ou não, sendo bastante sugestiva, à primeira vista, a circunstância de apenas o Min. Cézar Peluso ter visto necessidade de entrar em maiores "detalhes" a respeito do específico *modus operandi* daquele incentivo fiscal, aprofundando-se na sua disciplina legal.

E, na nossa modesta opinião, a falta de rigorosa coincidência entre as hipóteses comparadas constitui-se, lógica e juridicamente, em um falso problema.

Com efeito, acreditamos não estarmos "reinventando a roda" ao afirmar que a tese jurídica (*holding*) se *descola*, em maior ou menor medida, do caso concreto que serviu de contexto para sua formação, até porque "o precedente atua no meio-termo entre a individualidade do caso concreto e a generalidade da norma inserta no ordenamento jurídico"[24] – o que, quando pouco, diminuiria o peso decisivo dos traços específicos da hipótese então examinada. Como bem esclarece Thomas da Rosa de Bustamante, *expert* na matéria, "no campo específico dos precedentes judiciais (...) a existência de *lacunas específicas em casos particulares* e a possibilidade de *superá-las pela via da analogia* constituem não apenas uma *premissa teórica fundamental*, mas um senso comum que não pode ser negado".[25]

Aliás, quantas e quantas vezes já não se presenciou a extensão analógica de precedentes ou de enunciados de súmula a hipóteses distintas das originalmente contempladas, mas que guardariam semelhança com elas naquilo que fosse essencial? E isso com a simplicidade típica de um truísmo, sem a necessidade de se recorrer a construções mais "sofisticadas".

Por isso mesmo é que Luiz Guilherme Marinoni ressalva, com toda razão, que "o *distinguishing* está longe de significar sinal aberto para o juiz *desobedecer a precedentes que não lhe convêm*",[26] por ser intuitivo que "diferenças fáticas entre casos (...) nem sempre são suficientes para se concluir pela inaplicabilidade do precedente"[27] – motivo pelo qual "o juiz

24. Francisco Rosito, *Teoria dos Precedentes Judiciais: Racionalidade da Tutela Jurisdicional*, Curitiba, Juruá, 2012, pp. 294-295.

25. Thomas da Rosa de Bustamante, *Teoria do Precedente Judicial: a Justificação e a Aplicação de Regras Jurisprudenciais*, São Paulo, Noeses, 2012, p. 514.

26. Luiz Guilherme Marinoni, *Precedentes Obrigatórios*, 2ª ed., São Paulo, Ed. RT, 2011, pp. 327-328.

27. *Modus in rebus*: "(...). *O fato de a medicação pleiteada ostentar natureza especial não constitui* distinguishing *capaz de vulnerar o entendimento consolidado desta Corte sobre o tema*, notadamente porque o ente que, eventualmente, arcar com a sua entrega poderá reclamar compensação do ente da Federação específica e legalmente responsável. (...)" (1ª Turma, AREsp/AgR 398.286-MG, rel. Min. Arnaldo Esteves Lima, j. 4.2.2014, *DJe* 13.2.2014).

é facilmente desmascarado quando tenta distinguir casos com base em *fatos materialmente irrelevantes*".

In casu, este cuidado é redobrado quando se tem em conta o quilate do RE 572.762-SC, haja vista que, como adverte Neil Duxbury, "*quanto mais força* tiver um precedente, *mais difícil* será concluir pela sua inaplicabilidade, ou seja, pela inexistência entre os casos de fatos materiais coincidentes".[28]

Assim, pouco importa se e em que medida o PRODEC/SC se diferencia dos incentivos fiscais "genéricos"; o que interessa para o chamado *test of similatiry* é a identificação do que foi essencial para a *ratio decidendi* do RE 572.762-SC, isto é, os "fatos materiais" por ela considerados, de molde a verificar se sua ausência teria o condão de neutralizar a lógica pela qual se pautou o Tribunal, comprometendo a validade da tese então estabelecida.

E, já antecipando o que se desenvolverá na sequência, nossa impressão é a de que a (incontroversa) singularidade do PRODEC/SC não é tal a ponto de desautorizar a conclusão daquele *leading case* na sua falta, sendo sua diferença para as hipóteses "genéricas" muito mais de *grau* do que de *essência*: rigor técnico à parte, a supressão da parcela municipal do ICMS dele decorrente até poderia ser "mais inconstitucional" do que a oriunda das demais modalidades de incentivos; isso, no entanto, não tornaria as demais perdas compatíveis com o art. 158, IV (ou art. 159, I, "a", "b" e "d"), da CF de 1988, assim como, *mutatis mutandis*, um homicídio não seria atípico penalmente pelo simples fato de não ter sido cometido com requintes de crueldade...

28. *Apud* Tiago Asfor Rocha Lima, *Precedentes Judiciais Civis no Brasil*, São Paulo, Saraiva, 2013, p. 210.

3.2 Existência no RE 572.762-SC de holding *independente, não influenciada pelas peculiaridades do PRODEC/SC: desqualificação no próprio julgamento dos contra-argumentos que embasam o (*restrictive*)* distinguishing *(ou* transformation*)*

E a grande dificuldade em assimilar o RE 572.762-SC – em toda sua extensão – parece estar na sua difícil convivência com um "dogma" que os entusiastas da aplicação da técnica do *(restrictive) distinguishing* colocam acima de qualquer suspeita: se tanto o art. 158 (ICMS) quanto o art. 159 (FPM/FPE) da CF de 1988 atribuem aos Municípios (ou Estados) uma fração do "produto da arrecadação" dos impostos lá especificados, então, a efetiva realização (= arrecadação) da receita seria uma *conditio sine quan non* para o surgimento da pretensão daqueles entes menores, o que tornaria o precedente impertinente quando a atuação do incentivo *antecedesse* o próprio recebimento do tributo. Eis a lógica que justifica o "critério temporal" que vem se popularizando.

Sem negar a força persuasiva do argumento, o fato é que ele é utilizado como um "leito de Procusto", em que a preocupação do aplicador do *leading case* parece ser menos identificar de forma neutra a(s) tese(s) nele contida(s) e mais a de "acomodá-la(s)" à ideia que tomam como ponto de partida – o que, com o devido respeito, é bem ilustrado pela decisão do Min. Joaquim Barbosa na STA 681-PB: "Em princípio, essa diminuição é constitucional e legal, pois os Municípios não têm expectativa legítima à arrecadação potencial máxima, nem dispõem de meios para compelir os Estados-membros e o Distrito Federal a absterem-se de conceder benefícios fiscais. Resumidamente, *a Constituição assegura ao Município uma parcela do produto arrecadado com a cobrança do ICMS, e não uma parte do produto que poderia ter sido arrecadado se não houvesse benefícios fiscais*. Complementarmente, *se o benefício fiscal incide após a arrecadação*, essa diminuição não pode prejudicar a expectativa dos Municípios. *Tal era a hipótese do PRODEC*, examinada no precedente indicado".

Salvo melhor juízo, fica claro que S. Exa., primeiramente, preestabelece o modelo que considera mais adequado à disciplina constitucional, e só depois passa a enquadrar o precedente em tais balizas.[29]

E este aparente desvio de perspectiva desconsidera um "detalhe" fundamental: no *test of similatiry*, o peso que o aplicador atribui a determinada(s) circunstância(s) concreta(s) é secundário, pois o que realmente interessa são "os fatos tidos como fundamentais (*material facts*), *na ótica do juiz do precedente*".[30]

A consequência desta inversão parece ser a mesma da mitologia: aquele que é enquadrado "à força" sofre inevitavelmente alguma amputação. Se não, veja-se.

Logo de saída reconhece-se: a (incontroversa) singularidade da mecânica do PRODEC/SC, em que o Estado, em um primeiro momento, recebia (= arrecadava) o ICMS e, num segundo, devolvia-o à empresa beneficiada na forma de empréstimo, teve grande peso no julgamento do RE 572.762-SC, sendo o primeiro aspecto por ele enfatizado, embora ela tenha sido muito mais explorada pelo voto-vogal do Min. Cézar Peluso do que, propriamente, pelo voto-condutor do Min. Ricardo Lewandowski.

Mas, como ela em nada abalaria – antes, até poderia confirmar, dependendo do referencial – a influência da interpretação literal da expressão "produto da arrecadação", esta etapa do julgamento passou a ser extremamente valorizada – diríamos até superestimada – pelos defensores do *(restrictive) distinguishing*.

Ocorre que, como é elementar, "o precedente de um caso pode ter *dois motivos suficientes* e, por isso, não necessários, à conclusão", "pois bastaria a presença de apenas um deles para atingir o resultado"[31] – ideia implícita na clássica Súmula 283/STF[32] e, mais recentemente, na Súmula 126/STJ.[33]

E, de fato, o julgamento do RE 572.762-SC não se encerrou ali, tendo o Tribunal ido além, abstraindo uma segunda *holding*, autônoma e independente em relação à primeira, com a diferença de que seu alcance teórico seria bem mais amplo, não ficando, absolutamente, restrita aos

29. Quando isso parte de um integrante da Suprema Corte não deve causar maior estranhamento, por ter o Ministro a prerrogativa de propor a revisão da jurisprudência do Tribunal, embora o ideal fosse que S. Exa., sendo o caso, manifestasse logo sua discordância com a(s) tese(s) do RE 572.762-SC. O problema é que o raciocínio que os TRFs utilizaram para "fechar questão" nas disputas envolvendo o FPM foi exatamente o mesmo.

30. Jaldemiro Rodrigues de Ataíde Jr., *Precedentes Vinculantes e Irretroatividade do Direito no Sistema Processual Brasileiro: os Precedentes dos Tribunais Superiores e sua Eficácia Temporal*, Curitiba, Juruá, 2012, p. 74.

31. Idem, p. 80.

32. Súmula 283/STF: "É inadmissível o recurso extraordinário, quando a decisão recorrida assenta em mais de um fundamento suficiente e o recurso não abrange todos eles".

33. Súmula 126/STJ: "É inadmissível o recurso especial, quando o acórdão recorrido assenta em fundamento constitucional e infraconstitucional, qualquer deles suficientes, por si só, para mantê-lo, e a parte vencida não manifesta recurso extraordinário".

incentivos como atuavam *depois* da arrecadação do "imposto compartilhado", como o *sui generis* PRODEC/SC.

Com efeito, o voto-condutor do Min. Ricardo Lewandowski desqualificou, sem meias-palavras, "a alegação de que *o direito do Município estaria condicionado ao efetivo ingresso do tributo* no Erário Estadual, porque apenas nesse momento é que passaria a existir como receita pública" – verdadeiro "mantra" dos defensores da "contenção" daquele precedente.

E esta não foi uma colocação acidental ou inadvertida, como não deixam dúvida os fecundos debates que se seguiram à leitura do voto-condutor, especialmente a elucidativa passagem a seguir transcrita:

"*O Exmo. Sr. Min. Ricardo Lewandowski* (relator): (...). Ninguém duvida que os Estados possam, mediante lei complementar, conceder incentivos ou benefícios fiscais – quaisquer que sejam eles –, desde que acordados comumente. Não se admite é que instituam benefícios ou concedam isenções ou estabeleçam programas para auxiliar empresas com a parcela do tributo – conforme V. Exa. muito bem disse – pertencente ao Município.

"(...).

"*O Exmo. Sr. Min. Carlos Britto*: (...). Aí vem a pergunta final, com que encerro a minha participação: *esse incentivo há de se fazer com a exclusão dos 25%?* Ou seja, *o Estado não tem disponibilidade do total da receita do ICMS, mas somente dos seus 75%?*

"*O Exmo. Sr. Min. Ricardo Lewandowski* (relator): É claro. *Para mim não há dúvida com relação a isso. Data venia*, não posso pagar uma esmola com a ajuda de V. Exa.

"(...).

"*O Exmo. Sr. Min. Carlos Britto*: Não se pode fazer cortesia com o chapéu alheio, não é? Adiro ao voto de V. Exa."[34-35]

Ora, se para a primeira *ratio decidendi* o "critério temporal" implícito no *(restrictive) distinguishing* (= incentivo anterior à arrecadação *versus* incentivo posterior à arrecadação) mostra-se válido, o mesmo não se pode dizer da segunda: além do expresso desmerecimento da ideia de que a arrecadação seria uma *conditio sine qua non* ao surgimento do direito dos demais "sócios", ao se negar *tout court* ao titular da competência tributária a disponibilidade da parcela do imposto pertencente a estes últimos, pouco importa, sob o ponto de vista lógico ou jurídico, se esta disposição antecede ou se segue ao efetivo recebimento da receita correspondente, pois em ambas as hipóteses se estaria "fazendo cortesia com o chapéu alheio", obrigando os Municípios (ou Estados) a, involuntariamente, "dividir a conta" da liberalidade. Usando um exemplo gros-

34. Por isso, parece-nos, com a devida vênia, gratuita a crítica feita pelo Min. Joaquim Barbosa à "interpretação extensiva" deste precedente, segundo a qual os Municípios não "dispõem de meios para compelir os Estados-membros e o Distrito Federal a absterem-se de conceder benefícios fiscais" (STA 681-PB): jamais se lhes negou esta prerrogativa, apenas se questiona os termos irrestritos desta renúncia, abrangendo a parcela do imposto que constitucionalmente não lhes pertence. Tanto é assim que a tônica da pretensão não é, propriamente, a *anulação*, ainda que parcial, dos incentivos concedidos à revelia dos "sócios" do imposto, mas apenas a *reparação* das perdas por eles sofridas.

35. Só é curioso que tenha o Min. Carlos Britto, justamente quem mais contribuiu para colocar a tese do Tribunal em "pratos limpos", posteriormente se inclinado a favor do *(restrictive) distinguishing* (STA 658-PB) – aparente mudança que, no entanto, pode ser atribuída à cognição sumária inerente ao incidente decidido neste segundo momento.

seiro: tanto faz ter um cheque "rasgado" por terceiro antes de "descontá-lo" quanto ter o valor correspondente "retido" pelo próprio caixa do banco no momento do "desconto"...

Portanto, somente com a "abdução" desta parte do julgado, mutilando-o como o infeliz hóspede do "leito de Procusto", é que se poderia insistir, de forma quase intransigente, na utilização da expressão "produto da arrecadação" como "filtro" definitivo para a (in)aplicabilidade do princípio do RE 572.762-SC, não sendo uma simples coincidência o "silêncio eloquente" a seu respeito sempre que se ensaia isolar o precedente: quando não se limitam a fazer referência ao *relatório* daquele precedente, dão destaque apenas à parte inicial da sua *fundamentação*.

Logo, em nossa humilde opinião, afigura-se mais neutra a recente interpretação feita, por exemplo, no RE/AgR 726.333-PB,[36] que confirmou decisão monocrática em que se assentou expressamente a "*irrelevância da ausência de efetivo ingresso* no Erário Estadual do imposto", refutando a alegação do Estado de que o *leading case* seria inaplicável à espécie, "pois o acórdão combatido asseguraria ao Município recorrido o recebimento de *ICMS não arrecadado* (...). Já o precedente (...) se refere à impossibilidade de os Estados reterem parcela de *ICMS arrecadado*".

Assim, pode-se até defender que o STF não quis se "comprometer" com esta específica tese,[37] que o caso seria, no particular, de simples *first impression*; mas não se poderia, absolutamente, sugerir que o Tribunal, na construção da sua *rationale*, se manteve "preso" aos estreitos lindes do PRODEC/SC, sem flertar perigosamente com a tentação de "reescrever" o precedente, com o devido e merecido respeito.

Por isso, não seria um exagero relembrar a advertência de um dos mais respeitados membros da Magistratura norte-americana, Richard A. Posner, segundo a qual o *distinguishing* "é uma ferramenta pragmática útil quando não é simplesmente um *eufemismo* para *overruling*. Os juízes, muitas vezes, reduzem um precedente à morte decidindo o novo caso no sentido oposto, quando *a única diferença entre os dois casos* – diferença que o Tribunal escolhe como a base para o *distinguishing* – é algo irrelevante para a ***holding** do primeiro caso*".[38]

E, com a devida vênia, a utilização do "critério temporal" proposto como "fiel da balança" para a (in)aplicabilidade do princípio do RE 572.762-SC fica bem próximo disso, de sorte que, caso ele seja acolhido no RE 705.423-SE, estaria se delineando, tecnicamente, hipótese de *transformation*, que ocorre quando "a Corte nega o conteúdo do precedente, mas deixa de expressar isso formalmente, através do *overruling*", sendo certo que "*tenta-se* muitas vezes *compatibilizar o resultado do precedente transformado com o resultado alcançado* no caso sob julgamento", mas "esta compatibilidade frequentemente é *artificial*".[39]

E, antes de encerrar o presente tópico, mesmo correndo o risco de fugir ligei-

36. 2ª Turma, rela. Min. Carmen Lúcia, j. 10.12.2013, *DJe* 31.1.2014.

37. O que tudo indica não ser o caso, eis que, como visto, a tese "mais ampla" foi ratificada várias vezes no julgamento, tendo os debates se concentrado muito mais nela do que na "mais restrita".

38. Richard A. Posner, *How Judges Think*, Cambridge, Harvard University Press, 2010, p. 184.

39. Luiz Guilherme Marinoni, *Precedentes Obrigatórios*, cit., 2ª ed., pp. 344-345.

ramente da proposta deste artigo, mais voltada à interpretação "interna" do RE 572.762-SC, não se poderia deixar sem resposta o esforço retórico de tipificar quase como uma "quimera" a pretensão relativa à parcela de um tributo não arrecadado, por implicar supostamente o desprezo ao sentido ontológico da expressão "produto da arrecadação".

No ponto, o *elemento histórico* presta-se a revelar que, à primeira vista, tal pleito não é assim tão "absurdo": como esclarecido no célebre RE 82.102-SP,[40] o "aprimoramento" implementado pela Emenda Constitucional 1/1969 teve finalidade estritamente instrumental, visando "a estabelecer, apenas, um sistema de partilha", sem maiores pretensões substanciais sobre a posição das comunas, cujo referencial continuaria sendo aquilo "a que teriam direito (...) os Municípios se fizessem a arrecadação exclusivamente para si", como era no regime anterior de competências cumulativas, em que, no que interessa, era expressamente assegurada aos Municípios a cobrança da parcela que lhes cabia do ICM cujo recolhimento tivesse sido dispensado pelos Estados.[41] Pelo visto, a tentativa de estender a tese do RE 572.762-SC aos incentivos "genéricos" não é assim tão "heterodoxa"...

3.3 A institucionalização da fraus legis *("fraude* à *Constituição") com a prevalência do "critério temporal" proposto para interpretar o princípio do RE 572.762-SC*

Não bastasse o risco de distorcer a própria *ratio decidendi* do RE 572.762-SC, a prevalência no RE 705.423-SE do "critério temporal" proposto pelos defensores do(a) *distinguishing* (*rectius*, *transformation*) daquele precedente ainda daria lugar a outro grave inconveniente: a própria institucionalização da *fraus legis*, com a agravante de que o comando "fraudado" seria da própria Constituição.[42] É o que se passa a demonstrar:

Conceitualmente, a fraude à lei consiste em "um comportamento que não contraria nenhum dispositivo expresso de lei, tomado na sua expressão literal, mas *contorna a vedação expressa na lei* e assim *permite que seja alcançado um resultado proibido*".[43]

Pois bem. Pela leitura proposta, caso a renúncia de receitas implementada unilateralmente pelo titular da competência tributária fosse *posterior* ao seu efetivo recebimento (= arrecadação), não lhe seria lícito suprimir a parcela pertencente aos

40. Tribunal Pleno rel. para o acórdão Min. Moreira Alves, j. 7.10.1976, *DJU* 18.3.1977.

41. CTN: "Art. 62. Ressalvado o disposto no § 3º do art. 52, é assegurada ao Município a cobrança do imposto nos casos em que da lei estadual resultar suspensão ou exclusão de créditos, assim como a antecipação ou o diferimento de incidências relativamente ao imposto de que trata aquele artigo. Parágrafo único. Nas hipóteses previstas neste artigo, *o Município cobrará o imposto como se a operação fosse tributada pelo Estado*", (artigo revogado pelo Ato Complementar 31/1966).

42. "(...) Fraude à lei. *Fraude à Constituição.* (...).

"5. (...).

"A fraude à lei importa, fundamentalmente, frustração da lei. *Mais grave se é à Constituição, frustração da Constituição.* Consubstanciada a autêntica *fraus legis.*

"6. A fraude é consumada mediante renúncia, de modo a ilidir-se a incidência do preceito. (...)" (Tribunal Pleno, Rcl 8.025-SP, rel. Min. Eros Grau, j. 9.12.2009, *DJe* 5.8.2010).)

43. Hugo de Brito Machado, "Elisão e evasão de tributos", in Douglas Yamashita (coord.), *Planejamento Tributário à Luz da Jurisprudência*, São Paulo, Lex, 2007, p. 107.

entes menores; do contrário, se o incentivo fosse *anterior* àquele marco, os "sócios" não poderiam se queixar. Tudo isso porque o intérprete e o aplicador estariam vinculados à literalidade da expressão "produto da arrecadação", utilizada nos arts. 158 e 159 da CF de 1988.

Ora, como para o autor da liberalidade seria rigorosamente indiferente quando, exatamente, se consumará o benefício, em razão da sua declarada disposição em abdicar *tout court* da potencial receita, bastar-lhe-ia antecipar sua operacionalização para "driblar" o RE 572.762-SC e as normas constitucionais nele interpretadas: ao invés de aguardar o recebimento do tributo para devolvê-lo incontinenti, convenciona-se que nem mesmo aquele será mais necessário.

Financeiramente, o resultado para ele e para o beneficiário seria o mesmo, considerando que aquele não pretendia receber o tributo e este, em qualquer hipótese, não arcará com a correspondente carga tributária. Os únicos prejudicados seriam, portanto, os "sócios" do primeiro, que deixariam de ter pretensão, por não ter se aperfeiçoado a sua "expectativa de direito".

É, a nosso ver, irrecusável a tipificação do instituto em questão, haja vista que, nos termos de clássica jurisprudência, "além da primeira categoria de fraude à lei, consistente em violar regras imperativas por meio de engenhosas combinações cuja legalidade se apoia em outros textos, existe uma segunda categoria de fraude no fato do astucioso que *se abriga atrás da rigidez de um texto para fazê-lo produzir resultados contrários ao seu espírito*"[44] – o que tudo indica ser o caso do "critério temporal" sob comento, que segue à risca a literalidade de expressão utilizada pelos arts. 158 e 159 da CF ("produto da arrecadação") para conceder ao titular da competência tributária um ilimitado "cheque em branco" para dispor ao seu talante da parcela do imposto que foi atribuída a outrem, podendo, no limite, até reduzi-la a uma promessa vazia, cenário que, a toda evidência, não se harmoniza com a *ratio essendi* do sistema de partilha formatado por aqueles dispositivos, concebido para transformar a autonomia municipal em realidade, "ressarcindo as várias mutilações de competências tributárias" sofridas pelos Municípios[45] (ou Estados).

E isso, em certa medida, foi colocado a descoberto pelo Min. Cézar Peluso na STA 451-PE, a primeira oportunidade em que se tentou, sem sucesso, aplicar o referido "critério temporal", tendo o Pleno do STF desmerecido a pretensão estadual, aduzindo que, "embora alegue haver distinção entre os programas de Pernambuco e Santa Catarina", "*em ambos, há uma burla à sistemática constitucional* de repasse dos 25% pertencentes aos Municípios, *pouco importando o mecanismo técnico utilizado para tanto*", apesar da particularidade de que, "no caso catarinense, os valores devidos a título de ICMS eram efetivamente recolhidos", ao passo que, "no caso pernambucano, *a Fazenda evita que os recursos cheguem aos cofres públicos*, por meio de concessão de crédito presumido", por "não se poder ignorar que os valores não recolhidos pelas empresas são efetivamente devidos".

Considerando o enfoque do presente artigo, temos que o maior mérito deste pronunciamento foi adotar uma perspec-

44. 2ª Turma, RE 40.518-BA, rel. para o acórdão Min. Cândido Lobo, j. 19.5.1959, *DJU* 13.8.1959.

45. Parecer ofertado por Aliomar Baleeiro no RE 87.225-SP.

tiva diferente daqueles que encaram o RE 572.762-SC de uma maneira "defensiva", preocupando-se menos com o que "deveria ter" sido decidido e mais em compreender adequadamente a lógica que inspirou a decisão.

4. Hipóteses particulares que ficariam a salvo de um eventual "retrocesso" no tocante à (segunda) **holding** *do RE 572.762-SC*

4.1 Categorias específicas de incentivos relacionados ao imposto de renda (FINOR, FINAM, FUNRES e PIN/PROTERRA)

Mas, na eventualidade de o RE 705.423-SE sufragar o "critério temporal" avalizado pelos TRFs e por alguns Ministros do próprio STF, reduzindo o RE 572.762-SC a um "ponto fora da curva", então, seria irrecusável o recurso – agora, sim – à técnica do *(restrictive) distinguishing*, em ordem a afastar do raio de aplicação da tese do novo *leading case* alguns específicos benefícios fiscais a título de imposto de renda, que se aproximam muito mais do PRODEC/SC do que dos incentivos fiscais "genéricos". São os que integram os seguintes programas de fomento/apoio: Fundo de Investimento do Nordeste/FINOR,[46] Fundo de Investimento da Amazônia/FINAM,[47] Fundo de Recuperação Econômica do Estado do Espírito Santo/FUNRES,[48] Programa de Integração Nacional/PIN[49] e Programa de Redistribuição de Terras e de Estímulo à Agroindústria do Norte e do Nordeste/PROTERRA.[50]

O traço comum a todos eles, no que interessa, é que a parcela do imposto a eles direcionada é desembolsada pelo contribuinte, sendo, portanto, efetivamente *arrecadada* pela Fazenda Nacional, ainda que os recursos correspondentes já venham "carimbados" para as finalidades específicas definidas por tais programas. Para ilustrar, cumpre destacar o que dispõem alguns dos preceitos pertinentes do Regulamento do Imposto de Renda (Decreto 3.000/1999):

"Art. 601. As pessoas jurídicas tributadas com base no lucro real poderão manifestar a opção pela aplicação do imposto em investimentos regionais (arts. 609, 611 e 613) na declaração de rendimentos ou no curso do ano-calendário, nas datas de pagamento do imposto (...)l.

"§ 1º. A opção, no curso do ano-calendário, será manifestada mediante o *recolhimento, por meio de documento de arrecadação (DARF) específico*, de parte do imposto sobre a renda de valor equivalente a até (...).

"§ 2º. No *DARF* a que se refere o parágrafo anterior, a pessoa jurídica deverá indicar o código de receita relativo ao Fundo pelo qual houver optado (Lei n. 9.532, de 1997, art. 4º, § 2º)" (grifos nossos).

Se há DARF, ainda que "específico", é porque consumou-se a arrecadação, sen-

46. Instituído pelo Decreto-lei 1.376/1974, mantido pelas Leis 8.167/1991 (art. 1º) e 9.532/1997 (art. 4º) e reformatado pela Medida Provisória 2.199-14/2001.

47. Idem.

48. Instituído pelo Decreto-lei 880/1969, mantido pelas Leis 8.167/1991 (art. 1º) e 9.532/1997 (art. 4º) e reformatado pela Medida Provisória 2.199-14/2001.

49. Instituído pelo Decreto-lei 1.106/1970, mantido pelos Decretos-leis 1.179/1971 e 1.376/1974 (art. 13) e pela Lei 8.167/1991 (art. 2º).

50. Instituído pelo Decreto-lei 1.179/1971, mantido pelo Decreto-lei 1.376/1974 (art. 13) e pela Lei 8.167/1991 (art. 2º).

do uma *contradictio in terminis* qualquer insinuação em sentido contrário.

E a própria Secretaria do Tesouro Nacional, na "Cartilha" do FPM (Exercício 2011),[51] reconhece isso abertamente:

"COMO É CALCULADO O VALOR DO FPM?

"*Da arrecadação total* do IR e do IPI são *descontados os valores* das restituições e *dos incentivos fiscais*. Da receita líquida, 23,5% são destinados ao FPM.

"Rbruta = Arrecadação (IR + IPI)

"Rlíquida = Rbruta - Restituições - *Incentivos Fiscais*

"FPMtotal = 23,5% da Rlíquida

"Onde:

"• Rbruta é o valor da arrecadação bruta do IR e IPI;

"• Rlíquida é o *valor da arrecadação bruta deduzidas* as restituições e *os incentivos fiscais*;

"• FPMtotal é o valor a ser distribuído para os Municípios."

Em nota de rodapé são especificados os incentivos fiscais deduzidos da "Receita Bruta": justamente o FINOR, o FINAM e o FUNRES.[52]

Ora, se tais valores são *excluídos* é porque, antes, estavam *incluídos* na arrecadação federal.

Aplicando-se, portanto, o "critério temporal" proposto, por exemplo, na STA 681-PB, segundo a qual, "se o benefício fiscal incide *após a arrecadação*, essa diminuição não pode prejudicar a expectativa dos Municípios", como "era a hipótese do PRODEC", então, não vemos como convalidar a indevida redução, no particular, dos recursos que compõem o FPM, hoje institucionalizada pela STN.

Pretender valer-se da linha restritiva do alcance do princípio do RE 572.762-SC para legitimar toda e qualquer redução das quotas-partes municipais (e estaduais) do IR e do IPI, como têm feito alguns TRFs,[53] é, com o devido respeito, "nivelar por baixo" as coisas e, mais ainda, distorcer a própria *rationale* da jurisprudência que, supostamente, autorizaria o distanciamento daquele *leading case*.

Embora com amplitude um pouco menor, este aspecto específico do problema já está sendo atualmente testado no STF: na ACO 758-SE há quatro votos pela procedência do questionamento por Estado contra a dedução da base de cálculo do FPE dos recursos destinados aos programas PIN/PROTERRA, com expressa referência ao RE 572.762-SC.[54]

4.2 Incentivos irregulares, especialmente aqueles a título de ICMS não autorizados pelo CONFAZ/MF

E outra categoria específica de incentivos que ficaria preexcluída do alcance de eventual revisão da segunda *holding* do

51. *http://www3.tesouro.fazenda.gov.br/servicos/download/cartFPEeFPM.pdf* (acesso em 11.3.2014).

52. O PIN/PROTERRA é um "apêndice" do FINOR/FINAM, estando, portanto, neles contido.

53. "(...) – Decisão agravada que, ademais, se encontra em consonância com a jurisprudência desta 3ª Turma, que, em reiterados julgados, vem repelindo a pretensão de alguns Municípios de impedir que o ente político federal efetue descontos relativos a incentivos e deduções fiscais *[FINOR, FINAM, FUNRES, PIN e PROTERRA]* na cota de repasse do FPM, relativos a IRPF e IPI (...)" (TRF-5ª Região, 3ª Turma, Ag. 2009.05.00.056542-2, rel. Des. Federal Leonardo Resende Martins, j. 13.1.2011, *DJe* 28.1.2011).

54. *Informativo STF* 544, 27.4-1.5.2009.

RE 572.762-SC seria formada por aqueles concedidos com preterição às exigências constitucionais postas às renúncias de receitas, notadamente a de prévia celebração de convênio no âmbito do CONFAZ/MF quando a benesse referir-se a ICMS (art. 155, § 2º, XII, "g").

A explicação para isso é quase intuitiva: quando se considera indevida qualquer reparação das perdas sofridas pelos Municípios, isso se deve, via de regra, à circunstância de se tratar de uma consequência do exercício de prerrogativa constitucionalmente deferida aos Estados, ou, como dito na STA 681-PB, "*essa diminuição é constitucional* e legal, pois os Municípios não (...) dispõem de meios para compelir os Estados-membros e o Distrito Federal a *absterem-se de conceder benefícios*"; mas, naturalmente, isso só vale até o momento em que o titular da competência tributária pautou-se de acordo com as balizas que regulam sua competência exonerativa. Seria, *mutatis mutandis*, como uma hipótese de "exercício regular de direito", que, por definição, só excluiria o dever de indenizar a vítima se e enquanto o comportamento do ofensor pudesse ser considerado *regular*.

Elucidativos, no ponto, os comentários de Roque Antônio Carrazza a respeito de caso específico de benefício fiscal concedido através de atos administrativos, à revelia do princípio da legalidade:

"(...) Logo, a menos que a *renúncia* de que aqui estamos tratando esteja amparada em *lei remissiva*, ela absolutamente não pode prejudicar o direito à participação das pessoas políticas, que, por injunção constitucional, ficam com parte (ou com a totalidade) do produto da arrecadação de tributos alheios".

"(...).

"Como vemos, estes atos administrativos, editados com base na mencionada *delegação*, determinaram, ao longo dos anos, expressiva diminuição na arrecadação do imposto sobre a renda e proventos de qualquer natureza.

"Este fenômeno, como não poderia deixar de ser, teve direta repercussão na formação dos Fundos de Participação dos Estados e do Distrito Federal (art. 159, I, 'a', da CF) e dos Municípios (art. 159, I, 'b', da CF).

"Em consequência, estas pessoas políticas, como titulares do direito de partilha previsto nos aludidos dispositivos constitucionais, experimentaram sensíveis e concretos prejuízos, consistentes na redução proporcional da parcela que a União tinha o dever constitucional de entregar-lhes.

"(...).

"Com isso, emerge o direito dos Estados, dos Municípios e do Distrito Federal de obterem em sede judicial o reconhecimento de seu direito de serem ressarcidos dos prejuízos que a União lhes causou em razão da redução indevida do volume de recursos carreados aos preditos Fundos de Participação.

"(...)."[55]

Nada indica que o STF vá se recusar a dar abrigo a este possível *distinguishing*, haja vista que, mesmo sem enfrentar o problema sob este específico ângulo, confirmou uma série de acórdãos do TJRN que impuseram ao Estado a obrigação de reparar as perdas sofridas por seus Municípios em decorrência da remissão irregular do ICMS devido pela concessionária de energia elétrica estatal.[56]

55. Roque Carrazza, *Curso de Direito Constitucional Tributário*, 30ª ed., São Paulo, Malheiros Editores, 2015, pp. 799 e 800-801 (nota de rodapé 237),

56. *Ad exemplum*: RE 607.487-RN, rel. Min. Ricardo Lewandowski, *DJe* 4.5.2012; RE 588.765-RN, rel. Min. Joaquim Barbosa, *DJe*

Além disso, no próprio RE 572.762-SC e, posteriormente, na STA 451-PE os Mins. Ricardo Lewandowski e Cézar Peluso, respectivamente, fizeram expressa referência à falta de convênio autorizativo dos específicos incentivos *sub judice*, o que, naturalmente, só faria sentido se isso, lógica e juridicamente, tivesse o condão de sustentar a procedência da pretensão dos Municípios que figuravam em tais casos.

Mas, sem prejuízo do indiscutível mérito destes "ensaios", o primeiro teste *principaliter* da tese parece ter sido a SL 705-GO, na qual, após reiterar seu entendimento no sentido da regularidade, em regra, das perdas sofridas pelos Municípios (STA 681-PB), o Min. Joaquim Barbosa ressalvou que ele não socorreria o Estado no caso então *sub examine*, sob o seguinte fundamento:

"Ocorre que os benefícios concedidos aparentemente se subsumem ao art. 1º, IV, da Lei Complementar n. 24/1975. *Não* há notícia de que esses benefícios tenham sido autorizados no âmbito do CONFAZ. Ademais, a validade desses benefícios é objeto da ADI 4.589.

"(...) o eventual deferimento da suspensão de liminar poderia impedir que os Municípios interessados obtivessem a satisfação de suas pretensões, ainda que hipoteticamente o Judiciário local e o próprio STF venham a reconhecer a *obrigatoriedade da arrecadação, devido à suposta inconstitucionalidade dos benefícios*."[57]

Como se vê, diferentemente de tudo o que envolve a aplicação do princípio do RE 572.762-SC, este aspecto parece ser objeto de "consenso", notadamente no âmbito do STF.

Portanto, tendo-se em conta a inevitável projeção da *ratio decidendi* do RE 705.423-SE (FPM) sobre os incentivos "genéricos" a título de ICMS, a aplicação da eventual interpretação restritiva da tese do RE 572.762-SC seria seguramente neutralizada quando em jogo, especificamente, benefícios deferidos com preterição ao art. 155, § 2º, XII, "g", da CF de 1988.

5. Conclusão

A depender de seu desfecho, o RE 705.423-SE pode representar um "desperdício" do – até aqui – histórico RE 572.762-SC, haja vista que a "interpretação restritiva" da tese deste *leading case* significará, em última análise, sua limitação a uma modalidade quase única de incentivo fiscal (PRODEC/SC), praticamente sem paralelo na legislação tributária dos diversos Estados-membros ou, mesmo, federal, reduzindo-o, na melhor das hipóteses, à condição de um precedente isolado, formado em circunstâncias anômalas que, provavelmente, não voltarão a se repetir. Muito pouco para o seu imenso "potencial".

Tudo, a nosso ver, é uma questão de perspectiva: se a tônica for mais assimilar a lógica da decisão, não será tão pretensioso estendê-la aos incentivos "genéricos", atuantes antes da realização

15.12.2011; RE 600.841-RN, rel. Min. Marco Aurélio, *DJe* 4.8.2011; RE 580.801-RN, rel. Min. Dias Toffoli, *DJe* 25.5.2010; RE 607.799-RN, rela. Min. Carmen Lúcia, *DJe* 30.3.2010; RE 591.387-RN, rel. Min. Celso de Mello, *DJe* 29.3.2010; RE 586.560-RN, rel. Min. Eros Grau, *DJe* 7.12.2009; e RE 562.668-RN, rela. Min. Ellen Gracie, *DJe* 18.3.2009.

57. Tal decisão colocou a descoberto um aspecto menos explorado da "guerra fiscal", gerando forte reação dos Estados, que, conforme noticiado pela imprensa especializada, passaram a atuar mais intensamente pela convalidação retroativa dos incentivos fiscais irregulares (*http://ibet.provisorio.ws/decisoes-de-barbosa-preocupam-estados/*, acesso em 11.3.2014).

da receita tributária, até mesmo para não deixar uma porta aberta à fraude (à Constituição), inclusive pelo próprio Estado de Santa Catarina, que, para reduzir o RE 572.762-SC à completa inutilidade, bastaria "remodelar" o PRODEC/SC; mas, caso a preocupação seja apenas evitar a quebra de alguns "paradigmas" preexistentes, então, será inevitável um "retrocesso", pelo passo muito largo dado naquele julgamento, pelo menos quando se leva em conta a ideia generalizada – e preconcebida – de que a efetiva arrecadação seria uma *conditio sine qua non* para o surgimento da pretensão dos "sócios" do titular da competência tributária.

Mas, prognósticos à parte, a reparação das perdas sofridas em decorrência de algumas modalidades específicas de incentivos deve passar incólume por esta virtual *transformation*, quais sejam, as derivadas da: (1) exclusão da base de cálculo do FPM dos recursos de IR destinados ao FINOR, FINAM, FUNRES e PIN/PROTERRA, pois na operacionalização destes repasses consuma-se a arrecadação, à semelhança do PRODEC/SC; e (2) frustração da arrecadação em razão de incentivos inconstitucionais, notadamente daqueles a título de ICMS não precedidos do imprescindível convênio, porquanto aí o prejuízo dos Municípios já não resultaria de um "exercício regular de direito" dos Estados.

Referências bibliográficas

ATAÍDE JR., Jaldemiro Rodrigues de. *Precedentes Vinculantes e Irretroatividade do Direito no Sistema Processual Brasileiro: os Precedentes dos Tribunais Superiores e sua Eficácia Temporal*. Curitiba, Juruá, 2012.

BUSTAMANTE, Thomas da Rosa de. *Teoria do Precedente Judicial: a Justificação e a Aplicação de Regras Jurisprudenciais*. São Paulo, Noeses, 2012.

CARRAZZA, Roque Antônio. *Curso de Direito Constitucional Tributário*. 30ª ed. São Paulo, Malheiros Editores, 2015.

LIMA, Tiago Asfor Rocha. *Precedentes Judiciais Civis no Brasil*. São Paulo, Saraiva, 2013.

MACHADO, Hugo de Brito. "Elisão e evasão de tributos". In: YAMASHITA, Douglas (coord.). *Planejamento Tributário à Luz da Jurisprudência*. São Paulo, Lex, 2007 (pp. 103-128).

MARINONI, Luiz Guilherme. *Precedentes Obrigatórios*. 2ª ed. São Paulo, Ed. RT, 2011.

POSNER. Richard A. *How Judges Think*. Cambridge, Harvard University Press, 2010.

ROSITO, Francisco. *Teoria dos Precedentes Judiciais: Racionalidade da Tutela Jurisdicional*. Curitiba, Juruá, 2012.

TUCCI, José Rogério Cruz e. "Parâmetros de eficácia e critérios de interpretação do precedente judicial". In: WAMBIER, Teresa Arruda Alvim (coord.). *Direito Jurisprudencial*. 2ª tir. São Paulo, Ed. RT, 2012 (pp. 97-132).

WAMBIER, Teresa Arruda Alvim (coord.). *Direito Jurisprudencial*. 2ª tir. São Paulo, Ed. RT, 2012.

YAMASHITA Douglas (coord.). *Planejamento Tributário à Luz da Jurisprudência*. São Paulo, Lex, 2007.

Impressão e acabamento
psi7 | Book7